JN127486

判例先例 親族法

―後見―

中山　直子

はしがき

本書は，判例・先例を中心に親族法のうち後見（成年後見，任意後見，未成年後見）における実務の諸問題の概観を試みるものである。

後見制度は，私的自治が規律する財産法における要保護者（制限能力者）の法律行為を補完する一般私法の制度である。戦後民法は，戸主・親族会を廃止し，後見を家庭裁判所の監督下に置き，その社会化を進めたものの，未成年後見については，親権の延長や補充として位置づけ，禁治産後見についても親族による申立てを要することとし，後見人の職務内容については，従来と同様に親族法に規定を置いた。親族法に位置づけられているとしても，後見を家族だけで担うことは本来予定されておらず，少子高齢社会あるいは無縁社会といわれる現代においては，第三者（他人）の関与が不可欠である。後見開始により財産法における本人の保護がなされるとしても，福祉面への配慮は，また別に考えなければならない。成年後見制度利用促進基本計画（基本計画）（2017年３月24日閣議決定）によると，成年後見制度は，利用者がメリットを実感できる制度・運用の改善や権利擁護支援の地域連携ネットワーク（地域連携ネットワーク）作りなど，５か年計画で整備されることとなっている。地域連携ネットワークは，社会が弱者を支えるための不可欠な装置であり，家庭裁判所による法の解釈適用や親族間の調整だけでは実現し得なかった福祉的な役割を担うことが期待されている。後見では，法的側面と福祉的側面が車の両輪のように機能する必要があり，実務家として地域連携ネットワークをはじめとする基本計画の実現を切望するものである。

基本計画は現行法の枠組みを前提として成年後見制度の利用の促進のための施策を見直すものである。そのため，本書で記載した実務の運用や私見も，今後，様々な変更があることをお断りするとともに，家庭裁判所の統一的な見解ではないことにご留意いただきたい。また，執筆に着手してから完成まで何度も中断し，その間，実務の変遷や家事事件手続法の施行もあって，整理されていない部分があることをご容赦いただきたい。

本書の刊行に際しては，日本加除出版の盛田大祐氏ほか多くの社員の皆様のご協力をいただいた。謹んで感謝の意を表したい。

2018年１月

中　山　直　子

凡　例

◇判例略語◇

最大判 ……………………………… 最高裁判所大法廷判決
最大決 ……………………………… 最高裁判所大法廷決定
最判 ………………………………… 最高裁判所判決
最決 ………………………………… 最高裁判所決定
大判 ………………………………… 大審院判決
大決 ………………………………… 大審院決定
控判 ………………………………… 控訴院判決
高判 ………………………………… 高等裁判所判決
高決 ………………………………… 高等裁判所決定
地判 ………………………………… 地方裁判所判決
家審 ………………………………… 家庭裁判所審判
家決 ………………………………… 家庭裁判所決定

◇法令略語◇

民 …………………………………… 民法
旧法 ………………………………… 平成11年法律第149号による改正前の民法
（※　本書においては，成年後見制度の改正前の後見に関連する民法を「旧法」と記載するとともに，民法については，平成16年法律第147号による改正が行われ，現代語に改められたことから，表記については，現行民法による。）
旧民 ………………………………… 明治31年民法
民訴 ………………………………… 民事訴訟法
家事 ………………………………… 家事事件手続法
家事規 ……………………………… 家事事件手続規則
利用促進法 ………………………… 成年後見制度の利用の促進に関する法律

円滑化法 ………………………………… 成年後見の事務の円滑化を図るための民法及び家事事件手続法の一部を改正する法律
任意後見 ………………………………… 任意後見契約に関する法律
後見登記 ………………………………… 後見登記等に関する法律
戸籍 ……………………………………… 戸籍法
人訴 ……………………………………… 人事訴訟法
旧人訴 …………………………………… 旧人事訴訟手続法
精神保健福祉法 ………………………… 精神保健及び精神障害者福祉に関する法律
民訴費 …………………………………… 民事訴訟費用等に関する法律
商 ………………………………………… 商法

◇出典略語◇

民集 ……………………………………… 最高裁判所（又は大審院）民事判例集
集民 ……………………………………… 最高裁判所裁判集民事
民録 ……………………………………… 大審院民事判決録
裁判例 …………………………………… 大審院裁判例
高民 ……………………………………… 高等裁判所民事判例集
下民 ……………………………………… 下級裁判所民事判例集
家月 ……………………………………… 家庭裁判月報
判時 ……………………………………… 判例時報
判タ ……………………………………… 判例タイムズ
新聞 ……………………………………… 法律新聞
評論 ……………………………………… 法律評論全集
判決全集 ………………………………… 大審院判決全集
裁判例 …………………………………… 大審院裁判例
ジュリ …………………………………… ジュリスト
金判 ……………………………………… 金融商事判例
金法 ……………………………………… 金融法務事情

◇参考文献略語表◇

青木義人＝大森政輔・戸籍法　全訂版〈日本評論社，1982年〉
赤沼康弘編著・成年後見制度をめぐる諸問題〈新日本法規，2012年〉
赤沼康弘ほか編集・Q&A　成年後見実務全書〈民事法研究会，2015-2016年〉
雨宮則夫＝寺尾洋編著・Q&A　遺言・信託・任意後見の実務〈日本加除出版，2012年〉
新井誠＝西山詮編・成年後見と意思能力〈日本評論社，2002年〉
有地亨・新版家族法概論〈法律文化社，2003年〉
五十嵐禎人・成年後見人のための精神医学ハンドブック〈日本加除出版，2017年〉
幾代通・民法総則（第２版）〈青林書院，1984年〉
石川利夫・改訂版家族法講義（上）〈評論社，1983年〉
石川稔ほか編・家族法改正への課題〈日本加除出版，1993年〉
石田敏明・新人事訴訟法　要点解説とQ&A〈新日本法規，2004年〉
市川四郎・家事審判法概説〈有斐閣，1954年〉
内田貴・民法Ｉ第４版〈東京大学出版会，2008年〉
内田貴・民法Ⅳ〈東京大学出版会，2002年〉
大里知彦・旧法（親族，相続，戸籍）の基礎知識〈テイハン，1999年〉
大村敦志・家族法　第２版補訂版〈有斐閣，2004年〉
岡垣學・野田愛子編集・講座　実務家事審判法４〈日本評論社，1989年〉
於保不二雄＝中川淳編集・新版注釈民法㉕改訂版〈有斐閣，2004年〉
金子修編著・逐条解説　家事事件手続法〈商事法務，2013年〉
金子修ほか編著・講座　実務家事事件手続法〈日本加除出版，2017年〉
川井健ほか編・講座　現代家族法第４巻〈日本評論社，1992年〉
久貴忠彦・親族法〈日本評論社，1984年〉
草野芳郎＝岡孝編著・高齢者支援の新たな枠組みを求めて〈白峰社，2016年〉
栗原平八郎・家族法判例百選（新版増補）（別冊ジュリスト40号）〈有斐閣，1975年〉
栗原平八郎ほか編・家事審判例の軌跡⑵〈一粒社，1995年〉

公益社団法人成年後見センター・リーガルサポート編・これからの後見人の行動指針〈日本加除出版，2015年〉
小林昭彦＝大門匡編著・新成年後見制度の解説〈金融財政事情研究会，2000年〉
小林昭彦＝原司・平成11年民法一部改正法等の解説〈法曹会，2002年〉
最高裁判所事務総局編・改訂家事執務資料集中巻の２〈最高裁判所事務総局，1986年〉
最高裁判所事務総局編・改訂家事執務資料集上巻の１〈最高裁判所事務総局，1982年〉
最高裁判所事務総局家庭局監修・改正成年後見制度関係執務資料〈法曹会，2000年〉
財産管理実務研究会編・補訂版　不在者・相続人不存在財産管理の実務〈新日本法規，2001年〉
斎藤秀夫＝菊池信男編・注解家事審判規則　改訂版〈青林書院，1992年〉
斎藤秀夫＝菊池信男編・注解家事審判法　改訂版〈青林書院，1992年〉
裁判所職員総合研修所監修・家事事件手続法下における書記官事務の運用に関する実証的研究―別表第一事件を中心に―〈司法協会，2017年〉
四宮和夫＝能見善久・民法総則第６版〈弘文堂，2002年〉
島津一郎＝松川正毅編・基本法コンメンタール親族　第４版〈日本評論社，2001年〉
清水節・判例・先例親族法Ⅱ〈日本加除出版，1997年〉
清水節・判例・先例親族法Ⅲ〈日本加除出版，2000年〉
鈴木禄弥・親族法講義〈創文社，1988年〉
髙村浩・Q&A　成年後見制度の解説〈新日本法規，2000年〉
谷口知平＝石田喜久夫編集・新版注釈民法⑴改訂版〈有斐閣，2002年〉
田山輝明編著・成年後見制度と障害者権利条約〈三省堂，2012年〉
東京家裁後見問題研究会編著・後見の実務（別冊判例タイムズ36号）〈判例タイムズ社，2013年〉
東京大学高齢社会総合研究機構編著・東大がつくった高齢社会の教科書〈東京大学出版会，2017年〉
飛澤知行編著・一問一答　平成23年民法等改正〈商事法務，2011年〉

中川淳・改訂親族法逐条解説〈日本加除出版，1990年〉
中川善之助・新訂親族法〈青林書院新社，1959年〉
中川善之助監修・註解親族法〈法文社，1951年〉
中川善之助編・註釈親族法（下）〈有斐閣，1952年〉
中川善之助ほか・親族・相続法（ポケット註釈全書）〈有斐閣，1953年〉
沼邊愛一ほか編・家事審判事件の研究(1)〈一粒社，1998年〉
野上久幸・親族法〈三省堂，1928年〉
林良平＝大森政輔編・注解判例民法４　親族法・相続法〈青林書院，1992年〉
實金敏明監修・活用しよう！　任意後見〈日本加除出版，2011年〉
法政大学大原社会問題研究所＝菅富美枝編著・成年後見制度の新たなグランド・デザイン〈法政大学出版局，2013年〉
穂積重遠・親族法〈岩波書店，1933年〉
松川正毅編・成年後見における意思の探究と日常の事務〈日本加除出版，2016年〉
松原正明＝道垣内弘人編・家事事件の理論と実務　第３巻〈勁草書房，2016年〉
三宅省三ほか編集・注解民事訴訟法１〈青林書院，2002年〉
村崎満・先例判例親権・後見・扶養法（増補）〈日本加除出版，1978年〉
森泉章編・著作権法と民法の現代的課題〈法学書院，2003年〉
薬師寺志光・日本親族法論（下）〈南郊社，1942年〉
山木戸克己・人事訴訟手続法・家事審判法〈有斐閣，1958年〉
我妻榮・親族法〈有斐閣，1961年〉
我妻榮・新訂民法総則（民法講義Ｉ）〈岩波書店，1965年〉
我妻榮＝唄孝一編・判例コンメンタール第７　親族法〈日本評論社，1970年〉
我妻榮＝唄孝一編・判例コンメンタール第８　相続法〈日本評論社，1966年〉
我妻榮＝立石芳枝・親族法・相続法〈日本評論新社，1952年〉
和田于一・後見法〈大同書院，1932年〉

判例先例 親族法 ―後見―

〈目　　次〉

第１章　序　説

第１節　後見制度の変遷

1　後見とは，親権による保護を受けることのできない未成年者及び成年被後見人を保護するために設けられている制度であり，前者を未成年後見，後者を成年後見という。

近代法の後見は，親権者のない未成年者のための未成年後見と，精神障害のために禁治産宣告を受けて行為能力を制限された者のための禁治産後見の２つの制度を含む。未成年後見は，親権制度の延長として未成年者の監護教育及び財産の管理を内容とするものであり，禁治産者後見は，親族間の弱者保護の制度として，本人の療養看護及び財産管理を内容とする。

家長の統制権が強大な時代は，家族の中に幼少病弱な者がいても，家長が家族的共同生活団体を統率してその保護監督を担っていたため，特に後見制度を必要としなかった。そのため，後見は，家長自らが幼少あるいは病弱で家政を執ることができない場合に限られ，家長を補佐し，又は代表するために開始された。その後，家族的共同体の結合が弛緩し，親権，夫権が独自の存在として認められるにしたがって，子は親権によって保護され，妻は夫権により保護されるようになり，親のない子や夫のない女子のための後見が生まれた。この場合もなお家の中から後見人が選任され，後見人は，被後見人の扶養を引き受けると同時に，被後見人の財産上に収益権を有した。さらに，女子の地位の向上とともに，夫権の後見的色彩が取り除かれ，成年の女子に対する後見も廃止され，後見は，専ら，親権の延長として親権者のいない幼少の子のための制度となると同時に，禁治産者の保護のために利用されるようになった。さらに，家族集団の分裂的傾向により，家族の経済も別個独立のものとなり，後見人が被後見人の扶養を引き受けることもできなくなり，後見人と被後見人の経済が区別された。また，後見が親権者のいない幼少の子のための制度になるとともに，後見人に対し，公権的な監督が行われるようになった。[1)]

2 戦前の旧民法は，未成年後見と禁治産者後見を認めたが，未成年者に指定後見人がいないとき，及び禁治産者に法定後見人（親権者又は配偶者）がいないときは，戸主が後見人となった（旧民901条ないし903条）。それでも後見人がいないときは，最後の順位の後見人として親族会が後見人を選任するとした（旧民904条）。そこで，選任後見人は，戸主自身が未成年者であって，その戸主に指定後見人がいない場合，又は，未成年の家族に指定後見人がなく，戸主が未成年で後見人となれない場合，あるいは，戸主が禁治産者であって，かつ親権者又は配偶者がいない場合に選定されるというものであった。[2)] 旧民法は，後見人に対する裁判所の監督権を認めたが，親族の自治を尊重し，親族会をもって第一次的監督機関とし，裁判所は，親族会の構成に関与する（旧民944条，945条）にとどまり，それ以上は，親族会の決議が違法，不当な場合にこれを取り消す途によって間接に監督するに過ぎなかった（旧民951条）。[3)]

3 戦後の家制度の廃止に伴い，旧民法第4編第5編が改正された（昭和22年法律第222号）。これにより，戸主権が廃止されるとともに，未成年者のために指定後見人がある場合と禁治産者のために法定後見人（配偶者）がある場合を除いて，家庭裁判所が後見人を選任することとした。後見監督については，親族会を廃止し，家庭裁判所が直接後見人を監督することを原則とした。さらに，未成年者に対しては，親権者と未成年後見人等に対し，児童福祉法による公法的監督も行われた。[4)]

4 後見制度のうち，成年後見については，急速な高齢社会[5)]の出現に対応するため，成年後見制度の改正に関する「民法の一部を改正する法律」（平成11年法律第149号）が1999年（平成11年）12月1日に成立し，2000年（平成12年）

1）我妻榮『親族法』352頁，中川善之助『新訂親族法』539頁
2）大里知彦『旧法（親族，相続，戸籍）の基礎知識』365頁
3）我妻榮『親族法』353頁
4）我妻榮『親族法』353頁
5）人口に占める高齢者（65歳以上の者）の割合が7％以上となると高齢化社会といい，さらに14％以上となり，それが持続されている社会を高齢社会という。日本における高齢者の割合は，1980年が9.1％，1990年が12.1％，2000年が17.4％となっている。

４月１日から施行された。成年後見制度とともに，「任意後見契約に関する法律」（平成11年法律第150号），「民法の一部を改正する法律の施行に伴う関係法律の整備等に関する法律」（同法律第151号），「後見登記等に関する法律」（同法律第152号）が併せて成立，施行されている。[6] これらの法律を成年後見関連４法といい，また，法定後見と任意後見を併せて成年後見制度という。法定後見は，従来の禁治産・準禁治産制度を廃止し，認知症（痴呆）性高齢者，知的障害者，精神障害者など精神上の疾患により，判断能力の劣る者を，その判断能力低下の程度によって，家庭裁判所が成年後見，保佐，補助の各開始の審判を行うことによって，代理権，同意権及び取消権により保護するものである。これに対し，任意後見は，本人が判断能力を有している間に，将来，判断能力が不十分になった場合の後見事務について，後見をする人（任意後見人）に代理権を付与する契約を締結し，本人が判断能力を失った後は，公的監督のもとで，任意後見人が後見事務を行い，本人を保護するものである。

未成年者の後見についての規定は，成年後見制度の成立に伴い，呼称を除いて特段の改正はなされなかった。[7]

第２節　成年後見制度

1　成年後見制度の導入の背景

民法は，意思自治の原則により，人の意思能力，すなわち有効に意思表示をする能力を前提として，意思決定に拘束力を認めている反面，意思能力を欠く者については，これを保護する必要がある。保護の方法としては，第１

6）以下，成年後見制度の改正前の後見に関連する民法を「旧法」と記載するとともに，民法については，平成16年法律第147号による改正が行われ，現代語に改められたことから，表記については，現行民法による。

7）改正後は，未成年後見と成年後見の概念の区別を明確にするため，法文上，用語が区別された。本人である「被後見人」を「未成年被後見人」と「成年被後見人」に，「後見人」を「未成年後見人」と「成年後見人」に，「後見監督人」を「未成年後見監督人」と「成年後見監督人」に区別するとともに，従来の「被後見人」「後見人」「後見監督人」を両者の総称とした（民10条）。

に，判断能力の不十分な者の意思決定に拘束力を認めず，本人の締結した契約のうち本人に不利益なものを取り消して無効とし，第2に，第三者が判断能力の不十分な者に代わって意思決定をする。しかし，意思能力を欠く者について，意思を欠いていたことが外見上覚知されないことも多く，後日，意思表示の無効を立証することは困難である。他方，相手方においても，事前に事態を察知して契約締結を避けられない場合も少なくない。そこで，民法は，従来から，未成年者と精神上の障害のある者とを一括して行為無能力者としてきた（民法総則第2章「人」第1節「権利能力」第2節「行為能力」）。すなわち，満20歳に満たない者を未成年者と定めて行為無能力者と規定するとともに，知的・精神的能力を欠いて判断能力の不十分な者について，禁治産・準禁治産制度により，一律に意思に基づく法律行為をする資格を剥奪することで，保護をしていた[8)]。

しかし，従来の禁治産・準禁治産の制度は，利用しづらい制度であり，高齢社会の到来により，現行の制度を柔軟かつ弾力的な利用しやすい制度にすることへの要請があった。特に，介護保険制度の導入（2000年4月1日施行）に伴い，要介護状態に至った本人が介護サービスを受けるためには，要介護認定の申請及び介護サービス契約の締結が必要であり，判断能力の不十分な本人がこれらの行為をするための法的支援が必要とされた。これまで禁治産及び準禁治産制度が十分利用されなかった理由として，本人保護の理念をあまりに重視した制度であり，本人の意思の尊重，本人の自己決定の尊重，ノーマライゼーション[9)] 等の理念に対する配慮が不十分であったことが挙げられる。

欧米諸国でも，各国の実情に即した成年後見制度の法改正が相次いだ。大陸法系の諸国では，フランスにおいては，1968年に成年後見制度の大幅な改正が実施され，オーストリアにおいては，1983年に世話人法が制定され，ドイツでも1990年に成年者世話法が成立した。いずれも，柔軟かつ弾力的な利用しやすい成年後見制度を構築するものである。英米法系の諸国では，アメ

8）谷口知平・石田喜久夫編集『新版注釈民法⑴改訂版』274頁〔鈴木禄弥〕

9）障害者福祉の充実のために，障害のある人も家庭や地域で通常の生活をすることができるような社会を作るという理念をいう。

リカの1975年の統一継続的代理法，カナダの1978年の統一代理権法，イギリスの1985年の持続的代理権授与法が制定され，いずれも，本人が判断能力低下前に自ら契約により信頼できる後見人及び後見事務の在り方を決めるというものである。[10] その背景には，自己決定の尊重，残存能力の活用，ノーマライゼーション等の新しい理念と本人保護の理念との調和をはかるため，柔軟かつ利用しやすい成年後見制度を構築することにあり，2000年４月施行のわが国の法定後見制度と任意後見制度の新設もこの国際的な流れに沿って行われたものである。

２　成年後見制度の概要

(1)　法定後見制度と任意後見制度との関係

法定後見制度は，認知症（痴呆）性高齢者，知的障害者，精神障害者等の判断能力及び保護の必要性のレベルが多種多様であることから，禁治産・準禁治産といった硬直的な二元的な制度から後見，保佐，補助の三類型に改められた。新設された任意後見制度は，本人が事前の契約により後見の内容等を自由に決められる制度である。法定後見と任意後見の関係については，本人の意思を尊重する点から任意後見を優先することとした。

(2)　法定後見制度における補助制度の創設

旧法では，軽度の知的障害者や精神障害者等については，保護の対象とされていなかったが，本人の申立てまたは同意を要件とした補助制度が新設された。これらの本人は，一定の範囲の行為に関する判断能力はあるが，高度な判断を要する取引行為等に関する判断能力が欠けているというケースが多く，判断能力については，一人ひとり異なるところである。そこで，当事者の申立てにより，一人ひとりの判断能力に応じて選択した「特定の

10）小林昭彦・大門匡編著『新成年後見制度の解説』７頁。諸外国の法定後見制度については，松嶋由紀子「高齢者の財産管理」川井健ほか編『講座　現代家族法第４巻』121頁，神谷遊「法定後見をめぐる比較法的研究」同139頁，南方暁「成年後見をめぐる比較法的研究〜英国における高齢者の財産管理」同161頁，田山輝明「法定成年後見制度の比較法的検討〜新成年後見制度への影響」判タ1030号110頁参照

法律行為」について，補助人に代理権又は同意権を付与することができるようになった。

⑶ 成年後見における改正点

旧法の禁治産制度では，禁治産者のすべての法律行為が取消の対象となっていたが，これらの者も日常生活に必要な範囲の行為については，自ら行う能力を有していることもあり，また，その必要性もある。改正後は，後見，保佐，補助のすべての制度において，日用品の購入その他「日常生活に関する行為」を取消権の対象から除外した。用語においても「治産」を禁じるという用語を廃止し，「後見」「保佐」に改め，「行為無能力者」についても「制限行為能力者」と改めた。

⑷ 保佐における改正点

準禁治産制度で，保佐人は同意権を有するだけであり，取消権を有していなかったことから，保護の実効性に欠けていたが，保佐制度では，保佐人に代理権・取消権を付与した。

⑸ 審判の申立権者

市町村長に法定後見の開始の審判の申立権を付与し，身寄りのない認知症（痴呆）性高齢者，知的障害者，精神障害者等の財産管理を可能とした。

⑹ 成年後見人の選任

旧法では，配偶者が当然に後見人又は保佐人になるものと定められていたが，認知症（痴呆）性高齢者の場合には，配偶者も高齢のことが多く，適任とは限らない。新制度は，配偶者法定後見人制度を廃止し，家庭裁判所が個々の事案に応じて適任者を選任することとした。チームを組んで後見事務を行う必要性や法人を後見人に選任する必要性から，成年後見人，保佐人，補助人については，複数を選任できるようにし，また，法人の選任も可能とした。

⑺ 成年後見人の義務

成年後見人が事務を行うにあたって，本人の意思を尊重し，かつ，本人の心身の状態及び生活の状況に配慮しなければならないという身上監護についての一般的な規定が定められた。居住環境の変化が，本人の精神状況に影響を与えることから，成年後見人が居住用不動産の処分をするについては，家庭裁判所の許可を要するとした。

(8) 後見監督

後見監督人制度は，ほとんど利用されていなかったが，家庭裁判所が職権で選任できるようにし，また，保佐監督人制度，補助監督人制度を新設し，後見監督人等に報酬を支払うことができるようになった。

(9) 成年後見登記制度

旧法では，禁治産，準禁治産の宣告の公示が戸籍への記載であったが，これに対する利用者の抵抗感が強いため，新制度は，戸籍への記載を廃止し，これに代わる成年後見登記制度を創設した。[11)]

3　高齢社会と成年後見制度の利用状況[12)]

2000年4月からの法定後見制度の運用を統計でみると，申立件数の激増とともに，親族以外の第三者が成年後見人等に選任される割合や市町村長の申立て件数の増加が著しい。成年後見開始の審判申立件数が制度発足から1年間（2000年は4月から2001年3月まで）では，合計で9007件（任意後見監督人選任事件51件を含む。）であったものが，10年を経た2011年1月から12月までの1年間で，3万1402件（任意後見監督人選任事件645件を含む。）まで激増した。2016年1月から12月までの統計では，申立件数は，3万4249件（任意後見監督人選任事件は791件）となっている。

申立人と本人の関係をみると，制度発足以来，申立人が本人の子である割合が最も多く，2000年4月から2001年3月までは，約40％，2011年1月から12月までは約37.6％，2016年1月から12月までは約29.1％となっている。市町村長（東京都の特別区の区長を含む。）が申立人である割合をみると，2000年4月から2001年3月までが23件（全体の約0.5％），2002年4月から

11）小林昭彦・大門匡編著『新成年後見制度の解説』9頁から12頁，小林昭彦「成年後見制度の概要」判タ1030号37頁，星野英一「成年後見制度と立法過程」ジュリ1172号2頁

12）統計は，「成年後見関係事件の概況」家月53巻9号，55巻10号，59巻10号，64巻7号ほか，裁判所ウェブサイト（http://www.courts.go.jp/）の「裁判所について」の「公開資料」中，「裁判に関する情報」の「成年後見関係事件の概況」による。

2003年3月までが258件（約1.9％），2006年4月から2007年3月までが1033件（全体の約3.1％），2011年1月から12月が3680件（約11.7％），2016年1月から12月までが6466件（約17.3％）となっている。[13)]

当初，成年後見人等は，親族から選任されることが多かったが，専門職後見人（弁護士，司法書士や社会福祉士など）の制度への対応が充実することにより，その給源が確保されたこと，親族後見人による不適切な財産管理や不正行為が散見されたことなどから，親族以外の第三者が成年後見人等に選任される割合が増加した。2000年4月から2001年3月までは，本人の子が全体の約35％，兄弟姉妹が約16％，配偶者が約19％と，親族後見人が全体の90％を占めていたが，2011年1月から12月までは，親族後見人が全体の約55.6％に対し，親族以外の第三者が成年後見人等に選任されたものは，全体の約44.4％となり，2016年1月から12月までは，親族が成年後見人等に選任された割合は，28.1％（前年は29.9％）（配偶者821件，親718件，子5273件，兄弟姉妹1323件，その他親族1624件）にまで下がっている。第三者の成年後見人等のうち，専門職である弁護士が8048件（前年は8001件），司法書士が9408件（前年は9442件），社会福祉士が3990件（前年が3726件），専門職ではない第三者後見人として，市民後見人が2011年に92件，2016年に264件選任されている。

成年後見開始等の審判の申立件数は，制度発足から10年を経て，当初の申立件数が3倍を超えて，毎年3万件を超える申立てがあり，利用者数も20万人を超えている。利用の増加に伴い，市町村長の申立て及び成年後見人等に第三者が選任される割合の増加が顕著である。離婚などにより子との交流がない，あるいは，兄弟姉妹間の関係が疎遠であるなど親族間の関係が希薄化したことや，交流があっても親族自身の高齢化及び本人の資産をめぐる親族間紛争等があるなどの事情により，申立ても市町村長による，あるいは，申立てまでは親族が行っても，適切な成年後見人等を親族から得られない事案

13）2001年度（平成13年度）から厚生労働省の「成年後見制度利用支援事業」が開始され，2005年（平成17年）7月29日厚生労働省通知により市町村長申立てのための要件が緩和された。

が増加していることがうかがわれる。[14] その背景には，いわゆる社会の高齢化がある。高齢化社会とは，65歳以上の人口が総人口に占める割合が７％から14％の社会を高齢化社会，14％から21％の社会を高齢社会というが，日本は，1970年の国勢調査で７％を，1996年の調査で14％を超え，さらには，2007年には，21％に達している。[15] 認知症に罹患する高齢者の割合からすると，「超高齢社会」の出現は，今後の成年後見制度の在り方を検討する上でも避けて通れない問題を包含する。

４　障害者意思決定支援と成年後見制度

「障害者の権利に関する条約」（障害者権利条約）は，2006年12月13日，国際連合の総会で採択され，日本は，2014年１月20日，同条約を批准し，同年２月19日にその効力が発生した。障害者権利条約は，全ての障害者によるあらゆる人権及び基本的自由の完全かつ平等な享有を促進し，保護し，及び確保すること並びに障害者の固有の尊厳の尊重を促進することを目的とする（１条）。締約国は，障害者が全ての場所において法律の前に人として認められる権利を有することを再確認し（12条１項），障害者が生活のあらゆる側面において他の者との平等を基礎として法的能力を享有することを認め（同条２項），障害者がその法的能力の行使に当たって必要とする支援を利用する機会を提供するための適当な措置をとること（同条３項），法的能力の行使に関連する全ての措置において，濫用を防止するための適当かつ効果的な保障を国際人権法に従って定めることを確保すること，当該保障は，法的能力の行使に関連する措置が，障害者の権利，意思及び選好を尊重すること，利益相反を生じさせず，及び不当な影響を及ぼさないこと，障害者の状況に応じ，

14）親族後見人の選任率が30％を切った要因としては，親族後見人による不適切な財産管理や不正行為が問題となり，家庭裁判所が財産管理を重視したことも理由として挙げられる。

15）総人口に占める65歳以上の割合が20％から21％を超えた社会を「超高齢社会」と呼ぶことがある。高齢化社会から高齢社会に至る年数は，倍加年数と呼ばれているが，日本は24年という速さで，世界最短（フランス126年，スウェーデン85年）である。東京大学高齢社会総合研究機構編著『東大がつくった高齢社会の教科書』14頁

かつ，適合すること，可能な限り短い期間に適用すること等（同条４項）を定めている。

障害者権利条約の批准前から，諸外国の成年後見制度は，本人に代わって代理人が決定を行う「代行決定」を当然視した成年後見制度の在り方（代理・代行決定的あるいは他者決定型の成年後見制度）は，人権尊重の観点から見直されつつあるという指摘がされていた。[16] 障害者権利条約を批准したことにより，日本は，この条約に拘束されるところ，成年後見制度が法定代理権，取消権，同意権により本人の行為能力を制限していることが，条約12条に抵触するという指摘がされた。[17] この立場は，障害者権利条約の求めるところは，本人への支援を「代理・代行決定」によるのではなく，本人の意思決定を支援する「意思決定支援」に全面的に転換すべきであるとする。もっとも，民法上，成年後見人等は，本人の意思を尊重し，心身の状態および生活状況に配慮する義務を負う（民858条）ほか，本人の利益を保護するための各種の措置が講じられており，これにより本人の権利，意思及び選好の尊重が図られているとして，成年後見制度は，条約に抵触しないとする指摘もある。[18] 成年被後見人の中には，自己の意思を表明できない者も含まれていることから，法定代理制度一般を否定することは，これらの者からの保護手段を奪うことになるので，[19] 法定代理制度をなくすことは相当ではない。本人の意思を尊重した現在の成年後見制度を前提とし，意思決定支援の方向を推し進めることが現実的であろう。意思決定支援は，本人の意向や選好をくみ取り，その権利を擁護するものである。成年後見人等を含む支援者は，本人との信頼関係の構築が不可欠であり，その前提として，本人の特性を理解する必要がある。高齢者と精神障害者では，その特性も異なるし，精神障害の種類により，本人の思考や行動への影響は異なる。[20] その上で，介護，監護その他の日

16）菅富美枝「『意思決定支援』の観点からみた成年後見制度の再考」法政大学大原社会問題研究所／菅富美枝編著『成年後見制度の新たなグランド・デザイン』217頁
17）新井誠「障害者権利条約と横浜宣言」成年後見法研究10号３頁，「障害者権利条約と成年後見」実践成年後見41号13頁，「補助類型一元化への途」実践成年後見50号62頁
18）青木千帆子「障害を理由とする差別の解消の推進に関する基本方針の概要と今後の取組み」実践成年後見59巻68頁
19）田山輝明編著『成年後見制度と障害者権利条約』170頁以下
20）五十嵐禎人『成年後見人のための精神医学ハンドブック』158頁以下は，障害の特性に

常生活支援や福祉行政の現場において意思決定支援の具体的な意味をどのように構築し把握するかが重要である。[21)]

2011年7月に改正された障害者基本法23条は，「国及び地方公共団体は，障害者の意思決定の支援に配慮しつつ，障害者及びその家族その他の関係者に対する相談業務，成年後見制度その他の障害者の権利利益の保護等のための施策又は制度が，適切に行われ又は広く利用されるようにしなければならない。」と定め，2017年4月に施行された「地域社会における共生の実現に向けて新たな障害保健福祉施策を講ずるための関係法律の整備に関する法律」（平成24年法律第51号）（以下，「障害者総合支援法」という。）の附則は，「障害者の意思決定支援の在り方，障害福祉サービスの利用の観点からの成年後見制度の利用促進の在り方」を明記し，施行後3年をめどとして障害福祉サービスの在り方等について検討を加え，その結果に基づいて所要の措置を講ずることとした。[22)] これを受け，厚生労働省は，「意思決定支援ガイドライン（案）」を示している。[23)]

「意思決定支援ガイドライン（案）」によると，意思決定支援とは，知的障害者や精神障害（発達障害を含む）等で意思決定に困難を抱える障害者が，日常生活や社会生活等に関して自分自身がしたい（と思う）意思が反映された生活を送ることが可能となるように，障害者を支援する者（支援者）が行う支援の行為及び仕組をいう。意思決定を構成する要素として，①障害者の態様（好み，望み，意向，障害の特性等），②意思決定の内容（領域）ⓐ生活の領域（食事，更衣，移動，排泄，整容，入浴，余暇，社会参加等）ⓑ人生の領域（住む場所，働く場の選択，結婚，障害福祉サービスの利用等）ⓒ生命の領域（健康上の事項，医療措置等），③人的・社会的・物理的環境等

応じたコミュニケーションの在り方を具体的に示している。

21) 稲田龍樹「成年後見制度施行15年の家庭裁判所の役割について」草野芳郎・岡孝編著『高齢者支援の新たな枠組みを求めて』26頁は，意思決定支援を実践的な次元において試行錯誤しない限り，理念的な論争に終わってしまうことを指摘する。

22) 福祉サービスに関しては，障害者総合支援法42条，児童福祉法21条の5の17，知的障害者福祉法15条の3についても「意思決定の支援に配慮」することが明記されている。

23) 厚生労働省平成26年度障害者総合福祉推進事業として「意思決定支援の在り方並びに成年後見制度の利用促進の在り方に関する研究」報告書（公益社団法人日本発達障害連盟）による。

（関係者が，本人の意思を尊重しようとする態度で接しているか，慣れ親しんだ場所か否か等）が掲げられている。意思決定支援を行う際の行動の指針としては，イギリスの2005年意思能力法の５大原則を参考に，① 能力を欠くと確定されない限り，人は，能力を有すると推定されなければならない，②本人の意思決定を助けるあらゆる実行可能な方法が功を奏さなかったのでなければ，意思決定ができないとはみなされてはならない，③人は，単に賢明でないと判断をするという理由のみによって意思決定ができないとみなされてはならない，④意思決定能力がないと評価された本人に変わって行為をなし，意思決定するにあたっては，本人のベストインタレスト（最善の利益）に適するように行わなければならない，⑤そうした行為や意思決定をなすにあたっては，本人の権利や行動の自由を制限する程度がより少なくて済むような選択肢がほかにないか，よく考えなければならないことが掲げられている。

具体的に意思決定支援を適切に行うためには，各論として，責任者を配置し，支援計画を上記の指針等に配慮して作成すること，意思決定支援のプロセスとして，アセスメント，支援計画の作成，実施，実施後の状況の把握，支援後の評価とフォローを行うこととされている。そのほか，意思決定支援会議を開催することや意思決定支援における連携として各種外部団体（相談支援事業，学校，医療機関等，自立支援協議会等）との連携が挙げられており，その１つとして，成年後見人等との連携も重要であると指摘されている。

5　成年後見制度の利用の促進

(1)　利用促進法の制定

成年後見制度が開始され，前記３のとおり，申立件数の増加は著しく，成年後見制度利用者数は，合計20万人を超えている。[24] 関係12府省庁が共同で制定した新オレンジプラン（認知症施策推進総合戦略）によれば，認知症の有病者数だけみても，2012年における有病者数は約462万人，2025年

24）最高裁判所事務総局家庭局「成年後見関係事件の概況」（裁判所ウェブサイト）

には約700万人になると推計されており，現在の利用率のまま推移するとしても2025年の成年後見制度の利用者は30万人近くになると考えられている。[25] また，高齢化の状況からすると，現在なお成年後見制度を利用していない認知症，知的障害その他の精神上の障害により判断能力が不十分な方が数多く存在し，対象者数と比較すると，成年後見制度が十分に利用されていないという指摘がされている。[26]

その実態を受けて「成年後見制度の利用の促進に関する法律」（平成28年法律第29号。以下「利用促進法」という。）が2016年４月８日に成立し，同年５月13日に施行された。認知症や精神上の障害等により財産の管理や日常生活等に支障がある人たちを社会全体で支え合うことが共生社会の実現に資するところであり，成年後見制度は，その重要な手段である。利用促進法は，成年後見制度の利用の促進についての基本理念を定め，国の責務等を明らかにし，その基本方針等を定めるとともに，成年後見制度利用促進会議及び成年後見制度利用促進委員会を設置すること等により，成年後見制度の利用の促進に関する施策を総合的かつ計画的に推進することとしたものである。利用促進法は，プログラム法としての性格を持っており，施行されたからといって，直ちに実務の運用が変わるわけではなく，「成年後見制度利用促進基本計画」（平成29年３月24日閣議決定）に基づいて，政府，市町村，都道府県及び関係機関が一体となって制度の利用促進を図っていくことになる。

⑵　基本方針

利用促進法11条は，成年後見制度の利用の促進について，以下の基本方針を定めている。

①　成年後見制度を利用し又は利用しようとする者の能力に応じたきめ細かな対応を可能とする観点から，成年後見制度のうち利用が少ない保佐及び補助の制度の利用を促進するための方策について検討を加え，

25）厚生労働省「認知症施策推進総合戦略～認知症高齢者等にやさしい地域づくりに向けて～（新オレンジプラン）」www.mhlw.go.jp/stf/seisakunitsuite/bunya/0000064084.html

26）新井誠「成年後見制度利用促進法と円滑化法の意義」実践成年後見63号４頁

必要な措置を講ずること。

② 成年被後見人等の人権が尊重され，成年被後見人等であることを理由に不当に差別されないよう，成年被後見人等の権利に係る制限が設けられている制度について検討を加え，必要な見直しを行うこと。

③ 成年被後見人等であって医療，介護等を受けるに当たり意思を決定することが困難なものが円滑に必要な医療，介護等を受けられるようにするための支援の在り方について，成年後見人等の事務の範囲を含め検討を加え，必要な措置を講ずること。

④ 成年被後見人等の死亡後における事務が適切に処理されるよう，成年後見人等の事務の範囲について検討を加え，必要な見直しを行うこと。

⑤ 成年後見制度を利用し又は利用しようとする者の自発的意思を尊重する観点から，任意後見制度が積極的に活用されるよう，その利用状況を検証し，任意後見制度が適切にかつ安心して利用されるために必要な制度の整備その他の必要な措置を講ずること。

⑥ 成年後見制度に関し国民の関心と理解を深めるとともに，成年後見制度がその利用を必要とする者に十分に利用されるようにするため，国民に対する周知及び啓発のために必要な措置を講ずること。

⑦ 成年後見制度の利用に係る地域住民の需要に的確に対応するため，地域における成年後見制度の利用に係る需要の把握，地域住民に対する必要な情報の提供，相談の実施及び助言，市町村長による後見開始，保佐開始又は補助開始の審判の請求の積極的な活用その他の必要な措置を講ずること。

⑧ 地域において成年後見人等となる人材を確保するため，成年後見人等又はその候補者に対する研修の機会の確保並びに必要な情報の提供，相談の実施及び助言，成年後見人等に対する報酬の支払の助成その他の成年後見人等又はその候補者に対する支援の充実を図るために必要な措置を講ずること。

⑨ 前２号の措置を有効かつ適切に実施するため，成年後見人等又はその候補者の育成及び支援等を行う成年後見等実施機関の育成，成年後

見制度の利用において成年後見等実施機関が積極的に活用されるための仕組みの整備その他の成年後見等実施機関の活動に対する支援のために必要な措置を講ずること。

⑩　成年後見人等の事務の監督並びに成年後見人等に対する相談の実施及び助言その他の支援に係る機能を強化するため，家庭裁判所，関係行政機関及び地方公共団体における必要な人的体制の整備その他の必要な措置を講ずること。

⑪　家庭裁判所，関係行政機関及び地方公共団体並びに成年後見人等，成年後見等実施機関及び成年後見関連事業者の相互の緊密な連携を確保するため，成年後見制度の利用に関する指針の策定その他の必要な措置を講ずること。

上記基本方針のうち，２号については，利用促進法の制定前に，成年被後見人の選挙権を否定した旧公職選挙法が改正されたが，他の資格制限についての見直しは，今後の課題である。４号については，「成年後見の事務の円滑化を図るための民法及び家事事件手続法の一部を改正する法律」（平成28年法律第27号。以下「円滑化法」という。）が2016年４月６日に成立し，同年10月13日から施行された。円滑化法は，成年後見人の郵便物等の管理に関する後見事務や死後事務に関する権限を明確化するものである。

⑶　成年後見制度利用促進基本計画

成年後見制度利用促進委員会の意見書を受け，政府は，2017年３月24日，「成年後見制度利用促進基本計画」（以下「基本計画」という。）について閣議決定をした。

今後，基本計画に基づいて，政府，市町村長，都道府県及び関係機関が一体となって制度の利用促進を図ることになる。基本計画は，2017年度から2021年度までのおおむね５年間を念頭に定めるものとされている。

基本計画は，今後の施策の目標として，①利用者がメリットを実感できる制度・運用へ改善を進めること，②全国どの地域においても必要な人が成年後見制度を利用できるよう，各地域において，権利擁護支援の地域連携ネットワークの構築を図ること，③不正防止を徹底するとともに，利用のしやすさとの調和を図り，安心して成年後見制度を利用できる環境を整備すること，④成年被後見人等の権利制限に係る措置を見直すことを掲げる。また，今後取り組むべきその他の重要施策として，成年被後見人等の医療・介護等に係る意思決定が困難な人への支援等が掲げられている。

基本計画は，成年後見制度の趣旨でもあるノーマライゼーション，自己決定権の尊重の理念に立ち返り，改めてその運用の在り方を検討すべきとし，これまでの成年後見制度が，財産の保全の観点のみが重視され，本人の利益や生活の質の向上のために財産を積極的に利用するという視点に欠けるという硬直性が指摘されていたことを踏まえ，本人の意思決定支援や身上保護等の福祉的な観点も重視した柔軟な運用を検討すべきであると指摘する。この実現のためには，家庭裁判所以外の関係行政機関及び地方公共団体，成年後見人等との緊密な連携が不可欠であり，社会全体で認知症高齢者，精神障害者，知的障害者を見守る体制，受け皿の整備すなわち，権利擁護支援の地域連携ネットワーク（以下「地域連携ネットワーク」という。）及びその中核機関の構築が最大の課題となる。地域連携ネットワークは，①権利擁護支援の必要な人を発見し，支援すること，②早期の段階からの相談，対応体制を整備すること，③意思決定支援・身上保護を重視した成年後見制度の運用に資する支援体制を構築するという３つの役割を果たすことになる。従来の保健・医療・福祉の連携だけでなく，新たに司法も含めた連携の仕組（地域連携ネットワーク）を構築することになる。この地域連携ネットワークを整備し，協議会等を適切に運営していくためには，その中核となる機関が必要である。中核機関には，様々なケースに対応できる法律・福祉等の専門知識や地域の専門職等から円滑に協力を得るノウハウ等が蓄積されること，市町村の福祉部局が有する個人情報を基に支援の業務が行われること，及び行政や地域の幅広い関係者を巻き込んでの連携を調整する必要性から，市町村あるいは市町村から委託を受けた機関[27]が設置することが望ましい。

27）複数の市町村にまたがる区域での共同委託や既に「成年後見支援センター」等の設置があるが，それらの枠組の利用が考えられる。

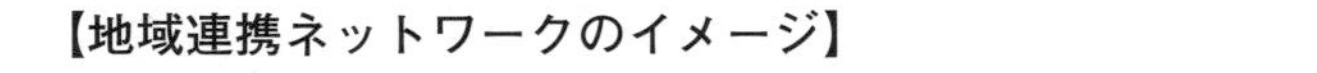

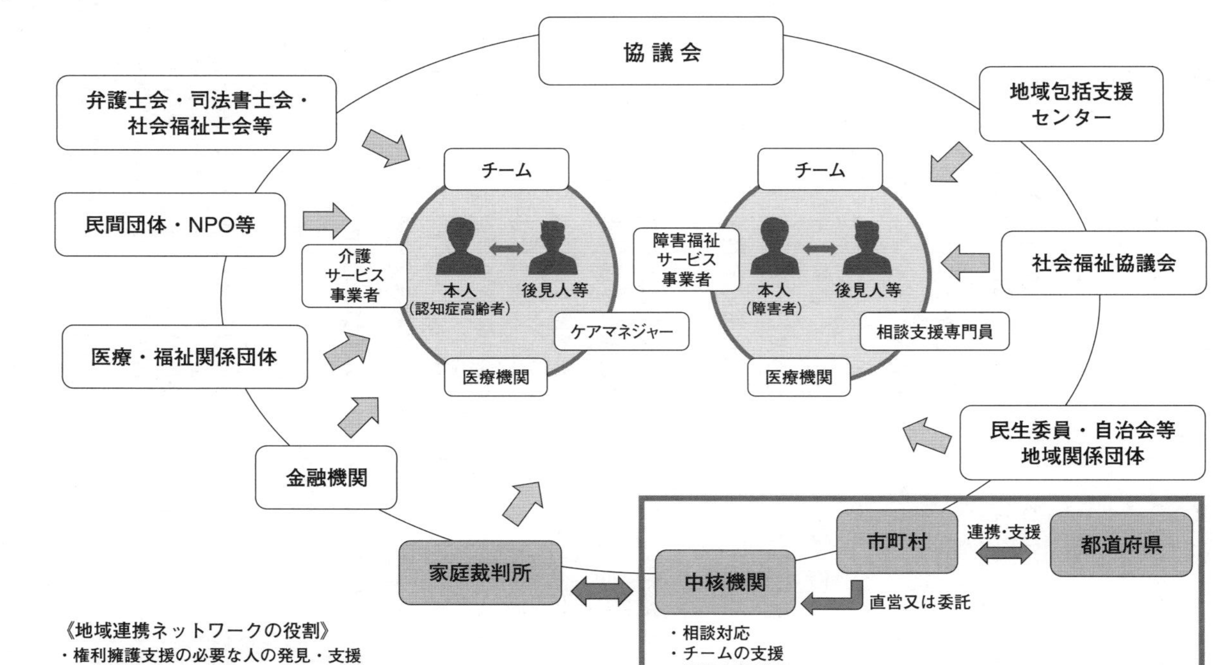

《地域連携ネットワークの役割》
・権利擁護支援の必要な人の発見・支援
・早期の段階からの相談・対応体制の整備
・意思決定支援・身上保護を重視した成年後見制度の運用に資する支援体制の構築

《地域連携ネットワークの機能》
・広報機能，相談機能，利用促進機能，後見人支援機能，不正防止効果

内閣府「成年後見制度利用促進計画のポイント・概要」を基に作成

(4) 将来の後見制度について（私見）

利用促進法や基本計画は，成年後見制度の利用促進を掲げるが，本来の趣旨は，権利擁護支援の必要な人の権利保護がなされること，そのために成年後見制度の利用者にとってメリットのある制度にすることを目的とするものであって，単なる利用者数の増加を目的とするものではない。成年後見事件の本人の中には，親族からの身体的虐待や経済的虐待を受けている認知症高齢者や障害者，あるいは，他人に助けを求めることをせず，セルフネグレクト状態となっている高齢者が含まれている。家庭裁判所は，申立てがない限り，権利擁護支援を必要とするこれらの人を知る立場にないが，認知症高齢者や精神障害の罹（り）患者数からするとそのような弱者が地域社会に埋もれていることが懸念される。このような高齢者や障害者を早期に発見し，権利擁護につなげるためには，地域連携ネットワーク及び中核機関の整備が不可欠であり，家庭裁判所の実務を通じて筆者が最も期待するところである。

他方で，障害者権利条約の指摘するように，行為能力制限を必要やむを得ない場合に限定し，意思決定支援の実践を確立する必要もある。ただし，障害者の意思決定支援の取組は，構想段階であり，また，その内容には，生活全般における事実行為を含むとともに生命身体に関する医療の領域にまで広範にわたっており，認知症高齢者の意思決定支援についての取組はこれからの課題である。「意思決定支援ガイドライン（案）」と同じ内容をこれまでの成年後見制度で実現できるものではなく，実践のためには，権利擁護支援の地域連携ネットワークの構築のほかに意思決定支援の仕組みを具体化していく必要がある。[28)] [29)]

---

28)「意思決定支援」という言葉は，それぞれの立場で便利に使われるおそれがあり，意思決定支援ガイドライン（案）の示す障害者の意思決定を支援する仕組み（アセスメント，支援計画の作成，実施，実施後の状況の把握，支援後の評価とフォロー）が客観性の担保のためにも必要であり，これまでの「本人の意思の尊重」とは，質的に異なることに注意が必要である。

29) 成年後見制度の枠内で，成年後見人等が後見事務を行う際の行動指針として，本人とより向き合った事務を行い，適切な代弁行為を行う方向性の検討が一部の専門職の間で行われている（公益社団法人成年後見センター・リーガルサポート編『よりよい後見事務の道しるべ』，松川正毅編『成年後見における意思の探求と日常の事務』参照）。

将来の制度構築の問題ではあるが，今後，地域連携ネットワークの整備や意思決定支援の取組によっては，日常生活自立制度事業以外にも成年後見制度によらない財産の保護や身上監護の方策も多様化されていくことや，行為能力制限を伴わない支援方法として，特定の法律行為について代理権付与決定のみを伴う補助や任意後見制度の利用の増加などが想定される。法定後見制度は，意思能力のない者のためにも必要であり，後見，保佐及び補助類型もこれまでどおり利用されることになるが，支援の方策が多様化していくことにより，権利擁護のための１つの手段と位置づけられていくことになろう。

基本計画により指摘された成年後見制度の課題については，①鑑定や診断書の在り方（第２章第１節３⑵），②後見人等選任における受任者調整や複数選任の在り方（第２章第１節４⑴，４⑷），③後見人の辞任（第２章第１節５⑴），④医療行為（第２章第１節７⑷），⑤不正防止方策の検討（第２章第１節14⑷オ）を参照されたい。

第2章　法定後見制度

「第1節　成年後見制度」において，法定後見制度の3類型に共通する部分について論じるとともに，「第4章　未成年後見制度」と共通する部分も本章第1節に併せて記載し，後見人（成年後見と未成年後見）に関する包括的な規定に関する部分では，条文どおり「後見人」と表記している。

第1節　成年後見制度

1　成年後見の開始

(1)　後見開始の審判の対象者

後見開始の審判は，精神上の障害により事理弁識能力（判断能力）を欠く常況にある者を対象とし，家庭裁判所は，本人，配偶者，四親等内の親族，未成年後見人，未成年後見監督人，保佐人，保佐監督人，補助人，補助監督人又は検察官の請求により後見開始の審判をなすことができる（民7条）。旧法7条は，「禁治産ノ宣告」「心神喪失ノ常況ニ在ル者」という用語を用いたが，「後見開始の審判」「精神上の障害により事理を弁識する能力を欠く常況にある者」と改められた。「禁治産」という用語が社会的偏見を与えることから，「後見」という配慮した用語とし，「心神喪失」の要件も概念が不明確で否定的な印象があることから，その概念を明確にするとともに客観的な表現としたものである[1)]。保佐については，「精神上の障害により事理を弁識する能力が著しく不十分である者」（民11条），補助については，「精神上の障害により事理を弁識する能力が不十分である者」（民15条）と規定された。いずれも「精神上の障害」による判断能力の低下が要件とされている。

1）小林昭彦・原司『平成11年民法一部改正法等の解説』60頁，小林昭彦・大門匡編著『新成年後見制度の解説』92頁

「精神上の障害」とは，未成年により判断能力が不十分な者とを区別する趣旨で，判断能力の不十分な常況にある原因を明記したものであり，身体上の障害を除くすべての精神的障害を意味し，認知症（老人性痴呆，初老期痴呆，若年痴呆），知的障害，精神障害のほか，自閉症，事故による脳損傷又は脳の疾患に起因する精神的障害等も含まれる。「事理を弁識する能力」とは，判断能力を意味し，法定後見制度の性格上，法律行為の利害得失を判断する能力（後見等の事務に係る法律行為が自己にとって利益か不利益かを判断する能力）を意味する。[2] 成年後見制度の対象者の具体例としては，①通常は，日常の買物も自分ではできず，誰かに代わってやってもらう必要がある者，②ごく日常的な事柄（家族の名前，自分の居場所等）がわからなくなっている者，③完全な植物状態にある者が挙げられる。[3] 未成年者も後見開始の審判の対象者となる（民7条）。旧法7条も後見人を禁治産宣告の申立権者と定めており，この後見人は，禁治産者の後見人が禁治産宣告の申立てを行う必要はないことから未成年後見人の意味であるとされており，民法7条においても未成年後見人を申立権者としていることからも明らかである。

成年後見制度の対象者は，いずれも「精神上の障害」が要件となるので，精神的な障害を伴わない身体障害者は対象者とならない。[4] また，旧法11条は，心神耗弱者のほかに「浪費者」も準禁治産者として保佐人を付することを定めていたが，成年後見制度では，「浪費者」が削除された。そのため，本人の浪費傾向が精神上の障害に起因する場合以外は，後見制度を利用することはできない。

「精神上の障害」について問題となった判例として【2－1】がある。【2－1】は，筋萎縮性側索硬化症（ALS）という進行性神経疾患を有する事件本人（韓国籍）について，ALSは，通常は判断力の低下，認知障害

2）小林昭彦・原司『平成11年民法一部改正法等の解説』61頁，小林昭彦・大門匡編著『新成年後見制度の解説』44頁，93頁
3）小林昭彦・原司『平成11年民法一部改正法等の解説』62頁，小林昭彦・大門匡編著『新成年後見制度の解説』103頁
4）東京家裁後見問題研究会編著『後見の実務』別冊判タ36号16頁，小林昭彦・原司『平成11年民法一部改正等の解説』131頁

その他精神上の障害を伴わないものであるとして申立てを却下した原審判を取り消し，原審に差し戻した。ALSも病気が進めば認知障害を伴うことが相当あり得ること，事件本人は，意思疎通が不可能であって，社会的に植物状態であることを理由とする。韓国民法12条の「心神喪失の常態」の要件が「精神上の障害により事理を弁識する能力を欠くこと」をいうとした上で，後見開始すべきとした事案であり，事案に即して「精神上の障害」の解釈について実質的に拡張した事例である[5]。

【２－１】筋萎縮性側索硬化症（ALS）という進行性神経疾患を有する事件本人（韓国籍）について，妻からの後見開始の申立てを認めるべきであるとして，原審判（申立却下）が取り消された事例

東京高決平成18年７月11日判時1958号73頁

第三　当裁判所の判断

一　本件の事実関係及び医学的知見

(1)　西田伸一医師による鑑定の結果その他１件記録によれば，以下の事実が認められる。

ア　事件本人は，昭和24年《略》に日本で生まれ（国籍は韓国），姉２人（うち１人が上記亡丁原竹子），妹１人，弟１人の５人兄弟であったが，昭和52年《略》に抗告人（昭和25年《略》生）と婚姻し，３人の子供をもうけた。

イ　一般に，ALSの症状は，上位・下位運動神経の変性を特徴とする進行性神経疾患であるが，通常は，判断能力の低下，認知障害その他の精神上の障害を伴わないというのが従来の医学的通説であるとされてきた。

しかし，昨今，医学雑誌「NEUROLOGY」（神経学）に発表された医学論文によれば，実証データに基づき，少なくとも「約50％のALS患者に認知障害を伴う」との研究報告がされたことから，いまだ医学的定説として固まったわけではないが，従来の「認知機能の障害は見られない。」との通説は，必ずしも維持できなくなっている（鑑定人西田医師の意見書）。

5）林貴美「今期の裁判例［家族］」判例タイムズ臨時増刊1249号33頁，吉田彩「平成19年度主要民事判例解説」別冊判例タイムズ22号22頁

ウ　日本でも数少ない神経専門病院である東京都立神経病院院長の林秀明医師の意見書によれば，従来，医学者は，臨床的に「知覚障害がない，眼球運動障害がない，膀胱直腸障害がない，床ずれができない」ことをALSの陰性四徴として強調し，「判断能力の低下や認知障害その他の精神上の障害を伴わない」ことも陰性症状として挙げていたが，最近のALSの全臨床経過の積み重ねの結果から，今まで定説とされてきた上記陰性四徴及び陰性症状が，ALSのすべてに見られるものとは限らないという医学的知見が得られるようになったこと，また，従来，起こらないとされてきた眼球運動障害や痴呆（認知症）も，随意（身体）運動系と情動（辺縁）運動系の障害の結果として起こり，その重度化したALS病態として，全随意筋麻痺（totally locked-in state＝TLS）などが認識されるようになったことが認められる。

(2)　西田医師による鑑定の結果及び同医師の意見書によれば，事件本人のALS発症の経過及び日常生活の状況等は以下のとおりであると認められる。

ア　ALS発症の経過

抗告人は，平成12年，筋力低下が発症して東京女子医科大学附属病院に入院し，平成13年２月，筋萎縮性側索硬化症（ALS）の確定診断を受けた。同年５月，気管切開施行，人工呼吸器装着をし，同年８月退院した。平成14年に胃瘍（胃チューブ）造設，平成16年に都立神経病院に転医し，以後訪問診療，往診等を受けている。

イ　日常生活の状況

事件本人は，上記疾患により全身の完全筋麻痺があり，呼吸・発語・嚥下・四肢運動等は全く不可能であり，24時間人工呼吸装置，胃瘻からの経管栄養管理，膀胱留置カテーテルによる持続導尿を行っている。これらの機器を継続作動させなければ生命を維持することができない。

本疾患に関する従前の見解によれば，事件本人の知的機能は維持されているものと考えられるが，約50％のALS患者に認知障害を伴うとの研究結果をも考慮すると，事件本人についても認知障害の可能性は否定できず，したがって，知的機能が維持されているかどうかは断定できない。次にみるように，事件本人の意思の表現や確認が不可能な状況に照らすと，知的機能が維持されているかどうかは確認できない。

事件本人の意思の表現や確認はほぼ不可能な状態である。現在，わずかな眼球運動により辛うじて意思疎通に努めているが，意思内容の正確な把握は不可能である（わずかな表情筋の動きを利用する意思伝達装置もあるが，事件本人のようにわずかな表情筋の動きすら廃絶した患者には適用は不可能となっている。)。

結論として，社会生活に即した判断能力に障害がないかどうかは確認できず，意思の伝達は不可能であり，今後回復の可能性はないため，独力での財産管理は全く不可能で，自己の財産を管理，処分することはできない。

ウ　上記西田医師は，原審裁判所に提出した意見書において，事件本人の症例のように，わずかな表情筋の動きも廃絶した患者は意思の疎通は不可能であり，意識障害の有無にかかわらず，社会的にはいわゆる植物状態と同じ状態にあるといえるので，このような患者が財産の管理能力を喪失していることは明白であるとの意見を述べている。

⑶　上記林医師は，意見書において，TLSは，すべての最終共通運動路の下位運動ニューロンが障害されているALSの全臨床経過で最も進行した病態であると考えられること，TLSでは，外から見た目に随意運動量はゼロとなり，周囲との確実な交流は（コミュニケーションが完全に失われている状態を意味するわけではないが）極めて困難となること，TLSの病態が持続してALSが進行していくと，臨床的に行為・認知障害が加わる可能性もあること等の医学的知見を述べた上，事件本人は上記TLSの病態に陥っていると判断し，現行の成年後見人制度の適用ができるようにしていくことが適切であるとの意見を述べている。

二　後見開始の原因について

法例4条（注・現法の適用に関する通則法5条）は，後見開始の審判の原因は成年被後見人の本国法により　その審判の効力は審判をした国の法律によることを規定し（1項），日本に住所又は居所を有する外国人につきその本国法により後見開始の審判の原因があるときは，裁判所はその者に対して後見開始の審判をすることができること，ただし，日本の法律がその原因を認めないときはこの限りではないことを規定している（2項)。

確かに，事件本人は韓国籍であり，事件本人に適用される韓国民法12条は，「心神喪失の常態にある者に対しては，……請求により，禁治産を宣告しなければならない。」と定めており，この「心神喪失」については，平成11年法律第149号による改正前の我が国民法7条の「心神喪失」と基本的に同義であると考えられるところ，これは「精神上の障害により事理を弁識する能力を欠くこと」をいうものと解され，原審判のような厳格な解釈もあながち不合理とはいえない。

しかしながら 前記のようなALSに関する医学的知見の進展により，ALSも病態が進めば認知障害を伴うことが相当あり得ること，事件本人は，わずかな表情筋の動きも廃絶し，意思疎通が不可能であって，社会的に植物状態にあり，認知障害を伴った精神上の障害があると評価できること，また，実際上の必要性として，事件本人が当事者となっている上記共有物分割等請求事件が係属しており，事件本人において意思表示の手段がなく，事実上財産処分をすることができないとすれば，訴訟の進行に支障を来すことは明らかであり，後見人を選任する必要があることを総合考慮すると，事件本人は心神喪失の常態にあるのと同等の状態にあるとみるのが相当である。

したがって，本件後見開始申立てを却下した原審判は相当でないといわざるを得ない。

(2) 後見開始の審判の必然性

後見開始の審判では，本人が判断能力を欠く常況にあると認定される以上，財産行為全般について常に他人の援助を受ける必要があり，後見開始の審判を行うことになる。旧法7条の「禁治産ノ宣告ヲナスコトヲ得」という規定については，家庭裁判所に宣告の権限があるという意味であり，「心神喪失ノ常況」が認められる以上は，禁治産宣告をしなければならないと解されていた。旧法の判例の【2-2】も同趣旨である。成年後見制度においても，本人が精神上の障害により事理を弁識する能力を欠く常況にあると認定されるときは，家庭裁判所は，必ず後見開始の審判をしなければならないと解されている[6]。

【2-2】家庭裁判所は，禁治産宣告の申立てに対する審判の手続においては，事件本人が心神喪失の常況にあると認めた場合には必ず禁治産の宣告をすべきであって，これをするか否かの裁量の自由を有するものでは

6）小林昭彦・原司『平成11年民法一部改正法等の解説』74頁，小林昭彦・大門匡編著『新成年後見制度の解説』94頁，山田真紀「後見開始と保佐開始」判タ1100号224頁。これに対し，髙村浩『Q&A　成年後見制度の解説』94頁は，「欠く常況」にあるか否かは，後見制度の保護を与えるのが適当か否かの観点から判断されると解している。

ないとして，意思能力を喪失していると認められる事件本人について禁治産者とする必要性がないことを理由に鑑定することなく申立てを却下した原審判を取り消して差し戻した事例

広島高決平成10年５月26日家月50巻11号92頁

２　前記１の事実によれば，事件本人は一応心神喪失の常況にあるものと認めるのが相当であるところ，家庭裁判所は，調査の結果，事件本人が心神喪失の常況にあると認めた場合には，禁治産制度の目的（本人の財産保護及びその療養看護の必要性）からみて必ず禁治産の宣告をすべきであって，これをするかしないかの裁量の自由を有するものではないと解するのが相当である（民法７条は「宣告ヲ為スコトヲ得」とあるが，これは家庭裁判所に権限があるということを意味するにとどまり，宣告をするかしないかの裁量の自由を家庭裁判所に認めた趣旨とは解されない。)。

３　よって，これと異なる見解に立って，事件本人の鑑定をすることなく本件申立を却下した原審判は不当であるから取り消し，本件については上記の鑑定及び後見人の選任等についてなお審理を尽くさせる必要があるので，本件を山口家庭裁判所下関支部に差し戻すこととし，主文のとおり決定する。

⑶　未成年後見と成年後見との併存

旧法は，未成年後見人と禁治産後見人の概念を区別せず，包括的に後見人の人数制限をしていた（旧法843条)。そのため，未成年者について禁治産宣告を行う場合，改めて後見人を選任するか否かについて見解が分かれていた。[7] 成年後見制度は，未成年後見人と成年後見人は概念として明確に区別されていること，民法838条２号は成年者であると未成年者であるとを問わずに後見開始の審判があれば適用されること，後見人の人数制限を未成年後見人に限定していること（平成23年法律第61号改正前の民842条）から，未成年後見人と成年後見人等との併存を認める趣旨であると解されている。[8]

7）於保不二雄・中川淳編集『新版注釈民法㉕改訂版』307頁〔犬伏由子〕。実務は，未成年後見人がいる場合の禁治産後見人の選任について，消極的に解していた（昭和28年12月25日民事甲2465号民事局長回答)。
8）小林昭彦・原司『平成11年民法一部改正法等の解説』63頁注⑷，95頁，132頁，小林昭

成年後見の場合は，居住用不動産の処分には家庭裁判所の許可が必要とされ，本人が保護されるが，親権や未成年後見の場合には同様の規定がないことからも併存の必要性がある。成年後見開始の審判の申立権者として未成年後見人が明記され（民7条），保佐及び補助の申立権者の「後見人」には，未成年後見人を含むとされている（民11条，15条）。知的障害者・精神障害者等が未成年の間に成年に達した時点で直ちに成年後見制度に移行する目的で後見開始の審判が申し立てられる場合には，共同親権の延長として父母を複数成年後見人に選任することが考えられる。そのほか，未成年後見人とは別に特定の財産行為のみについて権限を有する補助人等を選任する場合などがあろう。複数未成年後見人が認められた（民842条の削除）こともあり，併存に支障はなく，活用されてよいであろう。

⑷　成年後見の開始

民法838条2号は，後見開始の審判があったとき，後見が開始すると定めている。この規定は，成年者であるか未成年者であるかを問わずに，後見開始の審判があれば適用される。後見の開始の審判を受けた者は，成年被後見人と呼ばれ，法定代理人として成年後見人が付される（民8条）。成年後見人は，身上配慮義務及び本人の意思尊重義務（民858条）に則って，成年被後見人の財産を管理し，またはその法律行為について成年被後見人を代表する（民859条1項）。

2　申立権者

⑴　民法の定める申立権者

後見開始の審判は，本人，配偶者，四親等内の親族が申立てをすることができる。また，他の類型からの移行のため，保佐人，保佐監督人，補助

彦・大門匡編著『新成年後見制度の解説』124頁。谷口知平・石田喜久夫編集『新版注釈民法⑴改訂版』327頁〔鈴木ハツヨ〕は，平成11年の改正後も，未成年後見人については，複数の選任が認められておらず，未成年後見と成年後見の併存は，煩雑な問題が生じるとして，本人の成年到達までは，親権制度ないし未成年後見制度が機能し，成年後見制度は，潜在的にのみ成立すると解すべき反対意見もあった。

人，補助監督人又は未成年後見人，未成年後見監督人もその申立てをすることができるほか，公益の代表者として検察官にも申立権がある（民７条）。

申立権者が申立て後その地位を失った場合，例えば配偶者が申立て後，審判前に離婚し，配偶者たる地位を失った場合は，申立て時のみならず，審判時にも配偶者であることが後見開始の要件であるとの立場から，①申立人配偶者のまま申立ての取下げを促す，②申立人配偶者のまま申立てを却下する，③受継させた上，取下げを促す，④当然終了で事件を終了させる，⑤本人の鑑定結果から精神上の障害により事理を弁識する能力を欠いていた場合には，申立人配偶者のままで後見開始の審判を行うべきであるなど説が分かれている。実務上，①ないし②が相当である。[9)]

本人も申立権者となっているのは，「本心」[10)]に服しているときの申立てを想定しているからである。しかし，本人に申立ての能力があれば，通常は，保佐又は補助開始の審判の対象者であると考えられる場合があり，その場合には，申立ての趣旨を変更することになる。

内縁の配偶者による後見開始の審判の申立ては認められるか。利害関係人には，後見開始の審判の申立権がないため，[11)]配偶者に準じて申立てを認め得るかが問題となる。手続の明確性の見地からすると，内縁の配偶者であることの事実認定が迅速にできる保障はなく，他の親族から内縁の配偶者であることが争われる場合が想定できるほか，準婚理論が内縁の配偶者を保護する制度であることからすると，否定説が相当である。内縁の配偶者からの申立てに対しては，法文上の申立権者に申立てをしてもらうよう促し，協力を得られなかった場合は，市町村長による申立てを教示することになる。[12)]後見開始の審判後，成年後見人が欠けた場合には，利害関係人にも成年後見人の選任請求権がある（民843条２項）ので，内縁の配偶者も

9）平井重信「禁治産の宣告」岡垣學・野田愛子編集『講座　実務家事審判法４』87頁，「昭和60年７月12日大阪高裁管内家事審判官有志協議会協議結果」家月38巻４号166頁
10）小林昭彦・原司『平成11年民法一部改正法等の解説』65頁
11）「昭和38年９月18日大阪高裁管内家事審判官有志協議会協議結果」家月15巻11号190頁
12）東京家裁後見問題研究会「東京家裁後見センターにおける成年後見制度運用の状況と課題」判タ1165号62頁。旧法でも同様に解されている。「昭和38年９月18日大阪高裁管内家事審判官有志協議会協議結果」家月15巻11号190頁

利害関係人として成年後見人を選任請求できる。

後見人が本人に代わり，本人の親族に関する後見開始の申立てを代理できるかが問題となるが，後見開始の申立権が民法859条の権限に含まれるか疑義があり，相当ではないと解する。[13)]

⑵　市町村長による申立て

社会の高齢化，少子化の進展等に伴い，身寄りのない認知症（痴呆）性高齢者，知的障害者及び精神障害者について，迅速に成年後見の申立てを行う必要性が指摘されていた。公益の代表者としての検察官に申立権があるものの，本来の検察官の職務が犯罪の捜査，刑事事件の公訴を行うことにあることからすると，本人の情報を迅速に入手して申立てを行うことは困難であろう。そこで，「民法の一部を改正する法律の施行に伴う関係法律の整備等に関する法律」（「整備法」という。）において，認知症（痴呆）性高齢者，知的障害者及び精神障害者に対する法定後見の開始の審判の申立権を市町村長（東京都の特別区の区長を含む。）に付与する規定が新設された（老人福祉法32条，知的障害者福祉法28条，精神保健福祉法51条の11の２）。いずれも「その福祉を図るため特に必要があると認めるとき」，市町村長は，後見開始の審判等を申し立てることができると定めている。「その福祉を図るため特に必要があると認めるとき」とは，本人に配偶者又は四親等内の親族がない，これらの親族があっても音信不通の状況にあるなどの事情により，審判の申立てを期待することができず，市町村長が本人の保護を図るために申立てを行うことが必要な状況にあることを意味する。[14)]配偶者や四親等内の親族が存在するとしても申立てを拒否している場合，本人に対する虐待や放置がある場合，親族の存在が戸籍上確認できるが，連絡がつかない場合であって，親族による申立てが期待できず，本人を放置することができない状況のときは，「その福祉を図るため特に必要がある

13）赤沼康弘編著『成年後見制度をめぐる諸問題』148頁，東京家裁後見問題研究会編著『後見の実務』別冊判タ36号21頁。かつて東京家裁の後見センターでは，このような申立てを認めたが，現在では，慎重な対応をしている。

14）小林昭彦・大門匡編著『新成年後見制度の解説』49頁

と認めるとき」に該当し，市町村長が申立てを行うことになる。[15] 当初は，この要件が厳格に解され，民法上の申立人がいない場合に限る趣旨で四親等内の親族の存在の調査が必要とされていたが，近時は，申立人の有無に関する親族調査については，二親等までで足りるとされている。[16]

市町村長の申立権は，後見開始の審判及びこれに関連して必要となる審判（①後見開始（民7条），②保佐開始（民11条），民法13条1項所定の行為以外についての保佐人への同意権（民13条2項），保佐人への代理権付与（民876条の4第1項），③補助開始（民15条），補助人への同意権付与（民17条）又は代理権付与（民876条の9第1項））に限られ，それらの審判の取消しの申立権までは付与されていない。市町村長による申立ての場合については，厚生労働省の成年後見制度利用支援事業により国庫から申立てに要する費用（登記手数料，鑑定費用等）及び成年後見人等の報酬が助成される。[17) 18]

市町村長が後見等開始の審判を申し立てる場合には，審判の請求の円滑な実施に資するよう，後見等の業務を適正に行うことができる人材の活用を図るため，後見等の業務を適正に行うことができる者を家庭裁判所へ推薦するなどの必要な措置を講じるよう努めなければならないことが定められている。[19]

(3)　任意後見受任者・任意後見人・任意後見監督人による申立て

任意後見契約が締結された後に，後見開始の審判を開始することが本人

---

15) 原司「成年後見制度の実務上の諸問題」ジュリ1211号25頁
16) 平成17年7月29日厚生労働省通知
17) 平成13年7月18日家裁事務局長あて家庭局第一課長通知「成年後見制度利用支援事業について」家月53巻11号149頁，平成14年8月14日家裁事務局長あて家庭局第一課長通知「成年後見制度利用支援事業の一部改正について」家月55巻1号127頁。なお，平成18年からは，成年後見制度利用促進事業が介護保険法に定める地域支援事業の1つである任意事業として，市町村長の判断により実施することが可能な事業と位置づけられたことから，利用対象者は市町村長申立ての場合に限られなくなった（平成20年10月24日厚生労働省老健局計画課長事務連絡「成年後見制度利用支援事業に関する照会について」）。
18) 市区町村長の申立ては，2001年度（平成13年度）から市区町村長が行う国庫補助（厚生労働省）が開始されたことを受けて，市区町村の制度利用に向けての取組が進み，2014年には，5592件（全体の約16.4%）の申立てがあり，年々増加傾向にある。
19) 老人福祉法32条の2（2012年4月1日施行），知的障害者福祉法28条の2（2013年4月1日施行），精神保健福祉法51条の11の3（2014年4月1日施行）

の利益のために特に必要があると認められる場合には，任意後見受任者，任意後見人又は任意後見監督人も後見開始の審判等の申立てをすることができる（任意後見10条２項）。任意後見から法定後見への円滑な移行を可能とするために，これらの者にも申立権が付与された。[20]

3　後見開始の審判の手続

(1)　管　轄

後見開始の審判の管轄は，本人（成年後見人等となるべき者）の住所地である（家事117条１項，128条１項，136条１項）。後見開始の審判後のすべての成年後見に関する審判事件の管轄裁判所も後見開始の審判をした家庭裁判所と定められており，成年後見に関する審判事件の管轄を集中させ，一元的に同一の家庭裁判所が処理する（同条各２項）。住所とは，「各人の生活の本拠」（民22条）であり，ある場所がある人の生活関係の場所的中心となっているという客観的な事実が判断基準となる。[21] 多くの場合は，住民登録地を管轄とする。[22]

(2)　鑑　定

成年後見開始の審判は，本人が精神上の障害により判断能力を通常欠く状況にある者に対して行われるが，本人の判断能力の判定方法（鑑定の要否等）に関しては，医師その他適当な者による鑑定が必要である。ただし，明らかにその必要がないと認めるときは，鑑定を要しない（家事119条１項）。鑑定人については，必ずしも精神科医である必要はなく，事案によりその鑑定に必要な学識経験を有するものであればよい。[23] 鑑定は，他の資料には代えられない法定証拠であり，例外的に鑑定を要しない事例としては，い

20）小林昭彦・大門匡編著『新成年後見制度の解説』50頁，274頁
21）斎藤秀夫・菊池信男編『注解家事審判規則　改訂版』210頁〔安井光雄〕
22）東京家裁後見問題研究会編著『後見の実務』別冊判タ36号29頁によると，東京家裁後見センターでは，住民登録地を住所地として取り扱い，住民登録地でない場合は，客観的資料（施設入所契約書，公共料金等の支払書等）の提出を求めている。
23）「昭和51年１月23日大阪高裁管内家事審判官有志協議会協議結果」家月28巻11号235頁

わゆる植物状態[24]と呼ばれる状態にある場合やこれに準じる場合が該当する。成年後見制度の施行当初は，植物状態以外で鑑定が不要とされるためには，医師が本人について植物状態と同程度に事理弁識能力を定型的に欠いていると診断していることが必要とされていたが，[25]診断書の記載や親族等からの聴取内容等の資料を勘案して鑑定を省略する運用が行われている。[26]成年後見制度発足とあわせて，最高裁判所事務総局家庭局は「成年後見制度における鑑定書作成の手引」，「成年後見制度における診断書作成の手引」を作成し，鑑定書及び診断書のひな形を示している。[27]これに従って作成された診断書であれば，精神上の障害の有無や財産管理能力の程度が明確になっているため，他の情報と総合考慮の上，鑑定を省略することが可能となることが多く，時間や費用をかけずに成年後見開始の審判がなされている。

成年後見制度における鑑定は，旧法時と比較して，鑑定期間が短縮し，鑑定費用も低額化した。[28]基本計画では，鑑定書に代えて診断書の提出を認める運用は，迅速な審判に資する反面，成年被後見人とされることにより行為能力が制限されるなど，その効果が大きいこと等に鑑みれば，後見・保佐・補助の判別が適切になされるよう，医師が診断書等を作成するに当たっては，本人の身体及び精神の状態を的確に示すような本人の生活状況等に関する情報が適切に提供されることにより，十分な判断資料に基づく

24）なお，植物状態（遷延性意識障害）の定義については，①自力移動不可能，②自力摂取不可能，③糞尿失禁状態，④たとえ声は出しても意味のある発語は不可能，⑤「眼を開け」，「手を握れ」などの簡単な命令にはかろうじて応ずることもあるが，それ以上の意思の疎通が不可能，⑥眼球はかろうじて物を追っても認識はできないという6項目を満たすような状態に陥り，ほとんど改善がみられないまま満3か月以上を経過したものをいう（1972年に日本脳神経外科学会が発表した定義）。

25）橋本和夫「後見・保佐，監督に関する問題」判タ1100号227頁

26）東京家裁後見問題研究会編著『後見の実務』別冊判タ36号39頁は，例として，診断書において認知症を理由として後見相当の意見が付されている場合で，見当識や記憶力などの障害が大きいことが診断書に書かれており，長谷川式認知症スケールなど各種検査の結果が低いレベルにあると認められる場合には，申立事情説明書に記載された本人の現在の状態に関する記載内容や，他の親族に対する意見照会の結果をも踏まえ，鑑定をしないとする。

27）裁判所ウェブサイト（http://www.courts.go.jp/）参照

28）西山詮「成年後見と医師の鑑定・診断」判タ1100号231頁

適切な医学的判断が行われるようにすることが望ましいとの指摘がされた。そのため，医師が診断書を作成するに当たって，福祉関係者等が有している本人が置かれた家庭的・社会的状況等に関する情報も考慮できるよう，診断書等の在り方が検討されるとともに，本人の状況等を医師に的確に伝えることができるようにするための検討が進められている。[29)]

鑑定が必要的であるとされていた旧法の判例であるが，申立人の審尋と「妄想性痴呆」との診断書のみによって禁治産宣告をした原審について違法とした【２－３】が診断書の在り方として参考となる。[30)]

【２－３】心神の状況につき鑑定によらず，医師の診断書のみによつてなした禁治産の宣告は，家事審判規則第24条に違背し，違法であるとした事例

大阪高決昭和37年４月25日家月14巻９号90頁

禁治産の宣告は人の行為能力を剥奪するものであるから，その手続は特に慎重を期すべく，この故に家事審判規則第24条は，禁治産を宣告するには，本人の心神の状況について，必ず，医師その他適当な者に鑑定をさせなければならないと規定しているのであつて右規定は，本人の心神の状況について，医師その他適当な者の鑑定なくして禁治産の宣告をなし得ないことを定めたものと解するのが相当である。しかるに原審は坂井文子の申立により右申立人を審尋した上右申立書に添付された抗告人に対する医師小〇良〇の診断書（右診断書は病名を「妄想性痴呆」とし，「一見して異状なきが如く見ゆるも，妄想を有し，この妄想に基きて行動するものである」と付記されただけのもの），のみによって抗告人の禁治産を宣告し，抗告人の心神の状況につき医師その他適当な者に鑑定せしめなかつたことが記録上明らかであるから，原

29）障害者については，病名により後見類型に該当すると診断されやすく，後見類型が過度に広く適用されている状態があると指摘されており，本人の障害の特性をより的確に踏まえた診断がなされることが望ましいとされている。高江俊名「成年後見制度利用促進基本計画と弁護士・弁護士会の役割」実践成年後見69号39頁

30）整備法による改正前の家事審判規則24条は，「家庭裁判所は，禁治産を宣告するには，本人の心神の状況について，必ず，医師その他適当な者に鑑定をさせなければならない。」と定めていたが，整備法による改正により，現在の家事事件手続法119条１項と同様に「ただし，明らかにその必要がないと認めるときは，この限りでない。」と付加された。

審判は，家事審判規則第24条に違背し，違法であるといわなければならない。

⑶　本人の陳述の聴取

家庭裁判所は，後見開始の審判をするには，本人の陳述を聴かなければならないが，本人が遷延性意識障害やそれに準じる状態のため意見聴取が不可能な場合には，意見聴取を行う必要はない（家事120条1項）。実務では，本人の陳述聴取をする場合，家庭裁判所調査官の調査（本人との面接）により行うことが多いが，本人の判断能力の低下が著しく，本人から意味のある陳述を聴取することや本人の真意を把握することができないことが明らかであり，かつ，親族間にも本人の判断能力について争いがなく，本人の監護状況を把握すべき事情（虐待やその疑いなど）が見られない場合，陳述聴取を行わないこともある。[31)] 本人が成年後見開始の審判の申立てに反対の意向を示すことも考えられるが，本人保護のために必要性がある場合には，成年後見開始の審判がなされることになる。

⑷　申立ての取下げの可否

後見開始の審判の申立ての取下げは，家庭裁判所の許可を要する（家事121条，133条，142条。未成年後見人選任については，180条が121条を準用する。）。

旧法では，本人が後見開始の審判の要件を備える場合に，申立人に対し，申立てを義務付けていないことや職権による後見開始の審判を認めていないことを理由として，実務上，取下げが認められていた。[32)] 判例は，公益に関することを理由として取下げを否定した**【2－4】**もあったが，申立ての取下げを認める**【2－5】【2－6】**が続き，成年後見制度発足後も，**【2－7】**は，取下げの時期，理由，動機を問うことなく，申立人において審判の必要性がないものとしてこの後見開始の審判の申立てを取り下げ

31）東京家裁後見問題研究会編著『後見の実務』別冊判タ36号39頁
32）平井重信「禁治産の宣告」『講座・実務家事審判法4』93頁，栗原平八郎ほか編『家事審判例の軌跡⑵』3頁〔梶村太市〕，髙村浩『Q&A　成年後見制度の解説』81頁，橋本和夫「後見・保佐，監督に関する問題」判タ1100号226頁，谷口知平・石田喜久夫編集『新版注釈民法⑴改訂版』329頁〔鈴木ハツヨ〕

ることは許されるとし，取下げを制限するには，立法措置によるべきであるとした。【2－7】に対しては，事案の性質や事件の進行状況，本人保護の必要性等を考慮して取下げの効力を否定する必要性が指摘され，[33] 家事事件手続法は，後見開始（保佐，補助）の申立てなど一定の申立てについて取下げをする場合には，審判がされる前であっても裁判所の許可を要するものとした（家事121条，133条，142条）。許可が認められる場合としては，他の申立人がすでに同一の本人に対する後見の開始の申立てをしている場合，あるいは，未成年後見人について，養子縁組が行われ，却下相当な場合が考えられる。本人の判断能力が後見相当でありながら，申立人において，希望する成年後見人の選任がなされないことを不満として取下げを求めた場合には，本人保護の観点から不許可となろう。[34]

【2－4】禁治産宣告並びに準禁治産宣告申立事件は，公益に関するものであるから，これを取り下げ得ないとした事例

名古屋家豊橋支審昭和36年8月1日家月13巻12号56頁

主　文

本件申立を棄却する。

〈略〉

よつて考えるに事件本人が心神喪失又は耗弱の常況にあると認められる証拠は一もなくむしろ家庭裁判所調査官の調査の結果によるとその然らざることが窺われる，尤も事件本人に多少浪費の傾向のあることは窺われぬでもないが家庭裁判所調査官の調査の結果によると現在では問題の山口久代とも手が切れ一応おさまつていると認められるから敢えて準禁治産宣告をなす必要があるとも思われない。（尚申立人から事件の取下書が提出されているが禁治産宣告，準禁治産宣告の申立の如き公益にも関し検察官からも申立をなし得る如き審判事件は之を取下げ得ないものと解する）

33）東京家裁後見問題研究会編著「東京家裁後見センターにおける成年後見制度運用の状況と課題」判タ1165号65頁

34）東京家裁後見問題研究会編著『後見の実務』別冊判タ36号75頁

【２－５】禁治産宣告申立の取下げを認めた判例

東京高決昭和56年12月３日判時1035号57頁

⑴　禁治産宣告審判事件において家庭裁判所がする禁治産宣告の制度は，いわゆる無能力者制度の一環として，社会生活において自らの行為の結果につき合理的な判断をすることができない本人，すなわち民法７条にいう「心神喪失ノ常況ニ在ル者」が単独で行為することによってみだりに財産を喪失しないようにし，他方，禁治産宣告を公示することによって本人と取引をする相手方に警戒をさせようとするものであり，約言すれば，本人の保護と取引の安全を企図するものであるが，取引の相手方にとって，本人が禁治産者であるかどうかを調査することは必ずしも容易なことではなく，また，調査自体取引の迅速を妨げるため，この制度は，窮極的には，社会一般人の利益を犠牲にして本人を保護することに帰することは一般に指摘されているとおりである。このような制度の趣旨に照らすと，配偶者，親族等のうちに適当な監護者がいて本人を日常監護することができ，しかも本人の所有財産について適切な管理，処分を行うことができ，これにより本人の利益が保護されるとともに，社会一般人にも迷惑をおよぼすおそれのない場合にまで，敢えて本人を禁治産者とする必要はないものである。

⑵　そして，民法７条が禁治産宣告の申立てをすることを本人，配偶者，四親等内の親族，後見人，保佐人の権利として規定し，義務とはしていないこと，家庭裁判所が心神喪失の常況にある者に対して禁治産宣告をするのは必ず右法定の申立権利者の申立てに基づくことを要し職権ではなし得ないとしていることは，本人について禁治産宣告を得るかどうかを右法定の申立権利者の前示のような事情を踏まえた判断に委ね，これらの者が本人の保護のため法制度を利用することなく，自主的な監護と財産の管理，処分（いわば「自主的保護」）でことを処理しようとする等禁治産宣告を欲しない場合には，国家が積極的に介入することはせず，禁治産宣告の申立てをもっぱら右法定の申立権利者の自由としたものにほかならない。このような民法７条の規定の趣旨に鑑みると，右法定の申立権利者が一旦は本人をして禁治産宣告を受けしめ，その制度によって本人を保護するのが相当であるとして右宣告の申立てをした後に，右申立てを取り下げることは右申立権利者の自由に属することであり，したがって，家庭裁判所としては，右取下げによって事件は終了したものと取り扱うのが相当であり，もとより手続上，右申立ての取下げに理由を付することは必要でないというべきである。

⑶　民法７条が検察官に禁治産宣告の申立権を与えていることは，右のよう

な解釈を採る妨げにはならない。蓋し，同条が，検察官に禁治産宣告の申立権を与えているのは，勿論無能力者制度そのものが前示のとおり公益に関連しているものであるからではある（すなわち，検察官によって代表される国家が事件本人に対して利害関係を有するとか，検察官が実体上の権利義務を有するというような事由に基づくものではない。）が，禁治産制度が格別に公益性の強いものであるからというのではなく，むしろ，配偶者，四親等内の親族，後見人，保佐人が存在せず，または存在しても本人を禁治産者とすべき客観的な必要性があるのに拘らず，これらの者あるいは本人が申立てをなさない場合に備えて補充的に認めたものであると解されるのであり，このことは，検察官を申立権利者の最後に掲げている民法７条の規定の体裁からも窺い知ることができるからである。換言すれば，配偶者，四親等内の親族，後見人，保佐人がいる場合における当該法定の申立権利者（更に本人を含む。）と検察官の関係は，右申立権利者が申立てをすることも，右申立てを取り下げることも自由であり，ただ，本人を禁治産者とすべき客観的必要性があるのに拘らず右申立権利者の申立てをせず，あるいは一旦なした申立てを取り下げてしまった場合に，検察官において申立てをすることができるにすぎないものと解すべきである。

⑷　以上の次第であるから，本件は抗告人乙山がした取下げにより終了したものというべく，右取下げが無効であるとして事件本人に対する禁治産宣告をなした原審判は，失当として取消しを免れない。

【２-６】禁治産宣告申立の取下げを認めた判例

東京高決昭和57年11月30日判時1062号93頁

三　そこで，本件申立につき抗告人が昭和56年10月30日付（同年11月２日受付）でした取下の効力について判断するに，民法第７条に定める禁治産宣告の制度は，心神喪失の常況にある者の財産的法律行為につき家庭裁判所の選任する後見人に法定代理権を付与し，もって心神喪失の常況にある者の財産を保護し，その喪失を防ぐことを目的とするものであって，心神喪失の常況にある者本人の保護を第一義とする制度であり，右宣告の公示を通じて社会の一般人に警告を発することにより取引の安全に資する効用をもたらすこととなるとはいえ，これを直接の目的とするものではないと解すべきである。このことは，禁治産宣告は，民法第７条に定める者（すなわち，本人，配偶者，四親等内の親族，後見人，保佐人又は検察官）の申立があってはじめてすることができ，家庭裁判所が職権ですることができるものとされていないことからも窺えるところである。
　右に述べた禁治産宣告の制度の趣旨にかんがみると，事件本人の保護のため，いったんは，禁治産宣告の申立をしたが，その後心神喪失の常況が回復したり，あるいは右常況が回復されなくても，事件本人やその家族等の個人的な事情から，申立人が右申立の撤回を求める場合に，なお公益的必要があるとしてこれを許さないのは相当でなく，家事審判法及び同法第７条において準用される非訟事件手続法に，禁治産宣告の申立の取下について何ら規定が存しない以上，禁治産宣告の審判の確定前であれば特段の要件を必要とせずに，申立人において右申立を有効に取り下げることができるものと解すべきである。
　なお，右申立の取下を認めることにより事件本人の保護に欠けることとなる場合には，検察官が改めて禁治産宣告の申立をすれば足りるのであって，公益の代表者である検察官に右の申立権が認められていることから，禁治産宣告の制度を公益の保護を主目的とするものであると解すべきいわれはない。けだし，検察官に右申立権を認めた趣旨は，近親者が心神喪失の常況にある者の保護に当たらないとか又は近親者が不存在である等まさに心神喪失の常況にある者本人を保護するため他に適当な申立人が存しない場合に備え，補充的に検察官によりその申立がなされるべきことを予定したものであると解されるからである。
　以上の次第で，抗告人による昭和56年10月30日付禁治産宣告の申立取下書が原裁判所で受理された同年11月２日に，右申立は取り下げられ，本件は，右取下により終了したものであり，右取下が無効であるとして事件本人に対する禁治産宣告及び抗告人を事件本人の後見人に選任した原審判は失当であり，抗告人の抗告は理由がある。

【2－7】事件本人の保護のためにいったんは後見開始の審判の申立てがされた場合であっても，その後，同審判の確定する前に，申立人において同審判の必要性がないものとしてこの申立てを取り下げることは，取下げの時期，理由，動機を問うことなく許される。

東京高決平成16年３月30日判時1861号43頁

【主文】原審判を取り消す。
　本件は，平成15年10月29日，抗告人が申立てを取り下げたことにより終了した。

〈略〉

成年後見制度は，精神上の障害により事理を弁識する能力を欠く常況にある者を保護することを目的とする制度であって，取引の安全その他の公益を図ることを直接の目的とするものと解することはできない。そして，精神上の障害により事理を弁識する能力を欠く常況にある者又はその疑いのある者がこの制度の適用を受けようとするか否かは，基本的には，本人のほか，配偶者若しくは四親等内の親族（以上につき民法７条）といった本人と一定の身分関係のある者又は未成年後見人，未成年後見監督人，保佐人，保佐監督人，補助人，補助監督人（以上につき民法７条），任意後見受任者，任意後見人若しくは任意後見監督人（以上につき任意後見契約に関する法律10条２項）といった本人の利益を保護する職務上の地位にある者の判断に委ね，それらの者の請求（申立て）に基づいてのみ後見開始の審判がされるものとしている。また，それらの者の請求を待つのみでは本人の保護を図ることができない場合に備えて，公益の代表者としての検察官もその申立てをすることが認められ（民法７条），一定の要件のある場合には，市町村長も申立てをすることができるものとされている（老人福祉法32条等）が，成年後見制度を適用して本人を保護する必要があることが明らかであっても，以上のような法に定められた者からの申立てがないのに，家庭裁判所が職権により後見開始の審判をすることはできないものである。

このように本人について成年後見制度を適用するか否かを，法に定められた者の申立てを待って判断することとしている現在の制度の趣旨に照らせば，事件本人の保護のためにいったんは後見開始の審判の申立てがされた場合であっても，その後，同審判が確定する前に，申立人において同審判の必要性がないものとしてこの申立てを取り下げることは許されると解するのが相当である。家庭裁判所がその申立てを取り下げた申立人の意に反して本人について後見開始の審判をすることができると解するのは，家庭裁判所が職権により同審判をすることができるようにすべきである旨の意見が検討されながら，これを採用しなかった現行の成年後見制度の立法過程（小林昭彦・原司共著「平成11年民法一部改正法等の解説」法曹会58頁参照）に照らしても，困難といわざるを得ない。家事審判法及び同法７条により準用される非訟事件手続法において，後見開始の審判の申立ての取下げについて何ら明文の規定がないことをもって，上記解釈を否定することはできない。

法に定められた者の申立てに基づく審理の結果，例えば，本人に精神障害が認められ，その程度が重度で，回復の可能性はなく，自己の財産を管理・処分する能力がないとする鑑定の結果が得られた後，あるいは後見開始の審判の要件が具備されているとして後見開始の審判がされた後，その確定前に，申立てが取り下げられるような場合に，家庭裁判所として，そのような本人に成年後見制度による保護をしないことは相当ではないと考えることも理解し得るところであり，実務において，上記のような段階に至って取下げがされるのは，家庭裁判所によって選任される予定，あるいは現実に審判で選任された成年後見人が，申立人が希望した者と異なり，申立人が思いのとおりに本人の財産を管理することができなくなることが動機であると推認される場合が少なくないことを思うと，その感は一層深くなる。しかし，金融機関等に勧められて制度を十分理解しないまま申立てをしたが，後見開始の効果が重大なことを知ったから，費用負担ができないから，親族間で意見が合致しないから，鑑定の結果要件を具備しないことが明らかになったから等の理由で取下げがされる場合も少なくないのであって，そのような場合にも一切取下げを認めないのも適切ではない。このように，取下げがされる理由，動機は種々多様であり，その理由，動機が的確に判明しないことも少なからずあることも当裁判所に顕著であるから，取下げの時期や理由，動機の如何によって個々の事件ごとに取下げを認める場合と認めない場合とを区別する解釈（権利濫用，信義則違反等の法理により例外的に取下げを認めないとする場合を含む。）は，現実には，裁判所にとってその判断を困難なものとし，当事者にとって手続が継続するかしないかという根本的な点を予測し難いものとするばかりでなく，成年後見制度の運用を不安定とするおそれがある等の事情を考え合わせると，取下げの時期や理由，動機の如何により取下げを認める場合と認めない場合を区別する解釈は相当ではない。

成年後見制度により保護する必要があると認められる本人について，後見開始審判の申立てが取り下げられることにより保護ができない状態となるのを防ぐためには，検察官による申立てを活用するなど現行法の運用により対応することが考えられるほか，抜本的には，一定の時期（手続の段階）以後は取り下げることをできないものとするなどの立法措置によるべきである。

⑸　申立手続費用

成年後見開始の審判に要する費用（手続費用）は，原則として申立人の負担（家事28条１項）である。手続費用としては，裁判所に納める費用と当事者費用（民訴費２条以下）がある。裁判所に納める費用とは，申立手数料，成年後見登記費用，送達に要する費用，及び鑑定を実施する場合には鑑定費用などがこれに当たる。当事者費用とは，申立書作成費用や出頭費用など，当事者が手続をとるために直接支出した費用をいう。成年後見開始の審判が本人の保護のために行われることから，申立人の申立てにより，手続費用のうち，申立手数料，成年後見登記費用，送達に要する費用及び鑑定費用については，本人に負担させることがある（家事28条２項）。[35] また，診断書作成のために医師に支払った費用等については，手続費用には当たらないが，例外的に本人の財産から支出することが相当な場合もあり，申立人あるいは費用を負担した者が後見人に対し，その支払を求め，認められる場合もある。[36]

(6)　告　知

後見開始の審判は，申立人（家事74条）と成年後見人に選任される者（家事122条２項）に告知されるほか，任意後見契約が効力を生じている場合には，後見開始の審判により任意後見契約が終了するため（任意後見10条３項），任意後見人及び任意後見監督人にも告知されなければならない（家事122条３項１号）。成年被後見人となるべき者に対しては，家事事件手続法74条１項の適用はなく，審判は告知でなく通知で足りる（家事122条１項）。

(7)　即時抗告

後見開始の審判に対しては，民法７条に掲げる者（申立人を除く。）及び任意後見契約法10条２項に掲げる者（任意後見契約が締結されている場合は，任意後見受認者，同契約が効力を生じている場合には，任意後見人及び任意後見監督人）（申立人を除く。）に即時抗告権が与えられている（家事123条１項１号）。告知は，即時抗告申立権者全員になされるものではないが，申立人に告知されることにより，本人と関係のある親族等も後見開始の審判等を知り，即時抗告の機会を得ることになる。成年後見人は，即時抗告権を有せず，本人の即時抗告権について援助，助言することが期待される。審判の告知を受ける者でない者による成年後見開始の審判に対する即時抗告期間は，成年後見人に選任される者に対する告知があった日（成年後見人が２人以上あるときは，審判の告知を受けた日のうち最も遅い日）から２週間である（家事123条２項）。

後見開始の審判がされた場合，成年後見人の選任の審判も同時に行うが，

35）東京家裁後見問題研究会編著『後見の実務』別冊判タ36号69頁
36）東京家裁後見問題研究会編著『後見の実務』別冊判タ36号70頁

これに対しては，即時抗告権は認められていない。旧法では，禁治産宣告をする場合に法定後見人（配偶者）がいない時は，同時に後見人選任の申立てがされて後見人を選任する審判を行っていたが，これについても即時抗告は認められていなかった。成年後見制度では，配偶者法定後見人制度を廃止し，後見開始の審判とともに職権で成年後見人を選任することとしているが，旧法と同様に解されており，成年後見人選任については，家庭裁判所の後見的判断を尊重し，これに委ねる趣旨である。旧法の判例【2－8】及び改正後の判例【2－9】のいずれも同旨である。【2－9】は，本人につき後見が開始され，職権により弁護士が成年後見人に選任されたところ，本人の親族から後見事務のうち介護に関する部分については，その親族が担当するのが相当であるとして，原審中の成年後見人選任に関する部分のみの取消しを求めて抗告した事案であるが，成年後見人選任について即時抗告をすることができる旨の規定が存しないとして，抗告を却下している。

後見開始の申立てを却下する審判に対しては，申立人のみが即時抗告をすることができる（家事123条1項2号）。

後見開始の審判が効力を生じた場合，裁判所書記官は，遅滞なく，後見登記法による登記の嘱託を行う（家事116条，家事規77条1項1号）。

【2－8】禁治産宣告の審判と同時になされた後見人選任の審判に対し，独立して不服申立をすることはできないとした事例

東京高決平成12年4月25日家月53巻3号88頁

【2－9】後見開始の審判と同時にされた成年後見人選任の審判に対し，独立して不服申立てをすることはできない。

東京高決平成12年9月8日家月53巻6号112頁

1　原審判は，事件本人が民法7条に定める「精神上の障害により事理を弁識する能力を欠く常況に在る」ものと認めて後見を開始したうえ，弁護士○○○○を成年後見人に選任したものであるところ，上記抗告の理由によると，抗告人は，上記後見開始について不服はなく，ただ，後見人の事務のうち事件本人の介護に関する部分について，抗告人においてこれを行うのが相当であるとして，原審判中の上記成年後見人選任にかかる部分のみを取り消したうえ，本件を千葉家庭裁判所に差し戻すとの裁判を求めるというものである。

しかし，本件成年後見人の選任は後見開始に付随してされた審判というべきものであり，成年後見人選任に関する審判に対して不服申立てを認める旨の規定がないこと（家審規則27条2項（注・現家事123条1項2号）は，後見開始の審判を申し立てた者について，同申立てを却下する審判に対して抗告することができる旨を規定するにとどまる。）からすれば，成年後見人選任の審判に対しては独立して不服申立てをすることができないと解される。なお，本件抗告の理由によれば，抗告人は，成年後見人を2名とし，前記弁護士を財産管理担当に，抗告人を介護担当に選任することを求めているが，これについては，成年後見制度の新設に伴う改正後の民法によって，家庭裁判所に対し成年後見人の追加的選任に関する申立てをすることが可能となった（民法843条3項）のであるから，その審判手続において，複数の成年後見人選任の要否並びに選任する場合における相互の事務ないし権限の各内容，範囲及び相互の関係等を具体的に審理したうえで判断されるべき事項であり（民法859条の2第1項参照），これらの点について抗告の対象とすることは許されない。

したがって，いずれにしても，本件について抗告人には抗告権がないものと解すべきである。

(8) 審判前の保全処分

ア 審判前の保全処分

家庭裁判所は，後見開始の審判の申立てがあった場合において，後見開始の審判の効力の発生までに，本人の生命，身体が危険となり，又は財産が侵害されるおそれがある場合に後見開始の申立てについての審判が効力を生ずるまでの間，保全処分を行うことができる。保全処分の内容は，①本人の生活，療養看護又は財産の管理のため必要があるとき，財産の管理者を選任し，若しくは事件の関係人に対し，本人の生活，療養看護若しくは財産の管理に関する事項を指示するもの（家事126条1項，134条1項，143条1項）と，②本人の財産の保全のために特に必要がある場合に，本人の財産上の行為につき，被後見人となるべき者の財産上の行為につき，財産の管理者の後見を受けることを命ずる後見命令がある（同条各2項）。

イ　財産管理者の選任等

家事事件手続法126条1項の保全処分は，後見開始等の申立てがあったこと及び本人の生活，療養看護又は財産の管理のために必要がある場合に，職権又は申立てにより，担保を立てさせないで，財産管理者を選任し，又は事件の関係人に対する指示を行うものである。申立人は，本案審判の申立人に限られない。申立権者の制限がなく，職権により無担保で財産管理者を選任できるのは，本人の処分権を奪うものではなく，その発令を謙抑的にする必要性に乏しいからである。

財産管理者については，委任に関する規定及び不在者財産管理の規定が準用されている（家事126条8項，134条6項，143条6項）。委任者の善管注意義務（民644条），受取物の引渡し等の義務（民646条），金銭の消費についての責任（民647条），費用等の償還請求権（民650条），財産目録の作成（民27条1項），家庭裁判所から財産保存について命ぜられた処分（民27条3項），民法103条に定める行為（保存行為，利用行為，改良行為）についての代理（民28条），財産管理者の改任（家事125条1項），財産の状況報告及び管理の計算（家事125条2項・3項），担保提供及びその増減・変更・免除（民29条1項，家事125条4項），抵当権設定及びその登記の嘱託（民29条1項，家事125条5項），報酬の付与（民29条2項）である。

財産管理者は，原則として民法103条の定める管理行為の範囲内で代理権を有する一種の法定代理人であり（家事126条8項，民28条），また，本人の処分権を奪う旨の規定がないことから，財産管理者の選任後も本人は処分権を失わない。[37)]

事件関係人に対する指示内容には，本人の財産管理もしくは本人の看護に関する事項が含まれる。強制執行に親しまない勧告的効力を有するものであり，この指示を受ける者は，事件の当事者に限定されず，同居

37）斎藤秀夫・菊池信男編『注解家事審判法　改訂版』644頁〔安倍嘉人〕，斎藤秀夫・菊池信男編『注解家事審判規則　改訂版』352頁〔野田愛子〕

者等に指示する場合も含まれる。指示の例としては，「本人の同居者は，本人が適切な治療を受けることができるよう配慮すること。」「本人は，別紙物件目録記載の不動産につき財産の管理者の同意なくして，譲渡並びに質権，抵当権及び賃借権の設定その他一切の処分をしてはならない。」「事件の関係人は，財産の管理者に対し，別紙記載の預金通帳及び同通帳に用いた届出済印鑑を引き渡すこと。」といったものがある。[38)]

ウ　後見命令の審判

財産管理者を選任した場合であっても，後見開始の審判がなされるまで，本人には財産処分権があり，財産を処分する危険性が高いことがある。後見開始の審判の申立てがあった場合において，本人を保護するため特に必要があるときは，家庭裁判所は，当該申立てをした者の申立てにより，後見開始の審判が効力を生ずるまでの間，本人の財産上の行為につき，財産管理者の後見を受けることを命ずることができる（家事126条2項，134条2項，143条2項）。これを後見命令という。後見命令があると，本人及び財産の管理者は，本人のした財産上の行為を取り消すことができ，民法の制限能力者の行為の取消しに関する規定が準用されている（家事126条7項，134条5項，143条5項）。ただし，後見命令の対象となる財産上の行為は，民法9条ただし書の規定する行為（日用品の購入その他日常生活に関する行為）を含まない。

後見命令が発せられた場合であっても，財産管理者は，成年後見人と同等の立場に立つものではなく，職務権限も不在者財産管理人と同一であるので，その代理権の範囲が管理行為を超えて処分行為にまで拡大されるものではない。一般的には，管理財産に関して積極的に訴訟を提起するには，家庭裁判所の許可が必要とされている。[39)]そのため，本人所有

38）最高裁判所事務総局家庭局監修『改正成年後見制度関係執務資料』524頁，裁判所書記官実務研究報告書『家事事件手続法下における書記官事務の運用に関する実証的研究―別表第一事件を中心に―』215頁

39）谷口知平・石田喜久夫編集『新版注釈民法⑴（改訂版）』457頁〔田山輝明〕，財産管理実務研究会編『補訂版不在者・相続人不存在財産管理の実務』90頁。なお，不在者財産管理人に対し，提起された訴えの応訴をすること，このような請求を認容した第1審判決に控訴を提起することや，控訴を却下した第2審判決に対し上告を提起することは，財産管理の現状を維持する行為として民法103条1項の保存行為に該当するとして，家

の不動産につき，本人の親族が無断で所有権移転登記手続をしたとして，財産管理者が本人に代わってその抹消登記手続訴訟を提起するには，権限外行為許可が必要となる。[40)]

後見命令の審判が効力を生じたときは，裁判所書記官は，遅滞なく，後見登記法による登記の嘱託を行う（家事116条，家事規77条２項）。

エ　保全処分の要件

他の審判前の保全処分と同様，後見開始の審判前の保全処分についても，本案認容の蓋然性と必要性が要件である。

財産管理者の選任の場合は，本人の財産の管理又は本人の監護のために必要のあること（家事126条１項，134条１項，143条１項）が要件であり，後見命令等の場合は，本人の財産の保全のため特に必要があること（同条各２項）が要件である。いずれも，申立てによる場合，申立人が保全処分を求める事由を疎明する必要がある（家事106条２項）。

後見命令は，仮の地位を定める仮処分であるから，本人の陳述を聴取することが原則とされている（家事107条本文）。ただし，後見については，心身の障害により陳述を聴くことができないときは，その手続を行わないことも可能である（家事126条３項）。

後見開始の蓋然性とは，後見に相当する程度に本人の判断能力が低下していることの蓋然性をいう。医師の診断書により疎明することになろう。[41)]

保全の必要性の要件について【２-10】は，禁治産宣告申立事件を本案として本人の財産上の行為につき財産の管理者の後見を受けるべきことを命ずる審判前の保全処分は，別件の離婚調停事件についてされた本人所有の不動産につきその処分を禁止する旨の調停前の仮の措置及び民

庭裁判所の許可を要しないとされている（最判昭和47年９月１日家月25巻４号33頁）。

40）橋本和夫「後見・保佐，監督に関する問題」判タ1100号227頁

41）最高裁判所事務総局家庭局監修『改正成年後見制度関係執務資料』111頁，裁判所書記官実務研究報告書『家事事件手続法下における書記官事務の運用に関する実証的研究—別表第一事件を中心に—』214頁，金子修編著『逐条解説　家事事件手続法』409頁。なお，東京家裁後見問題研究会編著『後見の実務』別冊判タ36号65頁は，診断書でなくてもこれにかわる資料があれば，認めることができる場合があるとする。

事執行法上の保全処分としてされた同人所有の不動産譲渡禁止の仮処分とはその制度及び目的を異にするものであるから，右各保全処分があるからといって，後見を命ずる保全処分の必要性がなくなるものとはいえないとした。

オ　保全処分の告知及び通知

財産管理者の選任の保全処分は，申立人及び管理者に選任される者に対し，本人の財産管理又は本人の監護に関する事項を指示する保全処分の審判は，その審判を受ける者である指示の名宛人及び申立人に対し，相当と認める方法で告知される（家事74条）。

後見命令の認容審判は，申立人及び財産の管理者に告知されるほか，成年被後見人に対しては，通知をしなければならない（家事126条５項）。効力は，財産の管理者（数人あるときは，そのうちの１人）に告知されたときから生じる（家事126条４項）。

カ　即時抗告

財産管理者の選任及び事件の関係人に対する指示の審判は，即時抗告の対象とされておらず，その申立てを却下する審判に対しても即時抗告をすることができない（家事110条１項１号）。

後見命令の審判に対しては，後見開始の審判に対し即時抗告することができる者が即時抗告をすることができる（家事110条２項）。即時抗告期間については，後見開始の審判に対する即時抗告期間と同様の規定がされている（家事126条６項）。後見命令を却下する審判に対しては，申立人が即時抗告をすることができる（家事110条１項）。

【２-10】禁治産宣告申立事件を本案として事件本人の財産上の行為につき財産の管理者の後見を受けるべきことを命ずる審判前の保全処分は，別件の離婚調停事件についてされた事件本人所有の不動産につきその処分を禁止する旨の調停前の仮の措置及び民事訴訟法上の保全処分としてされた同人所有の不動産譲渡禁止の仮処分命令とはその制度の趣旨及び目的を異にするものであるから，右各保全処分があるからといつて，後見を命ずる保全処分の必要性がなくなるものとはいえないと

した事例

大阪高決昭和60年5月20日家月37巻10号97頁

1　家庭裁判所がした審判に対しては家事審判規則に定められた場合に限り即時抗告のみをすることができるものであるところ（家事審判法14条（注・現家事85条1項）），同規則によれば，禁治産宣告の申立に対する審判前の保全処分のうち財産の管理者を選任した審判に対しては即時抗告をすることは認められてないから（家事審判規則15条の3第1，2項，23条1項（注・現家事110条，126条）），本件即時抗告のうち財産管理者を選任した部分に対する即時抗告は不適法である。

2　次に，後見命令に関する部分についての当裁判所の判断は，原審判理由説示のとおりであるからこれを引用する。

抗告人は，相手方の禁治産宣告の申立及び本件審判前の保全処分の申立は，抗告人からその所有する財産の処分権を奪い右財産を相手方の自由にし，又相手方と抗告人の兄高橋康明との間の不貞行為を葬り去ることを目的としたものであり禁治産制度を濫用するものである旨主張するが，一件記録によるも右事実を認めるに足る資料はない。

又抗告人は，抗告人の申立にかかる離婚調停事件に関連して，抗告人所有の不動産につきその処分を禁止する旨の調停前の保全処分及び相手方申立にかかる民訴法上の保全処分として抗告人所有の不動産につき譲渡禁止の仮処分命令がなされているから，本件の保全処分はその必要性がない旨主張するが，本件の抗告人に対して後見を受けることを命じた審判前の保全処分と前記各保全処分とはその制度の趣旨及び目的を異にするものであるから，前記各保全処分がなされているからといつて本件の後見を命ずる保全処分の必要性がなくなるものとはいえない。

その他一件記録を精査しても原審判を取り消さなければならない事由は認められない。

3　以上により財産管理者を選任した部分に対する抗告は不適法であり，後見を命じた原審判は相当であつてこの部分に対する抗告は理由がないから，本件抗告を棄却することとし，主文のとおり決定する。

4 成年後見人の選任

(1) 選任基準

旧法840条は，夫婦の一方が禁治産の宣告を受けたときは，他の一方は，その後見人になると定め，この法定後見人（配偶者）は，婚姻関係が破綻し，事実上の離婚状態に陥っている場合でも，当然には後見人たる資格を失わないとされていた。しかし，法定後見人（配偶者）は，その後，離婚した場合は，後見人の資格を失うほか，このような配偶者は，円満な夫婦間の信頼関係もなく，後見人として適格でないことは明らかである。また，高齢社会では，配偶者も高齢であることが多く，後見人として適任である保障はない。

成年後見制度は，配偶者法定後見人制度を廃止し，家庭裁判所が成年後見人として適任の者を職権で選任することとした（民843条1項）。選任に際して，家庭裁判所は，①成年被後見人の心身の状態並びに生活及び財産の状況，②成年後見人となる者の職業及び経歴並びに成年被後見人との利害関係の有無（成年後見人となる者が法人であるときは，その事業の種類及び内容並びにその法人及びその代表者と成年被後見人との利害関係の有無），③成年被後見人の意見，④その他一切の事情を考慮することとされた（民843条4項，876条の2第2項，876条の7第2項）。[42] また，様々なニーズに応えるために，複数の成年後見人の選任を認めた（後記(4)）ほか，成年後見人の適任者が個人に限らないことから法人成年後見人を認めた（後記(5)）。

上記の基準に基づき，家庭裁判所は，広範な裁量により適任者を後見人に選任している。具体的には，成年被後見人の財産管理を巡って親族間に激しい争いがある場合や将来紛争の発生が予想されることから紛争を予防する必要がある場合には，主に弁護士や司法書士を，療養看護について専門家が担当することが相当な場合には，社会福祉士，精神保健福祉士などを選任しているほか，財産管理と療養看護がいずれも問題となる場合は，専門分野に応じて複数の親族以外の専門家を選任することもある。弁護士，

42）小林昭彦・原司『平成11年民法一部改正法等の解説』221頁

司法書士，社会福祉士及び精神保健福祉士等を専門職後見人という。[43)] 財産管理や療養看護についてあまり問題がない事案では，適した親族がいれば親族後見人を選任するが，成年被後見人に身寄りがない場合や親族と疎遠な場合には，市民後見人などの親族以外の第三者を成年後見人に選任することもある。市民後見人とは，専門職以外の自然人のうち，本人と親族関係及び交友関係がなく，社会貢献のため，地方自治体等が行う後見人養成講座などにより成年後見制度に関する一定の知識や技術・態度を身につけた者で，成年後見人となることを希望し，選任した場合をいい，多くは，同じ地域に居住する市民がボランティアで後見人となるものである。[44)]

制度発足時は，申立人の推薦する親族が適任者と判断される場合は，親族が成年後見人に選任されることが多かったが，その後，専門職の後見人の給源が確保されるとともに，第三者の後見人が選任される割合が増加し，2012年には，第三者後見人の選任される割合が親族後見人を超え，親族後見人の割合は，年々減少している（序説第2節3参照）。その背景事情としては，成年後見制度の改正と同時に施行された介護保険法の実施及び社会福祉法の改正により，福祉サービスも措置から契約により提供を受けるようになったこと，高齢者も高額の資産を有することが珍しくなく，その適切な管理が求められていること，[45)] 家族と疎遠な高齢者が増加したことが挙げられる。[46)]

これまでの成年後見制度は，財産の保全の観点のみが重視され，本人の利益や生活の質の向上のために財産を積極的に利用する視点に欠けるなどの硬直性が指摘されており，基本計画においても，今後より一層，認知症高齢者や障害者の意思決定支援や身上保護等の福祉的な観点も重視した運用の必要性が指摘されている。そのためには，本人の特性に応じた成年後

43）後見人候補者の供給団体として，弁護士会，司法書士会及び社会福祉士会等が後見人候補者を研修し，研修終了者を後見人候補者とした名簿を作成し，あらかじめ各家庭裁判所に提出し，裁判所は，供給団体に推薦依頼をして，後見人を選任することが通例である。

44）市民後見人を選任する場合は，社会福祉協議会などの所属団体を後見監督人として選任することもある。

45）野田愛子「成年後見人等の選任基準」判タ1100号232頁

46）宮本みち子「無縁社会の全体像―家族社会学から」『家族〈社会と法〉2015』18頁

見人等の選任が不可欠であり，本人と成年後見人等とのマッチング（受任者調整）が重要となる。地域連携ネットワークの得た情報を基に中核機関において受任者調整を行い，成年後見人等の候補者をあらかじめ決めて後見開始の審判等を申し立てることが望ましいであろう。また，これまでは，親族後見人に不正行為や任務に適さない行為が多発したこともあり，専門職後見人の選任が進められてきたが，地域連携ネットワークの支援があれば，親族も十分後見事務を担えることとなり，本人の意思決定支援に適した親族を後見人に選任することも可能となるであろう。

旧法の判例も，後見人等については，本人の保護の観点から，適した者を選任している。離婚訴訟提起のために禁治産宣告を申し立てた場合【2-11】，夫婦が長期間別居して何らの交渉もなく，配偶者が後見人就任を拒否している場合【2-12】【2-13】に，法定後見人制度の下でも配偶者以外の第三者を選任している。【2-14】は，準禁治産の事例であるが，本人が保佐人となるべき者として指定された者の保護下におかれることを拒否している事案で，保佐人候補者及びその適格性の調査に当たっては，本人の意向も参酌して，その候補者となるべき者から直接事情聴取をすることを検討してしかるべきであるし，本人との人間関係的な調整も考慮されるべきであるとした。【2-14】は，基本計画の趣旨にも合致するものである。【2-15】は，後見人解任事件を本案とする審判前の保全処分（職務執行停止，職務代行者選任）審判に対する即時抗告事件において，当事者間に禁治産者の資産等を巡って深刻な争いがある事件においては，一方当事者の推薦する弁護士を職務代行者に選任することは相当ではなく，職務代行者には第三者的立場にある弁護士を選任すべきであるとした。いずれも民法843条4項の趣旨に沿うものである。

【2-11】離婚訴訟提起のために禁治産宣告の申立をした配偶者は，法定後見人の要件である配偶者の地位をみずから放棄し，配偶者として負う禁治産者に対する生活保持義務を免れようとしているのであるから，その者に後見人としての役割を期待することは，後見の制度と矛盾すること，配偶者を法定後見人とすると禁治産者の法定後見人である配

偶者は禁治産者に対する離婚の訴の提起により，後見人の欠格事由に該当し，当然に後見人の地位を失うので，新たに後見人が選任されるまでの間，身分上および財産上の保護を一日たりとも怠ることのできない禁治産者の保護に空白を生ぜしめることになり，後見制度の趣旨からも好ましくないことなどを考慮すると，本件事案においては，配偶者以外の適任者を後見人に選任するのが相当である。

仙台家大河原支審昭和47年３月28日家月25巻４号50頁

【２－12】配偶者のある者に対して禁治産宣告をするにあたり，配偶者は長期別居中で事件本人となんらの交渉もなく，療養看護等の責任も果たさないほか，後見人就任を拒否し，早期に離婚することを決意しているなど後見人としての適正な職務遂行を期待できない状態にあるとして民法840条の規定にかかわらず，事件本人の兄を後見人に選任した事例

前橋家桐生支審昭和56年６月25日家月34巻８号70頁

事件本人には妻申立人大木田正子がいるので，禁治産宣告をなせば，民法840条により申立人正子が当然に後見人となる筈である。しかしながら，家庭裁判所調査官○○○○○作成の調査報告書，申立人正子に対する審問の結果によれば，申立人正子は事件本人が入院した昭和52年７月から，当時まで事件本人と居住していた桐生市の自宅を退出し，実姉を頼つて伊勢崎市の現住所へ引越し，以来事件本人と何ら交渉をもたずに，その療養看護等の責任を果さないできており，後見人就任を拒否するのみならず事件本人と早期に離婚することを決意している事実が認められる。

右事実によれば，申立人正子に事件本人の財産を管理する等の事務の適正な遂行を期待することは事実上困難であり，かつ後見人辞任の申立を為す事態を予測すべきであるのみならず，事件本人の身分行為能力の程度からして申立人正子が事件本人との離婚を請求する訴を提起すれば，民法846条５号により当然に後見人である地位を失うこととなるから，いずれの場合も事件本人に後見人がいない状態となるので，次の後見人が選任されるまでの間事件本人の利益保護を欠くこととなる。

他方，前記調査報告書及び大木田忠夫に対する審問の結果によれば，同人は事件本人の兄であるところ，不十分ながら事件本人のために衣類等の差入れをしており，申立人正子が後見人とならない場合は自ら後見人に就任する意向であることが認められる。

以上の事実によれば，事件本人の財産管理等後見事務を現実に全うするためには，民法840条の規定にもかかわらず，同条の例外として，禁治産宣告と同時に配偶者以外である兄忠夫を後見人に選任することが許されると解するのが相当である。

【2-13】いわゆる植物人間となった娘の実父が娘の禁治産宣告と後見人の選任を申し立てた事案において，本来であれば民法840条により娘の夫が後見人となるところ，夫婦関係が破綻している本件では配偶者後見制度の基盤が失われているとして，娘を禁治産者とした上，同時に申立人である実父を後見人に選任した事例

福井家大野支審平成2年3月14日家月42巻11号55頁

本申立の趣旨は，事件本人の後見人として申立人を選任する，との審判を求めるというものである。

ところで，事件本人には夫田村憲夫がいるので，後見人としての欠格事由に該当しない限り，同人が法律上当然に事件本人の後見人の地位に就くべきことになる（民法840条）。

しかしながら，家庭裁判所調査官○○作成の調査報告書及び田村憲夫に対する審問の結果などによれば，事件本人は，手厚い全面介護を要する状態であるが，前記の退院後は申立人方に引き取られて夫憲夫と別居生活を送り，以来，短期間再入院した時期を除いてその両親である申立人夫婦において事件本人の療養看護等にあたっており，その間事件本人と右憲夫との接触，交渉は少なく，右両親は，今後も事件本人を手元に置いてその介護を尽くしたいとの強い願望を有していること，他方，右憲夫は，事件本人のための医療費は支払ってきたものの，多忙や二人の子供を養育しなければならないこと等を理由に，それ以上に事件本人を引き取ってその面倒をみることまでについては積極的な姿勢を見せたことはなく，今後もその意思はないばかりか，事件本人が発病して1年後位にすでに事件本人との離婚を口にするようになり，現在，離婚の意思を固め，事件本人名義で受領した保険金や退職金等の管理をめぐって生じている申立人との紛争を解決した上で早期に離婚訴訟を提起したい旨を表明しており，後見人就任についてもこれを拒否する意向であること，以上の事実が認められる。

右事実によれば，事件本人と田村憲夫との婚姻関係は，事件本人の発病後間もなくその実体を欠くに至って破綻していることが明らかである。そして，早期に離婚訴訟を提起し（なお，前記の事件本人の病状からして事件本人が一時的にも意思能力を回復する事態は考え難く，事実上離婚訴訟によるしか離婚の方法はないものと認められる。），自ら配偶者の地位を放棄しようとしている右憲夫に対し，事件本人の身上監護及び財産管理等につき後見人としての適正な事務処理を期待することには無理があり，事件本人の保護にとって妥当ではないこと，また，そもそも本件では，夫婦相互が負う同居協力扶助義務や夫婦間の相愛の情等を根拠とする配偶者後見制度の実質的基盤が失われていると見られること，このような場合にも民法の規定に形式的に従っていったん配偶者を後見人とした上，その辞任（民法844条）及び新たな後見人選任の申立を待って，他の適任者を後見人として選任することや後見人解任制度（民法845条）を活用することによって不都合を解消することが考えられるが，禁治産者の保護という観点からすると，う遠な方法であるといわなければならないことの諸点からすると，本件の如き事案では，民法840条の規定適用の例外として，禁治産宣告と同時に配偶者以外の適任者を後見人に選任することが許されると解すべきである。

そして，前記認定の事実によれば，事件本人の実父である申立人が事件本人の後見人として適任ということができる。

【2-14】事件本人の精神障害の程度及び保佐人候補者の適格性等についての調査不足を指摘した上，事件本人と保佐人候補者との人間関係的な調整も考慮されるべきであるとして，準禁治産宣告及び保佐人選任の申立てを認容した原審判を取り消して，差し戻した事例

大阪高決平成８年10月18日家月49巻２号162頁

次に，原審によって保佐人となるべき者として選任された西修一については，事件本人はその保護下に置かれることに拒否的な態度を示しており，また，事件本人の親族の中にも前同人が高齢であることを挙げて消極意見を述べている者もいることが認められる。〈中略〉保佐人候補者及びその適格性の調査に当たっては，事件本人の意向をも参酌して，その候補者となるべき者から直接事情聴取をするということが検討されてしかるべきであるし，事件本人との人間関係的な調整も考慮されるべきである。

【２-15】後見人解任申立事件を本案とする審判前の保全処分（職務執行停止，職務代行者選任）審判に対する即時抗告事件において，当事者間に禁治産者の資産等を巡って深刻な争いがある事件においては，一方当事者の推薦する弁護士を職務代行者に選任することは相当ではなく，職務代行者には第三者的な立場にある弁護士を選任すべきであるとして，後見人の職務執行を停止して相手方（原審申立人）が推薦した弁護士を職務代行者に選任した原審を変更し，別の弁護士を職務代行者に選任した事例

大阪高決平成10年10月21日家月51巻３号186頁

(5)　同２枚目裏４行目の「職務の執行を停止し」から５行目の文末までを次のとおり改める。

「職務の執行を停止すべきである。

そして，その職務代行者として，前記弁護士甲を選任するのが相当である。

ちなみに，相手方は，職務代行者として，禁治産者の禁治産宣告前の保全処分事件（大阪家庭裁判所平成10年(家ロ)保第××号財産管理者選任申立事件）で財産管理者を務めた弁護士乙を推薦する。一件記録によれば，弁護士乙は，これまで財産管理者としての職務を的確に遂行しており，客観的には職務代行者としての適格性においても欠ける点はないものと認められる。しかし，後見人の職務代行者は，禁治産者の財産管理を行うだけでなく，その療養看護にも努める義務がある（民法858条１項)。そのため，職務代行者は，現実に療養看護に当たっている抗告人を始めとする関係者全員の信頼を得なければ，その職務を適切に遂行することが困難である。とくに，当事者間に禁治産者の資産等を巡って深刻な争いがある本件においては，一方当事者の推薦する弁護士を職務代行者に選任すると，職務代行者自身に困難を強いる結果ともなり，相当でないといわなければならない。したがって，職務代行者には，第三者的な立場にあり，この種事件の経験に富み，公正な弁護士を選任すべきものである。」

２　抗告理由について

抗告人はこう主張する。抗告人は，禁治産者と25年来の内縁関係にあり，ずっと同人の面倒を見てきた。禁治産者は，抗告人に対し，先妻の「きぬ」の籍が抜けたら入籍すると言っていた。抗告人は，先妻死亡の事実を伝え，禁治産者の婚姻意思を確認したうえ，婚姻届を提出した。したがって，抗告人が禁治産者の後見人に就任したことについて，疑義を差し挟む余地はない。原審判の認定判断は誤っている，と。

しかし，一件記録及び禁治産事件等の関連記録並びに抗告人提出の証拠を精査しても，すでに原審判を引用して説示したとおり，本件婚姻が禁治産者の真意に基づくものであるか否かについては，疑問があるといわざるを得ない。抗告人の主張は採用できない。

3　以上のとおり，原審判中，主文1項は相当であるが，2項は相当でない。

(2)　欠格事由[47)]

後見人の欠格事由として，①未成年者，②家庭裁判所で免ぜられた法定代理人，保佐人又は補助人，③破産者，④被後見人に対して訴訟をし，又はした者及びその配偶者並びに直系血族，⑤行方の知れない者が規定されている（民847条，876条の2第2項，876条の7第2項）。

旧法846条2号では，禁治産者及び準禁治産者も欠格事由とされていたが，成年後見制度の改正で，削除された。これは，ノーマライゼーションの理念に照らし，障害者の資格制限規定の範囲を縮減する方向で検討する必要があったこと，禁治産者・準禁治産者にする欠格条項（資格制限）全般の存在が社会的偏見につながり，利用者を社会から排除する制度であるかのように誤解され，ひいては禁治産・準禁治産制度の利用が忌避されてきたことから，本人保護の点からも好ましくないことから削除されたものである。[48)]成年後見制度は，判断能力が不十分な者を保護するものであるから，その能力が不十分であると判断された被後見人が他の者の後見人に選任されることは，実際上，あり得ない。また，後見人に選任された後に，その者が成年被後見人，被保佐人，被補助人となった場合には，辞任や解任手続をすることになる。被後見人等であることを欠格事由として規定しなくても，家庭裁判所が適任者を選任し，監督することで十分，本人を保護することができる。

47）なお，第7回の成年後見制度利用促進委員会（2017年9月11日開催）において，欠格事由についての見直しが議題となっている。
48）小林昭彦・原司『平成11年民法一部改正法等の解説』234頁

欠格の効果は，法律上当然に発生し，欠格事由のある者は，初めから成年後見人になり得ず，誤って選任されたとしても無効であり，選任後，欠格事由が生じた場合，当然にその地位を失う。欠格事由の効果について旧民法の判例【2-16】は，適法に選任された親族会員であっても，その後に事件本人との間に実体上，利益相反する訴訟を生じたときは，当然親族会員の資格を喪失するとした。[49)]

後見人に欠格事由が存在するため，後見人になり得ない者である場合，後見人が本人を代理した法律行為について，被後見人保護の観点からも民法109条の適用ないし類推適用の余地はなく，無権代理人の行った行為につき被後見人にその責任を負わせることはできない（東京地判平成25年4月26日（判例集未掲載）同旨)。

ア　未成年者

未成年者は，判断能力が未成熟であり，成年後見人の任務に適さない。ただし，婚姻により成年と擬制された者（民753条）は，除外される。この場合，未成年の間に離婚しても，一度成年とみなされた以上，欠格者とはならないと解されている。[50)]

イ　家庭裁判所で免ぜられた法定代理人，保佐人又は補助人

家庭裁判所で免ぜられた法定代理人とは，親権喪失宣告（民834条），管理権喪失宣告（民835条）を受けた親権者，後見人を解任された者（民846条），遺言執行者を解任された者（民1019条1項）をいう。解任された保佐人及び補助人も同様に成年後見人になることはできない。[51)]不在者財産管理人，相続財産管理人について家庭裁判所が改任した場合，欠格者とするかについて争いがあり，欠格者とならないとするのが多数説である。[52)]これらの財産管理人は，家庭裁判所はいつでも改任しうると定めら

49）旧民法は，親族会が後見人を監督するものとし，後見人としての欠格者は，親族会員になれないとされていた（旧民946条3項，908条)。

50）於保不二雄・中川淳編集『新版注釈民法㉕改訂版』332頁〔犬伏由子〕

51）小林昭彦・大門匡編著『新成年後見制度の解説』137頁，小林昭彦・原司『平成11年民法一部改正法等の解説』235頁

52）中川善之助編『註釈親族法(下)』171頁〔青山道夫〕，中川淳『改訂親族法逐条解説』524頁，於保不二雄・中川淳編集『新版注釈民法㉕改訂版』333頁〔犬伏由子〕

れており（家事125条１項，201条10項，202条３項，208条），必ずしも不適格であることを理由としているものではないことから，改任は「免ぜられた」に含まれない。

ウ　破産者

破産者（破産２条４項）は，破産管財人が選任される場合は，自己の財産管理権を失っていること，自己の財産の管理が失当であり，社会的にも信用を失っていることから，成年後見人とすることはできない。ただし，復権（破産255条）すれば欠格でなくなる。

エ　被後見人に対して訴訟をし，又はした者及びその配偶者並びに直系血族

被後見人に対して訴訟をし，又はした者及びその配偶者並びに直系血族は，後見人になることはできない。これらの者は，被後見人と感情的に対立し，融和を欠き，円滑適正な後見事務を期待することができないからである。当事者として被後見人の相手方，すなわち原告又は被告として，現在，訴訟が係属している場合と過去に訴訟を行った場合をいう。訴訟とは，民事訴訟を意味し，財産上の争いと身分上の争いとを問わないので人事訴訟を含む。民事訴訟は，判決手続と強制執行手続に分かれるが，強制執行手続も含まれ，証拠保全手続や仮差押・仮処分もここでの訴訟手続に含まれる。[53] いずれも当事者対立の構造がとられ，利害の対立と感情の摩擦が生じるからである。しかし，民事調停や家事調停は，本号の「訴訟」には含まれない。調停は，当事者の対立構造を有するといっても，あくまで当事者の合意に基づく自主的かつ任意の紛争解決手続であるからである。家事事件手続法別表第一事件は，おおむね紛争性を有さず，当事者対立構造をとらない非訟手続であるため，訴訟には含まれない。そこで，後見の開始を申し立てた申立人も後見人の資格を失うものではない。被後見人が即時抗告をしたとしても同様である。別表第二事件は，調停で成立すれば含まれないが，審判による場合は，当事

53）中川淳『改訂親族法逐条解説』524頁，於保不二雄・中川淳編集『新版注釈民法㉕改訂版』335頁〔犬伏由子〕

者対立構造をとり，本来，紛争性を有する事件であり，訴訟に類似するため，一般的には訴訟に含まれると解されている。[54]「訴訟をし」とは，被後見人に対し，相手方として訴訟当事者となったものすべてを意味するものではなく，実質的に訴訟当事者となって争った場合のみを意味し，形式的に訴訟当事者となって対立することを含まないと解されている。

判例【２-17】【２-18】【２-19】も，後見人と被後見人が形式上訴訟当事者の相手方となる場合でも，両者の間に実質的な利益相反関係がない場合には，欠格事由には該当しないとした。これに対し，【２-20】【２-21】は，配偶者が被後見人等に訴訟を提起した事案であり，実質的にも利益が相反する事案であり，欠格事由を認めた。【２-21】は，不動産強制競売開始手続及び不動産仮差押手続について「訴訟」に該当するとした。

オ　行方の知れない者

行方の知れない者とは，従来の住所又は居所を去ってその所在が明らかでない状態が現在なお継続している者をいう。行方不明者は，成年後見人としての任務を行えないことは明白であり，当然に後見欠格である。家庭裁判所が行方不明者を選任することはないが，遺言により指定された未成年後見人が遺言の効力発生時に行方不明であることはあり得るのであり，この場合には，指定された者は未成年後見人になり得ない。

【２-16】適法に選任された親族会員であっても，その後に事件本人との間に実体上，利益相反する訴訟を生じたときは，当然親族会員の資格を喪失する。

大決昭和12年６月９日民集16巻771頁

【２-17】親族会員が被後見人の利益（戸主権）を回復する目的で，被後見人とその親権者を共同被告とした訴えは，被後見人の利益に反しないから，親族会員の資格を喪失しない。

54）我妻榮『親族法』359頁

大判明治43年11月29日民録16輯855頁

【2-18】後見人の欠格事由である旧民法908条6号（注・現民847条4号）の「被後見人に対して訴訟を為し，又は為した者」とは，形式的に被後見人と後見人との間に訴訟が継続しただけでは足りず，その内容において，実質上被後見人との間で利害が相反する関係にあることを要する。

和歌山地判昭和48年8月1日判タ301号261頁

旧民法908条6号（同法946条3項によつて準用される場合をも含む）にいう「被後見人に対して訴訟を為し，又は為したる者」とは，その訴訟係属が後見人（親族会員）選任の前後を問わず，また当該訴訟における原・被告たるの地位を問わないが，ただ単に被後見人との間に形式的に訴訟が係属したというだけでは足りず，その内容において，実質上被後見人との間で利害が相反する関係にあることを要すると解すべきである。そして本件における配当金引渡請求訴訟などのように，財産上の給付を求める訴訟はその性質上一方が請求し，他方がそれを拒む関係にあるから，一見利害が相反する訴訟のように考えられるけれどもその請求原因たる事実が存せず，訴の提起維持を事実上支配する者において，請求が理由のないことを知つているか，知らないとしても知らないことにつき過失がある場合等特別の事情が存する場合には，後見人（親族会員）が右訴訟に応訴することはやむを得ない措置として合理性があるのみならず，被後見人の利益を害することにならないので，実質上利害相反しないものというべきである。

【2-19】民法846条5号にいわゆる「訴訟をし」とは実体上被後見人の利益に反するにもかかわらず，これに対して訴訟をするという意味であつて，形式上被後見人を訴訟当事者とする場合でも，両者の間に実質的な利益相反関係がない場合には右「訴訟」には含まれない。

大阪高決昭和52年2月8日家月29巻9号82頁

民法第846条第5号（注・現民847条4号）には，「被後見人に対して訴訟をし，又はした者及びその配偶者並びに直系血族」は後見人となることができない旨規定しており，右は，旧民法（明治31年6月21日公布法第9号）第908条第6号と全く同旨の規定であり，民法が被後見人と訴訟関係に立ち，または立つた者を後見人の欠格者とした趣旨が，被後見人の利益保護に出発し，かかる訴訟関係者は，感情の上でも被後見人との間に融和を欠くおそれがあり，被後見人として適当でないことが考慮されたものであることを考えると，右法条にいわゆる「訴訟をし，」とは実体上被後見人の利益に反するにもかかわらず，これに対して訴訟をするという意味であつて，形式上被後見人を訴訟当事者とする場合でも，両者の実質的な利益相反関係という具体的基準に照らし，これに反しない場合には，前記法条の「訴訟」には包含しない法意であると解するのが相当である（大判明治43年11月29日，民録16輯855頁参照)。

そこで，本件につきこれをみるに，本件記録（ただし，後記信用しない部分を除く）によると，後見人井上加代子は禁治産者上原玲子が西田太一と婚姻中にもうけた子であるが，昭和42年1月13日に母玲子（禁治産者）の弟上原利久，同人妻佐和子と養子縁組をしたこと，禁治産者玲子の父上原壮一郎は昭和42年12月三男上原利久を被告として大阪地方裁判所に対し，株式移転無効確認請求の訴を提起し，同事件は同裁判所昭和42年(ワ)第6,811号事件として現に同裁判所に繋属中であるところ，右壮一郎が同47年7月17日死亡したため，禁治産者玲子は壮一郎の共同相続人（禁治産者玲子，上原益夫，上原多恵子並びに上原利久，尤も，利久は被告である。）の一人として前記訴訟上の原告たる地位を当然承継したこと，また右相続につき遺産分割でも対立していること，しかしながら，(1)後見人加代子は，被後見人玲子の実子であり，かつ被後見人の唯一の相続人であること，(2)従つて，後見人加代子と被後見人玲子とは感情の上で融和を欠くことはないし，両者の間が疏遠である等の特段の事情もないこと，(3)反面後見人加代子と養父利久との養子縁組は，後見人加代子の母玲子が昭和25年頃発病（精神病）し，昭和31年10月18日西田太一と家事調停により離婚し，加代子の親権者は母玲子と指定されていたところ，後見人加代子の結婚のため，片親でしかも母親が精神病ということでは何かと不利なので，祖父母が希望して後見人加代子を利久夫婦の養女としたものであること，そして，後見人加代子は現在他家に嫁いでいること，(4)そもそも前記訴訟は，後見人加代子の祖父壮一郎が前記利久を被告として提起した訴訟で，右壮一郎の死亡により，被後見人玲子が利久を除く他の弟妹と共同して原告の地位を訴訟承継したものであること，(5)従つて，前記訴訟を行うにつき，後見人加代子が被後見人玲子に不利益を及ぼすおそれがあるとか，後見人加代子と被後見人玲子とが感情の融和を欠くようなことは考えられないこと，(6)本件後見人解任の申立は抗告人及び上原益夫と上原利久との間の同族会社の支配をめぐる勢力争いの一手段として提起されたもので，後見人加代子の適否そのものよりも，禁治産者玲子所有の持株100株の帰趨が目的で提起されたものであることが認められ，家庭裁判所調査官の調査報告書中の上原益夫及び上原多恵子の各陳述要旨のうち右認定に反する記載部分は，右報告書の右両名の陳述要旨以外の記載部分並びに後見事務報告書及びその附属書類（原審記録33丁から65丁まで）の記載と比照してにわかに信用できないし，同報告書中の弁護士林弘からの電話聴取書のみでは右認定を左右するに足りず，他に右認定を左右するに足りる証拠はない。

右認定事実によると，禁治産者玲子と後見人加代子の養父利久（法定血族）との間に訴訟が繋属するに至つているので，一見民法第846条第5号により後見人加代子には後見人の欠格事由があるような外観を呈している。しかしながら，同号の欠格事由の有無については，前記判示のとおり，被後見人と後見人との実質的な利害相反関係の具体的な存否を基準として解釈すべきところ，右認定の(1)ないし(6)記載のとおりの事実関係の認められる本件にあつては禁治産者玲子と後見人加代子との間には実質的な利益相反関係があるとは到底認められないので，後見人加代子には民法第846条第5号の欠格事由はないものといわねばならない。

【2-20】夫からの離婚訴訟に勝訴した妻は，夫の保佐人となる資格はないとした判例

大決大正2年5月3日民録19輯325頁

【2-21】不動産強制競売開始手続及び不動産仮差押手続は，「訴訟」に該当し，これらの手続をした妻は，夫の後見人たりえない。

東京家審昭和39年4月13日判タ162号197頁

(3) 選任手続

成年後見開始の審判を行うときは，常に家庭裁判所が成年後見人を選任しなければならないから，開始決定の請求に当然に成年後見人の選任の請求を含むものとして，成年後見開始と成年後見人の選任手続が同時に行われる。[55)]また，後見開始後，成年後見人が欠けた場合，家庭裁判所は，成年被後見人若しくはその親族その他の利害関係人の請求により，又は職権に

55）旧法では，配偶者がいない場合，実務上，禁治産宣告の申立てと後見人選任の申立てを同時に行うよう指導していた。

より成年後見人を選任する（民843条2項）。旧法841条では，職権による選任を認めていなかったが，この点改正され，また，成年被後見人本人についても本心に服している場合があるとして申立権者とされた。

家庭裁判所が成年後見人を選任するには，成年後見人となるべき者の意見を聴かなければならない（家事120条2項1号，130条2項1号，139条2項1号）とともに，成年被後見人となるべき者の陳述を聴取する（家事120条1項3号，130条1項5号，139条1項4号）。成年後見人の選任には，成年被後見人の意見を考慮しなければならないこと（民843条4項）から，家事審判手続においてもこれを担保する趣旨で規定された。ただし，成年被後見人となるべき者及び成年被後見人については，心身の障害によりその者の陳述を聴くことができないときは陳述の聴取は必要ない（家事120条1項ただし書）。

成年後見人選任の審判は，独立しての即時抗告が認められていない（前記3(6)参照）ため，後見開始の審判と同時に確定する。[56)]

(4)　複数成年後見人

ア　複数成年後見人

旧法では，後見人等の人数は一人制であった（旧法843条）が，成年後見制度は，未成年後見人について一人制を残し（民842条），成年後見人については，複数制を採用した。その後，未成年後見人についても，民法842条が削除され（平成23年法律第61号），複数の選任が可能となった。

成年後見人については，民法843条1項が成年後見人の人数について何ら規定しないので，文理上当然に数人を選任できるとされている。[57)]また，成年後見開始時に1人の成年後見人を選任した場合であっても，家庭裁判所は，必要があると認めるときは，成年被後見人若しくはその親族その他の利害関係人の請求により，若しくは成年後見人の請求又は職権により成年後見人を追加的に選任することができる（民843条3項）。

複数の成年後見人が必要とされる例として，①遠隔地にある財産を別々の成年後見人が管理する場合，②財産管理と身上監護を各分野の専

56）於保不二雄・中川淳編集『新版注釈民法(25)改訂版』312頁〔犬伏由子〕
57）小林昭彦・原司『平成11年民法一部改正法等の解説』211頁，小林昭彦・大門匡編著『新成年後見制度の解説』117頁

門家（法律専門家と福祉専門家等）が分担する場合，③親族と特定分野の専門家が共同するなど，チームを組んで成年後見事務を遂行することが効果的な場合，④知的障害をもった子が成年に達した後に，両親がいわば共同親権の延長としてともに成年後見人に就任しようとする場合，⑤いわゆる親亡き後の子の生活にそなえて，高齢の親とともに，他の親族等があらかじめ成年後見人に就任しておき，親が亡くなった後，新たな成年後見人が選任されるまでの間の空白が生じないようにする場合，⑥本人の財産が高額かつ複雑であることから，後見事務上の過誤を防ぐために，成年後見人の権限を共同行使させるのがふさわしい場合，⑦後見制度支援信託を利用するために，専門職（弁護士・司法書士）が契約締結まで関与することが相当な場合などが考えられる。[58)] 基本計画を受けて将来的には，地域連携ネットワークの支援のもとで親族後見人が身上監護の後見人に，専門職が財産管理の後見人に複数選任される場合が増えることも予想される。[59)]

イ　複数成年後見人の権限の共同行使と事務の分掌

複数の成年後見人が選任された場合，各成年後見人は原則として単独で成年被後見人を代表し，各々が包括的な代理権と広範な取消権を有する（民859条1項）。他方で，複数の成年後見人間で権限の矛盾・抵触が問題となるおそれもあり，家庭裁判所は，複数の成年後見人があるときは，職権で，数人の成年後見人が，共同して又は事務を分掌して，その権限を行使すべきことを定めることができる（民859条の2第1項，876条の3第2項，876条の8第2項）。数人の成年後見人の権限の定めは，家庭裁判所の職権による家事審判事項である（家事別表第一10項）。後見開始の審判の申立人，成年後見人，成年後見監督人等は，複数の成年後見人間の事

58）小林昭彦・大門匡編著『新成年後見制度の解説』117頁，野田愛子「複数成年後見人等・法人成年後見人等の選任基準」判タ1100号234頁，運用例として日景聡「家庭裁判所における複数後見に関する運用と実情」実践成年後見62号14頁参照

59）なお，制度発足当初は，親族が事実行為として身上監護を行っているに過ぎないのであれば，その親族を成年後見人に選任し，身上監護と財産管理の成年後見人の分掌を行うまでの必要はないと解されていた。橋本和夫「後見・保佐，監督に関する問題」判タ1100号228頁，小林昭彦・大門匡編著『新成年後見制度の解説』143頁，144頁

務分掌などの必要性がある場合は，職権発動を促す申立てをすることになる。[60] この審判は，数人の成年後見人を選任する際，又は成年後見人を追加して選任する際に併せてすることができるほか，数人の成年後見人を選任した後にも必要に応じてすることができる。[61] 審判の告知は，権限行使の定めを受けた成年後見人に対してなされ，効力を生じた場合には，裁判所書記官が遅滞なく，登記所に対し，後見登記法に定める登記の嘱託をする（家事116条，家事規77条１項６号）。

権限の共同行使の定めがされると，複数の成年後見人は，各自が単独で権限を行使することができなくなり，全員の意見が一致した場合のみ権限の行使をすることができる。知的障害をもった子が成年に達した後，父母両名を成年後見人に選任し，権限を共同行使する場合が考えられる。親族間で成年被後見人の財産管理を巡る紛争性が高く，利害の対立している親族から数人の成年後見人を選任し，かつ，権限について共同行使の定めをすることにより，他の成年後見人の権限行使を監視するといった運用は，相当でない。この場合は，中立な立場の成年後見人（第三者後見人）を選任することになる。権限の分掌の定めがされると，複数の成年後見人がそれぞれの権限を有する別個の事務について権限を行使することになる。財産管理について弁護士の成年後見人が担当し，身上監護について社会福祉士が担当する場合などである。

家庭裁判所は，選任後の事務の遂行状況に照らして，成年後見人各人に単独で権限を行使させるのが相当であると認める場合は，職権で数人の成年後見人の権限の共同行使や分掌の定めを取り消すことになる（民859条の２第２項）。

ウ　成年後見人が権限の範囲を超えた行為を行った場合の効力

複数成年後見人の権限について，共同行使あるいは権限分掌の定めが

60）小林昭彦・原司『平成11年民法一部改正法等の解説』281頁，小林昭彦・大門匡編著『新成年後見制度の解説』118頁

61）最高裁判所事務総局家庭局監修『改正成年後見制度関係執務資料』156頁，裁判所書記官実務研究報告書『家事事件手続法下における書記官事務の運用に関する実証的研究―別表第一事件を中心に―』189頁

された場合，当該成年後見人がその制限を超えた法律行為をした場合に民法110条の表見代理の規定の類推適用が問題となる。本人の関与がないとしても，本来包括的である成年後見人の権限が共同行使又は分掌の定めによって制限されている場合については，後見監督人がいる場合の後見人の権限の制限（民864条）と同様に相手方の保護の必要性が高いので，民法110条を適用することができる。[62) 63)] ただし，権限の共同行使又は分掌の定めは，登記によって公示されるので，仮に民法110条の適用が認められるとしても，取引の相手方は，当該事案において，登記事項証明書の提出を求めてその定めの有無を確認しなかったことについて過失のないことを立証する必要がある。[64)]

エ　相手方の意思表示の受領代理

複数成年後見人と第三者との関係では，複数成年後見人間で権限の共同行使又は分掌の定めがあったとしても，第三者の意思表示は，成年後見人のうちの一人にすることで足りる（民859条の2第3項，876条の3第2項，876条の8第2項）。取引の安全の観点から定められた。この規定は，観念の通知等の準法律行為にも類推適用される。[65)]

⑸　法人成年後見人

旧法では，法人が成年後見人等になることが認められるかについて，明文の規定がなく，旧法843条が後見人は，「一人」でなければならない旨を規定していたため，解釈上疑義があり，家庭裁判所の実務でも，法人を後見人に選任した例は報告されていなかったが，成年後見制度では，法人を成年後見人に選任できることが明文で定められた（民843条4項）。背景には，認知症（痴呆）性高齢者・知的障害者・精神障害者等の多様なニーズに応

62）判例（大判昭和17年5月20日民集21巻571頁）は，未成年者の母である親権者が親族会の同意を得ないで未成年者の株券を処分した事案で民法110条の表見代理を肯定している。

63）小林昭彦・原司『平成11年民法一部改正法等の解説』280頁，小林昭彦・大門匡編著『新成年後見制度の解説』121頁，四宮和夫・能見善久『民法総則第6版』350頁

64）小林昭彦・原司『平成11年民法一部改正法等の解説』281頁，小林昭彦・大門匡編著『新成年後見制度の解説』121頁

65）小林昭彦・原司『平成11年民法一部改正法等の解説』285頁，小林昭彦・大門匡編著『新成年後見制度の解説』123頁

えるため，福祉関係の事業を行う法人がその人的・物的な態勢を組織的に活用して，本人の財産管理，身上監護の事務を遂行することが必要かつ適切な場合があり，また，本人に身寄りがない場合，適当な成年後見人の候補者を見いだすことが困難であることが少なくなく，その受け皿として法人成年後見人を認める必要性が指摘されていたところである。[66)]

成年後見人となり得る法人の資格として，特に法律上の制限は加えられていない。[67)] 実例としては，公益社団法人成年後見センター・リーガルサポート，社会福祉協議会（社会福祉法人）及び公益社団法人家庭問題情報センター（FPIC）などが，法人成年後見人に選任されている。家庭裁判所は，当該法人の事業の種類及び内容，成年被後見人と法人及びその代表者との利害関係の有無等を審査した上で，個別具体的に法人の成年後見人としての適格性を判断する。[68)] 問題となるのは，成年被後見人が入所している施設等の社会福祉法人である。成年被後見人は当該法人に対して入所費用等を支払うことから，利益相反行為となる蓋然性が高い。予定される後見事務の内容，当該法人と本人の財産の関係，入所費用等の支払方法，法人の代表者と成年被後見人との間の借入の有無などについて慎重な審査が必要である。利益相反のおそれがないとして当該施設を成年後見人に選任する場合には，成年後見監督人を選任し，監督を充実させる必要があろう。また，当該施設を経営する法人が，他の自然人又は法人と権限を分掌した上で自己の利害関係事項に関する行為を回避して成年後見人として活動すること，例えば，単なる動産の管理等の権限を分掌する場合や無償のヘルパー派遣に関する代理権を分掌する場合などが想定される。単に本人が入

66）小林昭彦・原司『平成11年民法一部改正法等の解説』224頁，小林昭彦・大門匡編著『新成年後見制度の解説』126頁

67）ただし，民法847条の欠格事由のうち，家庭裁判所で成年後見人を免ぜられた法人（2号），破産手続開始の決定がされた法人（3号），成年被後見人に対して訴訟をし，又はした法人（4号）は，成年後見人となることができない。

68）法人を選任する場合には，本人の支援を直接担当する者に後見事務担当能力があるか，担当者の不正防止のための監査システムがあるか，個人情報の保護に対する手当がされているか，長期にわたり後見事務を継続し，本人に損害を与えた場合に損害を填補できるような経済的基盤があるかなどを確認する必要がある。東京家裁後見問題研究会編著『後見の実務』別冊判タ36号45頁参照。

所している施設を経営しているとの理由だけで，当該法人が常に成年後見人として排除されるとすることは適当でない。[69] 実務上，法人を選任した例としては，本人に転居の可能性がある場合，信頼関係構築が難しい本人につき担当者を替えて柔軟な対応を必要とする場合，本人が比較的若く，長期間の支援を必要とする場合などがある。[70]

5　成年後見人の辞任・解任

⑴　成年後見人の辞任

後見人は，家庭裁判所によって後見の事務の適任者と認められ，本人の保護のために選任されているので，自由に辞任することを認めると，本人の利益を害するおそれがある。そこで，成年後見人は，正当な事由がある場合に限り，家庭裁判所の許可を得て，辞任することができる（民844条，876条の２第２項，876条の８第２項）。

辞任事由として抽象的に「正当な事由」があるときを挙げるにとどまるが，具体的内容やその有無は，家庭裁判所が公権的に監督して判断することになる。正当事由としては，①成年後見人が職業上の必要から本人と遠隔の地に住むため，後見事務に支障が生じる場合，②自己よりも適格性を有する者が現れたとき，③老齢，疾病，負担過重などにより後見事務の遂行上支障がある場合とされている。後見人が辞任したことにより，後任者を選任する必要が生じたときは，後見人は，遅滞なく新たな後見人の選任を家庭裁判所に請求しなければならない（民845条）。後見人辞任の許可は，後任者の選任がなくてもできるが，後見事務の空白を避けるため，同時に後任の後見人が選任されることが望ましい。実務では，訴訟への関与や後見制度支援信託の契約などの専門職の関与が必要とされて専門職後見人が専任されたが，その後，課題が解決あるいは消滅するなどした場合，専門職後見人が辞任及び後見人選任の申立てをし，親族後見人を選任するとと

69）小林昭彦・原司『平成11年民法一部改正法等の解説』227頁
70）橋本和夫「後見・保佐，監督に関する問題」判タ1100号228頁

もに，専門職後見人の辞任について「正当な事由」を認めることが多い。

基本計画では，意思決定支援及び身上監護の観点から，本人の特性に応じた成年後見人を選任することになるが，選任された成年後見人と本人あるいは本人を支える親族などとの間に信頼関係が築けない場合には，辞任理由についても柔軟に解釈され，成年後見人が交替することも想定される。

家庭裁判所は，申立ての理由があるときは辞任許可の審判を，申立てが不適法又は理由がないときは却下の審判をするが，許可，却下のいずれの場合も不服申立てはできない。許可の審判は，家庭裁判所から後見登記法の登記の嘱託が行われる（家事116条，家事規77条１項４号）。

⑵　成年後見人の解任

後見人に不正な行為，著しい不行跡その他後見の任務に適さない事由があるときは，家庭裁判所は，後見監督人等，本人若しくはその親族若しくは検察官の請求によって，又は職権で，これを解任することができる（民846条，876条の２第２項，876条の８第２項）。

ア　不正な行為

不正な行為とは，違法な行為又は社会的に非難されるべき行為を意味する。主として本人の財産管理に関する不正が問題となり，本人の財産の流用（横領）が典型例である。後見の任務に関してなされたものであることを要するか否かについては，説が分かれているが，必ずしも後見の任務に関してなされたものに限らず，広く当該行為が後見の任務に適しない程度のものであれば解任事由になると解するのが有力である。[71)] 過去の不正行為については，それが現在及び将来の後見事務に影響をおよぼすおそれがない場合には，解任事由にはあたらない。

イ　著しい不行跡

著しい不行跡とは，品行ないし操行がはなはだしく悪いことを意味する。著しい不行跡は，親権喪失事由（民834条）ともされているが，後見人の場合は，親子のような愛情を期待できないことを理由に，親権喪失

71）中川善之助編『註釈親族法(下)』168頁〔青山道夫〕，於保不二雄・中川淳編集『新版注釈民法㉕改訂版』335頁〔犬伏由子〕，反対説として，栗原平八郎「後見人の職権解任」『家族法判例百選（新版増補）』別冊ジュリ40号314頁

の場合と比べて厳格に解すべきという意見がある。[72] また，著しい不行跡か否かの判断は，監護教育に悪影響を及ぼす面だけに限られるものではなく，財産管理の面からも考察されるべきである。[73]

ウ　その他後見の任務に適しない事由

後見人の権限濫用，管理の失当，任務の怠慢などがある場合及び義務違反（民853条１項，855条１項）がある場合も，解任事由に該当する可能性もある。さらに，後見人に有責性がない場合であっても，客観的に観察して，後見人と本人との関係が破綻し，到底後見事務の円満な遂行を望み得ない場合も解任事由となるとする見解もある。[74]

エ　解任手続

家庭裁判所は，申立てにより，又は職権で成年後見人を解任する場合，成年後見人の陳述を聴かなければならない（家事120条１項４号，130条１項６号，139条１項５号，178条１項２号）。審理の結果，理由のあるときは，成年後見人解任の審判をし，理由がないときは，申立てを却下する。職権で立件したときは，解任の理由がないときは，裁判官の「解任しない」旨の認定により事件は終了する。[75] この場合，告知する必要はない。成年後見人を解任する審判に対しては，成年後見人，成年後見監督人又は成年被後見人若しくはその親族から，申立てを却下する審判に対しては，申立人，成年後見監督人又は成年被後見人若しくはその親族から即時抗告をすることができる（家事123条１項４号）。解任の審判が確定したときは，家庭裁判所から後見登記法の登記の嘱託が行われる（家事116条，家事規77条１項５号）。

オ　成年後見人を解任する審判前の保全処分

成年後見人を解任する審判の申立てがあった場合，家庭裁判所は，当該申立てをした者の申立てにより，解任の申立てについての審判の効力が生ずるまでの間，成年後見人の職務の執行を停止し，又はその職務代

72）中川淳『改訂親族法逐条解説』519頁，野上久幸『親族法』476頁
73）中川善之助編『註釈親族法(下)』169頁〔青山道夫〕
74）昭和31年８月25日大阪家裁家事部決議大阪決議録135　民商33巻６号170頁
75）昭和37年12月全国家事審判官会同家庭局見解『会同要録』49頁

行者を選任することができる（家事127条1項，135条，144条，181条）。

カ　解任の判例

判例は，解任事由については，総合判断をしているものが多いが，大きく分けると，不正行為と任務に適さない事由の2つが中心となる。

不正行為についての判例として，【2－22】【2－23】【2－24】【2－25】【2－26】（同旨の判例として旭川家審昭和45年8月6日家月23巻2号101頁）は，主に本人の財産を自己の利益のために費消又は利用したことを解任事由とした。

任務に適さない事由としては，【2－27】【2－28】【2－29】【2－30】がある。【2－27】は，就職前の不正行為を問題とし，【2－28】は，未成年者の後見人に選任当時判明しなかった前科があることや現に傷害罪で公判中であること，さらに家庭裁判所の命令にもかかわらず，被後見人の財産状況を報告しないことなどの事由を認めて，解任請求を認めた。【2－29】は，家庭裁判所の命令に違反したことを，【2－30】は，禁治産者の後見人として，入院費用の支払を怠りがちなことを，解任事由とした。【2－31】は，保佐人解任の申立てについて，保佐人が自ら準禁治産者との間でその重要な財産について任意に管理委任等の契約を締結し管理処分行為を行うことは，保佐人の任務と抵触する利益相反行為に当たる可能性があり，その点をおいたとしても，保佐人が準禁治産者の代理人となり第三者と契約を締結し，金銭の受託を受けこれを管理している場合，その契約締結や管理行為に不当な点があれば，保佐人の任務に適しない事情の1つとして保佐人の解任事由になり得るとして，原審判を取り消し，差し戻しをした。

未成年者の後見人の事例では，身上の監護などを怠ったことを理由に任務に適さないとした判例として，【2－32】【2－33】【2－34】がある。【2－34】は，後見人となった祖母が年齢的にも後見人の任務に適さないことのほかに，亡父の遺産分割においても被後見人の利益を尽くさず，実際の監護は実母が行っていることを理由とする。

解任を認めなかった判例として，【2－35】【2－36】【2－37】がある。【2－35】は，後見人が財産調査の際，後見監督人にその立会いを求めたのに，後見監督人が任意に立会いをしなかったため，有効な財産目録の調整ができなかったとしても，後見人免黜事由にはならないとした。【2-36】は，後見人が未成年者所有の貸家の家賃を取立て，借家人等に賃貸家屋やその敷地の買取り方を交渉した事実があるとしても，後見人が自己の利益を図る目的に出たものであることが認められるような疎明がないとして，解任事由は認められないとした。【2-37】は，後見人が詐欺恐喝の刑事被告人として公訴提起され，自らも刑事責任を認めている事例であるが，右事由があることの一事をもって後見人解任事由があるものとは認められないとした。法の定める任務違背などがあっても，それが実質的に後見の任務に不正があるか，あるいは，後見人として不適任であるかを検討することを要するとしたものである。[76]

【2-22】後見人として自己の利益を図るために他人の債務の担保として被後見人の重要な不動産につき根抵当権を設定して登記をなしその抵当権の実行を受けるおそれのある事態を招来した後見人の行為は，解任事由に該当する。

大阪高決昭和32年7月1日家月9巻7号29頁

よつて按ずるに本件記録中の各戸籍謄本，登記簿抄本及び家事審判官の証人井上義夫並びに抗告人に対する各尋問調書の記載を綜合すると未成年者西川高弘は昭和21年4月○日大阪市○○区○○町○○○番地西川定雄と養子縁組をなし同人が同年5月○○日死亡したのでその家督相続をなし同人所有の土地家屋その他の財産を承継取得したこと，相手方西川桃子は未成年者西川高弘の実母であつて抗告人は同年9月30日同未成年者の後見人に就職したものであること抗告人は訴外○○○○株式会社の代表取締役村上光雄から同会社が他から融資を受けて業績があがれば抗告人に対しその経営する質屋営業の資金を融通するから同会社が他から融資を受けるにつき担保物を提供せられたい旨懇請せられてこれを承諾し自己の利益を図るため同未成年者の後見

76) 小西洋「裁判所からみた成年後見人等の義務と責任の考え方と運用の実情」実践成年後見51号40頁以下では，本人の財産の流用，審判によらない報酬受領，許可によらない居住用不動産の処分，回収不確実な投資等の投機的な運用，施設費用の滞納，利益相反行為が解任となった例が挙げられている。

人として昭和29年２月26日擅に○○○○株式会社が訴外○○○○○株式会社との取引により同会社に対し将来負担すべき債権極度額を金500万円とする債務の担保として同未成年者の重要な財産である大阪市○区○○町○○○番地宅地516坪８合に第二順位の根抵当権を設定し翌27日その登記をなしたこと並びに右○○○○株式会社〈中略〉に対し金202万円の債務を負担するに至つたところ○○○○株式会社には資産は全くなく右債務は残存しその支払不能の状態となつた事実が認められ右認定を左右するに足る証拠はない。してみるとたとえ抗告人においてその主張の如く未成年者西川高弘の後見人に就職後同人の所有不動産保全のため尽力するところがあつたとしても右の如く後見人として自己の利益を図るため擅に他人の債務の担保として被後見人の重要な不動産につき根抵当権を設定して登記をなしその抵当権の実行を受ける虞ある事態を招来した抗告人の行為は民法第845条（注・現民846条）に所謂不正な行為に該当するものというべきである。

【２-23】未成年者の後見人が，未成年者の亡父の戦死による公的扶助料の一部を自己の債務の支払い，生活費等に費消した事案であるが，後見の任務に適さない事由があるとした。

佐賀家審昭和38年３月30日家月15巻６号80頁

後見人は現在未成年者所有の水田４反８畝７歩を含め水田約１町７反１畝を耕作して居り現在居住中の家屋の新築，農機具の購入，土地購入等のため長崎相互銀行，農業協同組合その他に合計約100万円の債務を負担して居る。後見人は未成年者の公務扶助料として昭和35年第２期分より昭和37年第３期分までの合計金141,375円を受領しているがその中より未成年者に前示の如く金60,000円を出して単車を購入してやつたがその余は全部自己の債務の支払い，生活費等に費消して居り未成年者のため購入してやつた単車代金もその後未成年者に毎月金2,000円を支払うように申し向け毎月金2,000円乃至金1,000円位の支払いを受けて居り，未成年者所有の水田４反８畝７歩よりの収益年額約12万円（労賃も含む）も自己の収益と混同して居り今後受領すべき未成年者の公務扶助料も自己の債務の弁済に充当する意図を持つていること。

以上認定の実情の外本件調査並に審判にあらわれている諸般の実情を綜合すれば後見人には後見の任務に適しない事由があるものと認められるので主文の通り審判をする。

【2-24】後見人が被後見人のために受領した金銭の一部が使途不明であり横領の疑いがあることを理由に，職権により後見人を解任した事例

福島家審昭和46年7月22日家月24巻6号49頁

2　事件本人は，昭和45年3月13日，福島市役所○○支所で，被後見人大塚規雄の法定代理人として，同被後見人のいる場所で，同被後見人が福島県から交付されることになつていた福島県開拓者離農助成金50万2,695円（同助成金は金55万円であつたが政府資金等合計金4万7,305円を差引かれたため）及び上記被後見人両名の法定代理人として，村田喜一から受取ることになつていた被後見人大塚規雄が離農した被後見人両名共有の土地売却代金の残金30万円合計金80万2,695円をそれぞれ同県，村田喜一からいずれも受領し，その内同所で，被後見人大塚規雄に電話代として，金1万円を交付し，結局79万2,695円を所持していたこと，

3　然るに，事件本人は，上記日時受領した金員は上記助成金50万2,695円であると主張し，これを基本として，被後見人等に生活費，修学旅行費等合計金40万6,933円を支払い，残金は金9万5,762円しかないと固執し，これを現金として所持していること，

4　従つて，事件本人は，実際に金80万2,695円を受領しながら，これを否定して，金50万2,695円しか受取つていないと主張するものであり，被後見人大塚規雄が事件本人から受けた金1万円を上記各金額の差から引くと，金29万円が不明であつて，これについては，事件本人が正当に支出した資料が得られないから，その頃，事件本人の住所等で隠匿して横領したものと推測できること，

が認められる。

以上の事実は，被後見人大塚規雄に対して，民法第845条（注・現民846条）の後見人に不正な行為があるときに当り，被後見人大塚和夫に対しては，同法条の後見の任務に適しない事由に該当するものといわなくてはならない。

【2-25】被後見人らは父母離婚後母の親権に服していたが，同人が交通事故により死亡し，その損害賠償金受領手続に必要のため父が後見人に選任され，被後見人の預金の管理につき，裁判所から命じられた遵守事項に従わず預金を払戻のうえ自己の生活費に費消した等の判示の事実のもとでは，後見人はその任務に適しない。

宇都宮家審昭和47年12月15日家月25巻7号51頁

即ち後見人中山康弘は被後見人らの父であり，被後見人らの母大沢なつ子と昭和39年9月18日調停により離婚，被後見人らは親権者を母大沢なつ子と定められ母のもとに引き取られ養育されていたが，母なつ子は昭和44年6月10日交通事故死したため，その損害賠償金受領手続の必要のため昭和46年4月20日付当裁判所により父中山康弘が後見人に選任され就職したものであるが，その賠償金の管理のため次のような遵守事項を命ぜられ且つ当裁判所の後見監督処分に付されていたものである。

即ち被後見人らの受領すべき賠償金133万2,618円は宇都宮市所在株式会社○○銀行○○支店において受領し，うち120万円は被後見人らの法定代理人として，後見人中山康弘名義として同行の定期預金とし，払戻しには当庁調査官の認印を必要とし，証書は当庁調査官が管理すること。残13万2,618円は被後見人らの当座の生活費および教育費に当てるため後見人中山康弘名義の普通預金とし，前記定期預金の利子も普通預金に入れることとした。

当庁において上記のように後見人監督の処置に出た理由は次の通りである。後見人中山康弘は身体障害者で十分な労働能力を具えないところから神道大教○○大神の布教師（神札売）をしているが生活は楽でなく家賃も滞り勝でありながら酒を好み，性短慮で子女の監護養育に関心うすく長女ひろ子は学校で問題児とされているもので父親からしばしば暴力を揮われ顔面に皮下出血の傷害を受けたこと，食事を与えられなかつたこと，家出をして附近の物置で野宿したこと等があつて児童虐待が問題となり同女は父親から取上げられ施設に収容されたことがありその頃長男一男も近所から物を盗みまわると施設に収容されていたが長女ひろ子には家事の手伝をさせることができるため長男一男の収容には異議を述べなかつたが宇都宮中央児童相談所に深夜飲酒の上長女を返せと押しかけ暴行に及んだことがある。先妻が死亡すると被後見人等を引取り右児童相談所に出頭して2児を収容して欲しいと申出たが後見人以外の者の申出として拒絶された。ところが先妻の死亡が交通事故によるもので保険金が事件本人等にも支払われることが判明しその受領には後見人に就任する必要があることを知ると事件本人等を手許におき当庁に自己を適任者として選任の申立てをした。当裁判所は調査をすすめるうち右事情が判明し尚中山康弘の保険金の使用計画が不相当で申立人が必ずしも後見人適任者でなく他に適任者を探した。然し申立人の性格を知る者は就任を拒絶する有様で申立人は手続がおそいと立腹し事件本人等の面倒を見ないとその申立を取下げたが再度申立をし心を入れかえて被後見人等の監護養育に努めると共に保険金は事件本人等のために使うと誓うので他に後見人となるべき適当な者も見当らないので前記のような条件を附して後見人に選任し当庁は監督を継続して行つたものである。然し右の誓約にも拘らず監護の適切を欠き被後見人等は間もなく施設に収容されてしまつた。即ち被後見人大沢幸夫は昭和45年6月から栃木県△△学園に入園中であり，同大沢俊男は聾唖者で昭和47年1月17日より栃木県立○○学園に入園中でありそれぞれ被後見人らの教護費及び負担金を納入すべきところ，○○学園には昭和46年7月分より月額1,200円を現在に至るまで，△△学園には認定により本年7月より月額1,400円を納入することに定められたが，いずれも納入せず，それらの教育費に充てるべき前記○○銀行○○支店預入れの普通預金13万2,618円は昭和46年8月に全額払戻して自己の生活費に費消し，定期預金120万円の満期による利子5万8,000円余も本年8月15日払戻し，前記同様費消している。

各学園からの被後見人らの教護費又は負担金の請求に対しては裁判所に請求せよと言い，当庁調査官の面接による調査に対しては夏期休暇は被後見人らが帰宅した10日間の生活費に充当したと述べ，また自分は後見人になるつもりはなかつた。母親が死んだから父である自分に子を押しつけるとは虫が良過ぎる。被後見人らの賠償金目当てに後見人になつたのではない旨述べている。

以上の事実は後見人中山康弘が被後見人らに対する後見事務を行う意思がなく殊に被後見人らの財産管理について民法第845条（注・現民846条）に言う後見の任務に適しない理由があるときに該当するものと認められるのでこれを解任するのを相当とし主文のとおり審判する。

【2-26】後見人が，被後見人の定期預金債権を後見監督人又は特別代理人によることなく自己の債務の担保に供し，裁判所の後見監督処分としての右担保の解除命令に従わず，財産目録作成義務も怠り，被後見人の総資産からの相当額の支出について使途を明らかになし得ず，また被後見人の生活維持，身上監護も放棄して意思の疎通を欠くに至つているなどの事情から，後見の任務に適しない事由あるものと認め，職権で後見人を解任した事例

京都家審昭和50年12月1日家月28巻11号79頁

後見人につき，つぎの諸事実が認められる。

(1)　昭和48年1月29日付，同年12月20日付で村田敏政の株式会社○○銀行に対する定期預金債権額面200万円，同債権額面100万円を，同年３月22日付，同年７月17日付で，被後見人の前同銀行に対する定期預金債権額面各200万円を，夫々ほしいままに後見監督人又は特別代理人によることなく，自己の同銀行に対する債務元本約660万円の根担保に差入れ，当裁判所より後見監督処分として，昭和49年５月15日右各担保を同年７月20日までに解除することを命ぜられながら，遂時不確かな金融対策を示して，右解除の約束をのばし，現在に至るも未だに解除していない。

⑵　就任以来財産目録作成義務を履行せず，当庁昭和46年(家)第2319号，同第2320号後見監督処分における前記調査官の再三の注意，警告に拘らず被後見人らのための支出状況が放漫で，その作成にかかる出納帳の記載も杜撰を極め，昭和49年１月現在で被後見人両名の総資産から，両名のための後見人による総支出を差引いた残額のうちに使途不明金が前記調査官の計算によれば約300万生じており，これにつき前項監督命令により，使途内容を明らかにすることを命ぜられ乍ら，未だ判然となしえず，その後提出の出納帳記載にも敏政より二重支出記載等疑問点が指摘される程の正確性に疑問がある。

⑶　昭和50年８月以来被後見人の生活の維持，身上監護も放棄し，被後見人敏政とも感情，意思の疎通を欠くに至つているのみならず，敏政は被後見人のために後見人を解任し，自ら交替する意向を持つに至つている。

以上の事実関係によれば，後見人に後見の任務に適しない事由があるときに当るというべきである。

【2-27】後見人にその就職前の不正行為があったことが判明したときは，親族は，後見人免黜（解任）の請求をすることができる。

大判大正13年８月22日民集３巻329頁

【2-28】未成年者の後見人に，その選任当時判明しなかつた前科（職業安定法違反，麻薬取締法違反）があるほか，現に傷害罪により公判係属中である等の事由があり，さらに後見人が被後見人の財産状況を家庭裁判所に報告しない等後見の任務に適しない事由があると認められるとして，職権により後見人解任の審判をした事例

神戸家審昭和39年３月16日家月16巻９号175頁

被審人山本勇は，昭和38年12月17日付審判により，亡姉芳子の子である未成年者山本洋子，同山本道子の後見人に選任せられてその職に就いた者である。ところが山本洋子，山本治男の審問結果，○○産業運輸有限会社からの調査官宛回答書，同会社と被審人との間の示談書，被審人に対する前科取調書，裁判書謄本，起訴状謄本の各記載ならびに昭和38年(家)第1470，第1471号後見人選任申立事件記録によると，被審人を後見人に選任する審判当時判明していなかつた事実として，被審人には職業安定法違反（接客話紹介）で罰金１万円，麻薬取締法違反（麻薬所持）で懲役２年の前科があるほか，現に神戸地方裁判所竜野支部に傷害罪で起訴せられ，公判係属中であること，その公訴事実は姉山本芳子（未成年者山本洋子，同道子の母）の交通事故死に伴う損害賠償金受領に必要な書類の作成について紛争の結果，兄山本治男の妻竹子に傷害を与えたものであること，被審人は昭和38年６月26日当時まだ未成年者両名について，後見人その他法律上同人らを代理する資格がなかつたのに，山本洋子代理人名義をもつて，交通事故加害者○○産業運輸有限会社との間に山本芳子の死亡による総額110万円の示談金契約を締結し，内金37万７千円を即日現金で受領していることが認められる。そして，当裁判所がこの金員の保管および収支の状況について報告書の提出，保管金品の提出を求めてもこれに応じない（当庁昭和39年(家)第123，第124号後見事務に関する処分事件）し，本件において期日に出頭しない。一方山本洋子の審問結果によれば，被審人は上記金員を借家の敷金や身廻品の購入等自己の用途に充当している事跡が認められる。

以上の事実は後見事務に関する報告等を除いては，被審人が後見人就職以前のことではあるけれども，これが判明しておれば，当然被審人を後見人に選任するようなことはしなかつたであろう事由である。そして現に被審人は当裁判所の命令や取調にも応じないのであるから，被審人には民法第845条（注・現民846条）にいう後見の任務に適しない事由があるものといわなければならない。よつて被審人が未成年者山本洋子，同道子の後見人たることを解任するのを相当と認め，主文のとおり審判する。

【２-29】未成年者の後見人が，被後見人所有の家屋等を被後見人の父の妾に贈与したほか，使途不明金があること，家庭裁判所から建物等の処分禁止等の調停前の仮処分を受けたのに，この命令を無視して，第三者に売却したことは，後見の任務に適しない事由がある。

大阪高決昭和34年９月８日家月11巻11号111頁

相手方等は被後見人等の実母，実母の後夫，実母の実姉としてその親族であり，抗告人は昭和33年10月３日大阪家庭裁判所において被後見人等の後見人に選任せられたこと，抗告人は被後見人等の養育費を毎月定期的に収得するためアパート経営を計画し，これが資金に充てるべく被後見人等の所有に係る大阪市港区△△町○○番地の25の家屋を他に売却しようとしたが，被後見人等の実父亡小松喜之助の妾太田トクとの間に紛争が生じ，同女においてこれを妨害すべく右家屋を占拠したので，これを立退かせるため，抗告人は同年11月頃同女に対し被後見人等の所有の同区○○町○丁目○○番地外一ヶ所の大阪市よりの借地権及び同地上の建物一切を贈与したこと，抗告人は右△△町の家屋を金100万円で他に売却し，その中70万円でアパート経営を始めたが，残金30万円については使途不明のものがあり，使途の分明するものにも後見人選任運動費と称する支出の必要のないものにまで費消していること，その後抗告人は昭和33年７月15日太田トクを相手方として大阪家庭裁判所に親族間の紛争調整の申立をし，前記和解の際に締結せられた条項の履行を求めたこと，同裁判所においては同年11月１日調停前の仮の処分として調停手続終了に至るまで右○○町の土地建物の一切の処分を禁止し，現状の不変更を抗告人に命じたこと，ところが，抗告人は太田トクが右不動産を他に売却することをおそれ，右命令を無視し，昭和34年１月31日右不動産を山上浩二に売却したこと，右売買については抗告人はこれを不動産取引業者に一任し，自らは買主について辛うじてその氏を記憶するに止り，面識もなく，その住所も全く知らず，売買代金も未だに全額を確実に入手していないことが認められる。

以上の認定事実によれば，抗告人は被後見人等の財産の管理につき善良な管理者の注意を以てこれに当つているものとは到底いえない。殊に太田トクに対する贈与にしても，抗告人主張の如く専ら同女を右家屋から立退かせる手段としてなされ，真実に出でたものでないとしても，単に同家屋から立退かせるためであるならば他にその手段はありうる筈であり，特に本件においては同女において抗告人の右意思表示が真意に出でざることを知り又はこれを知りうべかりし状況にあつたことはこれを認めるに足る疎明もないのであるから右行為は無効とはいえないのであつて，かかる行為はその注意義務に欠けるところが大なるものがあるといわねばならない。加之，苟くも後見人に対し一般的監督権を有し，後見事務の監督上必要な一切の措置をなしうる大阪家庭裁判所の命令を無視するが如きは，自ら家庭裁判所の監督に服さないことを表明したものであり，後見人たる適格を自ら否定するにほかならない。その動機が前記認定の如くであり，又たとえ太田トクにおいて不動産の一部を他に売却したとしても，これに対しては別個の救済を求めるべきであつて，右認定を左右するものではない。
　後見人がその職務を民法の定める通りにしなかつたからといつて，それだけで解任の理由となりえないことは勿論であるが，抗告人には前記認定の如く一連の善管義務違反がある上，家庭裁判所の命令を無視する行動に出ているのであつて，これ等諸般の事情を綜合考察すると，抗告人には民法第845条（注・現民846条）所定の後見の任務に適しない事由があるものといわねばならない。

【２-30】禁治産者の後見人が，入院中の被後見人に必要な布団や米をもって行かず，入院費用も怠りがちな場合，解任事由がある。

大阪高決昭和33年７月１日家月10巻９号68頁

　事件本人は昭和32年４月25日禁治産宣告の裁判確定により後見が開始し，同日抗告人がその後見人として就職したこと，抗告人，相手方はともに事件本人及び申立外大木正作間の姉弟であるが，抗告人と事件本人とは元来あまり仲のいい方ではなく，事件本人が○○○精神病院に入院中にもかかわらず，ほとんど見舞にも行かず，事件本人の転出証明書，布団等も持つて行かず，又米も持参するといいながら持参もせず，僅かに毛布２枚と袷１枚位を持つて行つた程度で，あとは病院の方で事件本人の面倒を見てやらねばならぬような状態であり，事件本人の入院費の如きも，同人の資産状態や抗告人の営業，その日常生活等から考えて，やろうと思えば左して困難とも思われないのに，再三に亘る病院からの督促にもかかわらず，常にその支払を怠り勝ちで，既に12万余円もの費用を滞らせたこともありそのため同病院も困惑の未退院の通知を出さねばならぬ程の思いであつたこと，又抗告人は肥料商の営業上の必要からか，しばしば外泊旅行をして毎月半月以上も家を留守にし勝ちであり，事件本人の世話もあまりよくできない事情にあることが認められる。そうすると抗告人には事件本人の後見人としての任務に適しない事由があるものといわねばならない。

【２-31】保佐人解任の申立てについて，申立人が保佐人に任務違背行為があると主張するその行為は保佐人としての地位に基づくものではない等との理由で申立てを却下した審判に対する即時抗告審において，保佐人が自ら準禁治産者との間でその重要な財産について任意に管理委

任等の契約を締結し管理処分行為を行うことは，保佐人の任務と抵触する利益相反行為に当たる可能性があり，その点をおいたとしても，保佐人が準禁治産者の代理人となり第三者と契約を締結し，金銭の受託を受けこれを管理している場合，その契約締結や管理行為に不当な点があれば，保佐人の任務に適しない事情の１つとして保佐人の解任事由になり得るとして，原審判を取り消し，差し戻した事例

大阪高決平成10年12月９日家月51巻５号45頁

第２　当裁判所の判断

１　抗告人の保佐人解任申立

抗告人は，次のように主張して事件本人の解任を求めた。

⑴　事件本人は，昭和56年１月22日，準禁治産者関谷光の保佐人に就任した。

⑵　抗告人は，光の姉である。

⑶　事件本人は，昭和58年12月，件外○○建設株式会社との間で，光所有の土地について，光の代理人として賃料当初２年間月額８万円，その後月額10万円，目的資材置場とする土地賃貸借契約を締結した。しかし，契約当初保証金も受領せず，13年間も賃料値上げもせずに放置し，管理を怠っている。ちなみに，近隣土地の賃料相場からすると，適正賃料は月額36万円になる。

⑷　事件本人は，○○建設からの賃料を受領しながら，この15年間光に一円も渡していない。また，光に対し一度もその収支明細の報告，説明をしていない。受領総額と金利を合わせると2000万円を超えるのに，極めてずさんな対応をしている。

⑸　抗告人代理人が光から委任を受けて財産目録の交付を要求したが応じない。それらの対応からすると，事件本人が，前示の賃料の一部を横領した疑いがある。

２　原審判の理由

原審判は，次のように判断して抗告人の申立は理由がないとした。

⑴　抗告人は，事件本人に任務違背があるというが，保佐人の任務は，民法12条列記の行為に対する同意のみであり，代理権も財産管理権も含まれない。そして，事件本人に不当な同意拒否等光との信頼関係を破壊する任務違背があったとは認められない。

⑵　なお，事件本人は光の土地賃貸借契約に関与し，賃料を受領して管理していると認められるが，これは光との別途の約定によるもので，

保佐人としての地位に基づくものではない。その管理行為に不適切な点は認められず，横領行為もなく，光との信頼関係は維持されていると認められる。

3　当裁判所の判断

原審判の上記判断を是認することはできない。その理由は次のとおりである。

(1)　保佐人が，自ら準禁治産者との間でその重要な財産について任意に管理委任等の契約を締結し，管理処分行為を行うことは，民法847条2項に照らし，それ自体，保佐人の任務と抵触する利害相反行為に当たる可能性がある。仮にその点を措いたとしても，保佐人が準禁治産者の代理人となり第三者と契約を締結し，金銭の受託を受けこれを管理している以上，その契約締結や管理行為に不当な点があれば，保佐人の任務に適しない事情（民法847条，845条）（注・現民876条の2第2項，846条）の一つとして，保佐人の解任事由になりうる。

(2)　原審は，事件本人に管理行為に不適切な点はないと判断しているが，これについて具体的な事実の調査がなされていない。家庭裁判所調査官は準禁治産宣告及び保佐人選任の決定書を取り寄せ，申立人及び申立代理人から事情を聴いただけで，どうしたことか事件本人及び光の調査をしていない。土地賃貸借契約への関与の態様，受領した金銭の具体的な管理状況や光への報告の有無については何ら調査されていない。これらが保佐人の任務におよそ関係ないと判断したのであれば，(1)のとおり誤りである。

(3)　原審は，抗告人の申立により「関谷光代理人塩田勇一」名義の銀行預金口座について調査嘱託したが，名義人の同意がないとして断わられている。前示の家庭裁判所調査官の調査では，その結果，抗告人の主張を証明する何らの資料がないので，横領行為もないものと認められるとしているが，相当でない。受託金口座の状況などは，これを開示することが光の利益に反するなどの特別の事情がない限り，本来，事件本人において積極的に明らかにすべき事柄である。

(4)　ちなみに，当審において送付を受けた前示預金口座の記録によると，平成5年8月27日の預金残高は155万円余で，それまでに950万円ほどの払出しがなされた計算になる。また，平成10年8月27日の預金残高は458万円余で，その間に298万余円の払出しがなされている。

(5)　なお，一件記録によると，前記土地の賃借人と光の関係，光が申立代理人に委任したという経緯，光と申立人の関係，光の所在不明など，本件申立の背景にはかなり複雑な事情がうかがわれなくもない。そうだとすると，それらの事情との関係を見極めない限り，本件について適切な判断をすることは困難である。

4　まとめ

事件本人について，保佐人の任務に適しない事由があるか否かについては，3(1)の判断を前提として，さらに，事実関係を審理する必要がある。

【2-32】後妻である後見人が先妻の子である被後見人の身上の世話や財産の管理に意を用いず，実子を連れて家出をするにいたった場合は，解任事由がある。

大阪高決昭和30年4月25日家月7巻5号47頁

抗告人は昭和2〇年〇月〇〇日配偶者小林多市死亡後多市の先妻の子である未成年者小林明男の後見人に選任せられた者であるが，かねて懇意にしていた居村の〇〇〇〇株式会社社長田村正一がその妻と死別するや，昭和2〇年〇月頃から同人と情交関係を結ぶに至り居村間において兎角の風評が流布せられたので親族間においても体面上之を問題にして同人と絶縁するよう忠告したに拘らず依然田村との関係を続け，田村と会合するため屡々家を外にし被後見人たる明男の身上の世話や財産の管理に意を用いず，自然明男との間にも感情の阻隔を来し家庭内に風波を生ずるに至つたため，昭和2〇年〇月〇日夜実子である一子，政一の両名を伴つて家出し右田村正一を頼つて〇〇〇〇株式会社〇〇出張所に赴くに至つたこと，其後同年〇月〇〇〇日小林方に戻つて来たけれど依然己の非を改めるに至らなかつたことと認めることができる以上の事実に依れば抗告人は民法第845条（注・現民846条）の後見人にその任意に適しない事由があるときに該当するものと認むるを相当とするから原審が未成年者小林明男の後見人たることを解任したのは正当であつて本件抗告は理由がない。

【2-33】後見人が服役中であり，後見事務を執ることが不可能な状態にある場合，解任事由がある。

福岡家審昭和42年5月26日家月19巻12号65頁

しかし，実際の監護養育は後見人の母である祖母田辺タメが申立人ら幼少のころより同人らの家に同居してこれに当り，引続き現在に至つている。申立人好子は，昭和40年８月７日成人に達したのですでに後見が終了し，未成年者康のみが現在なお後見に服している。しかして，申立人ら姉弟の所有する財産は，亡父名義の田約五反歩，亡母名義の宅地約300坪，田約５反歩，畑約４反歩と木造瓦葺平屋建居宅１棟建坪40坪であるが，事件本人田辺勝は後見人就職以来，非後見人らの財産管理などについてとかく適正な後見事務に欠けるところがあつたため，昭和38年４月１日当裁判所において民法第863条の職権による後見事務の監督処分を受けた。（当庁昭和38年（家）第322，323号事件）

しかるに後見人は，申立人好子が成人に達し，後見終了後管理財産の収支計算を求めた際にもこれに応じないのみならず，私生活においても特定女性と婚外交渉を継続し，自己の家庭をほとんどかえりみないなどの不行跡があり，かつ同人は，現在業務上過失致死，道路交通法違反により禁錮１年６月，罰金7,000円の判決を受け，昭和42年１月27日より山形刑務所において服役中であるため，後見事務を執ることは到底不可能な状態にある。

よって，同人には民法第845条（注・現民846条）所定の後見の任務に適しない事由があるので解任するのを相当と認め，主文のとおり審判する。

【２-34】後見人となった亡父の母が後妻のいいなりにならざるを得ない立場にあり，年齢的にも能力がないこと，亡父の遺産分割においても被後見人の利益を尽くさず，実際の監護は実母が行っている場合には，任務に適しない事由がある。

富山家審昭和42年11月17日家月20巻６号53頁

申立人は，昭和27年６月30日山崎良二と婚姻し，同30年８月１日長女昌子（事件本人）を儲けたこと，申立人と前記良二は同33年４月22日協議離婚をなし，事件本人の親権者を父良二と定めたこと，前記良二は，その後同34年６月10日榎本君子と婚姻し，両者間に同35年３月７日長男好夫を儲けたこと，前記良二は同34年11月22日事故死し，事件本人の親権を行う者がなくなつたため，同36年５月31日亡良二の母みきが，事件本人の後見人に選任せられて今日に至つたこと，申立人は同35年８月ごろから事件本人を引取り，電機工場の工員として働き，その働きによつて得た僅かな収入で事件本人を養つていること，後見人みきは後添の嫁君子およびその子好夫と現在生活を営んでいるが，世帯の切り廻しの一切を嫁君子がなしていて，後見人は嫁君子の言う儘になつていないと「出で行け」がましき態度に出られるため，これを恐れて意見をさし挟むことができず，総て嫁君子のいいなりにならざるを得ない立場にあること，亡良二の相続人は事件本人と，良二の後添いの妻君子および長男好夫の３人であり，従つて事件本人と後者２人と利害相反の関係にあるところ，以上のような立場にある後見人としては，事件本人の利益のため，十分な後見人として任務を尽すことができない実情にあることが窺われる。のみならず年齢的にもその能力がなく，これまでに後見人として良二の相続財産の配分につき事件本人の利益のため尽したこともなければ，又事件本人に対し生計費を送つた事実もなく，他方嫁君子は，その兄に当る後見監督人榎本貫一の助言を得て相続財産の一部である田，宅地を金115万5,700円に処分して，前記君子等の現に居住している家屋の新築費に充て，該新築家屋の名義を前記長男好夫名義に登記しているのみならず，残余の相続財産も長男好夫に相続させていることが，それぞれ認められる。以上の次第につき後見人山崎みきをして，これ以上事件本人の後見を続けさせることは適当ではなく，法律のいわゆる後見の任務に適しない事由があるものに該当するものと認め，これを解任することとして，主文のとおり審判する。

【２-35】後見人が財産調査の際，後見監督人にその立会を求めたのに，後見監督人が任意に立会いをしなかったため，有効な財産目録の調製ができなかったとしても，後見人免黜事由にはならない。

大判大正４年10月７日民録21輯1618頁

「然レトモ原判決理由ニハ「仮リニ後見監督人Aカ前示ノ如ク財産調査ノ際中途ニ立チ去リ其後為サレタル財産調査ニ後見監督人ノ立会ナカリシカ為ノ財産目録全部ノ無効ヲ来スヘキモノトスルモ右事由ハ以テ後見人免黜ノ事由タルヲ得ス蓋シ民法第917条カ被後見人ノ財産ノ調査及ヒ其目録ノ調製ニ付キ後見監督人ノ立会ヲ必要トシ之カ手続ヲ履マサル後見人免黜ノ機能ヲ親族会ニ賦与シタル所以ノモノハ財産調査ヲ被後見人ノ利益ノ為メ最精確ナルコトヲ要シ勉メテ後見人カ私曲ヲ施スノ余地ナカラシメンカ為メナルヲ以テ苟モ後見人ニ於テ正当ニ其職務ヲ行ヒ後見監督人ニ財産ノ調査ノ立会ヲ求メタルニ拘ハラス後見監督人ニ於テ任意ニ之カ立会ヲ為ササルカ為メ有効ナル財産目録ヲ調製スル能ハサルカ如キハ全ク後見監督人ノ責ニ属シ何等後見人ニ責ムヘキノ点ナキヲ以テ斯クノ如キ場合ハ後見監督人免黜ノ事由タルヘキモ以テ後見人免黜ノ事由タルヲ得サルヤ勿論ナレハナリ云云」トアリテ此説

明ハ正当ナルモノト認ムヘキ以テ仮リニ原判決中本論旨ニ述フルカ如キ不法アリトスルモ主文ノ判断ニ何等ノ影響ナキモノト謂ハサルヲ得ス故ニ本論旨ハ其理由ナシ」

【２−36】後見人が未成年者所有の貸家の家賃を取り立てたり，借家人等に賃貸家屋やその敷地の買取方を交渉した事実があるとしても，後見人が自己の利益を図る目的に出たものであることが認められるような疎明がないとして，解任事由は認められない。

大阪高決昭和25年５月24日家月５巻４号79頁

本件記録中の並木年三郎外４名の名義の各証明書にはいずれも被後見人未成年者河田敏彦の後見人である利害関係人がその管理する被後見人所有の数戸の貸家の賃料を取立てたり，借家人等に対し賃貸家屋並びにその敷地の買取方を交渉した事実の記載はあるが，これだけではまだ該事実について疎明があつたとする心証を得るのに十分でないばかりでなく，たとえそのような事実があつたとしても，叙上の行為は利害関係人が自己の利益を図る目的に出たものであることが認められるような疎明がなく，その他抗告理由記載の二の㈠及び㈡の事実を看取するに足りる疎明がなにもない。それから本件記録によると抗告人は前記抗告理由記載の二の㈡の事実を原審で主張しなかつたことが明かであるから，原審がこの点についてなんらの判断を下さなかつたのは当然であり，また前記抗告理由記載の二の㈠について特に具体的に疎明がなかつたように判示していないが，利害関係人に関して「他に後見人として不正な行為著しい不行跡その他後見の任務に適しない事由を認むべき証正なき限り……」と判示している内に前述の点の判断が包含されているものと解釈することができる。さすれば，本件において利害関係人を解任すべき事由はなにも認められない次第であるから，本件抗告は理由がないといわなければならぬ。

【２−37】後見人が詐欺恐喝の刑事被告人として公訴提起され，自らも刑事責任を認めている事例であるが，右事由があることの一事をもって後見人解任事由があるものとは認められないとした。法の定める任務違背などがあっても，それが実質的に後見の任務に不正があるか，ある

いは，後見人として不適任であるかを検討することを要する。

大阪高決昭和35年9月26日家月12巻11号128頁

原審判は抗告人が現在詐欺恐喝の刑事被告人として公訴を提起せられ，自らも右刑事責任を認めていることを認定し，右事実は後見人解任事由に該当するとするのであるが，右事由があるとするためには被後見人の利益を毀損する虞がある等後見の任務に堪えないものであることを要するものと解するのを相当とするから，抗告人が右の如く単に刑事責任を認め，公訴を提起せられているとの一事を以て直ちに右事由があるものと断定することはできず，その行為の内容を具体的に探究し，或は右行為の結果を勘案し，それが後見の任務に如何なる影響を及ぼすかを究明するのでなければ右事由に該当するか否かを断定するに由ないものであるところ，申立人小森俊次の申立書によると，抗告人は被後見人の預金を目当てに脅迫等の著しい不行跡をなし，その預金全部を費消する虞がある旨申立てているのであるが，これらの関係については何等の資料も存在しないから，更にこれらの点について調査をしなければその当否を断定することができないものといわねばならない。原審判は結局不当として取消を免れない。

6　成年後見人の就職の際の義務等

(1)　財産調査及び目録作成義務

ア　趣　旨

後見人は，就職の当初，遅滞なく被後見人の財産の調査に着手し，1か月以内にその調査を終わり，かつ，その目録を作成しなければならない（民853条）。後見人の財産管理事務を適正に行わせるために，就職当初の義務として定められた規定である。後見人は，被後見人の財産の管理権限を有し，また，財産上の行為について代理権を有しているのであるから，後見人の財産と被後見人の財産との区別を明確にする必要がある。そこで，その事務の執行に着手する当初において，被後見人の財産の総額がどのくらいあって，どんな状態にあるかを明確にしなければならないとした。また，後見人は，就職の際，被後見人のために毎年費やすべき金額を予定しなければならない（民861条）が，そのためにも財産の調査は必要である。さらに，当初の被後見人の財産を明らかにすることで，後日被後見人の財産の増減を計算する場合の標準となり，後見人に不正不当の行為があったかどうかを判定するための資料ともなる。[77]なお，保佐人及び補助人については，財産調査及び目録作成義務の規定（民853条）は準用されていないが，家庭裁判所は，財産管理に関する代理権を付与された保佐人及び補助人に対し，民法863条１項に基づいて事務の報告や財産目録の提出を求めている（民876条の５，876条の10）。

判例【２-38】は，後見人の財産調査及び目録作成は，後見人が事務を処理するについて不正行為をなからしめ，被後見人の財産を保護することを目的とするとした。

イ　財産調査と目録の作成

財産調査とは，被後見人の財産の種類（動産，不動産，預貯金等），数量，価額，所在，正負等を明らかにすることをいい，目録作成とは，財産調査によって明らかとされた被後見人の財産状況を書面にして記録することをいう。[78]法文上，財産目録の形式には制限がなく，財産状態が明瞭になればよいとされている[79]が，家庭裁判所は，定型の財産目録と収支予定表の書式を後見人に送付しており，これに基づいて後見人は，財産目録を作成する。[80]期間は，１か月とされているが，これは，後見人に就任した日ではなく，財産調査に着手してからをいう。また，財産が多額である，あるいは，遠隔地に散在している場合など，１か月の法定期間では，財産調査及び目録作成を完了できない事情があれば，家庭裁判所は，審判によりその期間を伸長することができる（民853条１項ただし書，家事別表第一９項）。目録に多少不完全な点があったとしても，目録作成義務に反しているとはいえないし，後見人に解任事由（民846条）があるとはいえない。[81]判例【２-39】も同旨である。

77）於保不二雄・中川淳編集『新版注釈民法㉕改訂版』384頁〔明山和夫・國府剛〕
78）中川淳『改訂親族法逐条解説』545頁
79）我妻榮『親族法』361頁
80）東京家裁後見問題研究会編著『後見の実務』別冊判タ36号74頁
81）中川淳『改訂親族法逐条解説』545頁，於保不二雄・中川淳編集『新版注釈民法㉕改訂版』386頁〔明山和夫・國府剛〕

財産調査及び目録作成は，後見監督人があるときは，その立会いをもってしなければ，その効力がない（民853条2項）。複数の後見監督人があるときは，全員の立会いを要する。[82] 立会いをしないで，財産調査及び目録作成を行った場合，改めて後見監督人の後日の承認があっても有効とはならないとする判例（大判昭和10年4月16日新聞3835号14頁）があるが，旧民法では，目録不調整（不作成）を免黜（解任）事由としていたからであり（旧民917条3項），現行法では，後見監督人の事後承認によって瑕疵は治癒されると解されている。[83] 後見人と後見監督人との間で，立会いをしないという合意をしても，無効である。後見人が後見監督人に立会いを請求したにもかかわらず，後見監督人がこれに応じなかったときは，後見人は，単独で財産調査及び目録作成ができる。[84] 前掲【2-35】も，後見人が被後見人の財産調査をなすにつき，後見監督人にその立会いを求めたのに，後見監督人が任意に立会いをしなかったため，有効な財産目録の調製ができなかったとしても，後見人免黜事由にはならないとした。

ウ　財産目録の家庭裁判所への提出

家庭裁判所は，選任後，一定の期間（通常1か月以上後の期日）を指定して財産目録及び後記(5)の収支予定を家庭裁判所に提出することを求めている。後見人が財産調査及び目録作成義務に違反した場合，そのことをもって直ちに解任事由とはならず，単に解任事由を判断する一資料となるにとどまる。[85]

【2-38】後見人の財産調査及び目録調製は，後見人が事務を処理するについて不正行為をなからしめ，被後見人の財産を保護することを目的と

82）中川淳『改訂親族法逐条解説』546頁
83）中川淳『改訂親族法逐条解説』546頁，我妻榮『親族法』361頁。これに対し，於保不二雄・中川淳編集『新版注釈民法(25)改訂版』386頁〔明山和夫・國府剛〕は，「事後の承認でもって有効となることはなく，その場合は，新たに財産調査する必要がある。」とする。
84）中川淳『改訂親族法逐条解説』546頁，於保不二雄・中川淳編集『新版注釈民法(25)改訂版』387頁〔明山和夫・國府剛〕
85）中川善之助『新訂親族法』565頁，我妻榮『親族法』357頁，中川淳『改訂親族法逐条解説』546頁する。

東京控判大正５年６月30日新聞1159号23頁

「後見人ハ遅滞ナク被後見人ノ財産ノ調査ニ着手シ１箇月内ニ其調査ヲ終リ且其目録ヲ調製スルコトヲ要スルコトハ民法第917条第１項ノ規定スルトコロニシテ且其調査及目録調製ニハ後見監督人ノ立会ヲ必要トスルコトハ同第２項ノ規定ニシテ之実ニ後見人カ負担スル法律上ノ義務ニシテ後見人ヲシテ其事務ヲ処理スルニ付キ不正行為ナカラシメ被後見人ノ財産ヲ保護セントスル目的ニ出ツルモノトス」

【２-39】目録に多少不完全な点があったとしても，目録調製義務に反しているとはいえないし，解任事由（民846条）があるとはいえない。

大判明治42年11月16日民録15輯896頁

「後見人カ調製スヘキ被後見人ノ財産目録ハ其財産ノ全部ヲ掲載スヘキモノタルコト勿論ナルヘシト雖モ多少ニ拘ハラス苟モ遺漏ノ点アレハ直チニ之ヲ無効トシ目録ヲ調製セサルモノト云フヘカラス況ンヤ本件ニ於テハ上告人等モ親族会員トシテ記名捺印シタルコトハ原院カ明カニ認ムル所ナレハ財産目録トシテハ多少不完全ナル点アリトスルモ之ヲ無効ナリトシテ被上告人ニ財産目録ヲ調製セサルモノナリトノ責ヲ帰セシムルコト能ハス故ニ原院カ本件財産目録ヲ有効ナリト判示シタルハ相当ニシテ本論旨ハ上告適法ノ理由トナラス」

⑵　目録作成前の後見人の権限

後見人が，目録の作成を終わるまでは，急迫の必要がある行為だけをする権限を有する（民854条）。この財産調査及び目録作成が終わる前に，後見人が無制限にその権限を行使できるとすると，就職の当初に財産調査を義務付けた民法853条の趣旨に反するからである。急迫の必要のある行為とは，財産目録の完成前にしないときは，被後見人の財産に関し後日回復しがたい不利益をもたらす行為をいう。[86)]

目録作成前にした後見人の行為は，無権代理行為となる。そこで，後見人は，被後見人がその能力を回復した後追認しない限り，被後見人にその効力を及ぼすことはなく，後見人は，相手方の選択に従い，履行又は損害賠償の責めを負う（民113条ないし117条）。しかし，後見人が財産目録の作成を終了したか否か，あるいは，その財産調査及び目録作成が後見監督人の立会いのもと適法に行われたかは，内部関係のことであって，第三者には分からないことが少なくないはずである。そこで，取引の安全を図るために，後見人の権限上の制限は善意の第三者に対抗できないものとされた（民854条ただし書）。[87)]

⑶　被後見人に対する後見人の債権債務の申出義務

後見人は，被後見人に対し，債権を有し，又は債務を負う場合には，財産目録の調査に着手する前に後見監督人に申し出なければならない（民855条1項）。後見人による財産管理が適正に行われるためには，後見人の財産と被後見人の財産とが明確に区別される必要がある。後見人と被後見人間に債権債務がある場合，後見人において被後見人が事理弁識能力を欠くことを利用して，債権を過大に，あるいは債務を過小に申告し，あるいは債務を全く計上しないことにより，被後見人に損害を与えるおそれもある。[88)]そこで，不正を防ぐために，後見監督人があるときは，後見人は，財産調査の着手前に債権債務を申し出なければならないと定められた。

上記義務に違反し，後見人が被後見人に対して債権を有することを知りながら，これを申し出なければ，その債権は消滅する（民855条2項）。

後見人が後見監督人に申出義務を負う債権債務は，財産調査の着手前に成立したもので，かつその存在を知っていたものに限られず，調査中に発

86）中川善之助編『註釈親族法(下)』186頁〔松岡義平〕，中川善之助『新訂親族法』565頁，中川淳『改訂親族法逐条解説』547頁

87）我妻榮『親族法』361頁，中川淳『改訂親族法逐条解説』547頁，於保不二雄・中川淳編集『新版注釈民法㉕改訂版』389頁〔明山和夫・國府剛〕

88）中川淳『改訂親族法逐条解説』549頁，於保不二雄・中川淳編集『新版注釈民法㉕改訂版』391頁〔明山和夫・國府剛〕

見したものについても遅滞なく，その義務を負うと解するのが相当である。[89)]財産調査着手後に，後見人と被後見人間に成立した債権債務については，申出義務はない。[90)]

後見人が債務について知りながらこれを後見監督人に申し出なかった場合，旧民法919条３項は解任事由になると定めていたが，現行法では，ただちに解任されることはなく，家庭裁判所の監督により，解任事由の一資料となるにすぎない。[91)]

⑷　被後見人の包括財産取得の場合の準用

後見人が就任した後，被後見人が包括財産を取得した場合にも，財産調査，目録作成義務（民853条），目録作成前の後見人の権限（民854条），後見人・被後見人間の債権債務の申出義務（民855条）の各規定が準用される（民856条）。包括財産の取得とは，被後見人が相続，包括遺贈を受ける，あるいは，営業の譲渡を受けるなど，数個の権利義務の相集っているものを一括してそのまま承継することをいう。被後見人が特に包括財産を取得する場合，その内容は複雑で，財産的権利義務のみならず，契約上の地位や意思表示の相手方の地位まで含まれることもあるほか，後見人と被後見人間の債権債務関係が混入し，被後見人の従来の財産関係に影響を与えることもある。[92)]そこで，包括財産の取得の場合，後見人は，その就職時と同様の義務を負うと定めたものである。

⑸　支出金額の予定

後見人は，その就職の初めにおいて，被後見人の生活，教育（主に未成年被後見人で問題となるが，成年被後見人について排除されるものではない。）又は療養看護及び財産の管理のために毎年費やすべき金額を予定しなければならない（民861条１項）。毎年の被後見人のために必要な支出額（これを「後見予算」ともいう。）を定め，この限度に従わせることで，本

89）我妻榮『親族法』361頁，中川淳『改訂親族法逐条解説』549頁。反対説として中川善之助編『註釈親族法(下)』187頁〔松岡義平〕がある。
90）中川淳『改訂親族法逐条解説』550頁，於保不二雄・中川淳編集『新版注釈民法㉕改訂版』393頁〔明山和夫・國府剛〕
91）中川善之助『新訂親族法』565頁，中川淳『改訂親族法逐条解説』550頁
92）於保不二雄・中川淳編集『新版注釈民法㉕改訂版』400頁〔明山和夫・國府剛〕

人の財産を保護するために設けられた規定である。[93] 家庭裁判所は，後見人に対し，財産目録とともに収支予定表の書式を送付しており，後見人は，これに基づいて収支予定を作成している。

管理すべき財産もないような後見関係では，収支予定を立てることも困難であり，また実際上それほど厳格に施行しなくても大きな弊害はないことが多いだろうと批判されている。[94] しかし，後見人は，財産管理権の行使において裁量があるとはいえ，本人の生活が長期的に成り立つように配慮して予算を立てなければならず，適正な収支予定（後見予算）の策定は，就任当初に行う重要な義務である。収支予定は，後見監督において財産管理が適正か否かを判断する１つの目安となるほか，成年被後見人の財産（特に居住用不動産）を処分する際にその必要性を判断する資料ともなる。就職の初めの後見予算を厳密に作成する必要はないが，それでも毎年の予定支出額を定めることは，成年被後見人の財産を保護するために必要である。[95]

⑹　成年後見人の郵便物の管理

成年後見人は，成年後見人が適切な財産管理を行うため，就職の際に成年被後見人の財産目録を作成し，支出金額を予定しなければならず，正確な財産の把握が必要である。成年被後見人宛の郵便物等の中には，株式の配当通知，貸金庫の利用明細，外貨預金の入出金明細といった成年被後見人の財産に関する郵便物や，クレジットカードの利用明細，金融機関からの請求書又は督促状といった債務に関する郵便物が含まれることが想定されることから，財産を把握するために成年後見人が成年被後見人の郵便物を管理し，開封した上で，財産管理を適切に行う必要性が指摘されていた。[96]

「成年後見の事務の円滑化を図るための民法及び家事事件手続法の一部

93）於保不二雄・中川淳編集『新版注釈民法㉕改訂版』433頁〔中川淳〕
94）中川善之助『新訂親族法』565頁
95）旧民法は，支出予定額の変更を制限していた（旧民924条２項）が，排除されている。成年被後見人の身上や病状が変化し，施設に入所し，あるいは，病院に入院することにより，予定支出額が当初のものと異なることもあり，このような場合は，後見監督において，変更後の１年間の予定支出額を確認し，財産管理の適正を図ることになる。
96）赤沼康弘「成年後見人の権限と限界」判タ1406号７頁

を改正する法律」(平成28年法律第27号，2016年10月13日施行）により，成年後見人が事務を行うに当たって必要があると認めるときは，民法860条の3第1項で成年被後見人宛ての郵便物等について，成年後見人は，家庭裁判所の審判を得て回送を受けることができることが明文化されるとともに，第2項では，受け取った成年被後見人宛の郵便物等で成年後見人の事務に関しないものは，速やかに成年被後見人に交付しなければならないこと，第3項で成年被後見人は，成年後見人に対し，受け取った郵便物等の閲覧を求めることができる旨が規定された。

対象は，郵便物[97] 又は民間事業者による信書の送達に関する法律（平成14年法律第99号）2条3項に規定する信書便等である。物品の送付に利用される「ゆうパック」等は，郵便法上の郵便物には該当せず，対象とはならない。[98] なお，家庭裁判所から成年被後見人に宛てた郵便物等（審判告知，あるいは，通知など）が回送されないように，嘱託の審判において対象に含まれないよう明記する取扱いとなる。ダイレクトメールを除外するという取扱いはできない。家庭裁判所が回送の嘱託の審判を行った場合，審判確定後に，日本郵便等に対してその旨の通知がされることになる（家事122条2項)。

郵便物等の回送の期間は，成年被後見人の通信の秘密を制限することから，6か月を超えることはできない（民860条の2第2項)。通常，財産に関する郵便物等は，一定期間ごとに郵送される場合が多く，成年後見人としては，その期間内に郵送された郵便物等を調査すれば，成年被後見人の財産関係に関する郵便物等の存在を把握することができ，その後は，成年後見人が直接差出人に対し，直接成年後見人宛に送付するよう求めることになろう。6か月を超えない期間をもって，成年被後見人の財産関係を把握できると考えられるため，期間の伸長は認められていない。必要があれば，

97）郵便法14条の定める郵便物とは，第1種郵便物（筆書した書状を内容とするもの等)，第2種郵便物（郵便葉書)，第3種郵便物（日本郵便株式会社の承認を得た定期刊行物）及び第4種郵便物（通信教育を行うために発受する郵便物，盲人用展示のみを掲げたもの等）をいう。

98）大塚竜郎「成年後見の事務の円滑化を図るための民法及び家事事件手続法の一部を改正する法律の逐条解説」民事月報71巻7号66頁

再度の回送の申立てを行うことになる。この場合は，従前の嘱託期間のみでは，被後見人の財産関係を十分把握できなかったことについてやむを得ない事由がある場合に限られる。郵便物等の回送は，成年後見開始当初に特にその必要性があり，すでに成年後見開始から相当期間が経過しているケースでは，必要性に乏しいと考えられる。

家庭裁判所は，事情の変更により回送の必要がなくなった場合，成年後見人若しくは成年後見監督人の請求又は職権により嘱託を取り消すことができる。回送については，嘱託期間を短縮する場合，回送嘱託の審判後に成年後見人が転居した場合，複数の成年後見人が選任されており，回送先をある成年後見人から他の成年後見人に変更する場合，嘱託変更の審判をすることになる（民860条の2第3項）。

成年後見人は，回送された郵便物等については，基本的には全て開いてみることができる[99]。

成年被後見人に宛てた郵便物等を成年後見人に配達することを嘱託した後，破産手続開始決定を受けた成年被後見人の郵便物等について，破産法81条1項により破産管財人に対する郵便物等の配達の嘱託がなされ，郵便物回送嘱託の競合が生じる場合がある。成年被後見人が破産者となった場合，成年後見人は，財産管理権を行使できないことから，郵便物等の配達の嘱託を取り消す審判の申立てをして，回送の審判を取り消すことになろう。この場合も，成年後見人は，成年被後見人の破産法82条2項の権利を行使し，破産管財人に対し，破産財団に関しない郵便物等の交付を求めることができる。

99）当該郵便物等が明らかに財産管理と関連しないことが一見して明白な場合は，善管注意義務違反（民644条，852条）となることもあり得る。大塚竜郎「成年後見の事務の円滑化を図るための民法及び家事事件手続法の一部を改正する法律の逐条解説」民事月報71巻7号71頁

7　成年後見人の身上配慮義務

(1)　旧法の規定

旧法858条1項は，未成年後見の身上監護の権利義務（旧法857条）に続いて，禁治産者の身上面に関する事項として「禁治産者の後見人は，禁治産者の資力に応じて，その療養看護に努めなければならない」として，その療養看護に努めるべきことを後見人の責務として規定していた。この「療養看護義務」に対しては，対象行為が限定されているため，身上面の多様な職務を包摂する規定ぶりとなっていないこと，事実行為との境界が不明確であること等の問題点が指摘されていた。[100] 特に「療養看護に努めなければならない」との規定は，後見人に事実上の監護を義務付けたものとして解釈されることを容認するものとして理解され，[101] 成年後見人のなり手に対する多大なプレッシャーとして働くことになると懸念され，同法の削除を求める意見があった。[102]

(2)　身上配慮義務の法的性質

成年後見制度は，成年後見人の責務として，療養看護に限らず，広く成年被後見人の生活，療養看護及び財産の管理に関する事務全般について，本人の意思を尊重するとともに心身の状態及び生活の状況への配慮を求めるとともに，「療養看護」に関する「事務」として，成年後見人の職務を法律行為に限定し，事実行為としての介護等を含まないことを明確にした（民858条）。[103] 成年後見人の職務には，身上監護を目的とするものが多く含まれているほか，財産管理を主たる目的とする法律行為の場合も，本人の身上に関連することも多くあり，少子化・核家族化に伴い，高齢者等への

100）小林昭彦・大門匡編著『新成年後見制度の解説』141頁，小林昭彦・原司『平成11年民法一部改正法等の解説』256頁

101）於保不二雄・中川淳編集『新版注釈民法㉕改訂版』409頁〔明山和夫・國府剛〕は，「後見人に事実上の監護の労をとる義務について定めたものであって，療養看護の費用の負担までをも含むものではない。」と解していた。

102）小林昭彦・原司『平成11年民法一部改正法等の解説』258頁

103）小林昭彦・原司『平成11年民法一部改正法等の解説』259頁。星野英一「成年後見制度と立法過程」ジュリ1172号6頁，大村敦志『家族法　第2版補訂版』257頁，水野紀子「後見人の身上監護義務」判タ1030号97頁

身上面での広範な支援に関する社会の需要が高まっていることを受けて，成年後見人に対し，本人の心身の状態や生活の状況への配慮を求めるものである。

この身上配慮義務・本人意思尊重義務の法的性質であるが，身上監護の充実の観点から，成年後見人が成年被後見人の身上面について負うべき善管注意義務（民869条，644条）の内容を敷衍（ふえん）し，かつ，明確にしたものと位置づけられている。この規定は，単に善管注意義務の解釈を具体化したものにとどまらず，理念的に成年被後見人への身上への配慮及びその意思の尊重が事務処理の指導原理であることを明示することによって，成年後見人が後見事務を行うに当たって行使する権限及び事務処理に当たっての義務の履行の指針としての機能を発揮することが期待されており，職務の指導原理というべき規定である。[104] 本人意思尊重義務と身上配慮義務の２つの義務の関係であるが，本人の意思尊重は，本人の福祉に反しない限度で尊重され，本人の意思がその福祉に反するときは，福祉に沿った身上配慮が優先する。[105] 成年後見人は，包括代理権を有し，反証のない限りその権限行使は正当な職務行為と推認される（後記８(1)参照）。それだけに，意思能力を欠くに至った本人の意思を，成年後見人が安易に推測することは，慎重であるべきである。[106]

104）小林昭彦・原司『平成11年民法一部改正法等の解説』259頁，261頁，小林昭彦・大門匡編著『新成年後見制度の解説』142頁

105）成年後見制度の要綱試案では，もともと，「成年後見人は，その権限を行使するに当たって，本人の福祉を旨として，本人の意思を尊重し，かつ，自己の権限の範囲に応じて本人の身上に配慮しなければならないものとする。」とされていた。これは，本人意思尊重義務の「本人の福祉を旨として」とは，客観的にみて本人の意思が本人の福祉に反する場合には，後者が優先する趣旨を調和的に表現するために付されたが，「成年被後見人の意思を尊重し，かつ，その心身の状態及び生活の状況に配慮」することが示されることで十分にその趣旨は現れていることから，削除された経緯がある。小林昭彦・原司『平成11年民法一部改正法等の解説』263頁

106）道垣内弘人「成年後見人等の財産に関する権限と限界」松原正明・道垣内弘人編『家事事件の理論と実務第３巻』177頁は，「①成年後見人は，その権限の行使にあたり，善良な管理者としての注意義務を払わなければならない。②善良な管理者の注意は，「本人の意思の尊重」と「本人の福祉」というかたちに敷衍される。このとき，どちらか一方が優先するというものではない。③本人がすでに意思能力を失っている場合には，むやみに本人の「意思」を推測すべきではなく，「本人の福祉」に照らして権限行使がおこなわれるべきである。その許される範囲は，「その心身の状態及び生活の状況に配慮」

民法858条は，本人の身体に対する強制を伴わず，かつ，契約等の法律行為に関する事項である限り，一身専属的な事項を除き，身上監護に関連するあらゆる事項（法律行為に当然に伴う事実行為を含む）をその対象として含みうる規定である。具体的には，①介護・生活維持に関する事項，②住居の確保に関する事項，③施設の入退所，処遇の監視・異議申立て等に関する事項，④医療に関する事項，⑤教育・リハビリに関する事項等のすべてがその内容に含まれる。成年後見人は，これらの各項目に関する契約の締結，契約の相手方の履行の監視，費用の支払，契約の解除等を行う際に，成年被後見人の「心身の状態及び生活の状況」に配慮する義務を負う。[107] たとえば，成年被後見人の施設入所の契約を締結する場合，成年被後見人の「心身の状態及び生活の状況」に配慮して契約先を選択することになるし，入所後の施設内の処遇についても，同様の配慮がされているかを監視することになる。また，不動産や預貯金等の財産管理においても，財産の維持，増加そのものではなく，成年被後見人の生活の維持・向上を目的として行われなければならない。

⑶　責任無能力者に対する監督義務

責任無能力者とされた者が第三者に加えた損害については，民法712条，713条によって，責任無能力者は免責され，民法714条１項により，責任無能力者を監督する法定の義務を負う者が損害賠償責任を負う。旧法の後見人は，療養看護義務があることに加え，精神保健福祉法上，保護者となり（同法20条２項），平成11年法律第65号による改正前の保護者には，治療を受けさせる義務のほかに被後見人が自傷他害をしないように監督する義務があった（同法24条）ことから，責任無能力者が他人に損害を与えた場合に損害賠償責任を負う監督義務者（民714条１項）に当たると解されていた。

することによって画される。「生活状況」への配慮は，本人の生活の一貫性（integrity）への配慮も含み，integrityを維持するという目的の限りで，「意思の推測」が許されて然るべきである。④「本人の福祉」は，本人の「心身の状態及び生活の状況」に照らして判断される。⑤「本人の意思の尊重」と「本人の福祉」については，成年後見人は，善良な管理者の注意をもって判断を行わなければならない。②とあわせ，善良な管理者の注意は，２つの働きをする。」とする。

107）小林昭彦・大門匡編著『新成年後見制度の解説』143頁，小林昭彦・原司『平成11年民法一部改正法等の解説』260頁

成年後見制度では，民法858条は，成年後見人が契約等の法律行為を行う際に成年被後見人の身上について配慮すべきことを求めるものであり，成年後見人の職務に事実行為は含まれていない（上記(2)）。同時に保護者の精神障害者に対する自傷他害防止監督義務も廃止され，その後，精神保健福祉法20条の保護者制度も廃止されている（平成25年法律第47号，2014年４月１日施行）。そこで，認知症高齢者が第三者に損害を与えた場合，成年後見人は，成年被後見人の法定監督義務者として，改正前と同様の責任を負うかが問題となる。

【２-40】は，認知症高齢者が鉄道駅構内に立ち入り轢(れき)死した事故に関して，鉄道会社が遺族に対し，振替輸送費用等の損害賠償請求を求めた事案である。第１審は，認知症高齢者の妻と長男に対し，監督義務を認め，控訴審は，別居していた長男（なお，長男は，父の後見人となったことはない。）に対する責任を否定したものの，同居していた妻に対する責任を認めた。この判決に対しては，認知症高齢者の行動に対して，家族や成年後見人などが法的責任を問われないためには，認知症高齢者の行動を抑制するか，常時監視しなければならないのか，介護者や成年後見人が萎縮するといった点で様々な不安が表明されていた。これに対し，上告審の**【２-40】**は，配偶者及び長男のいずれも民法714条の法定監督義務者ではないと判示し，鉄道会社の請求を棄却した。

【２-40】は，長男に対する請求を棄却した原審の結論について是認できるとし，理由中で，平成11年法律第149号による改正後の民法858条は，成年後見人が契約等の法律行為を行う際に成年被後見人の身上について配慮すべきことを求めるものであり，成年後見人の職務に事実行為は含まれていないことや，保護者の精神障害者に対する自傷他害防止義務が廃止されたことから，平成19年当時において，保護者や成年後見人であるとだけでは直ちに法定の監督義務者に該当することはできないと判示した。もっとも，**【２-40】**は，法定の監督義務者に準ずべき者を法定監督義務者と同視して，民法714条１項が類推適用されるとする判例法理（最判昭和58年２月24日集民138号217頁）から，法定の監督義務者に該当しない者であっても，責任無能力者との身分関係や日常生活における接触状況に照らし，第三者

に対する加害行為の防止に向けてその者が当該責任無能力者の監督を現に行いその態様が単なる事実上の監督を超えているなどその監督義務を引き受けたとみるべき特段の事情が認められる場合には，衡平の見地から法定の監督義務を負う者と同視して民法714条１項が類推適用されて損害賠償責任を負うのが相当であるとし，監督義務を負う場合の判断基準としては，「その者自身の生活状況や心身の状況などとともに，精神障害者との親族関係の有無・濃淡，同居の有無その他の日常的な接触の程度，精神障害者の財産管理への関与の状況などその者と精神障害者との関わりの実情，精神障害者の心身の状況や日常生活における問題行動の有無・内容，これらに対応して行われている監護や介護の実態など諸般の事情を総合考慮して，その者が精神障害者を現に監督しているかあるいは監督することが可能かつ容易であるなど衡平の見地からその者に対し精神障害者の行為に係る責任を問うのが相当といえる客観的状況が認められるか否か」であるとした。[108]どのような事案で責任無能力者の監督義務を負うかは，今後の事案の集積による。厚生労働省が定めた認知症施策推進総合戦略（新オレンジプラン）は，認知症の人の意思が尊重され，できる限り住み慣れた地域のよい環境で自分らしく暮らし続けることができる社会の実現を目指しており，成年後見制度においても基本計画により地域連携ネットワークを５か年計画で構築することが明記されている。成年後見人が準監督義務者とされた場合，被害者救済の観点から利害を調整することになるが，成年後見人に対する支援が現実化していない中で，その責任が加重とならない解釈が求

---

108)【2-40】は，民法714条１項ただし書がどのように機能するかについて判断していない。岡部喜代子判事及び大谷剛彦判事の意見があり，両判事は，長男は，法定の監督義務者に準ずべき者に該当するものの，民法714条１項ただし書により免責されるとした。大谷剛彦判事は，成年後見人の身上監護事務は，本人の介護体制を構築するもので，責任無能力者の第三者に対する加害行為の防止のための監督体制に通ずるとして，成年後見人は，法定の監督義務者に該当するという意見を付している。しかし，木内道祥判事の補足意見で詳細に論じられているとおり，保護者の他害防止義務及び後見人の事実行為としての監督義務の削除の意味は，保護者，後見人に本人の行動制限の権限はなく，また，行動制限が本人の状態に悪影響を与えるため行動制限を行わないとすると，四六時中本人に付き添っている必要があり，それでは，保護者，後見人の負担が重すぎる点にある。成年後見人の成年被後見人の身上配慮義務から第三者に対する加害防止義務を導くことは無理があろう。

められる。

【2-40】 1　精神障害者と同居する配偶者であるからといって，その者が民法714条1項にいう「責任無能力者を監督する法定の義務を負う者」に当たるとすることはできない。

2　法定の監督義務者に該当しない者であっても，責任無能力者との身分関係や日常生活における接触状況に照らし，第三者に対する加害行為の防止に向けてその者が当該責任無能力者の監督を現に行いその態様が単なる事実上の監督を超えているなどその監督義務を引き受けたとみるべき特段の事情が認められる場合には，法定の監督義務者に準ずべき者として，民法714条1項が類推適用される。

3　認知症により責任を弁識する能力のない者Aが線路に立ち入り列車と衝突して鉄道会社に損害を与えた場合において，Aの妻Y_1が，長年Aと同居しており長男Y_2らの了解を得てAの介護に当たっていたものの，当時85歳で左右下肢に麻ひ拘縮があり要介護1の認定を受けており，Aの介護につきY_2の妻Bの補助を受けていたなど判示の事情の下では，Y_1は，民法714条1項所定の法定の監督義務者に準ずべき者に当たらない。

4　認知症により責任を弁識する能力のない者Aが線路に立ち入り列車と衝突して鉄道会社に損害を与えた場合において，Aの長男Y_2がAの介護に関する話合いに加わり，Y_2の妻BがA宅の近隣に住んでA宅に通いながらAの妻Y_1によるAの介護を補助していたものの，Y_2自身は，当時20年以上もAと同居しておらず，上記の事故直前の時期においても1箇月に3回程度週末にA宅を訪ねていたにすぎないなど判示の事情の下では，Y_2は，民法714条1項所定の法定の監督義務者に準ずべき者に当たらない。

最判平成28年3月1日民集70巻3号681頁

4　しかしながら，原審の上記3(2)の判断は結論において是認することができるが，同(1)の判断は是認することができない。その理由は，次のとおりである。

(1)ア　民法714条1項の規定は，責任無能力者が他人に損害を加えた場合にはその責任無能力者を監督する法定の義務を負う者が損害賠償責任を負うべきものとしているところ，このうち精神上の障害による責任無能力者について監督義務が法定されていたものとしては，平成11年法律第65号による改正前の精神保健及び精神障害者福祉に関する法律22条1項により精神障害者に対する自傷他害防止監督義務が定められていた保護者や，平成11年法律第149号による改正前の民法858条1項により禁治産者に対する療養看護義務が定められていた後見人が挙げられる。しかし，保護者の精神障害者に対する自傷他害防止監督義務は，上記平成11年法律第65号により廃止された（なお，保護者制度そのものが平成25年法律第47号により廃止された。）。また，後見人の禁治産者に対する療養看護義務は，上記平成11年法律第149号による改正後の民法858条において成年後見人がその事務を行うに当たっては成年被後見人の心身の状態及び生活の状況に配慮しなければならない旨のいわゆる身上配慮義務に改められた。この身上配慮義務は，成年後見人の権限等に照らすと，成年後見人が契約等の法律行為を行う際に成年被後見人の身上について配慮すべきことを求めるものであって，成年後見人に対し事実行為として成年被後見人の現実の介護を行うことや成年被後見人の行動を監督することを求めるものと解することはできない。そうすると，平成19年当時において，保護者や成年後見人であることだけでは直ちに法定の監督義務者に該当するということはできない。

イ　民法752条は，夫婦の同居，協力及び扶助の義務について規定しているが，これらは夫婦間において相互に相手方に対して負う義務であって，第三者との関係で夫婦の一方に何らかの作為義務を課するものではなく，しかも，同居の義務についてはその性質上履行を強制することができないものであり，協力の義務についてはそれ自体抽象的なものである。また，扶助の義務はこれを相手方の生活を自分自身の生活として保障する義務であると解したとしても，そのことから直ちに第三者との関係で相手方を監督する義務を基礎付けることはできない。そうすると，同条の規定をもって同法714条1項にいう責任無能力者を監督する義務を定めたものということはできず，他に夫婦の一方が相手方の法定の監督義務者であるとする実定法上の根拠は見当たらない。

したがって，精神障害者と同居する配偶者であるからといって，その者が民法714条1項にいう「責任無能力者を監督する法定の義務を負う者」に当たるとすることはできないというべきである。

ウ　第１審被告Y_1はＡの妻であるが（本件事故当時Ａの保護者でもあった（平成25年法律第47号による改正前の精神保健及び精神障害者福祉に関する法律20条参照）。），以上説示したところによれば，第１審被告Y_1がＡを「監督する法定の義務を負う者」に当たるとすることはできないというべきである。

また，第１審被告Y_2はＡの長男であるが，Ａを「監督する法定の義務を負う者」に当たるとする法令上の根拠はないというべきである。

(2)ア　もっとも，法定の監督義務者に該当しない者であっても，責任無能力者との身分関係や日常生活における接触状況に照らし，第三者に対する加害行為の防止に向けてその者が当該責任無能力者の監督を現に行いその態様が単なる事実上の監督を超えているなどその監督義務を引き受けたとみるべき特段の事情が認められる場合には，衡平の見地から法定の監督義務を負う者と同視してその者に対し民法714条に基づく損害賠償責任を問うことができるとするのが相当であり，このような者については，法定の監督義務者に準ずべき者として，同条１項が類推適用されると解すべきである（最高裁昭和56年(オ)第1154号同58年２月24日第一小法廷判決・裁判集民事138号217頁参照）。その上で，ある者が，精神障害者に関し，このような法定の監督義務者に準ずべき者に当たるか否かは，その者自身の生活状況や心身の状況などとともに，精神障害者との親族関係の有無・濃淡，同居の有無その他の日常的な接触の程度，精神障害者の財産管理への関与の状況などその者と精神障害者との関わりの実情，精神障害者の心身の状況や日常生活における問題行動の有無・内容，これらに対応して行われている監護や介護の実態など諸般の事情を総合考慮して，その者が精神障害者を現に監督しているかあるいは監督することが可能かつ容易であるなど衡平の見地からその者に対し精神障害者の行為に係る責任を問うのが相当といえる客観的状況が認められるか否かという観点から判断すべきである。

イ　これを本件についてみると，Ａは，平成12年頃に認知症のり患をうかがわせる症状を示し，平成14年にはアルツハイマー型認知症にり患していたと診断され，平成16年頃には見当識障害や記憶障害の症状を示し，平成19年２月には要介護状態区分のうち要介護４の認定を受けた者である（なお，本件事故に至るまでにＡが１人で外出して数時間行方不明になったことがあるが，それは平成17年及び同18年に各１回の合計２回だけであった。）。第１審被告Y_1は，長年Ａと同居していた妻であり，第１審被告Y_2，Ｂ及びＣの了解を得てＡの介護に当たっていたものの，本件事故当時85歳で左右下肢に麻ひ拘縮があり要介護1の認定を受けており，Aの介護もBの補助を受けて行っていたというのである。そうすると，第1審被告Y_1は，Aの第三者に対する加害行為を防止するためにAを監督することが現実的に可能な状況にあったということはできず，その監督義務を引き受けていたとみるべき特段の事情があったとはいえない。したがって，第1審被告Y_1は，精神障害者であるAの法定の監督義務者に準ずべき者に当たるということはできない。

ウ　また，第1審被告Y_2は，Aの長男であり，Aの介護に関する話合いに加わり，妻BがA宅の近隣に住んでA宅に通いながら第1審被告Y_1によるAの介護を補助していたものの，第1審被告Y_2自身は，横浜市に居住して東京都内で勤務していたもので，本件事故まで20年以上もAと同居しておらず，本件事故直前の時期においても1箇月に3回程度週末にA宅を訪ねていたにすぎないというのである。そうすると，第1審被告Y_2は，Aの第三者に対する加害行為を防止するためにAを監督することが可能な状況にあったということはできず，その監督を引き受けていたとみるべき特段の事情があったとはいえない。したがって，第1審被告Y_2も，精神障害者であるAの法定の監督義務者に準ずべき者に当たるということはできない。

(4)　医療行為

成年後見人の職務権限は，法律行為に限られ，手術・治療行為その他の医的侵襲（以下「医的侵襲」という。）についての決定・同意の決定権限は認められていない。医的侵襲については，本人の同意（インフォームド・コンセント）が必要であるが，成年被後見人に限らず，一時的に意識を失った患者や未成年者について，その同意や同意能力が問題となる。医的侵襲に対する決定・同意権者，決定・同意の根拠，限界等について社会一般のコンセンサスは，得られていない。成年後見制度においても検討はされたが，成年後見の場面に限って，医的侵襲の決定権，同意権に関する規定を導入することは時期尚早であるとして，改正の対象外とされ，規定は設けられなかった。[109)]

109）小林昭彦・原司『平成11年民法一部改正法等の解説』261頁，小林昭彦・大門匡編著

通常の場合，治療や手術を受けるか否かの同意・決定は，純粋に身上に関する意思決定であり，その後，選定した医師・病院と治療契約・入院契約を締結することになる。医的侵襲については，成年被後見人が判断できるのであれば，本人が決定し，成年後見人が医療契約を締結することになるが，成年被後見人に医的侵襲の同意能力がない場合，誰が同意権を代行するかが問題となる。

成年後見人に医的侵襲の同意権を認める規定の立法を意識的に避けた経緯があるが，解釈論としてこれを肯定する説がある。理由として，成年被後見人に医的侵襲の同意権がない場合，身上配慮義務（民858条）を根拠として成年被後見人に手術についての意思決定ができるとし，[110] 医的侵襲のうち，治療に必要な最小限の医的侵襲行為（触診，レントゲン撮影，血液検査など）や当該医療行為から当然予測される危険性の少ない医的侵襲行為（副作用の少ない一般的な注射や投薬，点滴，骨折の治療，傷口の縫合など）については，医療契約を締結する以上，当然に予測され，医療契約の締結に当然に付随する行為であることを挙げる。[111] しかし，成年後見人の身上配慮義務の立法趣旨は，契約締結時に成年被後見人の意思を尊重し，身上に配慮する義務を負わせたものであり，医療契約の締結と医的侵襲の同意とは独立したものであるから，成年後見人に医療契約の締結権限があることから当然に医的侵襲の同意権があると解することはできない。改正時の解釈からすると，医的侵襲に対する同意については，緊急事務管理等の一般法理により解決されることになる。[112] 成年被後見人に治療や手術の

『新成年後見制度の解説』145頁

110）四宮和夫・能見善久『民法総則第6版』64頁

111）上山泰「患者の同意に関する法的問題点」新井誠・西山詮編『成年後見と意思能力』129頁。他に，床谷文雄「成年後見における身上配慮義務」民商122巻4・5号547頁も，「健康維持のための定期的な健康診断や日常生活の中で通常生じうる疾病，けが（風邪・骨折・歯痛など）については，それが客観的に必要と思われる限り，本人の意思に反する場合であっても（医者嫌い，検査嫌い），成年後見人の判断で受診させ，通院・入院治療・リハビリを継続することができると考えてもよいのではなかろうか。」として，一定の範囲での同意権を認めている。

112）道垣内弘人「成年後見人の権限―身上監護について」判タ1100号238頁は，「判断能力のある者は，いったん手術に同意し，入院契約等を締結したとしても，その後，自由に手術への同意を撤回できると考えるべきであり，このことには異論がないと思われる。

判断能力がない場合，医師が成年後見人に対し，医的侵襲に対する同意を求めたとしても，成年後見人には，これに応じる義務はないし，仮に，同意を与えたとしても，私法上は何ら意義を有しない。[113] 成年後見人には，医療行為の同意権がないとしても，身上配慮義務には，個々の法律行為の態様及び本人の身上をめぐる状況に応じて多種多様なものが含まれており，医療契約の際に本人の健康状態に応じた適切な医療行為が受けられるように配慮する必要がある。[114]

利用促進法11条3号は，医療，介護等を受けるに当たり意思を決定することが困難なものが円滑に必要な医療，介護等を受けられるようにするための支援の在り方について，成年後見人等の事務の範囲を含め，検討を加え，必要な措置を講じるよう定めている。基本計画は，今後の方向性として，医療の処置が講じられる機会に立ち会う成年後見人等が医師など医療関係者から意見を求められた場合等においては，成年後見人等が，他の職種や本人の家族などと相談し，十分な専門的助言に恵まれる環境が整えられることが重要であり，その上で，所見を述べ，又は反対に所見を控えるという態度をとるといったことが社会的に受け入れられるような合意形成が必要と考えられること，今後，政府においては，この考え方を基本として，人生の最終段階における医療に係る意思確認の方法や医療内容の決定手続きを示した「人生の最終段階における医療の決定プロセスに関するガイドライン」等の内容や，人生の最終段階における医療や療養について患者・家族と医療従事者があらかじめ話し合う自発的なプロセス（アドバンス・ケア・プランニング）の考え方も参考に，医療や福祉関係者等の合意を得ながら，医療・介護等の現場において関係者が対応を行う際に参考と

つまり，入院契約の締結と医的侵襲に対する同意とは独立のものなのである。」とする。

113）原司「成年後見制度の実務上の諸問題」ジュリ1211号29頁，道垣内弘人「成年後見人の権限—身上監護について」判タ1100号238頁，高村浩『Q&A　成年後見制度の解説』207頁，橋本和夫「後見・保佐，監督に関する問題」判タ1100号229頁

114）いわゆるアドヴォカシー（advocacy＝本人の身上面に関する利益の主張を補助し，または本人の身上面に関する利益を代弁すること）等についても民法858条の解釈として合理的な範囲内（契約等の法律行為に関する権限の行使に伴う注意義務の範囲内）である限り，身上監護義務の内容に含まれると解されている。小林昭彦・大門匡編著『新成年後見制度の解説』143頁

なるような考え方の指針の作成等を通じて社会に提示し，成年後見人等の具体的な役割等が明らかになっていくよう，できる限り速やかに検討を進めるべきであると指摘する。

認知症高齢者，知的障害者その他医療・介護等を受けるに当たり意思を決定することが困難な人が円滑に医療・介護が受けられるようにする支援の在り方については，厚生労働省において検討が進められているところである。医療に関し成年後見人等が関与するには，意思決定が困難な人に対する医療等の支援の在り方についての環境の整備が不可欠であり，そのような整備が整うまでは，成年後見人は，医療関係者から医療の措置が講じられる際に意見を求められたとしても，従前どおり，所見を述べるなどの対応は控えることになろう。

(5) 医療保護入院の同意

成年後見制度では，後見人が禁治産者を精神病院その他これに準ずる施設に入れるには，家庭裁判所の許可を得なければならないとする旧法858条２項は，削除された。併せて精神保健福祉法が改正され，成年後見人と保佐人は，本人の保護者の立場で，精神障害者に治療を受けさせる義務を負い（同法22条１項），医療保護入院についても家庭裁判所の許可を要しない（同法20条１項柱書本文）ものと改正された。その後，精神保健福祉法上の保護者制度も廃止され，医療保護入院の見直しがされた。[115] 保護者制度の廃止に伴い，医療保護入院についての保護者の同意要件が外され，配偶者，親権者，扶養義務者，後見人，保佐人などの家族等のうちのいずれかの者の同意が要件とされた（精神保健法33条２項)。これにより，成年後見人及び保佐人は，精神科病院への入院について本人の同意を得られない場合，医療保護入院についての同意に関する義務を負う。

115）平成25年法律第47号による改正

8　成年後見人の財産管理権

(1)　財産管理権

成年被後見人は，精神上の障害により判断能力を欠く常況にあるので，一般に自分一人では自己の財産に関する法律行為を適切に行うことができず，他人の援助を受ける必要がある。未成年被後見人の場合も自らの財産を管理するための判断能力は十分ではない。そこで，本人に代わってその財産を管理する必要があり，後見人は，包括的な財産管理権を有している（民859条1項）。成年後見人は，身上配慮義務（民858条）及び善管注意義務（民869条，644条）を負い，これを指針として財産管理権及び代理権を行使する。ここでの財産の管理とは，財産の保存・維持及び財産の性質を変じない利用・改良を目的とする行為をいう。[116] 後見人の財産管理権には，本人の財産の利殖や相続税対策は含まない。後見人が投機性の高い商品に対し投資を行うことは許されない（同旨の判例【2-41】)。相続税対策として本人の相続人に対する贈与を行うことは，本人の財産を減少させて相続人である親族の相続税負担を軽減するものであり，特段の事情のない限り，後見人の善管注意義務に反する行為となる。[117] 後見人の財産管理権は，現に被後見人に属する財産の全部に及ぶとともに，将来の一般的財産的利益にも及ぶ。例外として，第三者が後見人に管理させない意思表示をして被後見人に財産を無償で与えた場合，その財産について後見人は，管理権が制限される（民869条，830条）。[118] この場合は，第三者が指定した者又は家庭裁判所が選任した者がその財産を管理する（家事別表第一15項)。

後見人の管理行為は，反証のない限り正当な職務執行と推定される。判例【2-42】【2-43】も同旨である。

【2-41】原告の未成年後見人が原告を代理して不動産投資ファンドに投資したことに関し，原告が，被告従業員の勧誘行為の適合性違反等を主

116）小林昭彦・大門匡編著『新成年後見制度の解説』97頁
117）東京家裁後見問題研究会編著『後見の実務』別冊判タ36号80頁
118）於保不二雄・中川淳編集『新版注釈民法㉕改訂版』408頁〔中川淳〕

張し，金融商品販売法等に基づく賠償請求をした事案。裁判所は，善管注意義務を負う未成年者後見人が，未成年者被後見人を代理して本件ファンドのような投機性の高い商品に対する投資を行うことは許されないとして，被告従業員がそれを認識して取引した以上，適合性原則に違反し，不法行為責任を免れないとし，請求の全部を認容した事例

東京地判平成28年6月28日判例集未掲載

　未成年後見人は，未成年被後見人の財産を管理し，かつ，その財産に関する法律行為について被後見人を代表するものとされているところ（民法859条1項），その後見事務の処理に当たっては，後見の本旨にしたがって，善良な管理者の注意を持って行うべき義務を負う（同法869条，644条）。
　ところで，前記争いのない事実等(3)によれば，本件ファンドは，大きな収益を得られる可能性がある一方で，元本保証がされているわけではなく，出資者において大きな損失を被るリスクがある投機性の高い商品であると認められるところ，未成年被後見人の財産を同人に代わって善良な管理者の注意をもって管理する義務を負う未成年後見人が，未成年被後見人を代理してこのような投機性の高い商品に対する投資を行うことは，およそ許されないといわなければならない。他方，証券会社等の担当者においても，未成年後見人が未成年被後見人を代理して当該取引を行うことを認識した以上，当該取引の勧誘をすることはおよそ許されないのであって，これに反し，当該取引の勧誘をした場合は，適合性原則に違反するものとして不法行為責任を免れないというべきである。

【2-42】後見人の管理行為は，反証のない限り正当にその職務を執行したものと推定すべきものである。

大判昭和2年2月6日評論17巻民112頁

「後見人カ後見ノ事務ヲ管理スルニ当リテハ反証ナキ限リ正当ニ其ノ職務ヲ執行シタリト推定スヘキモノニシテ原院ハ甲第2，3号証及本人訊問ニ於ケル被上告人（一審被告）池田嘉吉ノ供述ト綜合シテ後見人池田嘉吉カ右金額ヲ支出シタルコトヲ認メタルモ其ノ不当ナルコトノ反証ナキ限リ正当ニ支出セラレタルモノト認定シタルモノニシテ其ノ認定ハ不法ニ非ス即原判決ハ立証責任ヲ転倒シタルモノニ非サルヲ以テ上告論旨ハ理由ナシ」

【２-43】後見人は被後見人の財産につき他人と法律行為をなす権限を有するから，後見人の行為は一応相当なものとみなすべきは当然の法理である。

大判明治35年６月27日民録８輯６巻167頁

「後見人ハ被後見人ニ代リ財産上ノ事ニ付他人ト法律行為ヲ為ス権限ヲ有スルモノナレハ後見人ノ行為ハ一応相当ナルモノト見做スヘキハ当然ノ条理ナルニ付之ニ対シ権限外ノ所為ナリト主張スルニ於テハ其主張者ヨリ之ヲ立証セサルヘカラス而シテ本件ニ於テ上告人ハ係争地ニ病院ヲ建設セシメタルハ上告人ノ後見人タリシ榎本利兵衛ノ専横ニ出テ一時使用セシメタルニ過キスト論争スルモノナルヲ以テ上告人ヨリ之レカ立証ヲ為スヘキハ当然ノ法理ナリ」

⑵　法定代理権

ア　意　義

後見人は，被後見人の財産に関する法律行為全般について被後見人を代表する（民859条１項）。この代表とは，代理と同じ意味に解すべきとされている。後見人の代理権は，被後見人の財産に対する管理権に基づくものであるから，その職務執行にあたって広く被後見人を代理する。この代理関係は，一般の代理法理に従う（民99条以下）。後見人の職務行為の効果は被後見人に直接生じ，必要に応じて復代理人の選任もできる（民106条）。判例**【２-44】**も同旨である。もっとも，家庭裁判所は，後見人を選任する際には，その資質・能力を審査しているのであるから，復代理人を広く利用することは相当ではない。[119] 保佐人や補助人は，包括的な代理権を有しないから復代理人を選任できないと解されている。

財産に関する法律行為とは，狭義の財産管理を目的とする法律行為

119）東京家裁後見問題研究会編著『後見の実務』別冊判タ36号79頁

（例えば，預貯金の管理・払戻し，不動産その他重要な財産の処分，遺産分割等）に限られず，身上監護（生活又は療養看護）を目的とする法律行為（例えば，介護契約・施設入所契約・医療契約の締結等）も含まれる。これらの法律行為に関連する登記，供託の申請，要介護認定の申請等の公法上の行為も，代理権の対象となる。成年後見人の取消権の対象から除外される「日用品の購入その他日常生活に関する行為」（民法9条ただし書）も，本人が判断能力を欠く通常の状態にある限り，本人の生活を維持するために，成年後見人の代理権の対象となる。[120)]

成年被後見人は，自己の財産を管理する能力に欠く常況にあるから，成年後見人は，成年被後見人の行為に対する同意権を持たない。[121)]

イ　代理権の効果

後見人の資格でなされた財産上の法律行為は，一般に代理行為として有効であり，代理権が推定される。代理権が推定されることから，後見人の法律行為の結果，被後見人に損害を与えた場合，被後見人に対する義務違反となるが，法律行為の効力に影響はない。判例【2-45】【2-46】【2-47】も同旨である。【2-45】は，後見人たる資格をもってなされた取引による債務は，たとえ後見人が自己の用途に費消しようとしても，特別の事由のない限り，被後見人はその責を免れないとした。【2-46】は，後見人が被後見人を代理する際に，故意に財産目録に債権を記載しなかった場合，被後見人は，相続の単純承認をしたものとみなされるとした。【2-47】は，後見人が禁治産者の不動産を廉価で売却したことが有効であることを前提として，後見人の善管注意義務に違反し不法行為責任を負うとした。

ウ　代理権の濫用

後見人が代理権を濫用した行為は，当然無効ではなく，相手方が濫用の事実を知っている場合や，知り得べき場合には，相手方を保護する必要がないので民法93条を類推適用して無効とすべきである。判例（任意

120）小林昭彦・大門匡編著『新成年後見制度の解説』98頁
121）於保不二雄・中川淳編集『新版注釈民法㉕改訂版』412頁〔中川淳〕

代理人の権限濫用事例につき最判昭和42年4月20日民集21巻3号697頁，親権者の代理権濫用事例につき最判平成4年12月10日民集46巻9号2727頁）及び多数説である。[122] 後見人が後見事務と称して被後見人のためにする意思を全く欠いてなした行為は，後見人の権利濫用となり，相手方において事情を知り，又は知り得べかりしときは無効と解される。判例【2-48】は，被後見人が家督相続した全財産を他へ贈与した事案であり，このような行為は被後見人のためにする意思がないものと推認すべきであり，親族会の同意があっても受贈者においてその事情を知り，又は知り得たときは，無効と断ずるを相当とするとした。他方で，【2-49】は，父親が精神に異常を来していた長男を廃嫡し，二男を相続人とする意思を持っていたが，廃嫡手続前に死亡した後，長男について禁治産宣告がなされ，後見人となった母親が二男に全財産を贈与したというもので，二男は，生涯，長男の扶養看護を怠らないことを承諾し，毎年の扶養料についても定めていたという事案で，原審は，無効としたが，無効か否かは周囲の事情等諸般の状況を調査考量のうえ決めるべきであるとした。

エ　就職前の代理

被後見人の無権代理人が後見人に就職した場合，無権代理行為の追認や追認拒絶の権限も後見人の代理権に含まれる。この場合，後見人は，自ら行った無権代理行為の追認を拒絶することができるかが問題となる。類似の状況として無権代理人が本人を相続した事案では，相続と同時に無権代理行為は完全な効力を有すると解されている（最判昭和40年6月18日民集19巻4号986頁）。しかし，無権代理人が後見人に就職した場合は，被後見人（本人）が無権代理人の地位を承継し，あるいは，人格が融合するものではなく，同一に解することは相当でない。後見人は，被後見人の財産管理に関し，善管注意義務を負うのであるから，無権代理行為

122）林良平・大森政輔編『注解判例民法4　親族法・相続法』502頁〔右近健男〕，内田貴『民法Ⅰ第4版』145頁。これに対し，中川淳『改訂親族法逐条解説』559頁，我妻榮・唄孝一編『判例コンメンタール第7　親族法』507頁〔鈴木ハツヨ〕は，無権代理行為として表見代理の規定の適用を認めるべきであるとするが，表見代理によると立証責任は，第三者が負うことになり，事情を知らない第三者の負担が重くなり，相当ではない。

を追認するか，追認を拒絶するか，就職前に自ら為した行為であっても，後見人の立場で善管注意義務を尽くして決すべきである。[123)] ただし，相手方である第三者の保護の観点から信義則上，後見人の追認拒絶が許されない場合がある。判例【2-50】【2-51】も同様に解している。【2-50】は，未成年者の後見人に就職する以前に後見人と称して売買契約をした場合において，同人がその就職前から未成年者の後見人の立場で財産を管理しており，売買を為すについて未成年者との間に利益相反の関係がないときは，その売買契約は，同人が後見人に就職した後は，未成年者に対して効力を生ずると解している。無権代理行為をした者が後見人に就職した場合に直ちにその行為を有効とした判例であるが，事案の結論としては妥当である。【2-51】は，長姉が精神障害のある妹の世話や財産を管理していたが，代理人として第三者と妹の不動産の賃貸借契約等を締結した後に，妹に禁治産宣告がなされ，次姉が後見人に就職し，契約の追認を拒絶した事案である。次姉は，契約締結に立ち会っており，原審は，後見人である次姉の無権代理行為の追認拒絶を認めなかったが，これを破棄し，追認の拒絶が信義則に反するか否かは，利益衡量のうえ，契約の追認を拒絶することが取引関係に立つ当事者間の信頼を裏切り正義の観念に反するような例外的な場合に当たるか否かを判断して決しなければならないとした。利益衡量の諸事情として，①契約の締結に至るまでの無権代理人と相手方との交渉経緯及び無権代理人が契約の締結前に相手方との間でした法律行為の内容と性質，②契約を追認することによって禁治産者が被る経済的不利益と追認を拒絶することによって相手方が被る経済的不利益，③契約の締結から後見人が就職するまでの間に契約の履行等をめぐってされた交渉経緯，④無権代理人と後見人との人的関係及び後見人がその就職前に契約の締結に関与した行為の程度，⑤本人の意思能力について相手方が認識し又は認識し得た事実などを勘案することを挙げている。

【2-52】は，禁治産者の後見人がその就職前にした無権代理による

123) 内田貴『民法Ⅰ第4版』180頁

訴えの提起及び弁護士に対する訴訟委任の行為の効力を再審の訴えにおいて否定することが信義則に反して許されないとはいえないとした判例である。訴訟行為は，私人である当事者の行為であっても，裁判所が公権的に法律関係を確定するために行う審理裁判の基礎を構成するものであり，民事訴訟法が無権代理人の訴訟行為の効力を生ずる場合として追認がされた場合のみを明文で規定している趣旨に照らせば（民訴34条２項），訴訟行為をした無権代理人が本人の後見人に就職したからといって，もともと私的権利義務関係の調整にかかる法理である信義則をそのまま用いて，追認がされた場合と同じく有効になるとすることは相当でない。後見人は，被後見人の利益を保護する職責を負っていることから，必要と考えて追認を拒絶することは許される。その他に後掲【２-61】（後見人の追認を後見監督人が承諾しない場合，無権代理行為の効力は本人に及ばないとした事案）がある。

【２-44】後見人が他人を被後見人（幼児）の代理人とし，後見人自身は保証人として消費貸借をしたときは，その代理人は復代理人と認定される。

大阪控判大正６年３月６日新聞1257号25頁

「本件消費貸借契約当時ニハ主債務者かねカ４，５歳ノ幼者ナリシコトハ争ナク而シテ斯ル幼者ハ通常意思無能力者ト認ムヘキモノナルヲ以テ此者ト他ノ者トノ間ニ委任ニ因リ代理関係ノ成立セサルコト勿論ナルカ故ニ甲第１号証ノ一ニ依リ明カナル如ク被公訴人宗三郎カかねノ代理人トシテ為シタル右消費貸借ハ一応宗三郎カ無権代理人トシテ為シタルモノト認メサルヲ得サルカ如クナレトモ同号証ニ依レハとくハ前示ノ如クかねノ後見人トシテ其法定代理人タル地位ニ在リ乍ラ己レ同人ヲ代表セスシテ却テ宗三郎カかねノ代理人トナリ自己ハ其保証人トシテ署名捺印シアル事実ニ徴スルトキハ「とく」ハ宗三郎ニ代理ヲ委任シ同人ハかねノ復代理人トシテ右甲第１号証ノ一ノ消費貸借契約ヲ締結シタルモノト認定スルヲ相当トス然ラハ同号証ノ消費貸借ハ被公訴人かねトノ間ニ有効ニ成立シ従テとくノ保証債務モ亦有効ニ成立シタルモノナリト認定セサルヘカラス故ニ此点ニ関スル公訴代理人ノ抗弁ハ理由ナシ」

【２-45】後見人の資格でなされた取引による債務は，たとえ後見人が自己の用途に費消しようとしても，被後見人との内部関係にとどまり，特殊な事由のない限り，被後見人はその責めを免れない。

大判昭和７年８月９日裁判例⑹民243頁

「被上告人等ノ母みねノ死亡ニ因ル遺産相続開始ノ当時被上告人４名ハ孰レモ未成年者ニシテ訴外小貝庸吉カ各其後見人ニ就職シタルコトみね生存中上告銀行トノ間ニ本件当座貸越契約ニ基ク取引アリタルコト右庸吉ハみね死亡直後ヨリ引続キ昭和４年４月30日迄ノ間本件当座貸越契約ニ基キみね名義ヲ以テ上告銀行ト取引シ来リ昭和５年７月５日ノ現在ニ於テハ金3,202円62銭ノ借越ヲ見ルニ至リタルコト上告銀行ハ右庸吉カ被上告人４名ノ後見人トシテ亡みねノ名義ヲ以テ本件契約ニ基ク従前ノ取引ヲ継承シ上告銀行モ亦之ヲ承認シ来レルモノト認メ得ヘキコトハ孰レモ原判決ノ説示スルトコロナリ然ラハ特殊ノ事由ナキ限リ被上告人４名ハ後見人小貝庸吉ノ為シタル本件取引ニ因ル債務ニ付キ履行ノ責ヲ頒ツヘキハ当然ナリ小貝庸吉カ本件取引ニ因リ入手シタル金員ヲ自己ノ用途ニ費消シタルヤ否ヤハ被後見人タル被上告人４名トノ間ニ存スル内部関係タルニ止リ被上告人４名ノ上告銀行ニ対スル責任ニハ何等ノ消長ヲ及ホスヘキモノニ非ス尤モ小貝庸吉ハ後見人タル資格ヲ以テ本件取引ヲ為シタルモ其実自己ノ為メニ効力ヲ生セシムルノ真意ヲ有セルモノトセハ相手方タル上告銀行ニ於テ之ヲ知リ又ハ知リ得ヘカリシ場合ニハ被上告人４名ニ何等ノ責任ナキニ帰スヘキモ此等ノ事情ハ原判決ノ認定セサルトコロナレハ被上告人４名ハ後見人小貝庸吉ノ為シタル本件取引ニ付テハ特別ノ事情ナキ限リ到底其責ヲ免レサルモノト謂ハサル可ラス然ラハ原判決カ何等首肯スルニ足ルヘキ理由ヲ示スコトナク漫然小貝庸吉ハ被上告人５名ノ代理資格ヲ冒用シテ本件取引ヲ為シタルモノナリトシ同取引ニ因ル本件債務ニ付キ被上告人等ニ何等弁済ノ責ナシト断シ義ヲ除ク被上告人４名ニ対スル上告銀行ノ請求ヲ排斥シタルハ代理ニ関スル法則ヲ誤解シタルカ又ハ審理不尽ノ違法アルヲ免レサルモノニシテ上告論旨第２点ハ其理由アリ」

【２-46】後見人が被後見人を代理して限定承認を為すに当り，債権を故意に財産目録に記載しなかった場合には，被後見人は相続の単純承認をしたものとみなされる。

大判大正13年７月９日民集３巻303頁

「後見人カ被後見人ヲ代表シテ為ス行為ハ被後見人ノ行為ト見ルヘキカ故ニ後見人ノ為シタル代表行為ノ欠陥ニ伴フ法律上ノ効果ハ当然被後見人ニ及フヘキナリ原判決ニ依レハ上告人ノ後見人ハ上告人ヲ代表シテ相続ノ限定承認ヲ為スニ当リ相続財産ニ属スル講金債権ヲ故意ニ財産目録ニ記載セサリシモノナレハ原院カ此ノ行為ニ伴フ法律上ノ効果ヲ上告人ニ帰シ上告人ヲ以テ相続ノ単純承認ヲ為シタルモノト看做シタルハ正当ナリ上告人ニ斯ル不利益ナル結果ヲ帰セシメタルハ善良ナル管理者ノ注意ヲ以テ任務ニ当ルヘキ後見人ノ義務違背ニ因ルモノナレハ後見人ハ上告人ニ対シテ其ノ責ニ任スルヲ免スレト雖之カ為上告人ハ単純承認ヲ為シタルモノト看做サルルノ結果ヲ免ルルコトヲ得サルモノトス」

【2-47】後見人が禁治産者の不動産を廉価で売却したことが，善管注意義務に違反したとして不法行為責任が認められた事案

東京地判平成11年1月25日判タ1042号220頁

2　以上の事実を総合すると，被告三津代は太郎の後見人に就任するにあたり後見人の義務についてほとんど注意を払っていなかったこと，本件各土地の売却については売買代金や買受人を何ら指示せずに，ただ漫然と夫である宗一や知り合いの松永に任せており，契約締結段階に至っても，売買代金についてほとんど注意を払わずに松永の言うがままにしていたこと，松永がブローカーのような仕事をしていたことについて，被告三津代及び宗一は長年の付き合いから認識していたこと，宗一はかつて借地人に直接土地を売却したことがあったにもかかわらず，本件各土地についてはそのような方法をとらなかったこと，本件各土地の売却価格は鑑定による時価評価額と比べて約27.7パーセントも低い価格であり，被告三津代も右売却価格が低廉であることは認識していたこと，財産目録を調製していなかった（後記4のとおり，このことにつき合理的理由はなかった。）にもかかわらず本件各土地を売却していること，本件土地二については，二重売買をしている上，さらに，北王企業から被告三津代に対して提起された所有権移転登記手続の裁判において，後見監督人が選任されているにもかかわらず，被告三津代だけで請求原因事実を認めて敗訴判決を受け，判決に基づき登記名義が北王企業に移転してしまっていることがそれぞれ認められる。

被告三津代は，太郎の後見人として，被後見人である太郎の財産を善管注意義務をもって管理処分をする義務を負い，その財産を他に売却する場合には，これを適正妥当な価格で売却すべきものであるところ，右の各事情からすると，被告三津代は，信頼するに足りない松永の言うがままに，低廉な価格であることを認識しながら，鑑定評価額を27.7パーセントも下回る低廉な価格で本件各土地を売却したものであって，被告三津代が本件各土地を廉価で売却したことは，被後見人太郎に対して負っている善管注意義務に違反し，被告三津代は不法行為責任を負うということができる。

【2-48】被後見人が家督相続により取得した財産全部を，後見人が他へ贈与するのは，被後見人のためにする意思がないものと推認すべく，たとえ親族会の同意があっても，受贈者においてその事情を知りまたは知りうべかりしときは無効である。

大判昭和14年５月13日判決全集６輯16巻16頁

「原判決ハ上告人ノ実母そでカ上告人ノ後見人トシテ為シタル本件贈与契約ハ右そで若クハ其ノ他ノ者ノ私利私慾ノ為ニ為サレタルモノニ非ス全ク禁治産者タル上告人並ニ千葉家ノ為万止ムヲ得サルニ出テタルモノナルカ故ニ有効ナル旨判示シ以テ上告人ノ本訴請求ヲ排斥シタリ然レトモ上告人先代千葉富治カ昭和２年５月28日死亡シ上告人カ其ノ家督相続ヲ為シタル処昭和２年12月22日禁治産ノ宣告ヲ受ケ其ノ後該宣告カ取消サレタルコト及右宣告カ取消サルル以前タル昭和３年２月10日上告人ノ実母ニシテ後見人タリシ千葉そでカ親族会ノ同意ヲ得テ当時ノ上告人所有財産全部ヲ被上告人ニ贈与シ本件係争ノ貸金債権並ニ不動産モ右贈与ノ目的中ニ包含セシメラレタル事実ハ原判決ノ確定セル処ニシテ而モ右禁治産ノ宣告ハ上告人ヨリ不服ノ訴ヲ提起シタル結果取消サレタルモノニシテ禁治産ノ原因止ミタリトノ理由ノ下ニ取消サレタルモノニ非ルコトハ記録上之ヲ窺知スルニ難カラサルカ故ニ以上ノ事実ヲ彼此参稽スルトキハ後見人タルそでニ於テ上告人ノ療養看護ト同人将来ノ生活保障ノ為首肯スルニ足ル具体的措置ヲ講シタル事跡ノ認ムヘキモノナキ限リ右そでカ上告人ノ家督相続ニ因リ取得シタル前掲財産全部ヲ挙ケテ被上告人ニ贈与スルカ如キハ寧ロ被後見人ノ為ニスル意思ナキモノト推認スヘク仮令親族会ノ同意アリタル場合ト雖モ受贈者ニ於テ其事情ヲ知リ又ハ知ルコトヲ得ヘカリシ以上ヲ無効ナリト断スルヲ相当トスヘシ蓋シ家族制度ヲ採用セル我法制ノ下ニ在リテハ原判示ニ所謂千葉家ノ家産ヲ保持シ祖先ノ祭祀ヲ絶タサラシムルノ要アルヤ素ヨリ其ノ処ナルモ元来後見ハ被後見人保護

ノ制度ニ外ナラサルカ故ニ後見人タルそでハ須ク被後見人タル上告人個人ノ利益ヲ擁護シ其ノ生活ノ保障ヲ図ラサルヘカラサルヤ亦多言ヲ俟タサルヘケレハナリ然ルニ原判決ハ事茲ニ出テス上段説示ノ如ク本件贈与ニ対シ漫然上告人並ニ千葉家ノ為万止ムヲ得サルニ出テタル旨判示セルニ止リ以テ輙ク本件贈与ヲ全部有効ナリト断シタルハ失当ニシテ畢竟審理不尽ニ被サレハ理由不備タルノ誹ヲ免ルヘカラス論旨理由アリ原判決ハ全部破毀スヘキモノトス」

【2-49】父親が，精神に異常を来していた長男を廃嫡し，二男を相続人とする意思を持っていたが，廃嫡手続前に死亡した後，長男について禁治産宣告がなされ，後見人となった母親が二男に全財産を贈与し，二男は，生涯，長男の扶養看護を怠らないことを承諾し，毎年の扶養料についても定めていたというもので，無効とした原審を取り消し，無効か否かは周囲の事情等諸般の状況を調査考量のうえ決めるべきであるとした。

大判昭和15年12月24日新聞4664号７頁

「原審ハ「被上告人カ家督相続前13，４才ノ頃ヨリ精神ニ異状ヲ来シタルヲ以テ先代富治ハ明治43年頃同人ヲ仙台市東北脳病院ニ入院セシメ早発性癡呆患者トシテ７年間加療ヲ続ケタルモ治療ノ見込ナク且別段危険ナル所業モナカリシ為メ大正７年５月頃退院セシメタルニ爾後被上告人ハ農家ノ所謂納戸ト称スル薄暗キ一室ニ閉籠リタル儘食事モ家族ト共ニスルコト殆ント無ク到底相続人トシテ家政ヲ処理スヘキ十分ノ能力アリトモ見エス又固ヨリ妻子ヲ有セサリシ為メ十余万円ノ資産ヲ擁シタル富治ハ生前頗ル之ヲ憂慮シ寧ロ被上告人ヲ廃嫡シテ次男ナル上告人ヲ相続人タラシメムトノ意嚮ヲ洩シタルコトアリシモ未タ廃嫡ニ及ハスシテ昭和２年５月28日死亡シタリ然ルニ富治死後被上告人ノ精神異状ナルに乗シ何等カ利益ヲ獲得セムトスル徒輩ノ策謀アリタルヨリ実母そでハ之ヲ憂ヒ同年12月22日被上告人ニ対シ禁治産ノ宣告ヲ所轄裁判所ニ申請シ一旦其ノ宣告アリ其ノ後該宣告ハ取消トナリタルモ此ノ取消前そでハ被上告人ノ後見人トシテ親族会ノ同意ヲ得タル上被上告人ノ相続シタル本件ノ不動産全部及債権ヲ総テ上告人ニ贈与シ」タルトノ事実ヲ認定シ尚ホ理由後段ニそでハ右贈与ニ先チ親族会ノ同意ヲ得テ被上告人ノ為メ上告人ヲシテ㈠被上告人ノ生活費毎月金35円㈡療養費年額150円㈢其ノ他雑費年額120円ヲ支出セシムルコトト為シ且永久ニ扶養看護ヲ怠ラサルヘキコトヲ命シ上告人亦之ヲ承諾シタルモそでカ被上告人ノ為ニ斯ル措置ヲ講シタルノミニテハ到底被上告人ノ療養看護及将来ノ生活保障ニ付相当ノ措置ヲ講シタルモノト謂ヒ得サル旨説明シ以テそでノ為シタル前掲贈与ハそでカ被後見人タル被上告人ノ為ニスル意思ナクシテ為シタル無効ノ行為ナル旨判示シタリ然レトモ後見人ハ親族会ノ同意ヲ得テ被後見人ノ財産ノ得喪ヲ目的トスル行為ヲ有効ニ為シ得ヘキコトハ民法ノ明定スル所ナルカ故ニ後見人カ被後見人ノ財産ノ全部又ハ一部ヲ他人ニ贈与シタリトスルモ之ニ付テ親族会ノ同意ヲ得タル以上其ノ行為ノ性質ノミニ拘泥シテ当然之ヲ無効ナルモノト即断スルコトヲ得ス唯後見人ニ於テ名ヲ後見人ニ藉リ実ハ全然被後見人ノ為ニスルノ意思ナクシテ之ヲ為シタルコト明白ナルカ如キ場合ハ後見人タル資格ノ濫用ニ外ナラスシテ適法ナル後見行為ト目シ難キカ故ニ之ヲ有効ト為スニ由ナキモノトス果シテ斯ル不法ノ目的ニ出テタル行為ト認ムヘキヤ否ヤハ後見人ノ意図被後見人ノ心身ノ状況其ノ他被後見人ヲ繞ル周囲ノ事情等諸般ノ状況ヲ調査稽量ノ上之ヲ判定スルヲ相当トス本件ニ付之ヲ観ルニ被上告人カ家督相続前ヨリ早発性癡呆症ニ罹リテ精神ニ異状ヲ来タシ先代富治ノ生前既ニ家政処理ノ能力アリトモ見エサリシ為メ廃嫡ノ意嚮アリタルモ其ノ実行ヲ見スシテ富治死亡スヤ早クモ被上告人ノ精神異状ニ乗シテ図利徒輩ノ策謀スルモノアリタル事実ハ冒頭摘録ノ如ク原審ノ確定スル所ナルノミナラス先代富治死後300筆ヲ超ユル本件不動産ニ付為シタル被上告人名義相続登記ノ如キモ右図利徒輩ノ策謀ニ外ナラサル事実ハ上告人ノ主張スル所ナリ而モ其ノ相続ノ当時ニ於テ被上告人ノ前掲病症ハ未タ治癒ニ至ラス実母そでノ申請ニ因リ一旦禁治産ノ宣告アリタル程ニテ後ニ取消トナリタルモ当時其ノ心身ノ状況常人ト異ナルモノアリタルコトハ以上ノ事実自体ニ照シ之ヲ看取スルニ難カラス加之原判決中引用ノ乙第７号証（昭和５年１月17日附鑑定書）ヲ閲スルニ「原告（被上告人ヲ指ス）ニ於テハ叡智障礙ハ目下著シカラサルモ聯想計算思考等ノ作用ニハ著明ナル渋滞アリ（中略）全ク社交家事治産信証処分等ノ事ヲ行フ能ハス云々」ノ記載アリテ被上告人カ当時仍ホ治産ノ能力ナカリシ事実ヲ窺フニ余アリ果シテ然ラハ前掲贈与ノ当時ニ於テ仮ニ20万余円ノ相続財産殊ニ数百筆ノ不動産ヲ被上告人ノ所有名義ノ儘ニ放任シタリシトセム乎禁治産ノ宣告中ハ姑ク措クモ一朝其ノ取消ニ遭ヘハ其ノ資産ハ図利ノ徒輩ノ好餌ト為リ之ヲ擁護シ之ヲ保有スルコトノ困難ナルコトハ之ヲ想像スルニ余アリテ却テ被上告人ヲ将来不遇ニ泣カシムルノ憂ナシト謂フヘカラス是ニ由ツテ観レハ其ノ当時ニ於テ前掲財産ヲ被上告人所有名義ノ儘ト為シ置クモ毫モ分散喪失ノ憂ナキ事実ヲ見透シ得タル場合ハ格別ナルモ然ラスシテ却テ其ノ名義ノ儘ニ放任スルコトカ将来ノ禍根ト為ルノ憂アル限リ実母そでノ為シタル前掲贈与ハ縦令被上告人所有財産全部ノ贈与ナリトスルモ此ノ一

事ノミヲ以テ当然之ヲ無効ト即断シ難カルヘク殊ニ其ノ贈与ニ先チ被上告人ノ療養看護並生活保障ノ為メ前叙ノ如キ措置ノ講セラレタルモノトセハ其ノ贈与自体却テ被上告人ノ為メニ為サレタルモノト解シ得ヘキ余地ナキニ非ス然ラハ本件贈与ヲ以テ全然被上告人ノ為メニスルノ意思ナクシテ為シタル無効ノモノト断セムニハ当該財産ヲ被上告人所有名義ノ儘ト為シ置クモ毫モ分散喪失ノ懸念ナキヤ否ヤニ付テ篤ト審理判断スルコトヲ用スルモノト謂ハサルヲ得ス然ルニ原判決ヲ閲スルモ此ノ点ニ首肯シ得ヘキ説明ヲ発見セス尤モ原審ハ乙第7号並被上告人ノ第一，二審ニ於ケル供述ニ徴シ「被上告人ハ早発性癡呆破爪型ト名附クル慢性精神病者ナレトモ病勢寛解ヲ来スコトアリ其ノ寛解時ニ在リテハ家事ニ付大体ノ事務ヲ処理シ且判断シテ之カ処理ニ任スルコトハ全ク不可能ニハ非ス其ノ叡智作用ハ多少ノ渋滞ヲ有スルノミニテ質的欠陥著シカラサルカ故ニ事理ヲ解シ判断スルニ堪ヘ得ヘク従テ適当ナル輔佐者アリテ協力セハ理智的活動ヲモ為シ得ヘキモノナル旨」判示セルモ被上告人カ既ニ其ノ家督相続前ヨリ治産ノ能力ナク且其ノ当時ヨリ所謂納戸ト称スル一室ニ蟄居ヲ継続セル事実ハ他面原審ノ判示セル所ナルノミナラス右乙第7号証ノ記載中ニハ前段摘録ノ如キ記載アリテ之ヨリ推考スレハ被上告人ハ其ノ病症ノ治癒セサル限リ縦令輔佐者アリトモ自己ノ周囲ニ於ケル図利謀者ノ活躍ヲ防止シテ其ノ資産ヲ擁護シ治産ヲ全フスルコトノ困難ナルコトハ敢テ想像ニ難カラサルヘク従テ被上告人カ其ノ病症寛解ノ際隅々理智的活動可能ノコトアリトスルモ斯ル事実ヲ以テハ未タ以テ前掲財産ヲ被上告人ノ所有名義ノ儘ニ放任スルノ良策ナル所以ヲ首肯セシムルニ足ラス被上告人ノ供述ノ如キハ素ヨリ之カ認定資料ト為ルモノニ非ス果シテ然ラハ原審カ前掲摘示ノ点ニ付テ審理ノ上首肯シ得ヘキ説明ヲ加フルコトナク実母そでノ為シタル本件贈与ヲ前叙ノ如ク無効ノ行為ナル旨判示シタルハ畢竟審理不尽ノ不法アルモノニシテ論旨ハ理由アリ原判決中上告人敗訴ハ破毀ヲ免レス」

【2-50】未成年者の後見人に就職する以前に後見人と称して売買契約をした場合において，同人は就職前から未成年者のため事実上後見人の立場でその財産の管理にあたつており，これに対しては何びとからも異議がなく，右売買をなすについて未成年者との間に利益相反の関係がないときは，右売買契約は，その者が後見人に就職するとともに，未成年者に対して効力を生ずるものと解すべきである。

最判昭和47年2月18日民集26巻1号46頁

被上告人は，昭和25年12月頃塩沢正十郎の後見人と称する塩沢通有から本件建物を代金25万円，うち20万円は即時払い，残金5万円は所有権移転登記と同時に支払う約で買い受けることとし，その旨の売買契約を締結した。右売買契約当時は正十郎は未成年（17年10月）であつて，昭和25年7月31日父公之の死亡により親権を行なう者なく後見が開始したが，塩沢通有が正十郎の後見人に就職したのは同26年12月24日のことであり，したがつて，昭和25年12月の右売買契約時には塩沢通有はまだ正十郎を代理して右契約を締結する権限をもたなかつた。しかし，通有は，後見人に就職する以前においても正十郎のため，叔父として事実上後見人の立場で正十郎の財産の管理や整理に当つていたのであつて，このことについては何人も異存なくこれを承認してきた。そして，右売買契約を被上告人と締結して間もない翌年には，通有は正十郎の後見人に就職し，右売買契約時においては正十郎の無権代理人であつた通有が，かくて，正当な法定代理人の資格を取得し，無権代理人と後見人との資格が同一人に帰属するに至つたものである。それ故，被上告人と無権代理人通有間の右建物売買契約において，通有は後見人自ら売買契約をなしたと同様の法律上の地位を生じたものと解するのが相当であり，右売買契約をなすについて通有と正十郎との間に利益相反の事実を認めるに足りる証拠はないから，後見人就職後追認の事実がなくても，右売買は通有の後見人就職と共に正十郎のため効力を生じたものと解すべきである。
というのである。

ところで，未成年者のための無権代理行為の追認は，該未成年者が成年に達するまでは，後見人がこれをなすべきものであり，したがつて，無権代理行為をした者が後に後見人となつた場合には，無権代理行為をした者が後に本人から代理権を授与された場合と異なり，追認されるべき行為をなした者と右行為を追認すべき者とが同一人となつたものにほかならない。加えて，原審の確定した前記事実によれば，無権代理人たる通有は，後見人に就職する以前においても正十郎のため，叔父として事実上後見人の立場でその財産の管理に当つており，これに対しては何人からも異議がでなかつたのであつて，しかも，本件売買契約をなすについて正十郎との間に利益相反の事実は認められないというのであるから，このような場合には，後に通有が後見人に就職し法定代理人の資格を取得するに至つた以上，もはや，信義則上自己がした無権代理行為の追認を拒絶することは許されないものと解すべきである。したがつて，原審の確定した事実関係のもとにおいては，追認の事実がなくても，無権代理行為をなした通有が後見人に就職するとともに，本件売買契約は正十郎のために効力を生じたのであつて，これと結論を同じくする原審の判断は正当である。

【2-51】禁治産者の後見人が，その就職前に禁治産者の無権代理人によって締結された契約の追認を拒絶することが信義則に反するか否かは，⑴契約の締結に至るまでの無権代理人と相手方との交渉経緯及び無権代理人が契約の締結前に相手方との間でした法律行為の内容と性質，⑵契約を追認することによって禁治産者が被る経済的不利益と追認を拒絶することによって相手方が被る経済的不利益，⑶契約の締結から後見人が就職するまでの間に契約の履行等をめぐってされた交渉経緯，⑷無権代理人と後見人との人的関係及び後見人がその就職前に契約の締結に関与した行為の程度，⑸本人の意思能力について相手方が認識し又は認識し得た事実など諸般の事情を勘案し，契約の追認を拒絶することが取引関係に立つ当事者間の信頼を裏切り，正義の観念に反するような例外的な場合に当たるか否かを判断して，決しなければならない。

最判平成6年9月13日民集48巻6号1263頁

一　原審の確定した事実及び記録上明らかな本件訴訟の経緯は，次のとおりである。

1　上告人は，奥山國一とまち夫婦の三女として昭和8年に出生したが，生まれつき聴覚等の障害があり，成長期に適切な教育を受けられなかったため，精神の発達に遅滞があり，読み書きもほとんどできず，6歳程度の知能年齢にある。

2　上告人の父國一は昭和40年3月2日に死亡し，その相続人は妻まち，長女神豊子，二女悦子，三女上告人及び長男佑であったが，上告人を除く相続人らは，國一の遺志に従い，上告人の将来の生活の資に充てるため，遺産に属していた東京都品川区大崎4丁目に存する木造2階建店舗（以下「旧建物」という。）の所有権及びその敷地の借地権を上告人が取得するとの遺産分割協議が成立したこととして上告人に対し旧建物の所有権移転登記手続をした。そして，まち，神豊子，悦子及び佑は，上告人が右1のような状態にあったので，以後，上告人と同居していたまちと神豊子が上告人の身の回りの世話をし，主として神豊子が旧建物を管理することとした。旧建物について，昭和43年5月の上告人を賃貸人とする被上告人との間の賃貸借契約の締結，その後の賃料の改定，契約の更新等の交渉には神豊子が当たったが，そのことについてだれからも苦情が出ることはなかった。

3　昭和55年，地産トーカン株式会社において旧建物の敷地及びそれに隣接する土地上に等価交換方式によりビルを建築する計画が立てられ，右計画を実施するためには旧建物を取り壊すことが必要になった。このビル建築をめぐる被上告人との間の交渉には主として神豊子が当たり，同年９月19日，被上告人が旧建物からいったん立ち退き，ビルの完成後に上告人が取得する区分所有建物を改めて被上告人に賃貸する旨の合意書（甲第４号証）が作成されたが，神豊子において右合意書の上告人の記名及び捺印をし，また，同年11月14日に作成された合意書（甲第８号証）についても，神豊子において上告人の記名及び捺印をした。

4　その後，神豊子と悦子は，市の法律相談で知った福田盛行弁護士に対し，新築後のビルの中に上告人が取得することになる専有部分の建物（以下「本件建物」という。）についての被上告人との間の賃貸借契約の条項案の作成等を依頼し，同弁護士は，契約条項案（甲第32号証）を作成した。これに対し，被上告人も，弁護士に依頼して契約書案（甲第７号証）を作成し，神豊子と悦子に交付した。そして，昭和56年２月17日，被上告人，神豊子及び悦子が福田弁護士の事務所に集まり，同弁護士において予め用意していた文書に，被上告人が自己の署名及び捺印をし，神豊子が上告人の記名及び捺印をして，本件建物についての賃貸借の予約（以下「本件予約」という。）がされた。本件予約には，⑴被上告人は，上告人から本件建物を貸借することを予約する，⑵上告人は，被上告人に本件建物を引き渡すまでに，被上告人との間で賃貸借の本契約を締結する，⑶上告人の都合で賃貸借の本契約を締結することができないときは，上告人は，被上告人に対し4,000万円の損害賠償金を支払う，という内容の合意が含まれていた。

5　昭和56年５月７日に上告人を含む土地の権利関係者と地産トーカンとの間で等価交換契約が締結され，被上告人は，旧建物を明け渡し，昭和57年８月にビルが完成した。

6　神豊子は，被上告人に対し，ビル完成前の昭和57年４月ころ，島田善成を介して賃貸借の本契約の締結を拒む意思を表明したため，被上告人は，上告人にあてて同年５月10日及び26日に本件建物を賃貸するよう求める旨の書面を送付したが，上告人側は，これに対する回答をしないで，黒沢和男に対し，同年６月17日付けで本件建物を借入金の担保として譲渡した。そこで，被上告人は，同年７月９日，本件建物についての地産トーカンに対する上告人の引渡請求権の処分禁止の仮処分決定を得，また，同年８月３日，本件予約に定められた違約による損害賠償請求権を被保全権利として本件建物につき仮差押えをした。

7　被上告人は，上告人に対し，昭和57年８月27日，本件予約中の右４の⑶の合意に基づき，4,000万円の損害賠償等を求める訴えを提起し，昭和61年２月19日，右の請求を認容する旨の第一審判決が言い渡された。これに対し，上告人から控訴が提起され，控訴審は，上告人による訴状等の送達の受領及び訴訟代理権の授与が意思無能力者の行為であり無効であるとして民訴法387条，389条１項を適用して，第一審判決を取り消した上，第一審に差し戻した。差戻し後の第一審が被上告人の請求を棄却したので，被上告人が控訴した。

8　この間，神豊子は，横浜家庭裁判所に対し，昭和61年２月21日，上告人を禁治産者とし，後見人を選任することを求める申立てをしたところ，横浜家庭裁判所は，同年８月20日，上告人を禁治産者とし，悦子を後見人に選任する旨の決定をした。

二　原審は，右一の事実関係の下において，次のとおり判断し，被上告人の請求を認容した。⑴上告人が神豊子に対し，本件予約に先立って，自己の財産の管理処分について包括的な代理権を授与する旨の意思表示をしたとは認められないから，神豊子が上告人の代理人として本件予約をしたことは無権代理行為である。⑵しかし，神豊子が上告人の事実上の後見人として旧建物についての被上告人との間の契約関係を処理してきており，本件予約も神豊子が同様の方法でしたものであるところ，本件予約は，その合意内容を履行しさえすれば上告人の利益を害するものではなく，上告人側には本契約の締結を拒む合理的理由がなく，また，後見人に選任された悦子は，本件予約の成立に関与し，その内容を了知していたのであるから，本件予約の相手方である被上告人の保護も十分考慮されなければならず，結局，後見人の悦子において本件予約の追認を拒絶してその効力を争うことは，信義則に反し許されない。

三　原審の認定判断のうち，二の⑴は正当というべきであるが，同⑵は是認することができない。その理由は，次のとおりである。

1　禁治産者の後見人は，原則として，禁治産者の財産上の地位に変動を及ぼす一切の法律行為につき禁治産者を代理する権限を有するものとされており（民法859条，860条，826条），後見人就職前に禁治産者の無権代理人によってされた法律行為を追認し，又は追認を拒絶する権限も，その代理権の範囲に含まれる。後見人において無権代理行為の追認を拒絶した場合には，右無権代理行為は禁治産者との間においては無効であることに確定するのであるが，その場合における無権代理行為の相手方の利益を保護するため，相手方は，無権代理人に対し履行又は損害賠償を求めることができ（民法117条），また，追認の拒絶により禁治産者が利益を受け相手方が損失を被るときは禁治産者に対し不当利得の返還を求めることができる（民法703条）ものとされている。そして，後見人は，禁治産者との関係においては，専らその利益のために善良な管理者の注意をもって右の代理権を行使する義務を負うのである（民法869条，644条）から，後見人は，禁治産者を代理してある法律行為をするか否かを決するに際しては，その時点における禁治産者の置かれた諸般の状況を考慮した上，禁治産者の利益に合致するよう適切な裁量を行使してすることが要請される。ただし，相手方のある法律行為をするに際しては，後見人において取引の安全等相手方の利益にも相応の配慮を払うべきことは当然であって，当該法律行為を代理してすることが取引関係に立つ当事者間の信頼を裏切り，正義の観念に反するような例外的場合には，そのような代理権の行使は許されないこととなる。

したがって，禁治産者の後見人が，その就職前に禁治産者の無権代理人によって締結された契約の追認を拒絶することが信義則に反するか否かは，⑴右契約の締結に至るまでの無権代理人と相手方との交渉経緯及び無権代理人が右契約の締結前に相手方との間でした法律行為の内容と性質，⑵右契約を追認することによって禁治産者が被る経済的不利益と追認を拒絶することによって相手方が被る経済的不利益，⑶右契約の締結から後見人が就職するまでの間に右契約の履行等をめぐってされた交渉経緯，⑷無権代理人と後見人との人的関係及び後見人がその就職前に右契約の締結に関与した行為の程度，⑸本人の意思能力について相手方が認識し又は認識し得た事実，など諸般の事情を勘案し，右のような例外的な場合に当たるか否かを判断して，決しなければならないものというべきである。

2　そうすると，長年にわたって上告人の事実上の後見人として行動していたのは神豊子であり，その神豊子が本件予約をしながら，その後黒沢に対して本件建物を借入金の担保として譲渡したなどの事実の存する本件において，前判示のような諸般の事情，特に，本件予約における4,000万円の損害賠償額の予定が，黒沢に対する譲渡の対価（記録によれば，実質的対価は2,000万円であったことがうかがわれる。）等と比較して，被上告人において旧建物の貸借権を放棄する不利益と合理的な均衡が取れたものであるか否かなどについて十分に検討することなく，後見人である悦子において本件予約の追認を拒絶してその効力を争うのは信義則に反し許されないとした原審の判断には，法令の解釈適用を誤った違法があるものというべきであり，右違法は判決に影響することが明らかである。

四　以上の趣旨をいうものとして論旨は理由があり，原判決は破棄を免れない。そして，右の点について更に審理を尽くさせるため，本件を原審に差し戻すこととする。

【2-52】甲が禁治産者乙の後見人に就職する前に乙のために無権限で訴えを提起した上弁護士に対する訴訟委任をし，これに基づいて判決がされた場合には，甲が乙の姉であって後見人に就職する前から事実上後見人の立場で乙の面倒を見てきたものであり，このような甲の態度について家族の他の者が異議を差し挟んでおらず，甲と乙の利害が相反する状況もなかったなど原判示の事情があったとしても，後見人に就職した甲が自己の無権代理行為の効力を再審の訴えにおいて否定することは，信義則に反して許されないとはいえない。

最判平成7年11月9日家月48巻7号41頁

記録によると，本件訴訟の経過等は次のとおりである。

1㈠　前訴は，昭和63年11月28日，上告人を原告とし，被上告人具志川友信，同具志川友晴及び承継前被上告人亡具志川友行の3名（以下「被上告人ら」という。）を被告として提起されたものであるところ，その内容は，「上告人は，昭和53年12月4日午後10時ころ，被上告人らから暴行を受け，頭部裂傷などの傷害を受けるとともに，その後遺症として精神分裂病の状態に陥った」として，民法709条に基づき，治療費，慰謝料の合計3,137万3,120円とこれに対する遅延損害金の支払を求めるものである。

㈡　那覇地方裁判所沖縄支部は，平成元年4月25日，前訴につき，当該損害賠償請求権は既に時効により消滅しているとの理由で上告人の請求を棄却する旨の前訴判決を言い渡し，この判決には控訴の提起がなく，同年5月9日の経過により確定した。

2㈠　上告人は，昭和54年ころから自閉，無為，徘徊，被害妄想，幻聴などの症状を呈するようになり，同年，精神分裂病と診断されて精神科の病院に入院し，以後入退院を繰り返しているものの現在まで症状は改善していない。

㈡　そのため，上告人の実姉である石垣トモ子（以下「トモ子」という。）は，弁護士に依頼して訴状を作成してもらい，トモ子自身がその訴状に上告人の名を署名し，押印して，上告人のために前訴を提起した。この訴訟には，途中から荒井紀之弁護士が上告人の訴訟代理人として関与するようになったが，同弁護士に訴訟の追行を委任したのはトモ子であり，同弁護士は一度も上告人と面接しなかった。

なお，前訴以前にも，昭和56年には上告人名で被上告人らを相手に調停が申し立てられ，これが不調になると，翌57年には被上告人らに対して前訴と内容を同じくする訴訟が提起されたが（この訴訟は，上告人が口頭弁論期日に出頭しなかったため休止となり，そのまま訴えの取下げが擬制されて終了した。），この調停の申立て及び訴えの提起は，トモ子が他の家族とも相談した上で上告人のために弁護士に委任して行ったものであり，上告人は，当時調停等の意味を理解できる精神状態にはなかった。

3㈠ 前訴判決の言渡し後，トモ子は，控訴をしようと考え，本件の訴訟代理人である東条浩弁護士に相談した際，同弁護士から，上告人について禁治産宣告を受け，上告人の後見人に就職した上で訴訟委任をするよう指示された。

㈡ そこで，トモ子は，那覇家庭裁判所沖縄支部に上告人の禁治産宣告及び後見人選任の申立てを行い（同裁判所平成２年(家)第×××号，第×××号事件），平成２年５月22日，同裁判所は，上告人を禁治産者とし，トモ子を上告人の後見人とする旨の審判をし，トモ子が上告人の後見人に就職した。

㈢ トモ子は，同年５月29日，上告人の後見人として東条弁護士に本件再審の提起，追行を委任し，同日，本件訴訟が提起された。

二 原審は，右事実関係の下で，前訴の訴え提起及びその後の荒井弁護士に対する訴訟委任は，いずれもトモ子が上告人のために行った無権代理行為であるとしながら，次の理由により，本件再審の訴えを却下すべきものとした。

トモ子は，上告人が禁治産宣告を受けて後見人に就職する以前においても，上告人が精神分裂病の諸症状を呈するようになって以来約10年もの長期間，事実上後見人の立場で上告人の面倒を見てきたものであり，この間には，家族と相談の上で上告人のため，被上告人らを相手に前訴と同内容の調停を申し立てたり，二度にわたって訴えを提起したりしていること，しかも，このようなトモ子の態度について家族の他の者が異議を差し挟んでいたとか，トモ子と上告人とが利害の相反する状況にあった等の事情は全く見当たらないこと，被上告人らは，二度にわたる訴えに対し，その都度弁護士に依頼して応訴してきたこと等の事情の下では，トモ子が後見人に就職し，法定代理人の資格を取得した以上，それ以前に上告人のためにした自己の無権代理行為の効力を否定することは，被上告人らとの関係において訴訟上の信義則に著しく反し許されない。したがって，トモ子がした前訴の訴え提起行為及び荒井弁護士への訴訟委任行為の効力は，トモ子が後見人に就職するとともに上告人に有効に帰属したものというべきである。

三　しかしながら，原審の右判断は是認することができない。その理由は，次のとおりである。

前示の事実関係によれば，前訴の訴え提起及び弁護士への訴訟委任は，何らの権限のないトモ子が上告人のために行った無権代理行為であり，上告人本人は，トモ子がこのような行為をするについて何ら関与するところがなかったのであるから，前訴の提起及び弁護士への訴訟委任は本来その効力を生じ得ないものといわなければならず，たとえ原判決挙示のような事情があったとしても，その説示するように，前訴におけるトモ子の訴訟行為がその後見人就職とともに有効となるとすることはできない。けだし，訴訟行為は，私人である当事者の行為であっても，裁判所が公権的に法律関係を確定するために行う審理裁判の基礎を構成するものであり，民事訴訟法が，無権代理人の訴訟行為が効力を生じる場合として，追認がされた場合のみを明文で規定している趣旨に照らせば（同法54条参照），訴訟行為をした無権代理人が本人の後見人に就職したからといって，もともと私的権利義務関係の調整に係る法理である信義則をそのまま用いて，追認がされた場合と同じく有効となるとすることは相当でないからである。また，家庭裁判所の審判によって選任された後見人は，禁治産者の正当な利益を図るべき公的な責務を有しているのであり，家庭裁判所の審判により上告人の後見人に就職したトモ子において前訴の訴訟行為の無効を主張してした本件再審の訴えの提起は，後見人としてこのような責務に基づく所為であることも看過されてはならない事柄である。

これと異なる見解に立って本件再審請求を排斥すべきものとした原審の判断には，民訴法420条1項3号の解釈適用を誤った違法があり，右違法は原判決の結論に影響を及ぼすことが明らかである。論旨はこの趣旨をいうものとして理由があり，原判決は破棄を免れず，一審判決は取り消されるべきである。そして前示したところによれば，前訴の訴え提起及び弁護士への訴訟委任はトモ子の無権代理行為によるものであるから，前訴判決には，民訴法420条1項3号の再審事由があることが明らかであって，前訴判決は取り消されるべきであり，前訴の訴え提起が無権代理行為によるものである以上，前訴の訴えは不適法として却下されるべきものである。上告人は，前訴の訴え提起行為のみは追認するとして，前訴手続のやり直しを求めているが，無権代理人がした訴訟行為の追認は，ある審級における手続が既に終了した後においては，その審級における訴訟行為を一体として不可分的にすべきものであり，一部の訴訟行為のみを選択して追認することは許されないと解すべきであるから（最高裁昭和54年(オ)第879号同55年9月26日第二小法廷判決・

裁判集民事130号393頁参照)，前訴の訴え提起行為のみを追認することは許されない。

(3) 取消権

成年被後見人が自ら行った法律行為は，取り消すことができる（民9条本文)。未成年被後見人の同意を得ずに行った法律行為についても，未成年後見人は，取消権を有する（民5条2項)。ただし，成年被後見人の日用品の購入その他日常に関する行為は，取消権の対象から除外されている（同法9条ただし書)。取消権は，本人（制限能力者としての成年被後見人）と成年後見人が有しており（民120条1項)，成年被後見人は，その能力を制限する原因がまだ存在する場合であっても，単独で取消権を行使でき，その取消が「取消得べき行為」になるのではないと解されている。[124] しかし，意思能力を欠く常況にある成年被後見人は，およそ意思表示できないのであるから，通常の場合，成年後見人が取消権を行使することになり，成年被後見人による取消権の行使は，意思能力が回復した場合に限られる。

あらかじめ成年被後見人が成年後見人の同意を得て法律行為を行ったとしても，成年被後見人がその同意に従って適切に契約の締結等を行うことができるとは限らないので，未成年後見や補助又は保佐の制度とは異なり，成年後見人は，その同意の有無にかかわらず，成年被後見人が自ら行った法律行為について取消権を行使することができる。[125]

(4) 訴訟行為

後見人は，後見事務に関して生ずる紛争についての訴訟行為（訴訟の提起・追行等）を本人に代わって行うことができる。旧法における禁治産者の後見人も，被後見人の財産に関する法律行為について包括的な代理権を有するものとされており，その法律行為には訴訟行為も含まれると解するのが通説（同旨の判例，大判明治29年3月26日民録2輯3巻108頁）である。[126] 民法

124) 四宮和夫・能見善久『民法総則第6版』293頁
125) 我妻榮『親族法』378頁，小林昭彦・原司『平成11年民法一部改正法等の解説』81頁
126) 於保不二雄・中川淳編集『新版注釈民法㉕改訂版』410頁〔中川淳〕，小林昭彦・大門匡編著『新成年後見制度の解説』98頁

864条は，後見人の代理権の対象行為として民法13条１項所定の行為を挙げており，その中には訴訟行為が含まれること，民事訴訟法31条（平成８年改正前の同法49条）が，未成年者，禁治産者の法定代理人による訴訟行為を想定しているからである。民法859条の改正はなく，成年後見制度でも旧法と同様に，後見人は，訴訟行為の代理権を有する（人事訴訟については，後記11(2)参照）。

9　成年後見人の代理権の制限

(1)　日常の生活に関する行為

旧法９条は，「禁治産者ノ行為ハ之ヲ取消スコトヲ得」と規定し，禁治産者の行った法律行為は，財産行為である限り，例外なく取消権の対象とされていた。成年後見制度でも原則として成年被後見人の法律行為は，取り消しうるものとされたが，例外として，「日常生活に関する行為」については，取消権の対象から除外することとされた（民９条ただし書）。取消権の対象から除外した理由は，自己決定の尊重の理念とノーマライゼーションの理念に基づくところである。成年被後見人であっても，すべての法律行為について利害得失を判断できないわけではなく，日用品の購入などは理解して購入することは可能な場合もある。日常生活に関する行為については，取消権を行使される危険性から解放されることになり，取引の安全にも資する。

民法９条ただし書により成年後見人の取消権の対象から除外される「日常生活に関する行為」は，民法761条の「日常の家事に関する法律行為」の範囲に関する判例（最判昭和44年12月18日民集23巻12号2476頁）の解釈と同様に解される。具体的には，各人の職業，資産，収入，生活の状況や当該行為の個別的な目的等の事情のほか，当該法律行為の種類，性質等の客観的な事情を総合的に考慮して判断するのが相当である。典型的な例として，食料品，衣料品等の日用品の購入，電気・ガス・水道等の供給契約の締結及び料金の支払，この経費の支払に必要な範囲の預貯金の引出し等が挙げられる。[127)]

成年被後見人が「日常生活に関する行為」の当時，意思能力を欠いていた場合，制限能力者の行った法律行為は無効であるという基本原則との関係が問題となる。今後の解釈に委ねられており，[128)] 日常生活に関する行為について，意思能力のないことを理由とする無効主張を制限する解釈も考えられ，そのような説[129)] もある。しかし，原則どおり，その行為は無効になるものと解するのが相当である。民法9条ただし書は，成年被後見人の自己決定能力が存続していることを前提とした規定であり，意思能力を欠いた状態でなされた行為の効力を認めることは，かえってその改正の趣旨に反するからである。[130)]

127）小林昭彦・原司『平成11年民法一部改正法等の解説』81頁，小林昭彦・大門匡編著『新成年後見制度の解説』99頁，髙村浩『Q&A　成年後見制度の解説』149頁。最判昭和44年12月18日民集23巻12号2476頁は，「日常の家事に関する法律行為」について「その具体的な範囲は，個々の夫婦の社会的地位，職業，資産，収入等によって異なり，また，その夫婦の共同生活の存する地域社会の慣習によっても異なるというべきであるが，他方，問題になる具体的な法律行為が当該夫婦の日常の家事に関する法律行為の範囲内に属するか否かを決するに当たっては，（761条が）夫婦の一方と取引関係に立つ第三者の保護を目的とする規定であることに鑑み，単にその法律行為をした夫婦の共同生活の内部的な事情やその行為の個別的な目的のみを重視して判断すべきではなく，さらに客観的に，その法律行為の種類，性質等をも充分に考慮して判断すべきである。」としている。これに対し，磯村保「成年後見の多元化」民商法雑誌122巻4・5号479頁は，「日常家事債務に当たるかどうかの問題は，単に生活を営む必要性にとどまらず，一方配偶者の行為によって利益を受ける関係にある他方配偶者が，当該行為から生ずる債務について履行責任を負わなくてよいか，配偶者相互間において一種の法定代理権が与えられているとみるべきか，日常家事の範囲について取引の相手方の信頼を保護することが必要かといった問題点に深く関わっており，つとに正当に指摘されるように，9条ただし書の場合とは制度趣旨を異にしている。したがって，日常生活に関する行為に当たるかどうかは，成年被後見人がどの範囲で単独に有効に取引を行いうるかという観点から判断すべきであり，761条にいう日常家事債務よりもはるかに限定的に解すべきであろう。」とする。

128）小林昭彦・原司『平成11年民法一部改正法等の解説』83頁

129）安永正昭「成年後見制度⑵」法学教室237巻56頁は，「日常生活行為が外形上問題なくなされたという事実からその時点での意思能力の存在を推認するということも，但書を置いている政策的な趣旨からすると，可能ではないか（意思無能力の証明は難しいということである）。」とする。

130）新井誠「意思能力・行為能力」法学教室235巻9頁，磯村保「成年後見の多元化」民商法雑誌122巻4・5号477頁

(2) 居住用不動産の処分

ア　居住用不動産の処分

成年後見人は，成年被後見人（本人）の財産に関する法律行為について代理権を付与されている以上，本来，自らの判断に基づいて本人の財産の処分を行うことが可能である。しかし，本人の居住用不動産を処分し，その居住環境に変更が生じることは，精神医学的な見地から本人の精神状況に多大な影響を与えるものとされている。そこで，成年後見制度では，本人の居住用不動産の処分に関しては，その身上面に与える影響の重大さを考えて，成年後見人の権限に一定の制限を加えて家庭裁判所の許可を得なければならないと定めた(民859条の3，家事別表第一11項)。[131]

「居住の用に供する建物又はその敷地」とは，生活の本拠として現に本人の居住の用に供しており，又は居住の用に供する予定があることを意味する。したがって，成年被後見人が生活の本拠として現に居住しておらず，居住する予定もない建物（別荘など）又はその敷地の処分については家庭裁判所の許可を要しない。実務上，本人が施設に入所し，又は病院に入院している場合において，自宅に戻る予定がないことから，自宅について居住用不動産に該当しないと判断しうるかという点が問題となる。入院費用等に充てるためといった必要性がある場合も多いが，居住用不動産として許可を求める必要がある。[132] 処分の必要性の判断は，成年後見人の裁量判断に委ねられている。[133]「売却，賃貸，賃貸借の解除又は抵当権の設定その他これらに準ずる行為」が家庭裁判所の許可の対象となる。本人が終局的に当該居住用不動産に居住することができなくなるような処分行為を意味する。訴訟上の和解に基づく処分も含まれる。賃貸には，期間の長短を問わない。また，使用貸借による貸渡しも賃貸に準ずる行為に該当する。賃貸借の解除とは，本人が借主となっている

131）小林昭彦・原司『平成11年民法一部改正法等の解説』285頁，小林昭彦・大門匡編著『新成年後見制度の解説』149頁，最高裁判所事務総局家庭局監修『改正成年後見制度関係執務資料』157頁，裁判所書記官実務研究報告書『家事事件手続法下における書記官事務の運用に関する実証的研究—別表第一事件を中心に—』194頁

132）橋本和夫「後見・保佐，監督に関する問題」判タ1100号228頁

133）東京家裁後見問題研究会編著『後見の実務』別冊判タ36号86頁

賃貸借契約について成年後見人から解除することを意味し，貸主との間の合意解除も含まれる。使用貸借の解除も同様に含まれる。

なお，成年後見監督人があるときは，成年後見人が本人の不動産を売却するには，成年後見監督人の同意についてもこれを得る必要がある（民864条）。

イ　審判の効力

成年被後見人の居住用不動産の処分についての許可の審判は，家庭裁判所が成年後見人に告知することによって効力を生ずる（家事74条）。この審判による許可は，個別具体的な処分行為が行われるときにされることから，後見登記法上の登記事項とはされていない。この審判は，家庭裁判所が後見的見地からその合理的裁量によって許可するものであるから，即時抗告は認められていない。[134]

ウ　許可を得ない不動産の処分

民法859条の３における家庭裁判所の許可は，処分行為の効力要件であるから，家庭裁判所の許可を欠く居住用不動産の処分行為は，無効と解される。[135] 取引の相手方は，取引対象不動産が成年被後見人の居住用不動産であるかどうかを確認した上で，成年後見人が家庭裁判所の許可審判を受けているかどうかを確認する必要がある。この審判による許可は，登記事項とはされていないので，相手方は，成年後見人に対して，審判書謄本の提出を求めることになろう。

成年後見人が居住用不動産について家庭裁判所の許可審判を受けないで売却した場合に，事後的に許可審判を求めて，有効な取引とすることは可能であろうか。無権代理行為の追認のように，処分の必要性があり，かつ，その内容が相当であれば事後的に許可して有効とすることが考えられる。[136]

134）小林昭彦・原司『平成11年民法一部改正法等の解説』288頁

135）小林昭彦・大門匡編著『新成年後見制度の解説』150頁，小林昭彦・原司『平成11年民法一部改正法等の解説』288頁

136）橋本和夫「後見・保佐，監督に関する問題」判タ1100号229頁，田山輝明「成年後見制度と不動産取引行為」575頁，森泉章編『著作権法と民法の現代的課題』

(3) 被後見人の行為を目的とする債務

被後見人の行為を目的とする債務を生ずべき行為については，後見人の代理権は制限され，本人の同意を得なければならない（民824条，859条２項）。本人の同意能力は，意思能力があればよいとされている。[137] 被後見人の行為とは，事実上の行為を意味し，法律行為を含まない。例えば，被後見人について雇用契約，出演契約をする場合である。本人の同意なくなされた後見人の代理行為は，無権代理であり，本人の追認がなければ，本人に効力は生じない（民113条１項）。[138]

(4) 営業又は民法13条１項の列挙行為

ア　概　説

後見人が被後見人に代わって営業又は元本の領収以外の民法13条１項の列挙行為を代理して行う場合に，後見監督人がある場合は，その同意を必要とし，未成年被後見人がこれらをすることに同意をする場合も，後見監督人があるときは，その同意を得る必要がある（民864条）。

後見人は，概括的に被後見人の財産管理権及び法律行為の代理権を有しているが，無制限にこれを認めると被後見人の利益に必ずしも得策とは限らない場合がある。被後見人が多額の財産を有している場合は，特にその点が懸念される。そこで営業又は元本の領収以外の重要な行為について，後見監督人の同意を得ることとして，被後見人の利益保護を図っている。同意の方式は，限定されていないので，口頭でも差し支えない。同意は，法律行為ごとに各別になされる必要があり，一般概括的な同意は許されない。しかし，売渡しについて同意があれば，買主の有する権利義務を第三者に承継させる合意につきさらに同意は必要でないと解されている（同旨の判例として【２-53】）。

イ　営業についての同意

後見人が被後見人に代わって営業を行う場合，後見監督人の同意が必要である。この営業とは，民法６条の「営業」と同じ意味であり，利益

137）大判大正８年３月１日民録25輯352頁
138）於保不二雄・中川淳編集『新版注釈民法(25)改訂版』411頁〔中川淳〕

を得る目的でする継続的かつ独立の業務を意味する。後見監督人が同意すれば，後見人は被後見人の営業に関する一切の行為をなしうる。したがって，営業のためにする消費貸借，抵当権の設定，支配人の選任など営業のためにする一切の行為については，あらためて後見監督人の同意を必要としない。旧民法では，この場合，後見監督人ではなく親族会に同意権があったが，【2-54】は，親族会の同意が得られた以上，後見人はその営業に関する一切の行為をなす権限を有すると解していた。

ウ　財産上重要な行為についての同意

財産上，重要な行為として民法13条1項の列挙事由については，元本の領収を除き，後見監督人の同意を要する（民864条）。これは，被保佐人が保佐人の同意を要する行為と同じである。

(i)　元本の利用

民法864条ただし書は，同法13条1項1号の元本の領収について，後見監督人の同意事項から除外している。元本の領収は，被後見人の不利益をもたらすとは考えられないからである。元本の利用とは，法定果実の取得を目的とする行為をすることをいう。不動産の賃貸がその例であるが，民法13条1項9号の特則があり，民法602条所定の期間を超える賃貸借だけが同意権の対象となる。

(ii)　借財又は保証を為すこと

借財とは，消費貸借契約により金銭を借り受けること及びこれに準ずる債務負担行為をすることをいう。保証とは，保証契約により主たる債務者の債務について保証人としての保証債務を負担すること及びこれに準ずる担保責任を負担する行為をいう。準消費貸借（【2-55】），時効完成後の債務の承認（【2-56】），手形行為の振出（【2-57】）や裏書き（東京高判平成12年9月28日（【2-115】）は，保佐開始の審判前に為された手形裏書行為の取消の可否が問題となった事案であるが，裏書行為は，民法13条1項2号該当行為であることを前提としている。）も含まれる。[139]

139）商法の多数説は，手形行為はつねに取り消し得ないものというべく，人的抗弁のみが生ずるとしている。谷口知平・石田喜久夫編集『新版注釈民法(1)改訂版』358頁〔鈴木禄弥〕

物上保証の設定は，債務を負担するわけではなく，本条１項３号に該当する。[140)]

(iii)　不動産その他重要なる財産に関する権利の得喪を目的とする行為を為すこと

不動産又は重要な動産に加えて，債権，知的財産権等の財産についても，対象となる。旧法では「重要ナル動産」とあり，解釈上，知的財産もこれに準じられていたが，平成11年改正後は，「重要な財産」と改められた。これにより，民法13条１項３号の適用範囲は，重要な財産上の権利に係る行為一般に拡張され，民法13条１項９号の賃貸借も本号と重複適用される。権利の得喪を目的とする行為とは，売買，用益物権（地上権，地役権）又は担保物権（抵当権，質権，譲渡担保権等）の設定，賃貸借契約又は使用貸借契約の締結及び解除その他の財産上の処分行為がこれに当たる。また，相当の対価を伴う有償の契約である限り，雇用契約（労働契約），委任契約，寄託契約等のほか，介護契約・施設入所契約等のような身上監護を目的とする役務提供契約，保険契約なども「重要な財産に関する権利の得喪を目的とする行為」に該当する。[141)] 重要な財産に関するか否かは，被後見人の財産状況や生活状況に則して判定されるべきである。[142)] 判例は，公有地の払下げを受ける権利の譲渡（【２-58】），土地賃貸借の合意解除（【２-59】）について不動産の権利の得喪を目的とする行為とし，電話加入権の譲渡（【２-60】）を重要な動産に関する権利の得喪を目的とする行為とした。

【２-61】は，本人の所有する不動産に根抵当権を設定した無権代理人が，後に禁治産宣告を受けた本人の後見人となった事案で，後見監督人が無権代理行為を承認しない旨を表明しているときは，先になされた無権代理行為の効果は本人に及ばないとした。追認をすること

140）この点，谷口知平・石田喜久夫編集『新版注釈民法⑴改訂版』358頁〔鈴木禄弥〕は，物上保証について２号にも該当するとする。
141）小林昭彦・大門匡編著『新成年後見制度の解説』84頁
142）谷口知平・石田喜久夫編集『新版注釈民法⑴改訂版』358頁〔鈴木禄弥〕

について成年後見監督人の同意が得られない以上，成年被後見人の保護を重視することになる。もっとも，前記８⑵の無権代理人が成年後見人に就職した場合の追認拒絶の可否については，前掲【２-51】で掲げる諸事情の検討によっては，後見監督人の不同意が信義則上許されない場合もあろう。

⒤　訴訟行為を為すこと

訴訟行為とは，民事訴訟において訴訟法上の効果を生ずる行為を意味する。送達を受ける行為は，訴訟行為には含まれない（大判明治40年３月30日民録13輯368頁）。後見人が相手方の提起した訴え又は上訴について訴訟行為（応訴行為）をする場合（民訴32条１項）及び必要的共同訴訟の共同訴訟人の一人が提起した上訴について，共同訴訟人として上訴審で訴訟行為をする場合（同法40条３項）には，後見監督人の同意を要しない。また，訴え又は上訴の取下げ，和解，請求の放棄又は認諾など，判決によらずに訴訟を終結させる行為には，別途，授権を要すると定めている（同法32条２項）。後見人が訴訟行為をしないことについて，後見監督人の同意は不要である。訴訟行為を行うことの同意を得れば，各審級でさらにこれを得る必要はない。

⒱　贈与・和解又は仲裁契約を為すこと

「贈与」とは，本人が第三者に対し贈与する場合に限られ，贈与を受ける場合は含まれない。「和解」は，裁判上の和解と裁判外の和解を含み（【２-62】），調停における合意も含まれる。「仲裁契約」とは，現在又は将来の紛争を解決するための裁断を第三者に一任する契約であり，自ら仲裁することを指す趣旨ではない。

⒲　相続の承認若しくは放棄又は遺産の分割を為すこと

相続の承認には，単純承認（民920条以下）と限定承認（民922条以下）があり，その両者を含むと解されている（大決大正14年７月22日新聞2463号16頁）。単純承認は，債務超過の場合に相続人が不利益を受けること，限定承認は，計算上は，相続人の責任が増大することはないが，限定承認の実施に際しては，相続財産の清算が不可避であり，それが合理的に行われないことにより，本人が不利益を受ける可能性があることから，いずれも同意を要する行為と規定されている。

法定単純承認について，後見監督人の同意がない場合，民法965条により，これを取り消すことができるか。後見人が被後見人に代わって相続財産を処分した場合（民921条１号），処分行為に後見監督人の同意を得ていない場合，当該処分行為を取り消し，単純承認を取り消し得るかという問題である。同様に後見人が被後見人のために放棄すべき熟慮期間を途過した場合（同条２号）や後見人が被後見人に代わって限定承認又は放棄をした際，相続財産の全部又は一部を隠匿し，ひそかに消費し，又は悪意で財産目録に記載しなかった場合（同条３号）にも問題となる。かつては，１号については，後見監督人の同意がなければ，相続財産の処分の取消しが可能であり，取り消せば法定単純承認の効果も生じないと解され,[143] 判例も１号について【２-63】，２号について【２-64】,【２-65】は，取消しを認めていた。しかし，近時の学説は，後見監督人の同意の有無にかかわらず，いずれも取り消すことができないと解している。[144] 法定単純承認のうち，１号や３号は，財産の処分や隠匿により，民事懲罰的に承認の効果を認めるものであり，２号は，後見人が相続の開始を知った時から起算し，途過すれば単純承認の効果を生ずるというものであり，不作為を取り消すということは矛盾である。いずれも法律行為ではない以上，取り消すことができるとすると，理論的にも不当であり，妥当性も欠く。その後，判例も変更され，【２-66】は，相続財産の処分について，同意がなくても法定単純承認の効果が生ずると改めた（同旨の判例として大判昭和６年８月４日民集10巻652号)。

相続の放棄は，財産を取得する機会を失う結果になることから，同意を要する行為とされている。

成年後見制度では，遺産分割の内容によっては，被後見人が不利益を受ける可能性があることから，遺産分割についても同意を要する行

143）我妻榮『親族法』365頁

144）中川善之助編『註釈親族法(下)』208頁〔木村健助〕，中川淳『改訂親族法逐条解説』575頁，谷口知平・石田喜久夫編集『新版注釈民法⑴改訂版』360頁〔鈴木禄弥〕

為として6号に追加された。

(vii)　贈与・遺贈の拒絶又は負担付贈与・遺贈の受諾

贈与の拒絶とは，贈与の申込みを拒絶することをいい，「遺贈の拒絶」とは，遺贈の放棄（民986条1項）を意味する。

「負担付きの贈与」又は「負担付きの遺贈」を受諾するとは，全体として本人の不利益になるおそれがあるので，後見監督人の同意を要するものとされている。

(viii)　新築，改築，増築又は大修繕を為すこと

居住用不動産等の新築，改築，増築又は大修繕を目的とする請負契約を締結することをいう。

(ix)　長期の賃貸借

民法602条に定めた期間を超えない短期賃貸借であれば，日常的な管理行為の範囲内の行為にとどまるので，後見監督人の同意を要しない。1号の元本の利用又は3号の権利の得喪を目的とする行為としての賃貸借の範囲を限定する特則となっている。

エ　同意を得ない行為の取消と第三者関係

後見人が後見監督人の同意を得ることなく，被後見人に代わって営業をし，又は元本の領収以外の民法13条1項に掲げる行為をしたとき，これらの行為は，当然に無効ではなく，これを取り消すことができるにすぎない（民865条)。この点，理論的には，後見監督人の同意は，後見人の代理権の制限を補完するものであり，同意を得ない行為は，無権代理であると指摘されている。[145)]

取消権者は，後見人及び被後見人である。被後見人が能力者とならない以前においても，独立して取消権を有する。後見監督人の同意を得ない行為は，本来，無権代理行為であるから，後見監督人は民法120条1項の同意権者とはならず，取消権を有しない。[146)]

通説・判例ともに被後見人の承継人も取消権を有すると解している。

145）我妻榮『親族法』366頁。旧民法は，親族会の同意のない行為を取り消し得る行為としており（旧民936条，887条)，民法865条は，これを承継した規定となっている。

146）小林昭彦・原司『平成11年民法一部改正法等の解説』298頁

民法865条は，同法120条を準用していないが，同条は，取消権者について規定するとともに，取消権が代理人によって行使され得ることと他人に承継され得ることを規定するものであり，これは，特に反対の規定のない限り当然のことを規定したものであるからである。[147] 民法865条の取消権は，行使上の一身専属権であるので，承継人にも取消権が認められることは，当然である。被後見人の債権者は，民法423条による債権者代位権によってこれを行使することはできない。[148] 同旨の判例として【2-67】がある。また，破産管財人は，これを行使することはできない。[149] 破産管財人は，民法865条違反の行為が，破産法上の否認等に抵触するものであれば，破産法の規定により対処することになる。

後見監督人の同意を得ない重要行為は取り消し得るとされたことから，催告権（民20条），取消の遡及効（民121条），追認の効果（民122条），取消・追認の方法（民123条），追認の要件（民124条），法定追認（民125条），取消権の消滅時効（民126条）が適用される。

後見監督人があること及び後見人がその同意を得なかったことの挙証責任は，取り消す者が負担すべきである。では，後見監督人があること，又はその同意を得なかったことを過失無く知らなかった相手方は，民法110条の表見代理の規定により保護されるだろうか。法定代理についても民法110条の適用はあること，民法864条による後見人の権限に対する制限は，その本質において後見人の法定代理権の制限に他ならないこと，実際上も，後見監督人の同意という外部から容易に知り得ない事実だけで相手方の立場が決定されることは取引の安全を害することから，表見代理により相手方は保護されると解すべきである。[150] 判例は，当初は，民法110条の適用を否定していた（【2-68】）が，その後はこれを肯定

147）我妻榮『親族法』366頁，於保不二雄・中川淳編集『新版注釈民法㉕改訂版』446頁〔中川淳〕ほか。なお，反対説として中川善之助編『註釈親族法(下)』209頁〔木村健助〕がある。

148）我妻榮『親族法』366頁，中川善之助監修『註解親族法』363頁〔山畠正男〕，中川淳『改訂親族法逐条解説』577頁

149）大判大正15年6月29日新聞2606号9頁

150）我妻榮『親族法』366頁，中川淳『改訂親族法逐条解説』578頁

している（【２-69】）。現行法の解釈としても同様に解される。

【２-53】 後見人が売買契約において買主の有する権利義務を第三者に承継させることに合意することは，すでに売渡しについて，親族会の同意を得ている以上さらにそのための同意を必要としない。

大判昭和15年２月28日新聞4543号７頁

「売買契約ニ於テ売買当事者及第三者間ノ合意ニヨリ買主ノ有スル契約上ノ権利義務ヲ第三者ヲシテ承継セシムルコトハ固ヨリ有効ニシテ右ノ場合第三者ハ買主タル地位ヲ取得シ売主ニ追シ直接ニ代金ノ支払ヲ為スヘキ義務ヲ負フト同時ニ売買ノ目的物ノ給付ヲ受クル権利ヲ取得スルヲ得ヘシ従ツテ右ノ事実ヲ証拠ニ基キ認定シタル原判決ハ所論ノ如キ審理不尽ノ違法ナシ又右ノ承継ノ事実ヲ認定スルニ当リ原審ハ所論原審承認正木稔人ノ証言ヲ証拠資料ノ一ト為シタルモ之カ為右ノ認定ヲ為シ得サルモノナルモノニ非サルヲ以テ原判決ニハ所論ノ如ク証拠ニヨラスシテ事実ヲ認定シタル不法存スルコトナシ尚後見人カ右承継ノ合意ヲ為スニ際シテハ既ニ売渡ニ付親族会ノ同意ヲ得タル以上更ニ其ノ同意ヲ要スヘキモノニアラサルカ故ニ此ノ関スル論旨亦採用スル限リニアラス」

【２-54】 後見人が，未成年者のために商業を営むため親族会の同意を得たときは，完全な営業能力を有するので親族会の同意を要しないで支配人を選任することができる。

大判大正３年４月22日民録20輯323頁

「商人ハ商法第29条ニ依リ支配人ヲ選任シ基本店又ハ支店ニ於テ其商業ヲ営マシムルコトヲ得ヘク未成年者ノ法定代理人タル後見人カ未成年者ノ為メニ商業ヲ営ムカ為メ親族会ノ同意ヲ得且其登記ヲ為シタル上ハ商人トシテ完全ナル営業能力ヲ有スルモノナルヲ以テ更ニ親族会ノ同意ヲ得ルコトヲ要セスシテ自カラ支配人ヲ選任シ其本店又ハ支店ニ於テ其商業ヲ営マシムルコトヲ得サル可カラス然レハ原院カ上告人ノ後見人南島儀三郎カ適法ニ招集セラレタル親族会ノ同意ヲ受ケ登記経由ノ上上告人ノ為メニ営業ヲ為シ且訴外泉田二郎ヲ以テ上告人ノ小樽支店ニ於ケル支配人トシ其登記ヲ為シタル事実ヲ認メ其支配人選任ニ付テハ親族会ノ同意ヲ得サルモ有効ナル旨ヲ判示シタル

ハ相当ニシテ本論旨ハ理由ナシ」

【２-55】準消費貸借は，借財に該当し，親族会の同意を要するとした事例

大判昭和10年５月10日裁判例(6)民135頁

「未成年者カ既ニ相続ニ因リテ承継シタル金銭消費貸借債務ヲ負担シタル時ト雖モ更ニ其給付スヘキ元利金ヲ目的トスル準消費貸借契約ヲ為スコトハ民法第886条第２号ニ所謂借財ヲ為スコトニ該当シ従テ親権ヲ行フ母カ未成年ノ子ノ之ヲ為スコトニ同意スルニハ親族会ノ同意ヲ得ルコトヲ要スルモノト云ハサルヘカラス蓋シ斯カル準消費貸借ヲ同号ニ所謂借財中ヨリ除外スヘキ何等ノ理由ナケレハナリ」

【２-56】時効完成後の債務の承認は，借財と同じく親族会の同意を要するとした事例

大判大正８年５月12日民録25輯851頁

「民法第929条ニハ後見人カ被後見人ニ代リテ営業若クハ民法第12条第１項ニ掲クル行為ヲ為スニハ親族会ノ同意ヲ得ルコトヲ要スト規定セルモ時効ノ中断ヲ生スヘキ債務ノ承認ハ民法第12条第１項ニ掲ケタル何レノ行為ニモ該当セス而シテ時効ノ中断ヲ生スヘキ債務ノ承認ヲ為スルハ承認者ニ於テ相手方ノ権利ニ付キ処分ノ能力又ハ権限ヲ有スルコトヲ要セサルコトハ民法第156条ノ定ムル所ニシテ処分行為ヲ為スノ能力又ハ権限ヲ有セサル者ト雖モ右ノ承認ヲ為スコトヲ得ルモノトス故ニ時効ノ中断ノ効力ヲ生スヘキ債務ノ承認ハ営業又ハ民法第12条第１項ニ掲ケタル行為ニ比スヘキ重大ナル行為ニアラス従テ民法第929条ノ規定ヲ此場合ニ類推適用スルコトヲモ得サルモノトス即チ後見人ハ被後見人ニ代リテ斯カル債務ノ承認ヲ為スニ付テハ親族会ノ同意ヲ要セスト解スルヲ相当トス然レトモ時効中断ノ効力ヲ生セサル債務ノ承認即チ時効完成後ニ於ケル債務ノ承認ハ時効ノ利益ノ抛棄ニシテ完了シタル時効ノ効力ヲ消滅セシメ既ニ消滅シタル権利ヲ未タ消滅セサルモノト為スモノナレハ借財ヲ為スト同一視スヘキ行為ナリトス故ニ民法第12条第１項ニ掲クル行為ノ何レニモ該当セサルモ其第２号ノ規定ヲ類推適用シ後見人カ被後見人ニ代ハリ時効完成後ノ債務ノ承認ヲ為スニハ親族会ノ同意ヲ得ルコトヲ要スルモノト解スルヲ妥当トス然ルニ原判決カ「後見人カ未成年者ニ代

リ債務ノ承認ヲ為スニハ親族会ノ同意ヲ要ス云云913円90銭ノ債務ノ承認ハ控訴人（被上告人）ノ後見人ニ於テ親族会ノ同意ヲ得スシテ為シタルモノナルコト明瞭ニシテ云云」ト説明シ被上告人ノ後見人ノ為シタル債務ノ承認ハ時効完成前之ヲ為シタルモノナルヤ否ヤ即チ時効中断ノ効力ヲ生スヘキ債務ノ承認ヲ為シタルヤ否ヤヲ判断セスシテ漫然其為シタル債務ノ承認ハ親族会ノ同意ヲ得サルモノナレハ取消シ得ヘキモノナリト判示シタルハ理由不備ノ不法アルモノニシテ破毀ヲ免カレサルモノトス」

【２-57】約束手形の振出しは，借財に該当し，親族会の同意を必要とした事例

大判明治34年６月８日民録７輯６巻17頁

「約束手形ノ振出ハ其行為ニ因リテ直ニ振出人ヲシテ債務ヲ負ハシムルヲ以テ民法第12条ニ所謂借財ヲ為スモノニ外ナラス然レハ則チ其金額ノ多寡ニ拘ラス後見人カ被後見人ニ代リテ約束手形ヲ振出スヘキ場合ニ於テハ民法第929条及ヒ第12条ノ規定ニ依リ親族会ノ同意ヲ得ルヲ要スルコトハ固ヨリ論ヲ俟タス而シテ約束手形振出ノ行為ハ商行為タルコトハ本論旨ノ如ノナミチスニカラ雖モ本件ハ上告人ニ於テ被上告人カ其営業ニ関シテ之ヲ振出シタルモノナリトノ事実ヲ主張セサリシコトハ訴訟記録ニ徴シテ明ナルヲ以テ単ニ商行為ナリトノ一事ヲ以テ如上民法ノ規定ニ違フコト能ハサルモノトス」

【２-58】公有地の払下げを受ける権利は，不動産に関する権利というべく民法12条（注・現民13条）が適用される。

大判明治37年３月25日民録10輯330頁

【２-59】土地賃貸借契約の合意解除は，不動産に関する権利の得喪を目的とする行為に当たる。

大判昭和12年５月28日民集16巻903頁

【２-60】電話加入権の如く，債権にして財産的価値のあるものは重要なる動産に当たる。

大判昭和９年５月５日民集13巻562頁

【2-61】無権代理人が後に本人の後見人となった場合において，後見監督人が無権代理行為を承認しない旨を表明しているときには，当該無権代理行為の効力は本人に及ばない。

名古屋地豊橋支判昭和63年11月17日家月41巻10号148頁

抗弁（本件第1根抵当権設定契約後，原告の事実上の後見人であつたつねの同意ないしは追認を得たところ，その後つねが後見人に就職したことから有効になつたとする被告島田の抗弁）について

(1) 甲第5号証の4，乙第1，第2号証の各存在，証人藤井の証言，被告島田本人尋問の結果に弁論の全趣旨を併せ考えると，以下の事実が認められる。

(イ) 被告島田は，昭和60年5月8日，原告と称する者及び藤井との間において，本件不動産につき，債務者を藤井とする被告島田主張の第1根抵当権設定契約を締結し，その旨の登記を経た（登記を経たことについては当事者間に争いがない。）。

(ロ) 右契約は○○司法書士のもとで行なわれたが，登記申請の委任状（甲第5号証の4），根抵当権設定契約書（乙第1号証）に原告と称する男が原告名を記入し，押印した。

ところが原告と称していた者は，実は原告の実弟和夫であつて，藤井が原告の身代り役をさせたものであつた。

(ハ) 被告島田はその事実を，その後間もなく知り，右契約の数日後，第1根抵当権設定契約の追認を求める趣旨で，つねに前記契約締結の際作成されていた根抵当権設定契約書（乙第1号証）に「親権者青木つね」と署名押印をしてもらつた。

(2) ところで被告島田は，つねは当時原告の事実上の後見人であり，その後，正式に後見人に選任されたことにより，第1根抵当権設定契約は有効になつたと主張する。

つねが根抵当権設定契約書に「親権者青木つね」と署名押印をした後の昭和61年9月5日，正式に後見人に選任されたことは前認定のとおりである。

そして，一般に後見人に就職する以前にそのものが後見人と称して法律行為をした場合に，同人が右就職前から被後見人のため事実上の後見人の立場でその財産管理に当たつていた場合には，右無権代理行為をした者が後見人に就職するとともに，もはや追認を拒絶し得ず，当該法律行為が本人のために効力を生じる場合が有ることは，当裁判所もこれを否定するも

のではないけれども，後見監督人が選任され（この点は成立に争いない甲第２号証により認められる。），同人が，つねのした第１追認（不動産の権利の得喪を目的とする行為に当たると解せられる。）を承認しない旨表明している（この点は被告島田との間で成立に争いない甲第７号証の１により認められる。）。本件においては，（果してつねが事実上の後見人であつたか否か，根抵当権設定契約書に「親権者青木つね」と署名押印をしたのが，本当の意味を理解したうえか疑わしい点はしばらくおくとしても），つねが正式に後見人に就職したからといつて，右法理を適用して，原告に対し，追認を拒絶し得ないものと解するのは相当でないと判断される。

してみれば，第１根抵当権設定契約及びこれに基づく登記は無効である。

【２-62】和解については，裁判上のものであると否とを区別しない。

大判明治43年３月30日民録16輯241頁

「民法第886条ノ規定ニ従ヘハ親権ヲ行フ母カ未成年ノ子ニ代ハリテ不動産又ハ重要ナル動産ニ関スル和解又ハ仲裁契約ヲ為スニハ親族会ノ同意ヲ得ルコトヲ要ストアリ其次条ニハ親権ヲ行フ母カ前条ノ規定ニ違反シテ為シタル行為ハ子又ハ其法定代理人ニ於テ之ヲ取消スコトヲ得ト規定シアリテ右和解ニ付テハ裁判上ノモノナルト其他ノモノナルトヲ区別セサルモノトス」

【２-63】親権者が相続財産を処分したため単純承認ありとみなされる場合，それに関し親族会の同意を欠如しているときは，その単純承認を取り消すことができる。

大判大正９年12月17日民録26輯2043頁

「民法第1024条第１号ノ規定ハ相続人ノ親族者カ相続人ニ代ハリテ同号前段所定ノ処分ヲ為シタル場合ニ於テ其親権者カ継父継母ハ嫡母ナルトキト雖モ之ヲ適用ス可キモノト解スルヲ相当トス蓋シ継父継母又ハ嫡母カ親権ヲ行フ場合ニ於テモ未成年者ニ代ハリ其財産ノ処分ヲ為スコトヲ得ルハ実父カ親権ヲ行フ場合ト異ナルコトナク唯前者ノ場合ニ於テハ後見ノ規定準用セラレ殊ニ或ル行為ニ付キ親族会ノ同意ヲ得ルコトヲ要スルカ如キ差異アルニ過キス而シテ民法ニ於テ同条第１号前段所定ノ処分行為アリタル事実ヲ以テ当然

相続ノ単純承認アリタルモノト看做ス所以ハ畢竟相続人カ斯クノ如キ処分ヲ為スハ相続ノ単純承認ヲ為スニ非サレハ行フ可カラサル行為ニシテ之ニ依リ単純承認ノ黙示アリト推定シ得ヘキノミナラス其意思ノ有無如何ニ拘ラス第三者ヨリ観察シテ単純承認アリト信スルヲ当然ナリト認メタルカ為メニ外ナラサレハ右規定ハ親権者カ相続人ニ代ハリ相続財産ヲ処分シタル場合ニ於テ継父継母又ハ嫡母ヲ実父ト区別シテ除外シタルモノト解スルコトヲ得サレハナリ且右規定ニ依リ単純承認アリタルモノト看做サルル場合ト雖モ之ニ関シ要スヘキ親族会ノ同意ヲ欠如スルカ如キ取消シ原因存スルトキハ其単純承認ヲ取消シ得ヘキモノト解スルヲ相当トスルコトハ民法代1022条第２項及ヒ之ニ示セル同法第１編並ニ第４編ノ各規定ノ精神ニ照シ自ラ明白ナレハ所論ノ如キ無能力者ノ保護ヲ欠クノ虞アルヲ見ス（本院明治40年(オ)第428号同41年３月９日判決参照)」

【２-64】民法921条２号（旧民1024条２号）**の規定により相続人が単純承認を為したるものとみなされたる場合に於ても相続人は未成年者にしてその後見人が右の単純承認に関し親族会の同意を得さるときは其承認はこれを取消し得る。**

大判明治41年３月９日民録14輯241頁

「仍ヲ按スルニ民法第1017條第１項ノ期間内ニ相続ヲ承認シ又ハ放棄シテ其法定期間ヲ経過シタルトキト雖モ同法第１編及ヒ第４編ノ規定ニ依リ取消ノ原因存スルトキハ其承認又ハ放棄ヲ取消スコトヲ得ルコトハ同法第1022条第２項ノ規定ニ徴シ自ラ明ナリ而シテ同法第1024条第２号ニ於テ相続人カ第1017条第１項ノ期間内ニ限定承認又ハ放棄ヲ為ササリシトキハ単純承認ヲ為シタルモノト看做ス旨規定シタル所以ハ相続人ハ法定ノ期間内ニ単純承認若クハ限定承認又ハ放棄ヲ為スコトヲ要シ三者中必ス其一ヲ選ハサルヘカラス而シテ相続人カ相続開始ノ時ヨリ被相続人ノ一切ノ権利義務ヲ包括シテ承継スルコトハ法律ノ本則トスル所ナルヲ以テ単純承認ハ即チ本則ニシテ限定承認又ハ放棄ハ例外ナリ且単純承認ハ限定承認又ハ放棄ヲ為スニ付キ裁判所ニ申述スルカ如キ法式ヲ要セス又其意思ノ表示ヲ受クヘキ相手方存セサルヲ以テ自己独リ其意思ヲ決定シ他人之ヲ知ラサルコト少カラス故ニ法定ノ期間内ニ特ニ限定承認又ハ放棄ヲ為ササリシ相続人ハ明ニ単純承認ヲ為ササリシモ暗ニ之ヲ為シタルモノト認ムルヲ相当トシタルヲ以テナリ而シテ既ニ法律ニ於テ相続人カ法定ノ期間内ニ限定承認又ハ放棄ヲ為ササリシコトヲ以テ単純

承認ヲ為シタルモノト看做シタル以上ハ假令事実上単純承認ヲ為スノ意思ナカリシトキト雖モ法律上其意思表示アリシモノト看做スモノナルヲ以テ之ニ法律ヲ適用スルニ付テモ実際其意思表示アリシトキト同一視スルヲ当然トス故ニ民法第1024条第２号ノ規定ニ依リ相続人カ単純承認ヲ為シタルモノト看做サレタル場合ニ於テモ相続人カ未成年者ニシテ其後見人カ右単純承認ニ関シ親族会ノ同意ヲ得サルトキハ其単純承認ハ民法第887条第929条及ヒ第936条ニ依リ取消スコトヲ得ルモノト謂ハサルヲ得ス」

【２-65】相続人が民法921条２号（旧民1024条２号）の規定により単純承認を為したるものとみなされたる場合にその者が未成年者にしてその後見人が単純承認に関し親族会の同意を得さりしときはこれを取消すことを得るものとす。

大判大正10年８月３日民録27輯1765頁

【２-66】後見人が被後見人を代表して相続の限定承認をするに当たり相続財産を故意に財産目録に記載しないときは被後見人が単純承認したこととなる。

大判大正13年７月９日民集３巻303号

「後見人カ被後見人ヲ代表シテ為ス行為ハ被後見人ノ行為ト見ルヘキカ故ニ後見人ノ為シタル代表行為ノ欠陥ニ伴フ法律上ノ効果ハ当然被後見人ニ及フヘキナリ原判決ニ依レハ上告人ノ後見人ハ上告人ヲ代表シテ相続ノ限定承認ヲ為スニ当リ相続財産ニ属スル講金債権ヲ故意ニ財産目録ニ記載セサリシモノナレハ原院カ此ノ行為ニ伴フ法律上ノ効果ヲ上告人ニ帰シ上告人ヲ以テ相続ノ単純承認ヲ為シタルモノト看做シタルハ正当ナリ上告人ニ斯ル不利益ナル結果ヲ帰セシメタルハ善良ナル管理者ノ注意ヲ以テ任務ニ当ルヘキ後見人ノ義務違背ニ因ルモノナレハ後見人ハ上告人ニ対シテ其ノ責ニ任スルヲ免スレト雖之カ為上告人ハ単純承認ヲ為シタルモノト看做サルルノ結果ヲ免ルルコトヲ得サルモノトス」

【２-67】民法865条（旧民887条）の取消権は，子またはその法定代理人に限り行うことができるもので，その債権者が代位して取り消すことは許

されない。

大判大正７年６月19日民録24輯1209頁

「民法第887条第１項カ親権ヲ行フ母ニ於テ前条ノ規定ニ違反シテ為シタル行為ヲ子又ハ其法定代理人ヲシテ取消スコトヲ得セシムルト同時ニ其第２項ニ前項ノ規定ハ第121条乃至第126条ノ適用ヲ妨ケサル旨ヲ規定シ第120条ヲ除外シタルト同条ノ制定趣旨タルヤ親権ノ効力タル母ノ財産管理権ニ制限ヲ加フルカ為メ親族会ノ同意ヲ得セシメタルニ其因スルトニ鑑ミルトキハ同条ノ取消権ハ本件ノ如ク未成年者ノ重要ナル動産ニ関シ和解契約ヲ為シタル場合ト雖モ子ノ一身ニ専属スル権利ニシテ子又ハ其法定代理人ニ限リ之ヲ行フコトヲ得ヘク第120条ノ一般規定ニ依リ其他ノ代理人又ハ承継人ニ於テハ之ヲ行フコトヲ得サルモノト解釈スルヲ相当トス随テ未成年ノ子ニ対スル債権者ハ民法第423条第１項但書ニ依リ債務者ニ属スル前示ノ取消権ヲ行フコトヲ得サルモノト謂ハサル可カラス本件ニ於テ原審ノ確定セル所ニ依レハ被上告人ハ訴外未成年者末森忠司ニ対シ金銭ノ支払ヲ受クヘキ債権ヲ有シ忠司先代島太郎カ上告人外１名ニ対シ有セル貸金債権ニ付キ差押命令及ヒ転付命令ヲ得テ第三債務者タル上告人ニ之ヲ送達セシメタルニ其前日ニ在リテ忠司ノ母ニシテ親権者タル「ヨシノ」ハ忠司ニ代ハリ上告人ニ対スル右債権ニ付キ上告人ト和解契約ヲ締結シタルモ其債権カ忠司ノ資産ニ比照シテ重要ナル動産ナルニ拘ラス「ヨシノ」ハ適法ニ招集セラレタル親族会ノ同意ヲ得サリシヨリ被上告人ハ忠司ニ対スル債権保全ノ為メ同人ニ代ハリ上告人ニ対シ和解契約取消ノ意思ヲ表示シテ本訴ノ請求ヲ為ス事実ナレハ被上告人ハ如上ノ理由ニヨリ忠司ニ代ハリ其有スル取消権ヲ行フコトヲ得サルモノトス然ルニ原審カ其権利アルモノノ如ク判示シ和解契約カ被上告人ノ意思表示ニ依リ有効ニ取消サレタルモノト為シタルハ法則ヲ不当ニ適用シタル不法アルモノニシテ破毀スヘク係争債権ハ和解契約ニ因リ消滅シタルヲ以テ其転付命令ニ基ク被上告人ノ本訴請求ハ之ヲ棄却スヘキモノトス」

【２-68】法定代理人が親族会の同意なく行った行為については，民法110条の規定の適用はない。

大判大正４年６月19日民録21輯987頁

「未成年者カ父ノ親権ニ服セサル場合換言スレハ未成年者カ母継父母又ハ嫡母ノ親権ニ服シ又ハ後見人ノ後見ニ服スル場合ニ於テ此等ノ法定代理人カ

未成年者ニ代リテ一定ノ行為ヲ為シ又ハ未成年者ノ其行為ヲ為スニ同意スルニハ親族会ノ同意ヲ得ルコトヲ要シ若シ法定代理人カ之ニ違反シテ一定ノ行為ヲ為シ又ハ同意ヲ与ヘタル行為ハ子又ハ法定代理人ニ於テ之ヲ取消スコトヲ得ヘキモノトシタルハ一ニ法定代理人ノ擅恣ヲ矯正シ未成年者ノ保護ヲ完全ナラシメントスルニ在ルヲ以テ法定代理人カ親族会ノ同意ヲ得スシテ為シタル行為ヲ取消シタル場合ニ民法第110条ノ規定ハ適用ナキモノナリト解セサル可カラス何トナレハ法定代理人カ親族会ノ同意ヲ得ルヲ要スル一定ノ行為ハ法律上之ヲ制限列記シタルヲ以テ第三者ハ予メ之ヲ調査スルニ於テハ毫モ不測ノ損害ヲ蒙ムル虞ナキノミナラス我民法カ善意ノ第三者ヨリモ寧ロ未成年者ノ利益ヲ保護セントスルノ主義ヲ採リタルコトハ民法第４条第６条第２項等ノ規定ニ徴シ之ヲ窺知スルニ十分ナレハ善意ノ第三者保護ノ為メニ設ケタル民法第110条ノ規定ノ適用ハ其主義ニ於テ相背馳スルモノニシテ若シ所論ノ如ク本件親族会決議書ノ偽造セラレタル如キ場合ニ於テモ亦善意ノ第三者保護ノ為メニ同条ノ規定ノ適用アルモノト解センカ法定代理人ノ擅恣ナル行為ハ遂ニ未成年者保護ノ為メニ設ケタル親族会ノ同意ヲ要スヘキ規定ヲシテ有名無実タラシメ法ノ目的ヲ貫徹シ得サルニ至ルノミナラス民法第110条ハ本人ニ於テ第三者ニ対シ代理人ニ代理権限アリト信セシムヘキ行為アリタルコトヲ前提トシテ善意ノ第三者ヲ保護センカ為メニ設ケタル規定ナルヲ以テ専ラ保護ヲ要スヘキ無能力者タル未成年者ノ法定代理人ノ場合ニ之ヲ適用セントスルハ同条ノ趣旨ニモ亦相反スルニ至ルヲ以テナリ」

【２-69】後見人が親族会の同意を得ないで被後見人に代わり営業に関する法律行為をした場合でも，民法110条が適用される。

大判昭和10年３月25日民集14巻389頁

「後見人ハ被後見人ノ財産ニ関スル法律行為ニ付被後見人ヲ代理スル包括的権限ヲ有シ唯此ノ権限ハ被後見人ノ為メノ営業其ノ他民法第12条第１項（注・現民13条１項）ニ掲ケタル行為ニ関スル限リ親族会ノ同意ヲ得ルコトヲ要ストノ制限ヲ蒙ルニ過キサルヲ以テ若シ後見人カ親族会ノ同意ヲ得スシテ被後見人ニ代リ営業ニ関スル法律行為ヲ為スコトアルモ該法律行為ハ正ニ権限超越ノ代理行為ニ属シ従テ其ノ行為ニハ民法第110条ノ適用アルモノト解スルヲ相当トスヘシ蓋同条ハ其ノ代理行為ノ相手方保護ヲ主眼トシテ設ケラレタル規定ニ外ナラサレハ若シ其ノ相手方ニシテ権限超越ノ代理行為ニ付代理人ニ其ノ権限アリト信スヘキ正当ノ事由ヲ有スルトキハ該代理人カ法定

代理人タル場合ニ於テモ同条ノ適用アリト做スヲ以テ其ノ律意ニ副フモノト云ハサルヲ得サレハナリ（明治38年(オ)第606号同39年５月９日第２民事部判決参照）果シテ然ラハ本件ニ於テ後見人林田喜三郎カ孝八ニ代リ営業ヲ為スニ付格段ナル親族会ノ同意ヲ得ルコト無ク其ノ営業ニ属スル本件取引行為ヲ為シタリトスルモ相手方タル上告人先代ニ於テ其ノ同意アリタルコトヲ信スルニ付正当ノ事由ヲ有シタリトセハ被上告人ハ尚本件取引行為ニ付其ノ責ニ任セサルヲ得サル筋合ニシテ而カモ上記永続的事象ノ如キハ以テ其ノ正当事由ト観シ得サルニ非サレハ更ニ此ノ点ニ付テモ審理ヲ要スルモノアリト云ハサルヲ得ス」

(5)　被後見人からの財産の譲受けの制限

後見人が被後見人の財産又は被後見人に対する第三者の権利を譲り受けたときは，被後見人は，これを取り消すことができる（民866条１項前段）。

後見人が被後見人から財産を譲り受ける行為は，利益相反行為であるから，後見監督人か特別代理人が被後見人の譲渡行為を代行することになる。被後見人から後見人に対する財産の譲受けが適法に代行された場合であっても，被後見人が譲渡を取り消し得ると定めた特則である。後見人と被後見人との間の財産譲渡行為は，利害の得喪に鑑みると，通常の利益相反行為の制限規定のみでは被後見人の利益の保護が不十分である。【２-70】も後見監督人が被後見人を代理して後見人への財産譲渡行為を成立させた場合でも，被後見人は，取消権を有すると解している。

後見人が第三者の被後見人に対する債権を譲り受ける行為は，利益相反行為とはならないので，民法866条１項の取消権の行使によってのみ保護される。取消権者は，被後見人である。後見人の催告権について民法20条が準用され，取消しに関する民法121条ないし126条が準用されている。

【２-70】民法866条（旧民930条）の解釈として，後見監督人が被後見人を代理して当該行為を成立させた場合でも，またその行為について親族会の同意があつた場合でも，被後見人は同条によつて取消権を有する。

最判昭和38年10月10日家月16巻２号53頁

原判決が民法866条（旧民法930条）の解釈として，後見監督人が被後見人を代理して当該行為を成立させた場合でも，またその行為について親族会の同意があつた場合でも，被後見人は同条によつて取消権を有する旨判示している趣旨は，当裁判所も正当としてこれを是認する。

10　利益相反行為

(1)　利益相反行為

後見人と被後見人との間の利益が相反する行為については，後見人に公正な被後見人の財産管理を期待できないおそれがある。同じく複数の被後見人を同一の後見人が選任されている場合にも，一方と他方の被後見人間の利益が相反することもある。これらの利益相反行為については，後見監督人があって被後見人を代理する場合（民851条4号）を除いては，家庭裁判所において特別代理人が選任され，特別代理人が被後見人を代理して当該利益相反行為を行うことになる（民860条，826条，家事別表第一12項）。この規定は，自己契約や双方代理を禁止する民法108条の規定と同趣旨であるが，その特別規定と解されている。民法108条は，明文上相手方のある法律行為を予定しているが，民法826条は利益相反行為の形態を制限していない。後見人の代理権の制限は，被後見人が第三者と法律行為をする場合にも拡げられており，例えば，後見人の債務について，被後見人を保証人とする行為や相手方のない単独行為である相続放棄についても利益相反行為とされている。他方，後見人が被後見人に対し，自己の財産を無償で贈与する場合は，形式的に利益が相反する場合であっても制限を受けないと解されており，この点でも民法108条と異なる。[151)]

利益相反行為の当事者は，①後見人と被後見人，②後見人が法律上又は委任によって代表する者と被後見人，③後見人を同じくする数人の被後見

151）於保不二雄・中川淳編集『新版注釈民法(25)改訂版』137頁〔中川淳〕，我妻榮『親族法』342頁

人相互間である。利益相反行為の範囲は，親権者と子との利益相反行為と同一に解される。その種類は，財産上の行為として問題となるのが普通であるが，身分上の行為，例えば養子縁組の代諾などについても問題となる。[152)]

利益相反行為の判断基準は，行為の外形からのみ判断すべきであると解する形式的判断説（外形判断説）と縁由・動機を考慮する実質的判断説がある。通説は，形式的判断説をとる[153)]が，近時の学説は，実質的判断説に立つものも多い。[154)] 形式的判断説は，判断が明確であり，実情を知らない第三者が不測の損害を被ることにはならず，取引の安全に資する。本人の保護としては，成年後見人等の意図を第三者が知っていた場合には，代理権濫用法理を用いることができること（前掲8(2)ウ参照）から，形式的判断説を支持する。後述のとおり，判例及び実務は，形式的判断説に立っている。[155)]

(2)　特別代理人

特別代理人は，利益相反行為に限って後見人の権限の代行を職務とする点で，臨時保佐人（民876条の2第3項）・臨時補助人（民876条の7第3項）に相当する保護機関である。後見人に関する規定は，その性質上適用の可能性のない限り，当然に特別代理人に準用される。[156)] 後見人は，利益相反行為について特別代理人を請求する義務を負い，請求権者であるが，後見人選任に関する規定（民840条1項，843条2項，3項）の類推適用により，被後見人やその親族その他の利害関係人又は職権によっても特別代理人の選任請求をすることができると解されている（同旨の先例【2-71】）。[157)] 民法

152）我妻榮『親族法』367頁
153）我妻榮『親族法』342頁，我妻榮・立石芳枝『親族法・相続法』281頁，久貴忠彦『親族法』269頁
154）於保不二雄・中川淳編集『新版注釈民法㉕改訂版』430頁〔中川淳〕
155）東京家裁後見問題研究会編著『後見の実務』別冊判タ36号85頁，大村敦志『家族法第2版補訂版』111頁は，評価規範と行為規範の観点から，家庭裁判所が特別代理人を選任すべきか否かという事前の判断に際しては，定型的にみて利益相反の恐れがある場合をとらえるしかないと指摘する。
156）小林昭彦・大門匡編著『新成年後見制度の解説』196頁
157）我妻榮『親族法』368頁，344頁，中川善之助『新訂親族法』527頁，裁判所書記官実務研究報告書『家事事件手続法下における書記官事務の運用に関する実証的研究―別表第一事件を中心に―』198頁

852条において成年後見監督人について準用されている成年後見人に関する規定は，基本的には，特別代理人について類推適用されるものと解するのが相当である。善管注意義務等（民644条，654条，655条），選任の考慮事情（民843条４項），辞任・解任・欠格事由（民844条，846条，847条），後見事務の費用及び報酬（民861条２項，862条）などである。[158)]

【２-71】親権を行う者とその子と利益が相反する行為については，親権者のほか利害関係人も，その子のため特別代理人を選任することを家庭裁判所に請求し得るものと解する。

昭和37年２月28日法曹会決議・法曹時報14巻３号126頁

⑶　特別代理人選任についての審判手続

後見人と被後見人と利益が相反する行為については，後見人は，被後見人のために特別代理人を選任することを家庭裁判所に申し立てなければならない（民860条，826条，家事別表第一12項）。ただし，後見監督人がある場合は，この限りではない。上記⑵のとおり，被後見人又はその親族その他の利害関係人も特別代理人選任の申立てをすることができる。

特別代理人には，候補者と成年後見人や成年被後見人との身分関係，その年収及び利益相反行為の関係書面（抵当権設定契約書や遺産分割協議書案等）等に基づいて，適任者を選任する。特別代理人選任の審判は，申立人及び特別代理人に告知される（家事74条）。認容審判及び却下審判のいずれに対しても即時抗告をすることができる旨の規定は置かれていない。

⑷　利益相反行為の判例

利益相反行為の判例は，親権に関して多数あり，[159)] 後見でも同一に解してよい。判例は，前述のとおり，形式的判断説の立場であり，動機や縁由

158）旧法は，後見監督人に報酬を付与する規定がなかったが，成年後見制度では，報酬を付与することができるようになったことから，特別代理人についても報酬を付与できる。

小林昭彦・大門匡編著『新成年後見制度の解説』197頁

159）清水節『判例・先例親族法Ⅲ』374頁以下

は考慮しない。[160] 民法860条は，もっぱら被後見人の利益を保護するものであるから，被後見人の利益となる場合は，後見人と被後見人間の契約であっても利益相反行為にならないため，民法108条の双方代理とは異なる。

後見人と被後見人間の売買，被後見人の財産を後見人に贈与する行為，後見人が被後見人の財産を利用する行為などは，いずれも利益相反行為に当たる。

後見人が被後見人に対し自己の財産を贈与する行為について，【2-72】は利益相反行為となるとしたが，親権についての判例【2-73】は，未成年者にとって何ら不利益とならない行為は，利益相反行為ではないとしており，後見の場合も同様に解される。

被後見人と第三者との契約についてみると，【2-74】は，後見人が自己の債務につき被後見人を代理して連帯債務を負担させる契約をする場合には，後見人は被後見人を代表する権限はないとした。【2-75】は，後見人の債務について，債務者を被後見人に変更して被後見人所有の不動産に抵当権を設定する行為を，利益相反行為に当たるとした。【2-76】は，後見人が未成年者を代理して後見人の内縁の夫に対し，未成年者所有の土地を無償で譲渡する行為について，内縁（法律上も同様である。）の夫の財産の取得は，未成年者に利益はなく，外形的にも妻である後見人のためにも利益になるとして，利益相反関係を認めた。

利益相反行為とならないとした判例として【2-77】は，後見人が第三者の債務につき，自ら連帯保証人になるとともに被後見人所有の不動産に担保権を設定することは，保証人と物上保証人との間には互いに他を保証する関係にはなく，互いに分立して併存するにすぎないとして，利益相反関係にないとする。

相続放棄は，相続人が自己について開始した相続の効果を遡及的に消滅させる意思表示であり，相手方のない単独行為であるが，共同相続人間では，成年被後見人の相続の放棄により，その相続に関しては，その者は初

160）親権の事例で，最判昭和37年2月27日集民58号1023頁，最判昭和37年10月2日民集16巻10号2059頁参照

めから相続人とならなかったものとみなされ，その結果として相続分の増加する相続人が生じることになるので，後見人と被後見人間で利益が相反する場合がある。【2-78】は，相続放棄が相手方のない単独行為であることから直ちに民法860条によって準用される同法826条の利益相反行為にあたる余地がないと解するのは相当でないとした上で，共同相続人の一人が他の共同相続人の全部又は一部の者を後見している場合において，後見人が被後見人全員を代理してする相続の放棄は，後見人自らが相続の放棄をした後にされたか，又はこれと同時にされたときは，利益相反行為にならないとした。

【2-72】後見人が自己所有の不動産を，被後見人を代理して被後見人に贈与する契約をした場合，その契約は利益相反行為となる。

大判大正12年5月24日民集2巻323頁

「相続人カ一面ニ於テ被後見人ヲ代理シテ自己所有ノ不動産ヲ被後見人ニ贈与スル契約ヲ為シタル場合ニ於テモ其ノ契約ハ当事者ニ対シ利益相反スル行為ナリト謂ハサルヘカラス従テ原判決カ本件ノ贈与契約ハ単ニ被後見人ノ利益ノミニ帰スルヲ以テ後見人ニ対スル関係ニ於テモ利益相反スルモノニ非サル旨判示シタルハ失当タルヲ免レス然レトモ斯ノ如キ贈与契約ハ後見人カ代理権ヲ有セスシテ為シタル契約タルニ止マリ絶対ニ無効ナルモノニ非サルコトハ当院ノ判例トスル所ナリ（大正7年(オ)第203号同年5月23日言渡判決参照）民法第108条ハ何人ト雖同一ノ法律行為ニ付キ其ノ相手方ノ代理人ト為ルコトヲ得サル旨ヲ規定スレトモ其ノ規定ハ一方ノ当事者カ相手方ノ代理人ト為ルコトニ因リテ相手方ニ損害ヲ及ホサンコトヲ恐レ相手方ノ利益ヲ保護スルカ為メニ代理権ヲ制限シタル趣旨ナリト解シ得ルヲ以テ其ノ代理人ノ為シタル法律行為ハ無権代理人ノ行為タルニ外ナラス従テ其ノ行為ハ絶対ニ無効ナルモノニ非スシテ本人ノ追認ニ因リ効力ヲ生シ得ヘキモノナリ原判決カ之ト同趣旨ノ説明ヲ為シ本件ノ贈与契約ハ絶対ニ無効ナルモノニ非サル旨ヲ判示シ之ヲ以テ上告人ノ本件請求ヲ排斥スルノ理由ト為シタルコトハ判文上明白ニシテ叙上ノ判示ノ失当ハ原判決ノ主文ニ何等ノ影響ヲ及ホスモノニ非ス」

【2-73】未成年の子が親権者から単純に贈与を受けるように未成年者にとって何ら不利益とならない行為は利益相反行為ではない。

大判昭和6年11月24日民集10巻1103頁

【2-74】後見人が自己の債務につき被後見人を代理して連帯債務を負担させようとする場合には，後見人は被後見人を代表する権限がなく，後見監督人のほか被後見人を代表して行為をすることができる。

大阪控判大正6年6月18日新聞1325号33頁

「本件ニ於テ控訴人ハ大正元年8月18日甲第1号証ノ如ク被控訴人一男先代伊藤伝之助並ニ被控訴人西浦佐次郎外3名連帯ヲ以テ金570円ヲ貸与シタルヲ以テ本訴ニ於テ之カ弁済ヲ求ムト云フニ在ルヲ以テ一先ツ控訴人ノ被控訴人伊藤一男ニ対スル請求ノ当否ヲ按スルニ甲第1号証ハ被控訴人一男ノ否認スル所ニシテ控訴人ノ全立証ヲ以テスルモ被控訴人先代伊藤伝之助ト控訴人トノ間ニ真正ニ成立シタルモノナルコトヲ確認スルニ由ナシ（中略）又甲第3号証ニ依レハ被控訴人一男後見人西浦辰次郎（伊藤辰次郎ト同一人ナリ）ハ大正4年3月15日付ヲ以テ延期契約書ヲ控訴人ニ差入レ被控訴人一男ニ於テ控訴人主張ノ甲第1号証ノ債務ノ存在ヲ認メテ其元利金ニ付キ連帯責任ヲ以テ之ヲ弁済スヘキ旨ヲ約シタルコト明ナリト雖トモ前記証人伊藤辰次郎（第1，2回）及ヒ覗淵喜太郎（第1回）ノ各証言ニ依レハ控訴人主張ノ甲第1号証ノ債務ハ伊藤辰次郎一個人ノ利用スル為メニ為サレタル債務ナルコト明カナルヲ以テ被控訴人一男ノ後見人伊藤辰次郎カ被後見人タル被控訴人一男ヲ代表シテ為シタル右契約ハ後見人伊藤辰次郎カ自己ノ債務ニ付キ被後見人タル被控訴人一男ヲシテ連帯債務ヲ負担セシメントスルニ外ナラサレハ後見人ト被後見人トノ利益相反スル場合ニ該当スルコト疑ナキヲ以テ後見人ハ被後見人ヲ代表スルノ権限ナク唯々後見監督人ノミ被後見人ヲ代表シテ其行為ヲ為スコトヲ得ルニ過キサルコトハ民法第915条第4号（注・現民851条4号）ノ規定ニ照シ明白ナレハ被控訴人一男ノ後見人伊藤辰次郎カ被後見人タル被控訴人一男ヲ代表シテ連帯債務ヲ負担シタル前記契約右法条ニ違背スル無効ノ行為ナリト謂ハサルヘカラサルカ故ニ被控訴人一男ハ該契約ニ羈（き）束（そく）セラルルモノニアラス」

【2-75】後見人の債務について，債務者を被後見人に変更して被後見人所有不動産の上に抵当権を設定することは，後見人と被後見人との利益

相反行為に当たる。

東京高決昭和32年11月11日金法158号5頁

「市村勝蔵の金物営業はもと同人の兄で被後見人等の亡父に当る市村英一の経営に係り，その死亡後は，遺児が幼少で営業を継続することができなかつたので，市村勝蔵が東京都の勤務先を辞して妻子とともに帰郷し，同人及び英一の母並びに英一の遺児である原審相手方たる女子3名と同居して同一場所で右金物商の営業を継続し，右遺児3名の後見人となつたものであることが認められるけれども，その営業名義は市村勝蔵に変更せられ，第三者との取引も市村勝蔵自身の名義でなされ，事業税も市村勝蔵名義で納付されていることは前掲各証拠により明らかであつて，原審証人中島信吉及び同市村勝蔵の証言中右営業が同人の被後見人等のためにこれに代わつてなされている旨の供述部分はその他の証拠と対比して信用し難く，他にかような営業の代理に関する事実を認めるに足りる証拠がないので，前記のような事情はあるとしても右営業は市村勝蔵の営業と認むべく，これを被後見人等の営業と認めるべきではない。また前掲各証拠によれば，本件競売申立債権は，元来は市村勝蔵がその金物商の営業資金調達のため自己の名を以て加入した無尽講に端を発したもので，同人は，自ら落札した右無尽講の掛戻債務を完済することができず，その後右無尽講は継続不能に陥つたので，その整理のため抗告人等において市村勝蔵のため昭和28年11月17日及び同年12月29日の2回にわたり本件競売不動産を担保とする約定で右掛戻債務の立替払をなし，かつ別に同人に現金も交付してその合算額80万円を以て抗告人等と市村勝蔵との間の金銭消費貸借の目的としたが，その後右不動産が市村勝蔵の被後見人等の所有である関係上昭和29年7月20日市村勝蔵において右被後見人等の法定代理人として右消費貸借の借主を本件競売申立債権のとおり被後見人等に変更し，右債務を担保するため右不動産の上に抗告人等のため本件抵当権を設定する契約を締結し，その旨の証書（乙第2号証）を作成し抵当権設定登記をしたものであることが認められる。右のように後見人の債務につき債務者を被後見人に変更し被後見人所有不動産の上に抵当権を設定するような行為は，まさに民法第860条にいう後見人とその被後見人と利益が相反する行為に当るから，後見監督人又は特別代理人の代理によらないで後見人たる市村勝蔵自らその被後見人等を代理してなした右行為は無効である。」

【2-76】後見人が未成年者を代理して後見人の内縁の夫に対し未成年者所有の土地を無償譲渡する行為は，旧民法915条4号（注・現民851条4号）

にいう「後見人ト被後見人トノ利益相反スル行為」に当たる。

最判昭和45年５月22日家月22巻７号22頁

原審が確定したところによれば，未成年者であつた当時の被上告人の後見人は訴外川上ひでであり，右訴外人は上告人の内縁の妻であつた（後に上告人と婚姻した。）ところ，右訴外人は，被上告人の法定代理人として，昭和21年９月28日，上告人に対し被上告人所有の本件土地を譲渡し，同日その旨の登記を経由した，というのである。そして，右譲渡が金三千円位の負担のある本件土地の無償譲渡である旨の原判決の事実認定および判断は，これに対応する挙示の証拠に照らして，肯認できるから，右認定を非難する所論は，採用できない。

右認定事実のもとにおいて本件土地の無償譲渡が旧民法915条４号（注・現民851条４号）に該当するか否かを考えるに，当時上告人と訴外人とは内縁の夫婦であり，相互の利害関係は，特段の事情のないかぎり，共通するものと解すべきであるから，被後見人である被上告人に不利益な本件土地の右無償譲渡は，上告人と後見人である訴外人とに共通する利益をもたらすものというべきであり，したがつて，右無償譲渡は，旧民法915条４号にいう後見人と被後見人との利益相反行為にあたると解するのが相当である。されば，右無償譲渡については，後見人である訴外人は被上告人を代理することができないのであるから，未成年者たる被上告人の後見人である訴外人が被上告人を代理して訴外人の内縁の夫である上告人に対してした本件土地の無償譲渡行為は，無権代理行為である，とした原判決の判断は，正当であり，右判断には所論の違法はない。論旨は採用できない。

【２-77】後見人が第三者の債務につき自ら連帯保証人となるとともに，被後見人所有の不動産を担保に供したことが利益相反行為に当たらないと認めた事例

東京地判昭和38年８月15日下民14巻８号1537頁

１，原告主張の各主債務について，原告の後見人青木節子が連帯保証債務を，原告は右後見人を法定代理人として抵当権の設定その他の担保設定行為をそれぞれ原告主張のとおりになしたことは当事者間に争がない。

原告はさらに，原告の右担保権設定行為は原告の後見人青木節子の右連帯保証債務を担保するためにも行われたものとし，また，原告自身も右後

見人を法定代理人として前記争のない各主債務について連帯保証をしたと主張するが，右各主張事実を証し得る証拠はない。

2，原告は，右後見人青木節子がみずから前記各主債務について連帯保証をしながら，同時に原告の後見人として前記のとおり担保権設定行為について法定代理人となつたのは民法第860条，第826条にいういわゆる利益相反行為にあたり，原告に代理してなした右各担保設定行為は無効であると主張するが，当裁判所は原告の右意見を採らず，これをいわゆる利益相反の場合にあたらないもの，したがつて，以上後見人の代理行為はその故に無効のものではないと解する。すなわち，

⑴　保証人と物上保証人との間には互に他を保証する関係はなく，本件の場合，後見人青木節子の連帯保証債務と被後見人原告の前記各担保設定による物上保証上の責任とは互に分立し，ただ併存するに過ぎない。

⑵　保証人と物上保証人とが併存する場合，債権者が物上保証の実行によつて債権の全部または一部の満足を得た場合，保証人はその限度で保証による弁済の責を免れるという実際的利害の相反関係が生ずることはいうまでもないが，債権者が保証人または物上保証人のいずれに対してその義務の履行を求めるかは自由であり，物上保証からする弁済は保証人の義務負担を軽減するためになされるものではなく，本件の場合においても，青木節子が原告の法定代理人として前記担保設定行為をした上さらに同時にみずからも前記連帯保証をなしたことにより，両者の併存関係が生じたというに止まり，この場合，青木節子の保証が原告の物上保証責任を軽減するためになされたとは断じえないと同様，反対に後者が前者の責任を軽減するためになされたともいえず，両者併存による事実上の利害関係は前記法条にいう利益相反の関係ではない。

⑶　保証人と物上保証人とが併存し，保証人が主債務の全部または一部を弁済したときは債権者に代位して物上保証人に対し，担保権を実行し得るに至るであろうから，（民法500条，501条），本件の場合においても求償関係に至つて正に後見人と被後見人との利害が対立することになる。しかし，それはもはや対債権者の関係を離れた後見人，被後見人間の問題であつて，その関係においてこそ民法第860条，826条，866条等の適用による右両者間の利害の調節がなされることになり，右求償関係から遡つて本件の場合の前記後見人の連帯保証行為と前記原告の担保設定行為とに利益相反関係があるとはいえない。

【2-78】共同相続人の一人が他の共同相続人の全部又は一部の者を後見し

ている場合において，後見人が被後見人全員を代理してする相続の放棄は，後見人みずからが相続の放棄をしたのちにされたか，又はこれと同時にされたと認められるときは，後見人と被後見人との間においても，被後見人相互間においても，利益相反行為に当たらない。

最判昭和53年２月24日家月30巻７号50頁

共同相続人の一部の者が相続の放棄をすると，その相続に関しては，その者は初めから相続人とならなかつたものとみなされ，その結果として相続分の増加する相続人が生ずることになるのであつて，相続の放棄をする者とこれによつて相続分が増加する者とは利益が相反する関係にあることが明らかであり，また，民法860条によつて準用される同法826条は，同法108条とは異なり，適用の対象となる行為を相手方のある行為のみに限定する趣旨であるとは解されないから，相続の放棄が相手方のない単独行為であるということから直ちに民法826条にいう利益相反行為にあたる余地がないと解するのは相当でない。これに反する所論引用の大審院の判例（大審院明治44年㈲第56号同年７月10日判決・民録17輯468頁）は，変更されるべきである。しかしながら，共同相続人の一人が他の共同相続人の全部又は一部の者を後見している場合において，後見人が被後見人を代理してする相続の放棄は，必ずしも常に利益相反行為にあたるとはいえず，後見人がまずみずからの相続の放棄をしたのちに被後見人全員を代理してその相続の放棄をしたときはもとより，後見人みずからの相続の放棄と被後見人全員を代理してするその相続の放棄が同時にされたと認められるときもまた，その行為の客観的性質からみて，後見人と被後見人との間においても，被後見人相互間においても，利益相反行為になるとはいえないものと解するのが相当である。

(5)　利益相反行為の効果

後見人と被後見人との間の利益相反行為について，民法860条に反して後見人が被後見人を代理した場合，その代理行為は，無権代理行為と解されている。[161] 古い判例の中には絶対的に無効であると解するものもあった（大判大正２年７月３日民録19輯604頁）が変更され（【２-79】【２-80】），最高裁判例も同様である（前掲【２-76】）。したがって，成年被後見人が能力者となった

161）我妻榮『親族法』368頁，中川淳『改訂親族法逐条解説』565頁

後，追認することや，適法に選任された特別代理人によって追認することができる。

【２-79】後見人と被後見人の間の利益相反行為につき，後見人が代理してある権利を譲渡した場合には，その譲渡は無権代理行為であり，絶対無効ではなく，被後見人が完全な能力者となった後これを追認すれば有効となる。

大判大正７年５月23日民録24輯1027頁

「原裁判所ノ確定シタル事実ニヨレハ第５第６ノ物件ニ付テハ当時上告人ノ後見人タリシ被上告人ニ於テ上告人ヲ代表シテ自ラ之ヲ譲受ケタルモノナリ凡ソ後見人ト被後見人間ニ於テ或権利ノ譲渡ヲ為スニ当リ後見人カ一面被後見人ヲ代表シテ之ヲ為シタル場合ニアリテハ右ノ譲渡ハ無権代理ノ行為タルニ止マリ決シテ絶対無効ヲ以テ之ヲ目スヘキモノニ非ス従テ被後見人カ完全ナル能力者ト為リタル後之ヲ追認スルトキハ右ノ譲渡ハ始ヨリ有効トナルモノトス面モ這ハ民法施行前ニ於テモ亦爾リシモノナルカ故ニ原裁判所カ第５第６ノ物件ニ関スル当初ノ譲渡ハ無効ナルモ其後上告人ノ追認ニ依リ新ナル譲渡ヲ為シ得タリト判示シタルハ誤謬ニ外ナラスト雖結局前記物件ノ所有権カ適法ニ被上告人ニ移転シタルコトヲ認メ当該本訴請求ヲ棄却シタル判断ソノモノハ正鵠ヲ失ハス（中略）民法第915条第４号（注・現民851条４号）ニ於テ後見人ト被後見人トノ利益相反スル行為ニ付キテハ後見監督人ヲシテ被後見人ヲ代表セシムル所以ノモノハ後見人ノ代表ヲ以テ公序良俗ニ反スル行為トシテ絶対ニ之ヲ禁止セルカ為メニハ非スシテ之等ノ行為ニ付キテハ単純ニ後見人ノ代表権ヲ除外シタル結果ニ外ナラス従ヒテ後見人カ此規定ニ違背シ被後見人ヲ代表シタル場合ニ於テハ前段判示ノ如ク無権代理ノ法則ヲ適用スヘキモノトス従ヒテ論旨前半ハ其前提ニ於テ既ニ誤謬アリ其後半ノ論旨亦爾リ蓋シ原裁判所ノ事実上ノ確定ハ権利ノ移転ハ上告人ヨリ直接被上告人ニ対シ之ヲ為シタルモ外形上ハ権利カ一旦上告人ヨリ他人ニ移転シ其者ヨリ更ニ被上告人ニ移転シタルカ如ク仮装シタリト云フニアリテ所論ノ如ク被上告人ニ於テ上告人ノ権利ヲ不法ニ領得スルノ目的ヲ以テ右ノ移転ヲ為シタリト云フ事実ノ如キハ毫モ其確定スルトコロニアラス而シテ権利カ直接当事者間ニ移転シタルニ拘ハラス外形上他人ヲ経由シタルカ如ク仮装シタリトテ之ヲ直チニ右ノ当事者間ニ於ケル移転其モノカ公序良俗ニ反スルモノト断定スルヲ得サルハ言ヲ竢タサル所ナリ論旨ハ其理由ナシ」

【2-80】後見人が自己の株式清算取引のため被後見人所有の株式を証拠金代用として差し入れることは利益相反行為であって，後見人の行為は無権代理行為となる。

大判昭和18年8月3日民集22巻749頁

「本件ニ於テ原審ハ上告人カ未タ未成年者ナリシ当時其後見人訴外鬼頭千代寿カ自己ノ株式清算取引ノ為メ被上告人ニ対シ上告人ノ所有タル本件株式ヲ証拠金代用トシテ差入レタル事実ヲ認定シシカモ斯クノ如キハ後見人ト被後見人ト利害相反スル場合ナリト判断シ乍ラ（此ノ判断ハ可ナリ）カカル行為ハ取消シ得ヘキ行為ナリト做シ未タ其取消無キコトヲ理由トシテ上告人ノ請求ヲ排斥シタルモノトス然レトモ後見人ト被後見人ト利害相反スル場合ニ於テハ後見監督人カ被後見人ヲ代表スヘキコト民法第915条（注・現民851条）ノ規定スル処ナルカ故ニ此範囲ニ於テハ後見人ハ被後見人ヲ代表スヘキ権限ナキモノト云フヘク従テ前記鬼頭千代寿ノ行為ハ無権代理行為タルニ帰シ取消ス迄モナク適法ノ追認ナキ限リ証拠金代用タル効力ヲ生スルコトナシ此点ニ於テ原審ハ法律ノ適用ヲ誤リタルモノト云フノ外ナシ」

11　成年被後見人が単独で行える行為

(1)　成年被後見人の意思の尊重

成年後見制度の理念は，本人の意思の尊重，本人の自己決定権の尊重，ノーマライゼーション等[162)]であり，成年被後見人が一定の行為を行うについて意思を有している限りは，それを尊重し，権利を行使できることが求められる。利用促進法11条2号は，成年被後見人等の権利制限に係る措置の見直しを行うこととされており，基本計画においても，成年被後見人等の人権が尊重され，成年被後見人等であることを理由に不当に差別されないよう，今後，政府においては，成年被後見人等の権利に係る制限が設けられている制度について検討を加え，速やかに必要な見直しを行うとされている。

162）小林昭彦・原司『平成11年民法一部改正法等の解説』3頁

行為能力が制限される成年被後見人であっても，意思能力の認められる限り，本人自らが行い得る行為としては，①日常生活に関する行為（民9条ただし書。上記9⑴参照），②身分行為，③遺言，④医療行為の同意及び⑤選挙権の行使などが挙げられる。

⑵　身分行為

成年後見人は，成年被後見人の身分上の行為（婚姻，離婚，養子縁組，離縁，遺言など）について代理することはできない。成年被後見人は，婚姻，離婚などの身分行為についての意思能力，すなわち婚姻，離婚の意味と効果が理解できれば，単独で婚姻，協議離婚することができる。[163] 民法は，成年被後見人が婚姻する場合や認知をする場合，意思能力がある限り，成年後見人の同意を要することなく，単独で有効な婚姻や認知をすることができることを確認的・注意的に規定している（民738条，780条）。[164]

このことは，訴訟行為においても同様である。人事訴訟法上も，意思能力を有する限り，制限能力者であっても完全な訴訟能力を有し，自ら訴えを提起し，又は，被告となることができるとされている（人訴13条1項）。[165] しかし，現実には，制限能力者の中でも成年被後見人については，自ら訴訟行為をなし得るとは考えにくい。人事訴訟法は，人事に関する訴えの原告又は被告となるべき者が成年被後見人であるときは，その成年後見人は，成年被後見人のために訴え，又は訴えられることができる（同法14条1項）としている。もし，成年後見人が，訴訟の相手方である場合は，成年後見監督人が成年被後見人のために当事者となる（同法2項）。[166] 成年後見人の人事訴訟における地位については，法定代理人と解する説と法定訴訟担当と解する説があるが，身分行為は，代理に親しまないことから，法定訴訟担当と解する説が通説である。[167] 【2-81】は，旧人事訴訟手続法4条は，後

163）於保不二雄・中川淳編集『新版注釈民法㉕改訂版』409頁〔中川淳〕
164）小林昭彦・原司『平成11年民法一部改正法等の解説』194頁，196頁
165）旧人事訴訟手続法は，後見人の権限の対象となる訴訟を，離婚の訴え（旧人訴4条），離縁の訴え（旧人訴25条）及び嫡出子の否認の訴え（旧人訴28条）に限定していたが，限定する合理的理由がないことから，新人事訴訟法は，これを拡張し，人事訴訟全般において当事者となり得ることとした。
166）石田敏明編著『新人事訴訟法　要点解説とQ&A』107頁
167）石田敏明編著『新人事訴訟法　要点解説とQ&A』109頁

見監督人又は後見人が職務上の地位に基づき禁治産者のため当事者として訴訟を遂行するもので，訴訟行為を代理するものではないと判示している。

【２-81】旧人事訴訟手続法４条は，後見監督人又は後見人が禁治産者の法定代理人として訴訟を遂行することを認めたものではなく，その職務上の地位に基づき禁治産者のため当事者として訴訟を遂行することをみとめた規定と解すべきである。

最判昭和33年７月25日民集12巻12号1823頁

「原判決は，夫が心神喪失の常況にある妻に対し離婚の訴を提起するには，常に必ずしも妻に対する禁治産の宣告を受け，一旦自ら後見人となり次で後見監督人の選任を得て，これにより訴訟行為をなさしめることを要するものにあらず，かかる場合には訴訟無能力者に対し訴訟行為をなす場合につき定められた民訴56条（注・現民訴35条）の規定を準用し，同条１項にいわゆる法定代理人なき場合に準ずべきものとし，遅滞のため損害を受ける虞あることを疎明して特別代理人の選任を受け，これにより訴訟行為をなし得るものと解するを相当とするものとした第一審判決の見解を支持し，この点に関する上告人の抗弁を排斥したことは原判文上明らかである。

およそ心神喪失の常況に在るものは，離婚に関する訴訟能力を有しない，また，離婚のごとき本人の自由なる意思にもとづくことを必須の要件とする一身に専属する身分行為は代理に親しまないものであつて，法定代理人によつて，離婚訴訟を遂行することは人事訴訟法のみとめないところである。同法４条は，夫婦の一方が禁治産者であるときは，後見監督人又は後見人が禁治産者のために離婚につき訴え又は訴えられることができることを規定しているけれども，これは後見監督人又は後見人が禁治産者の法定代理人として訴訟を遂行することを認めたものではなく，その職務上の地位にもとづき禁治産者のため当事者として訴訟を遂行することをみとめた規定と解すべきである。離婚訴訟は代理に親しまない訴訟であること前述のとおりであるからである。

翻つて，民訴56条は，「法定代理人ナキ場合又ハ法定代理人カ代理権ヲ行フコト能ハサル場合ニ」未成年者又は禁治産者に対し訴訟行為をしようとする者のため，未成年者又は禁治産者の「特別代理人」を選任することをみとめた規定であるが，この「特別代理人」は，その訴訟かぎりの臨時の法定代理人たる性質を有するものであつて，もともと代理に親しまない離婚訴訟のごとき訴訟については同条は，その適用を見ざる規定である。そしてこの理は心神喪失の常況に在つて未だ禁治産の宣告を受けないものについても同様であつて，かかる者の離婚訴訟について民訴56条を適用する余地はないのである。
　従つて，心神喪失の常況に在つて，未だ禁治産の宣告を受けないものに対し離婚訴訟を提起せんとする夫婦の一方は，先ず他方に対する禁治産の宣告を申請し，その宣告を得て人訴４条により禁治産者の後見監督人又は後見人を被告として訴を起すべきである。
　離婚訴訟のごとき，人の一生に，生涯を通じて重大な影響を及ぼすべき身分訴訟においては，夫婦の一方のため訴訟の遂行をする者は，その訴訟の結果により夫婦の一方に及ぼすべき重大なる利害関係を十分に考慮して慎重に訴訟遂行の任務を行うべきであつて，その訴訟遂行の途上において，或は反訴を提起し，又は財産の分与，子の監護に関する人訴15条の申立をする等の必要ある場合もあるのであつて，この点からいつても，民訴56条のごときその訴訟かぎりの代理人しかも，主として訴を提起せんとする原告の利益のために選任せられる特別代理人をしてこれに当らしめることは適当でなく，夫婦の一方のため後見監督人又は後見人のごとき精神病者のための常置機関として，精神病者の病気療養その他，財産上一身上万般の監護をその任務とするものをして，その訴訟遂行の任に当らしめることを適当とすることは論を待たないところである。」

⑶　遺　言

　成年被後見人が事理を弁識する能力を一時回復した時は，遺言をすることができる（民973条）。遺言については，民法５条，９条，13条及び17条の規定は適用されず（民962条），遺言者は，遺言をする時においてその能力を有しなければならない（民963条）とされている。そこで，成年被後見人も遺言時に能力を有する限り，医師２人以上の立会いにより，遺言をすることができる。方式として，立ち会った医師は，遺言者が遺言をする時において精神上の障害により事理を弁識する能力を欠く状態になかった旨を遺言書に付記して，これに署名し押印しなければならず，秘密証書遺言にあっては，その封紙にその旨を記載し，署名し，印を押さなければならない（民973条）。秘密証書遺言にあっては，遺言者が公証人と証人の前に封書を提出する時に本心に復していることの証明で足りると解されている。[168)]
立会人としての医師については，民法974条が適用され，推定相続人及び

168）我妻榮・唄孝一編『判例コンメンタール第８　相続法』258頁

受遺者並びにこれらの配偶者及び直系血族，公証人の配偶者，四親等内の親族に該当する者は，立会人とはなれない。

(4)　医療行為の同意

成年被後見人であっても，医療行為について同意能力がある場合は，手術などの医的侵襲について同意権を有する。ただし，実際には，意思を表明できない場合が多く，成年後見人は，医療行為に対する同意権を有していないことから，実務において，成年被後見人に適切な医療行為を受けさせるための支援方法が今後の問題とされており，利用促進法11条3号においても，本人が適切な医療，介護等を受けられるようにするための支援の在り方を検討することとされている（前掲7(4)参照）。

(5)　選挙権

成年後見制度では，ノーマライゼーションの理念から，後見人の資格について，禁治産者・準禁治産者を欠格条項と定めていた旧846条2号を廃止した。しかし，他の法律では，資格制限事由として成年被後見人であることを挙げる規定は多い。[169] 特に後見開始の審判がなされると，選挙権について欠格事由とした旧公職選挙法11条1項1号については，その合理性については，比較法をふまえ疑問が呈されていた。[170]

成年被後見人の選挙権について旧公職選挙法11条1項1号は，成年被後見人は選挙権を有しないと定めていた。【2-82】は，成年後見開始の審判を受ける前までは，選挙権を行使していた原告が，旧公職選挙法11条1項1号の規定は憲法15条3項，14条1項等の規定に違反し，無効であるとして，自己が次回の衆議院議員及び参議院議員の選挙において投票をする

169）主な欠格条項としては，①公務員（後見及び保佐）（国家公務員38条，地方公務員16条），②会社の取締役，監査役，清算人（会社331条，335条，478条），③弁護士（弁護士7条），司法書士（司法書士5条），社会福祉士（社福36条），医師（医師3条），薬剤師（薬剤師4条）等の専門職の国家資格，④宅地建物取引士の登録（宅建18条）など営業に関する免許・許可がある。これらの成年被後見人の権利に係る制限（いわゆる欠格条項）が存在していることが，成年後見制度の利用の妨げになるとして，基本計画に基づき，2018年3月「成年被後見人等の権利の制限に関する措置の適正化等を図るための関係法律の整備に関する法律案」が国会に提出され，成年被後見人等に対する絶対的欠格条項を削除し，代替的な個別審査規定等を整備することで欠格条項が大幅に削除される予定である。

170）田山輝明編著『成年後見制度と障害者権利条約』

ことができる地位にあることの確認を求めた事案である。【２-82】は，選挙権が議会制民主主義の根幹であり，国民に選挙権を保障していること，選挙権の制限は「やむを得ない事由」がなければならないこと，選挙権を行使するに足る能力を有する成年被後見人の選挙権を剥奪することは自己決定の尊重，残存能力の活用及びノーマライゼーションという成年後見制度の趣旨に合致しないこと，民法は，成年被後見人が事理を弁識する能力を欠く状況から回復することを想定して，様々な行為について有効に法律行為等を行えるようにしていること，成年後見開始の審判では，選挙権行使の能力の有無を審理対象としていないことなどを挙げて，公職選挙法11条１項１号は，憲法15条１項及び３項，43条１項並びに44条ただし書に違反するとした。この判例をうけて，成年被後見人の選挙権の回復等のための公職選挙法等の一部を改正する法律（平成25年法律第21号）が成立し，これにより，成年被後見人の選挙権及び被選挙権の欠格事由としていた旧公職選挙法11条１項１号が削除された（2013年６月30日施行）。

【２-82】成年被後見人も，わが国の主権者であり，自己統治を行う主体として本来選挙権を行使すべき主体であり，選挙権を行使するに足る判断能力を有する成年被後見人から選挙権を奪う公職選挙法11条１項１号は，憲法15条１項及び３項，43条１項並びに44条ただし書に違反し，無効である。

東京地判平成25年３月14日判タ1388号62頁

憲法は，選挙権が，国民主権の原理に基づく議会制民主主義の根幹と位置付けられるものであることから，両議院の議員の選挙において投票をすることを国民の固有の権利として保障しており，「やむを得ない」場合すなわち「そのような制限をすることなしには選挙の公正を確保しつつ選挙を行うことが事実上不能ないし著しく困難である」と認められる場合以外に選挙権を制限することは，憲法15条１項及び３項，43条１項並びに44条ただし書に違反するというべきところ，成年後見制度と選挙制度はその趣旨目的が全く異なるものであり，後見開始の審判がされたからといって，選挙権を行使するに足る能力が欠けると判断されたことにならないばかりか，成年被後見人は，その能力を一時回復することによって一定の法律行為を有効に行う能力が回復することを制度として予定しているのであるから，成年被後見人とされた者の中にも，選挙権を行使するに必要な判断能力を有する者が少なからず含まれていると解される。そして，成年被後見人も，我が国の主権者たる「国民」であることは明らかであり，自己統治を行う主体として本来選挙権を行使すべき存在であるところ，成年被後見人に選挙権を付与するならば選挙の公正を害する結果が生じるなど，成年被後見人から選挙権を剥奪することなしには，選挙の公正を確保しつつ選挙を行うことが事実上不能ないし著しく困難であると解すべき事実は認めがたい上，選挙権を行使するに足る能力を欠く者を選挙から排除するという目的のために，制度趣旨が異なる成年後見制度を借用せずに端的にそのような規定を設けて運用することも可能であると解されるから，そのような目的のために成年被後見人から選挙権を一律に剥奪する規定を設けることをおよそ「やむを得ない」として許容することはできないといわざるを得ない。そして，そもそも成年後見制度は，国際的潮流となっている高齢者，知的障害者及び精神障害者等の自己決定の尊重，残存能力の活用及びノーマライゼーションという新しい理念に基づいて制度化されたものであるから，成年被後見人の選挙権の制限についても同制度の趣旨に則って考えられるべきところ，選挙権を行使するに足る判断能力を有する成年被後見人から選挙権を奪うことは，成年後見制度が設けられた上記の趣旨に反するものであり，また上記の新しい理念に基づいて各種改正を進めている内外の動向にも反するものである。

したがって，成年被後見人は選挙権を有しないと定めた公職選挙法11条1項1号は，選挙権に対する「やむを得ない」制限であるということはできず，憲法15条1項及び3項，43条1項並びに44条ただし書に違反するというべきである。

12　後見事務の費用及び報酬

(1)　後見事務の費用

後見人が後見の事務を行うために必要な費用は，被後見人の財産の中から支弁する（民861条2項）。旧法では，後見人の後見の事務の遂行に必要な費用については，明文の規定は設けられていなかった。一方，後見人と同様に法定委任的な性質の法律関係にある不在者財産管理人，相続財産管理人及び相続財産を管理する相続人については，その事務処理に要する費用は本人の財産から支弁する旨が定められている（民27条1項，918条3項，943

条2項，953条，885条1項本文)。そこで，旧法の下でも，後見事務が法定委任的な性質（民869条，874条が委任規定を準用している。）を有することから，民法650条1項を類推適用して，本人の利益のため必要な費用であれば，後見人が自己の財産から立て替えて支出したときは，本人に対して費用償還請求権を取得すると解されていた。また，旧法では，配偶者が法定後見人となることや親族が後見人となることがほとんどであり，後見事務の処理に要する費用については，実際は，後見人が負担し，本人に対し，求償していない場合が少なくなかった。後見制度発足後は，親族以外の者が後見人となることが多くなり（前記4⑴参照），後見事務の費用の負担が当然問題となることから，後見人についても，不在者財産管理人と同様に，後見事務の費用は，被後見人が負担することが定められた。[171] 後見事務の費用としては，後見人が被後見人に面会する際の交通費や事務報告書のコピー代などがあり，後見人は，後見事務の費用については，適宜，被後見人の財産から支弁することができる。支出は，必要性があるもので管理財産に照らし相当な範囲に限られる。

⑵　報　酬

家庭裁判所は，後見人及び被後見人の資力その他の事情によって，被後見人の財産の中から，相当な報酬を後見人に与えることができる（民862条）。報酬付与は，家庭裁判所の審判によって付与される（家事別表第一13項）。個々の事案に応じて後見人及び被後見人の資力・身分・地位・両者の関係，後見事務の難易・繁閑その他の事情を総合的に考慮して，家庭裁判所がその裁量により報酬額を決定する。[172] 後見人が被後見人の親族である場合，報酬付与の審判を申し立てないことも多い。なお，後見人が死亡した場合は，その相続人に報酬を与えることができる（【2-83】）。東京家庭裁判所は，専門職（弁護士，司法書士，社会福祉士等の専門家）が後見人の場合の基本報酬及び付加報酬について，そのめやすを公開している。[173] 申立

171）小林昭彦・原司『平成11年民法一部改正法等の解説』290頁，小林昭彦・大門匡編著『新成年後見制度の解説』151頁
172）於保不二雄・中川淳編集『新版注釈民法㉕改訂版』438頁〔中川淳〕
173）東京家裁後見問題研究会編著『後見の実務』別冊判タ36号91頁

ての時期は，後見人の就職中又は任務終了後である。

成年被後見人が無資産の場合でも，扶養義務者の支給するものからこれを支払うことができるとする学説[174)]もあるが，公刊されている判例で事例は見当たらなかった。成年後見制度は，精神上の障害により事理弁識能力が低下している高齢者や精神障害者の法律行為の意思決定を支援する制度であるから，本人の資力の有無によりその利用が制限されることは相当ではない。本人の住所地の自治体に成年後見制度利用支援事業の実施要綱があり，その要件を満たせば，報酬付与に対し，市町村長が報酬の助成を決定することにより，市町村長から報酬額が支払われる場合もある。基本計画では，成年後見制度利用支援事業を実施していない市町村における実施の検討や，地域支援事業実施要綱において，市町村長申立て以外の本人申立て，親族申立て等を契機とする場合をも対象とすること，保佐，補助類型についても助成対象とされることが明らかにされていることを踏まえた取扱いを検討することが指摘されている。[175)]

旧法の判例として，【２-84】【２-85】【２-86】【２-87】がある。【２-84】は，申立人が後見事務処理のため，自己の事業に専念できず事業収入が減少したとして，報酬でその補填を求めた事案で，これを認めなかった。【２-85】は，後見事務が公益的社会福祉的性格の強いものであることに鑑み，無償を原則とみるべきであるが，後見人または職務代行者にとって時間的労力的にかなりの負担と責務を負わせる場合は，被後見人の資力，その近親関係・職業・社会的地位・後見事務の難易・繁閑その他の事情によっては，報酬を与えることができるとした。【２-86】は，申立人が今後毎月３万円の報酬の継続支給を求めた事案で，本来後見人の報酬は，行った後見事務に対して報酬の支給の是非及び額を決定するものと判示し，継続支給を認めなかった。【２-87】は，後見人（弁護士）に対する報酬

174）野上久幸『親族法』502頁，薬師寺志光『日本親族法論(下)』1255頁，中川淳『改訂親族法逐条解説』568頁

175）基本計画は，「専門職団体が独自に行っている公益信託を活用した助成制度の例に鑑み，成年後見制度の利用促進の観点からの寄付を活用した助成制度の創設・拡充などの取組が促進されることが望まれる。」と指摘しており，今後の検討課題である。

について，被後見人のために亡両親の交通事故死に対する自賠責保険金の請求，生命保険金の受給と管理，被後見人が相続した亡父の多額の債務の整理等の難解な課題を解決したことを考慮して報酬額を定めた。

【2-83】後見人が在職中死亡した場合は，その相続人に対し報酬を与えることができる。

大判昭和3年2月6日民集7巻21頁

「民法（旧）第925条ハ親族会カ後見人ノ在職中ニ報酬ヲ与フルコトヲ得ル旨ヲ規定シタルモノナリト雖後見人カ在職中死亡シタル場合ノ如キハ其ノ相続人ニ報酬ヲ与フルコトヲ得セシメタル趣旨ナリト解スルヲ相当トスヘク上告人ノ後見人タリシ斉藤雄治カ在職中死亡シタル事実ノ争ナカリシコト記録ニ照シ明ナルヲ以テ原院カ上告人ノ親族会ニ於テ斉藤雄治ノ相続人ニ対シ金7千円ノ報酬ヲ与フル決議ヲ為シタルモノト認メ其ノ決議ヲ有効ト判断シタルハ不法ニ非ス」

【2-84】後見事務処理のため，自己の事業に専念できず，その結果多少事業収入が減少したとしても，その減収は当然には後見人に対する報酬に加算さるべきものではない。

横浜家審昭和36年11月13日家月14巻5号167頁

申立人は上記期間において実質的に後見事務を処理した日数は31日半であるから1日600円で計算した合計18,900円を日当として請求し，更に上記事務処理に基づく事業の減収の填補として金55,804円を請求しているのであるが，凡そ後見人に就職し，後見事務を処理し，そのため或る程度自己の経営する事業に専念し得ざるに至る結果多少事業収入が減少することは推測に難くないところであるが，かかる減収は所謂得べかりし利益の損失として別途請求するは格別，当然に後見人に対する報酬に加算さるべきものではないから申立人に対しては後見人として実質的に事務処理をなした日数分の日当を報酬として支給すれば足ると解すべきところ，前記各証拠資料によれば，申立人の平均賃金は，申立人の経営する事業が正常に運営されていた昭和34年10月から昭和35年9月迄を基準として算出すると1日金611円となり，更に申立人が昭和35年11月4日後見人に就職以来，昭和36年5月15日現在で，実質的に後見事務を処理した日数は27日半であるから，これに前記平均賃金1日分611円を乗じた16,802円をもつて，前記日時現在で，申立人に対し後見人に対する報酬として支給すべき金額と認めることが相当である。

【2-85】本来後見事務の執行は，未成年者保護等のため，公益的・社会福祉的性格の強いものであることに鑑み，無報酬を原則とすべきものであるが，後見人または職務代行者にとつて時間的労力的にかなりの負担と責務を負わしめるものであるから，被後見人の資力，後見事務の難易繁閑その他の事情によつては報酬を与えることができるものと解するのが相当である。

大阪家決昭和46年9月25日家月24巻8号62頁

さて後見人の職務代行者に対する報酬については，家事審判規則第86条による同第75条（注・現家事127条4項）の準用により，被後見人の財産のなかから相当の報酬を与えることができる旨定められているが，その職務の性質上，民法第862条に定める後見人の報酬に準じ，本来後見事務の執行が，未成年者保護等のため，公益的ないし社会福祉的性格の強いものであることに鑑み，無償を原則とみるべきであるが，他方，後見人また職務代行者にとつて時間的労力的にかなりの負担と責務を負わしめるものであるから，後見人（職務代行者を含む）および被後見人の資力，その近親関係・職業・社会的地位・後見事務の難易繁閑その他の事情によつては報酬を与えることができるものと解するのが相当である。従つて，後見人（職務代行者を含む）は，その職務上の身分にもとづき当然に発生する報酬請求権を有するものではなく，家庭裁判所の形成的処分を俟つてはじめて具体的にこれを取得するものである。

そこでいまこれを，上記認定の実情その他本件後見事務監督上知り得た一切の事情によつて検討する。まず一男が，被後見人康司の利益のために後見人に代つて後見事務を適切に遂行し，ことに後見人に関する債権取立に示した熱意と努力は，家庭裁判所の後見監督機能を補完するものとして高く評価されなければならない。この点に関し，被後見人に正当な理解と感謝を欠くかのような言動があつたことは遺憾としなければならない。しかし他面，一男が，後見人松造の職務執行中のこととはいえ，同人から金100万円を年3

分の低利で借り受けた点は，その主観的心情はどうあろうとも，当時同後見人がおかれていた立場とその精神状態を考えあわせると，一男，松造の両名において必ずしも被後見人の利益を十分に考慮した結果といえず，この点に関し，年少の被後見人が不審ないし疑問を感じたことは当然であろう。以上の事情のほか，この後見事務にはかなりの労力と実費を要したにかかわらず，一男においては，これらの費用を請求しない旨を表明していること，康司も，金100万円の５年間の利息金15万円を報酬として当然受領されたい意向を表明していたこと，その他両名の近親関係職務代行の期間など諸般の事情をあわせ考えると一男の後見人の職務代行については，同人の善意と努力を正当に評価し，康司において感謝の気持を以て応えるほか，その財産のなかから相当の報酬を付与すべきであり，その額については金20万円と定めるのが相当である。

【２-86】 後見人が就任時から後見事務完了に至るまで毎月３万円ずつの報酬を支払うよう求めたところ，禁治産者の後見人の後見事務に対する報酬付与の申立てについて，審判時までの報酬の支給を命じ，審判時以後の報酬については，本来後見人の報酬なるものは，その行つた後見事務に対して報酬の支給の是非および額を決定するを本則とすべきものと解し，将来にわたる報酬支給の申立てを認めなかつた事例

東京家審昭和48年５月29日家月26巻３号63頁

申立人は，「被後見人は後見人に対し㈠昭和48年２月以降後見事務完了に至るまで毎月３万円ずつの報酬を支払え，㈡昭和33年11月より昭和48年１月末までの間の事務処理の報酬として金100万円の債権の存在することを確認せよ。」との審判を求めた。当庁昭和44年(家)第4195号，4196号事件記録，当庁の申立人に対する後見監督記録，申立人の本件申立書および準備書面と題する陳述書ならびに申立人の審問結果によると次の各事実を認定することができる。

一，申立人と被後見人南田寿子とは姉弟の関係にあるところ，被後見人は昭和33年頃より精神分裂病に罹(り)患し，同女には当時青木邦男なる内縁の夫があつたが，申立人が同女の居住屋敷内に家屋を建築して，同女の面倒をみてきたこと，

二，南田寿子については当庁昭和44年(家)第4195号，4196号事件によつて昭

和44年10月5日禁治産宣告，申立人を後見人に選任する旨の審判があり，これにもとづき申立人は同女の後見人に就職したこと，

三，被後見人には，当時前記青木邦男よりの土地家屋の贈与にともなう贈与税等総額金644万5,192円の負債があり，後見人に就任した申立人としてはこれの返済と被後見人の治療費ねん出のために，被後見人の財産の有利な利用策を計画し，前記土地家屋を株式会社中野組に売却し，同会社において同地上に鉄筋コンクリート造7階建分譲住宅を建築してその1階全部と別途現金400万円を提供することで右売買代金の清算をすることとし（ただし右土地のうち13坪を駐車場用に被後見人に残す），これにより，右金400万円の他に右1階（101号102号103号の3室の事務室）の賃貸にともなう敷金，保証金，賃料，さらに右駐車場の賃貸にともなう敷金，賃料等をあわせて総額金826万2,305円を取得して，前記被後見人の負債を全額順次支払を了し，現在は右賃料による賃料収入月額合計金19万1,000円を得，これより被後見人の入院費用（小遣銭を含む）約金3万5,000円，公租公課年額金40万円（月割約金3万3,000円）を支弁して，残金12万6,000円が純益として被後見人に取得できる体制にしたこと，

四，申立人は右分譲住宅の3階の1室を前記中野組より借地権の対価として分譲を受け，妻長男とともに居住し，自らはハイヤー運転手として年額金153万円の収入を得ていること，そしてその余りの時間を利用して被後見人の右財産管理をしていること，

以上認定事実からすると，申立人の被後見人南田寿子に対する昭和48年5月31日までの後見事務のあり方としては非常に努力を要しかつ賢明なものであつたというべく，これに対し相当額の報酬を被後見人の財産中より支弁せしめるのが相当であるといわなければならない。前記認定事情および被後見人の資産ならびに後見人の資力等を勘案して，右報酬額を金100万円と定める。

なお，申立人は今後毎月金3万円宛の報酬を継続支給されることを申立てているが，本来後見人の報酬なるものは，その行つた後見事務に対して報酬の支給の是非および額を決定するを本則とすべきものと解するので，将来にわたつての報酬支給申立部分は採用しないこととする。

【2-87】被後見人のために亡両親の交通事故死に対する自賠責保険金の請求，生命保険金の受給と管理，被後見人が相続した亡父の多額の債務の整理等の難解な課題を解決したことを考慮して後見人（弁護士）に対する報酬額を定めた事例

東京家審昭和49年２月28日家月26巻８号60頁

申立人は被後見人中村良友（以下被後見人と称す）に対する後見人報酬付与の審判を求め，申立人は昭和46年11月15日被後見人の後見人に選任されて以来，被後見人の財産関係の整理とくに死亡した両親の相続財産の調査と相続債務の整理，そして被後見人の生活維持に腐心し，昭和48年１月18日被後見人が成年に達した後も，従前からの財産整理の未解決部分が残り，ようやく昭和48年10月９日その未解決部分の整理も完了したので，ここに右後見事務の報酬として金200万円以上の付与決定あることを求めて本申立に及ぶものである，と述べた。

当庁昭和46年（家）第10989号，10990号事件審判書謄本，当庁昭和46年（家）第20034号後見監督事件記録，筆頭者中村美津子の戸籍謄本，申立人の後見事務管理計算書および申立人，被後見人の各審問結果によると次の各事実を認定することができる。

一　被後見人の父尹釆元，母中村美津子は昭和46年８月２日自動車衝突事故により死亡し，右父母死亡による後見開始により被後見人のために昭和46年11月15日弁護士たる申立人がその後見人に，高木ひろ子がその後見監督人に選任されたこと，

二　申立人の後見事務は当時18歳で高校生のしかも一人暮しである被後見人の生活維持とその監督のほかに，前記両親の交通事故死に対する自賠責保険金の請求および相手方車輛の損害との調整問題，さらに亡父の合計金2,500万円を超える数多くの相続債務の整理，そして各種生命保険金の受給とその管理および問題をはらむ借地権とその地上建物の右相続債務弁済のための売却処分等難解な課題をかかえていたこと，

三　申立人は後見人就職後直ちに右課題に取り組み，債権者から請求されている相続債務については可能な限りその額の譲歩を求めて整理し，現在長野地方裁判所に係属する前記交通事故に関連する保険金求償債権金70万円の支払請求事件を残して全部弁済を完了し，自賠責保険の関係も亡父の過失の存否および被害者請求との関連において慎重な処理を要し昭和48年８月14日に至りようやくその受給を完了し，あわせて千代田火災保険相互会社に対する生命保険金の請求もその後の昭和48年10月９日に受給を完了し，他の生命保険金とあわせて合計金2,900万円余は前記債務弁済の一部および被後見人の生活費に支出した以外は貸付信託預金化し，現在内金1,060万3,586円を被後見人に引渡し，残金1,124万3,333円は被後見人および後見監督人の依頼により申立人において保管し，その後見事務としての財産整理を完了していること，

四　被後見人はその後調理師学校に進学し，現住居に居住して，申立人の過去2年間にわたる後見事務が適正でありかつ満足すべきものであつたとしていること，

五　申立人の被後見人が成年に達した昭和48年1月18日以降の前記財産管理整理事務は被後見人自ら処理するには極めてむずかしく，しかも従前よりの継続事務として申立人がその任にあたる必要性が極めて高い事情にあつたもので，被後見人からも特に依頼されてなしたものであるから，民法874条654条にもとづく後見終了後における必要処分の範囲内の事務と解するのが相当であること，

以上認定諸事情を勘案するとき，申立人の被後見人に対する後見事務の報酬として金200万円を付与するのが相当である。

13　成年後見監督人

(1)　後見監督人の選任

家庭裁判所は，必要があると認めるときは，申立てによって，又は職権で，後見監督人を選任することができる（民849条，876条の3，876条の8）。請求権者は，被後見人，その親族若しくは後見人である。[176)]

旧法は，成年後見監督人の請求権者として成年被後見人を明記しておらず，また，職権による選任を認めていなかった。成年後見制度では，成年被後見人を選任請求権者に加え，家庭裁判所が職権により成年後見監督人を選任できるようになった。[177)] 意思能力のある成年被後見人については，旧法の下でも選任請求できると解されていたが，成年後見人の選任・解任等の申立権を成年被後見人に付与する他の規定の改正との均衡及び本人保護・自己決定の尊重の観点から，明文化された。成年後見人の事務を監督する成年後見監督人の選任を成年後見人の請求にかからしめても実効性は

176）成年後見制度では，未成年後見監督人と成年後見監督人選任について別個に規定されていた（民849条の2）が，未成年後見監督人の追加的選任を認めた平成23年法律第61号の改正により，民法849条に統一された。

177）小林昭彦・原司『平成11年民法一部改正法等の解説』243頁，小林昭彦・大門匡編著『新成年後見制度の解説』182頁

乏しく，親族による請求も十分機能していないのが実情であり，後見監督体制の充実の観点から家庭裁判所の職権による成年後見監督人の選任が認められた。

成年後見監督人の選任手続は，成年後見人選任手続とほぼ同様である（家事120条２項２号）。成年後見監督人の選任は，必要性があると認められなければ，却下される。また，成年後見監督人の数については，一人に限られない（民852条，859条の２，876条の３第２項，876条の８第２項）。[178] 必要があれば，民法863条２項の処分を行うことになる。法人後見監督人を選任できることも後見人と同じである（民852条，840条３項，843条４項）。[179]

⑵　後見監督人の欠格事由

後見監督人の欠格事由としては，未成年者，家庭裁判所で免ぜられた法定代理人，保佐人又は補助人，破産者，被後見人に対して訴訟をし，又はした者及びその配偶者並びに直系血族，行方の知れない者が挙げられる（民852条，847条）。これらのほかに，解釈上，後見人に対し，訴訟をした者も好ましくないと解されている。[180] さらに，後見監督人は，後見人を監督する職責を負うことから，後見人と一定の身分関係があるものには，適正な後見監督の職務を期待できない。公平を期す意味で，後見人の配偶者，直系血族及び兄弟姉妹は，後見監督人となることができない（民850条）。

⑶　後見監督人の解任事由

後見監督人の解任事由としては，後見人の規定が準用されている（民852条，876条の３第２項，876条の８第２項，846条）。不正な行為，著しい不行跡，その他後見監督の任務に適さない事由があるとき，解任事由となる。解任請求権者について，後見人が請求権者として認められるかが問題となる。積極説は，後見監督人と後見人は上下関係にあるのではなく，後見監督人の職務の在り方を最もよく知るものは後見人であることを理由とする。[181]

178）小林昭彦・原司『平成11年民法一部改正法等の解説』245頁，小林昭彦・大門匡編著『新成年後見制度の解説』189頁

179）小林昭彦・原司『平成11年民法一部改正法等の解説』245頁，小林昭彦・大門匡編著『新成年後見制度の解説』183頁

180）於保不二雄・中川淳編集『新版注釈民法㉕改訂版』372頁〔久貴忠彦・二宮周平〕

181）鈴木ハツヨ「後見『監督』人について」東北学院大学論集創刊号165頁，中川淳『改

消極説は，被監督者に監督者を弾劾する権利を認めると成年後見監督人の監督機能が減殺されること，解任事由を認めた後見人は，家庭裁判所に対し職権発動を促すことで足りることを理由とする。[182] 消極説を支持する。判例は，消極説【2-88】と後見人による後見監督人の解任請求権の有無について検討することなく，後見監督人には解任事由が認められないと判断した【2-89】がある。

【2-88】後見人は，後見監督人に対する解任請求権を有しない。

広島高岡山支決昭和36年7月14日家月13巻11号89頁

よつて先ず，相手方の本件後見監督人解任申立の適否につき審按するに，本件は，後見人たる相手方が後見監督人たる抗告人の解任を申し立てたものであるが，後見監督人の解任については，民法第852条により後見人の解任に関する同法第845条の規定が準用されるところ，後見人は同条によつて後見監督人の解任を申請し得る者に該当しないものと解するのが相当であるから，相手方は，後見監督人たる抗告人の解任を請求し得る権限を有しないものと解せざるを得ない。なぜならば，後見人は，被後見人が未成年者である場合その身上に関し親権を行う者と同様の権利義務を有し，被後見人が禁治産者である場合その療養看護に努めなければならないのみならず，その財産を管理し，これに関する法律行為について被後見人を代表する等，被後見人の身上並びに財産上極めて広汎な権利義務を有するのであるから，後見人に不正な行為等後見の任務に適しない事由ある場合，後見監督人は監督者としての職責を全うする必要上，後見人の解任を請求する権限を認むべきは当然であるが，その監督に服すべき後見人もまた後見監督人の解任請求権を有するものと解するにおいては，事柄の性質上後見監督人の監督的機能を著しく減殺するに至るであろうし，惹いては，被後見人の保護を全うする所以ではないからである。

もつとも，後見監督人がその任務に適するかどうかは裁判所が自由に認定し得るところであつて請求者の判断に左右される訳のものではなく，また日頃直接後見監督人と交渉を有する後見人はその解任事由を知る機会が最も多

訂親族法逐条解説』542頁，於保不二雄・中川淳編集『新版注釈民法㉕改訂版』370頁〔久貴忠彦・二宮周平〕

182）小林昭彦・原司『平成11年民法一部改正法等の解説』252頁，小林昭彦・大門匡編著『新成年後見制度の解説』196頁

く与えられているところから，後見人の後見監督人解任請求権を肯定すべきであるとの見解も考えられるが，裁判所が後見監督人解任事由を認定するにつき請求者の判断に動かされるものでないことは当然のことであるから，裁判所殊に家庭裁判所の後見的機能を考慮に入れても，これをもつて後見人の右解任請求権を認める積極的な根拠とすることはできず，また後見人が後見監督人解任の事由を最も多く知り得る機会が与えられているというだけの理由でこれに解任請求権を認めるときは，法が特に右解任請求権者を限定した趣旨を説明することはできないのみならず，前に説示したところを勘案すると，右の如き見解には到底左袒するを得ない。

【２-89】精神薄弱のため禁治産宣告を受けた妻の後見人（夫）が，妻の財産（軍用地として利用されている土地の共有持分権）を事実上管理してきたその叔母に対し，妻に代つて受領してきた地代（軍用地料）の返還を求める訴を提起するため，叔母の二男の妻にあたる後見監督人にその同意を求めたが得られなかつたことなど，後見監督人と被後見人との事実上の利害対立を理由に後見監督人の解任を求めた事案につき，後見監督人にはその任務に適しない事由があるとはいえないとして右申立を却下した事例

那覇家審昭和55年８月14日家月33巻７号64頁

以上認定の各事実によれば，ミサは，君子に支払われるべき軍用地料を同女の申立人との婚姻の前後を通じ同女に代わつて受領して来たものであり，同女にこれを引き渡すということは一切せず，計算関係を明確にすることなく適宜費消して来たものではあるが，ミサは，おばとして君子をその幼いころから養育して来たことに加えて，同女がかなり重い精神薄弱者であつたことから，同女に代わつて上記軍用地料を受領するようになつたものであり，このことは，不当なことではなく，ミサが君子に上記軍用地料を一切引き渡さなかつたということは，同女の知能程度に照らすと，そのことを妥当を欠くものということができず，ミサが君子の申立人との婚姻後も従前どおり，同女に代わつて上記軍用地料を受領し，同女又は申立人には一切引き渡さなかつたとの点も，ミサがおばとして君子と申立人との間に正常な婚姻関係が維持されているか否かにつき，その同せい関係が始まつたいきさつ等から懸念した結果であり，ミサがこの懸念をしたこと自体は，終局的にそれが真実と合致するものであつたかどうかを別としても，必ずしも不当なことではなく，更に，ミサが別段計算関係を明確にすることなく上記軍用地料を適宜費消していたとの点も，そのうち，君子の生活養育費等にあてた部分は何ら不当ではないし，墓の造営費，家の新築費にあてた部分は，客観的にみて，同女のために同女のすべき事務を管理したということもでき，これらの支出をするについて計算関係を明確にしなかつたとしても，その使途等に照らし，明確にすることが必ずしも容易又は可能なことではなかつたというべきであるし，ミサと君子のおば，めいという身分関係に照らしても，直ちに不当ということはできない。そうであるとすれば，後見監督人礼子が申立人において禁治産者君子を代表してミサに対し上記軍用地料の返還を求める訴を提起しようとするに当たり，これに同意する意思がないとしても，そのことは，後見監督人礼子においてその権限を濫用してミサ又は自己の利益を図る目的にのみ出ていることの結果とは直ちにいうことができない。また，ミサが申立人においてした本件各土地中君子の持分についての上記各売買の効力を争うこと自体は，終局的にその理由あることに帰するかどうかは別にしても，上記認定の各事実に照らせば，何ら不当なことではなく，後見監督人礼子がミサの意を受けて，上記各売買の効力を争い訴えを提起したとしても，その訴が終局的に理由あることに帰するかどうかは別にしても，当然その職務に属することであつて，何ら不当なことではない。その他，上記認定の各事実によれば，事実上利害が対立し紛争関係があるのは，申立人主張のようにミサ及び同女の二男の妻である礼子と君子との間ではなく，むしろ，ミサと申立人との間であるとの色彩が強いことからすれば，直には，後見監督人礼子がその任務に適しないとすべき事由を見いだし難い。

なお，以上に加えて付言するに，当裁判所は，君子が申立人と離婚する旨の意思を表明し，同女と申立人との間の婚姻関係が必ずしも円滑にいつていないともうかがえることの他方で，同女が申立人よりもミサを信頼し頼つているとの事実にかんがみるとき，この際，ミサの二男の妻である礼子に後見監督人の職務を遂行させ，君子に対する後見事務に遺憾なきを図ることがより適当と思料する。

⑷　後見監督人の職務

後見監督人の職務は，①後見事務の監督（民851条1号），②後見人が欠けた場合に遅滞なくその選任を家庭裁判所に請求すること（同2号），③急迫の事情がある場合に，必要な処分をすること（同3号），④後見人又はその代表する者と被後見人との利益が相反する行為について被後見人を代表すること（同4号）である。①の後見事務の監督として，後見監督人は，いつでも，後見人に対し，後見の事務の報告若しくは財産の目録の提出を求め，又は，後見事務若しくは財産の目録の提出を求め，財産状況の調査をすることができ（民863条1項），後見人に不正行為，著しい不行跡その他後見の任務に適さない事情があれば，後見人の解任請求権（民846条）を行使することになる。

複数の成年後見監督人が選任されている場合，各成年後見監督人の権限の矛盾・抵触が問題となるおそれがあるときは，家庭裁判所は，職権で，数人の成年後見監督人が，共同して又は事務を分掌して，その権限を行使すべきことを定めることができる（民852条，859条の2第1項）。[183)] 複数の未成年後見監督人が選任されている場合は，その一部の者について，財産管理に関する権限のみを行使すべきことを定めたり，各未成年後見監督人が単独で又は数人の未成年後見監督人が事務を分掌して権限を行使すべきことを定めることができる（民852条，857条の2）。

後見人と被後見人との利益相反行為がある場合，後見監督人が被後見人を代表する。急迫の事情がある場合には，成年後見監督人が成年被後見人の居住用不動産を処分することもあるが，この場合，成年後見人と同様に家庭裁判所の許可を得なければならない（民852条，859条の3）。後見監督人は，その監督事務を行う場合，委任の規定が準用されており，善管注意義務を負うことや，辞任あるいは後見終了時に緊急処分義務等を負う（民852条，644条，654条，655条）。

後見監督人が急迫の事情がなく，また，必要でない，あるいは限度を超えた処分を行った場合は，無権代理行為となる。この場合，善意の第三者を保護する規定はないが，民法854条ただし書を類推適用する説が有力で

183）小林昭彦・大門匡編著『新成年後見制度の解説』189頁
旧法においても成年後見監督人の人数を制限する規定はなかったことから，複数後見監督人が認められていたが，その権限行使については，説が分かれており，多数決による説（中川善之助編『註釈親族法(下)』175頁〔谷口知平〕），全員一致を要すると解する説（中川善之助『新訂親族法』96頁〔鈴木ハツヨ〕），全員一致の必要があるかどうかは，個々の事務ごとに検討すべきであると解する説があった。

ある。[184]

(5)　後見監督人の費用及び報酬

後見監督人の費用及び報酬については，後見人の規定が準用されている（民852条，861条2項，862条）。旧法では，後見監督人に報酬を付与する規定の準用がないため，実際には，親族以外の第三者を選任することができず，後見監督人制度があまり利用されない原因の1つであると指摘されていた。[185]成年後見制度では，弁護士，司法書士，社会福祉士等の専門家や福祉関係の事業を行う法人など，個々の事案に応じた親族以外の適任者を選任することが可能となり，実効的な後見監督が可能となった。

14　家庭裁判所による後見監督等

(1)　家庭裁判所の監督権限

家庭裁判所は，いつでも後見人に対し，後見の事務の報告若しくは財産目録の提出を求め，又は後見の事務若しくは被後見人の財産の状況を調査することができ（民863条1項，876条の5，876条の10），また，自ら調査することなく，適当な者（調査人）[186]に調査をさせることができる（家事124条，133条，142条，180条）。後見監督人がある場合は，後見監督人が第一次の監督機関であり，家庭裁判所が第二次の監督機関であるが，その場合であっても同様である。家庭裁判所は，後見監督人，被後見人若しくはその親族その他の利害関係人の請求によって，又は職権で，被後見人の財産の管理その他後見の事務について必要な処分を命じることができる（民863条2項）。[187]

184）中川善之助編『註釈親族法(下)』179頁〔谷口知平〕，於保不二雄・中川淳編集『新版注釈民法(25)改訂版』362頁〔久貴忠彦・二宮周平〕，中川淳『改訂親族法逐条解説』548頁

185）小林昭彦・原司『平成11年民法一部改正法等の解説』251頁，小林昭彦・大門匡編著『新成年後見制度の解説』194頁

186）東京家庭裁判所後見センターでは，適当な者を「調査人」と呼び，必要に応じて，司法書士や弁護士等の専門職を調査人に選任し，調査をしている。一場修子「後見（成年後見，未成年後見，保佐，補助，任意後見）に関する審判事件」金子修・山本和彦・松原正明編著『講座　実務家事事件手続法(下)』19頁

187）民法863条1項は，成年後見制度の改正前の規定と変更はなく，2項で被後見人にも後見事務についての必要な処分の請求権が付与された。

旧民法928条では，後見人に対し，毎年少なくとも１回被後見人の財産状況を親族会に報告する義務を課していた。この点，「いつでも」後見監督人及び家庭裁判所は，後見事務の報告を求めることができると変更されており，必要がなければ，後見人に対し，報告を求めないこともある。[188)]

民法が後見人に単独で被後見人の包括的代理権及び財産管理権を認め，かつ，後見人の職務は正当なものと推定されること（前記８⑴，判例【２-42】【２-43】）からすると，家庭裁判所の監督及びそのための調査は，後見人の裁量を尊重した上で謙抑的に行使されなければならない。具体的には，支出予定や財産目録に照らした上で，不正行為が明らかに疑われるときや，後見人が本人の自己決定を尊重するものであっても，高額あるいは不必要な物品購入により，本人の将来の安定的生活を確保できなくなるような行為があるなど，後見人の適格性に疑義が生じ，「後見の任務に適しない事由」（民846条）にあたる場合に監督権限を行使することになる。

⑵　後見事務についての必要な処分

家庭裁判所は，後見事務についての必要な処分を命ずることができる（民863条２項，876条の５，876条の10）。必要な処分には，成年後見人の職務執行停止・後見代行者の選任（家事127条１項），臨時財産管理人の選任（家事124条）といった明文の規定のあるもののほかに，財産保全の処分・換価処分，身上に関する被後見人の療養看護についての処分も含まれる。後見制度支援信託の選択もこの必要な処分の１つである。さらに，複数の後見人や後見監督人間の意思不一致などについて，権限分掌，あるいは，共同行使の定めをする場合のほかに，家庭裁判所による特別な指示を行うことが考えられる。これらの家庭裁判所の後見監督の結果，後見人の任務に適さないことが明らかになった場合は，職権により後見人を解任することになる。

民法863条２項の判例として，被後見人が成年に達した後，後見人に対し，財産目録，管理計算書の提出を命じた【２-90】，後見人の辞任時の管理報告書の提出を命じた【２-91】，地震により両親を失った未成年者

188）於保不二雄・中川淳編集『新版注釈民法㉕改訂版』439頁〔中川淳〕

に対し，全国から多額の義援金が寄せられた事案で，後見人に対し，特別な指示をした【２-92】がある。

【２-90】被後見人が成年に達した後において，後見人に対し，財産目録，管理計算書の提出を命じた事例

東京家審昭和37年５月28日家月16巻１号127頁

主　　文

後見人小野昭郎は２週間以内に申立人（被後見人）田中俊子同清子の財産目録並に管理計算書を当裁判所に各２通提出せよ。

理　　由

本件申立の趣旨，並に実情は，相手方は申立人らの指定後見人として，昭和33年１月26日就職したが，申立人俊子は昭和34年４月11日，同清子は昭和36年８月４日，夫々成年に達したにもかかわらず，財産管理の計算もせず，財産の引渡しもしないので，後見事務に関する相当の処分命令を求めると云うにある。

本件記録編綴の申立人らの戸籍謄本によれば，申立人らが，右日時をもつて成年に達したことが認められるし，当裁判所の調査官による調査の結果，並に本件関係人らの審問の結果を綜合するに，相手方は未だ財産目録の調製，後見終了に伴う管理計算をなさず又，申立人らに対し，当然予想されるその特有財産の引渡がなされていないことが認められる。

後見人は，その就任に当つては被後見人の財産を調査し１月以降内に財産目録を調製しなければならず，且又，後見終了の際には２カ月以内に管理の計算をし，その後速に，被後見人にその財産を引渡すべきことは民法の規定するところであるにもかかわらず，叙上の如く，後見人は何らその措置を講じていない。

よつて，当裁判所は後見人に対し民法第863条，家事審判法第９条１項甲類21号（注・現家事別表第一14項）に則り主文のとおり審判する。

【２-91】後見監督人の請求によつて，前任後見人に対し，辞任時における管理報告書の提出を命じた事例

東京家審昭和38年10月19日家月16巻３号115頁

主　　文

相手方は，事件本人両名の後見人辞任時における財産管理の計算を申立人の立会を得て行い，その管理報告書を昭和38年11月30日までに当裁判所に提出しなければならない。

理　　由

申立人は主文同旨の審判を求めた。よつて調査するに，

相手方は事件本人両名の後見人に昭和28年10月９日就職し，同日件外平林美子が後見監督人に就職したこと，相手方は，昭和38年４月23日に当裁判所の許可をえて後見人を辞任したこと，昭和38年７月８日平林美子が後見人に就職し，同日申立人が後見監督人に就職したことは当裁判所に明白な事実である。そして，相手方は本日まで民法第870条に定める管理の計算を後任後見人たる平林美子にしていないことは相手方の認めるところであるので相手方は，民法第871条の規定により，後見監督人である申立人の立会をえて，管理の計算をする義務があると解するを相当とする。

【2-92】地震のため両親を失つた未成年者に対し，全国から寄せられた見舞金，義援金が多額にのぼるので，その管理及び未成年者の保護のための後見人選任の申立につき，右後見事務の重要度から考え，さらに後見監督人選任の申立をさせ，後見人に対し後見事務に関する特別な指示をした事例

青森家八戸支審昭和43年12月28日家月21巻６号64頁

後見人に対する指示書

一，後見人は，後見監督人と相談立会のうえ

(イ)　被後見人の財産目録を調整し昭和44年１月15日までに提出すること。

(ロ)　後見事務の報告書

当分の間２カ月毎に後見事務の報告書を作成し，当裁判所調査官の後見事務調査の際その詳細を報告すること。

二，後見人は後見監督人とよく連絡をとりその監督を受け，被後見人等の身上監護に務めること。

(イ)　特に被後見人らの生活，教育については後見監督人および当裁判所の指示，助言を受けること。

(ロ)　被後見人らの住居を変更し，その養護者を変更する場合は事前に後見

監督人の指示を求め，すみやかにその旨当裁判所に報告すること。
三，被後見人らの財産およびその処分については，次のとおり処理すること。
(イ)　被後見人らの相続財産の相続又は分割の協議およびその相続財産の管理，利用収益，又はその売却，交換等の処分はあらかじめ後見監督人の同意を得たのち当裁判所に報告をし指示を受けること。
(ロ)　被後見人らに贈与，送付された義捐金，見舞金等および将来贈与，送付されるそれらは当裁判所が別にその処分を命ずるまで，現在の保管法（銀行，郵便局に預貯金）を維持，継続すること。
(ハ)　被後見人らの生活費，教育費等の生計費の毎月の金額，又は臨時出費の金額，右金額に充当する財産の引出し方法およびその額引出しの方法の変更等は後見監督人に相談すること。
(ニ)　後見人は被後見人の財産については，いやしくも後見人の財産と混同し後見人のために費消することのないよう誠実に管理運営すること。
四，当裁判所が後見人に対し，後見事務又は財産の管理につき調査するときは，くわしくその状況を報告し，また当裁判所の命ずる処分についてはこれに従わなければならない。

(3)　後見制度支援信託

ア　後見制度支援信託の導入

成年後見制度の発足後，親族後見人の中には，財産管理権を濫用する者があり，本人の財産を成年後見人等自身のために費消するなどの不正事案が発生し，問題となった。[189] 家庭裁判所は，後見人の選任時には，後見人としての適格性を審査して選任しており，選任された親族後見人の大多数の者は，適正に職務を行っている。後見人として適格な者が親族にいない場合や多額の財産を管理する必要がある場合には，専門職後見人を選任し，成年被後見人の財産を保護している。しかし，専門職の給源には限りがあるほか，専門職が継続的に関与する場合は，その報酬が本人の財産の負担となることから，後見人すべてを専門職で関与させることは，実際には無理がある。将来的には，さらに成年後見関係事件

189) 被害の実情については，篠原淳一「後見制度支援信託の運用等について」ケース研究314号７頁参照

の増加が見込まれることからすると，専門職後見人が関与しない場合であっても，後見人の不正行為を未然に防止し，本人の財産を保護するための対策が喫緊の課題として求められた。そこで，後見人による不正行為の防止を目的として，民法863条２項の「必要な処分」の１つとして，後見制度支援信託制度が2012年２月から導入された。[190)]

後見制度支援信託は，本人財産を保護するための制度であるが，親族後見人にとっても信託を利用することにより，管理する財産が日常口座に限定され，財産管理の負担が軽減され，裁判所への財産管理の報告についても信託財産については，信託銀行から定期的に送付される報告書を利用できるなどのメリットがある。そのため，親族後見人に限らず，専門職後見人においても，財産管理の一貫として後見制度支援信託の利用を希望し，信託契約を締結する事例もある。[191)]

イ　後見制度支援信託の仕組み

後見制度支援信託は，信託契約を締結し，日常的な支払をするのに必要十分な預貯金等（日常口座）のみを親族後見人が管理し，それ以外の財産は，信託財産として確保するとともに，信託財産の払戻しや解約などを行う場合に家庭裁判所の関与を必要としたものである。家庭裁判所は，家事事件手続規則81条１項に基づき，信託財産の払戻しや解約に関する指示書を発行して指示をし，指示を受けた後見人が信託銀行との間で払戻しを行う。これにより，信託財産の利用については，家庭裁判所が事前に払戻金の使途を確認するため，親族後見人による不正行為を未然に防ぐことができる。仮に，月々の収支が赤字になることが見込まれる場合は，定期的に信託財産から一定額を日常口座に振り込む定期交付金についても契約時に定めることになる。

ウ　後見制度支援信託の利用

後見制度支援信託の利用は，後見開始事件又は未成年後見人選任事件についてできるが，保佐及び補助開始事件では利用できない。対象とな

190）篠原淳一「後見制度支援信託の運用等について」ケース研究314号４頁
191）東京三会合同研修会「成年後見実務の運用と諸問題」NIBEN Frontier 2017年７月号20頁

る財産は，本人の財産のうち，基本的には，現金及び解約した預貯金等に限られている。後見事務の内容も本人のための日常的に使われる口座の管理が中心となり，これについて任せられる親族後見人がいる場合は，後見制度支援信託の利用が相当である。そのため，現金や預貯金のほかに多額の株式等（株式，国債，投資信託等の金融資産）がある場合，賃貸不動産を多数所有する場合，訴訟への対応が求められる場合には，専門職後見人を後見人に選任することになる。さらに，信託対象とする財産の範囲は，本人の推定的意思や利益に反するかどうかという観点からの検討が必要である。例として，遺言が明らかになっているとき，遺言の対象とされた財産を信託の対象とするかは，慎重に判断される。[192)][193)]

エ　後見制度支援信託の契約手続

後見制度支援信託を利用することが上記の条件から見て相当か否か，収支予定からすると定期交付金を要するかなど，信託の利用にあたっては，その当否及び条件を検討する必要がある。家庭裁判所は，弁護士又は司法書士等の専門職を後見人として選任し，その検討を求め，専門職後見人が相当ではないと判断した場合には，後見制度支援信託を利用しない。専門職後見人が検討した結果，後見制度支援信託の利用が相当であると判断した場合は，家庭裁判所は，信託契約の締結を指示し，専門職後見人は，指示書をもって後見制度支援信託契約を取り扱う信託銀行と契約を締結する。

家庭裁判所は，専門職後見人が信託契約を締結した後，その辞任を許可する。専門職後見人が辞任した後に親族後見人を選任する（リレー方式）か，後見開始時に専門職後見人と親族後見人を選任し，専門職後見人が信託契約を締結した後，辞任する（複数選任方式）ことで，以後，

192）遺言の存在が明らかであるというだけでは，後見制度支援信託が利用できないというものではないが，本人の意思として尊重し，信託の対象財産外とされよう。ただし，本人の療養看護のために必要であれば，遺言の対象財産であっても，本人のために利用しうるのであるから，信託の対象とされることもある。

193）中川善之助監修『註解相続法』425頁は，法定後見人の処分行為は，遺言の抵触行為には該当せず，また，遺産の対象物は，これに代わるべきものの上に権利をもつと解している。

親族後見人のみが後見人となる。複数選任方式の場合は，財産管理の事務を専門職に分掌させることが多い。そのほか，親族後見人に専門職の後見監督人を選任し，後見監督人の指導のもとで親族後見人が信託契約を締結する（後見監督人方式）場合もある。専門職後見人辞任後，親族後見人は，信託銀行に対し，後見人の変更届を行い，以後，単独で成年後見事務を行う。

オ　基本計画と不正防止方策

後見制度支援信託は，不正防止に一定の効果がある一方，取扱銀行が限定されていること，定期交付金以外に臨時に多額の費用を要する場合，家庭裁判所に指示書の発行を求める必要があり，後見人の負担となることが指摘されている。基本計画では，本人が成年後見制度を利用するに当たって，自己名義の預貯金口座を維持することを希望した場合には，後見人においてこれを適切に管理・行使することができるような後見制度支援信託に並立・代替する新たな方策を金融関係団体や各金融機関において積極的に検討することが期待されるとしている。具体的には，後見人の元本の領収に後見監督人等の関与を可能とする仕組みを導入することが想定されよう。このような取組により，今後，後見人の財産管理の事務の面における負担が軽減されることになれば，後見人が身上保護に関する事務により取り組みやすくなるであろう。

(4)　家庭裁判所の後見監督と国家賠償責任

家庭裁判所による後見監督は，上記(1)のとおり，後見人の包括的な財産管理権を尊重した上で行われるものである。その上で，家庭裁判所が適切な後見監督を行使しなかったことにより，被後見人に損害が発生したことに対し，どのような場合に裁判官（家事審判官）[194] の職務行為が違法であるとして国家賠償の対象となるかが問題となる。裁判官の職務行為における国家賠償法上の違法性は，職務上の法的義務に違背したか否かによって判断されなければならないが，裁判官の職務行為の性質から，国家賠償法１条１項の違法をいうためには，裁判官が違法又は不当な目的をもって裁

194）家事事件手続法により，家事審判官の呼称は廃止された。

判をしたなど，裁判官がその付与された権限の趣旨に明らかに背いてこれを行使したものと認めうるような特別の事情を要するとする違法限定説（最判昭和57年３月12日民集36巻３号329頁）によると解されている。判例は，違法限定説の立場を争訟行為以外の裁判所の行為に広げて採用しており，[195)196)] 違法限定説は，広く裁判官の職務行為一般に妥当するものと解されており，家庭裁判所の財産管理についても，不在者財産管理人に対する監督の違法が問題とされた高裁判例（【２-93】，大阪高判平成26年10月16日金判1460号10頁）は，いずれも，違法限定説の立場である。[197)]

家庭裁判所の後見監督についての判例としては，【２-94】【２-95】【２-96】がある。【２-94】は，違法限定説を採らなかったが，家事審判官の成年後見人の選任や後見監督が被害を受けた成年被後見人との関係で国家賠償法１条１項の適用上違法となるのは，具体的事情の下において，家事審判官に与えられた権限が逸脱されて著しく合理性を欠くと認められる場合に限られるとして，家事審判官の成年後見人の選任やその後見監督に何らかの不備があったというだけでは足りず，家事審判官がその選任の際に，成年後見人が成年被後見人の財産を横領することを認識していたか，または成年後見人が成年被後見人の財産を横領することを容易に認識し得たにもかかわらず，さらなる被害の発生を防止しなかった場合などに限られるとして，責任の範囲を限定している。【２-94】の事案は，交通事故により障害を負い植物状態となった本人Xの示談交渉を進めるために，姪であ

---

195) 裁判官の職務行為について国家賠償法上の違法が限定される場面としては，争訟行為のほかにも，法廷警察権の行使（最大判平成元年３月８日民集43巻２号89頁）があるほか，下級審の裁判例として，訴訟指揮（東京高判平成７年９月28日判タ892号177頁），法廷等の秩序維持に関する法律に基づく監置処分（東京高判昭和60年５月17日訟務月報32巻３号472頁），令状発布（大阪高判昭和62年２月24日判時1227号51頁），付審判決定（広島高判平成22年８月25日訟務月報56巻11号2514頁）がある。

196)『最高裁判所判例解説民事編　平成元年度』85頁〔門口正人〕は，当該職務行為の性質や内容のほか，不服申立手続の有無，当該手続への当事者の参画の程度等の諸事情を考慮に容れた上，その違反が著しく不当あるは不法であって，およそ裁判官としての誠実な権限行使と評価し難い程度に合理性を欠くものでなければならないとしたうえで，昭和57年最高裁判例の背景にある思想は，争訟の裁判に限らず広く裁判官の職務行為一般に妥当するといってよいとする。

197) 石本慧「大阪高判平成26年10月16日の判例解説」民事研修704号34頁

るＡが自分を成年後見人候補者として成年後見開始決定の申立てを行い，家庭裁判所は，Ａを成年後見人に選任する審判をしたが，その後，Ａは，損害賠償保険会社から受領した保険金を横領したというものである。原告Ｘは，中程度の精神遅滞であるＡを後見人に選任したことの違法，選任から１年目及び２年目の後見監督における違法などを主張した。【２-94】は，選任時及び各監督時に違法の有無を検討し，選任時及び１年目の監督時に違法はないとし，２年後の後見監督では，家庭裁判所調査官が，Ａには多額の使途不明金があり，これを放置しておけば，Ｘの財産が際限なく減少する危険があるため，早急に手続を進める必要があるとの調査報告をしたが，報告を受けた家事審判官が約４か月後に弁護士を２人目の成年後見人に選任する審判をしたものの，ＡによるＸの預金口座からの支払停止を要請することはなかったことについて，家庭裁判所調査官の報告を受けた家事審判官は，ＡがＸの預金から多額の金員を横領しており，放置すれば今後も同様の横領が繰り返される可能性が高いことを認識したというべきであり，家事審判官が更なる横領を防止する適切な監督処分をしなかったことは，家事審判官に与えられた権限を逸脱して著しく合理性を欠くとして，調査報告書の提出からＡを解任するまでの間の231万円の横領金について国家賠償を認めた。【２-95】は，家庭裁判所の後見監督について違法限定説の立場を採り，被後見人からの債権回収ができなかったとする債権者からの国家賠償を否定した。【２-96】は，未成年後見人が未成年被後見人の受領した保険金を横領した事案で，家事審判官が職権で行う未成年後見人の後見監督は，審判の形式をもって行われるものの，その性質は後見的な立場から行う行政作用に類するもので，争訟の裁判とはその性質を異にするから，家事審判官が行う後見監督に適用することはできないとして，損害賠償を認めた。

違法限定説の根拠としては，①裁判官の独立の確保（憲法76条３項）（上訴とは別に国家賠償事件として問題とされ，その事実認定や法令の解釈判断の適否が審理し直されることはできる限り避けることが望ましいこと），②司法判断の自己完結性ないし終局性（法的安定性）（国家賠償訴訟により争うことができるとすると，紛争が蒸し返され，法的安定性ひいては裁判制度に対する信頼を揺るがすこと）及び③裁判の相対的性質（裁判は判断する者により事実認定や法令解釈が異なることを制度上予定しており，裁判に瑕疵があるとしても上訴等により是正されるものであること）が挙げられている。家庭裁判所の裁判官による後見監督は，後見人の職務行為が適切であることが推認されるなかで，解任事由の有無を確認する目的で謙抑的に行使される性質を有するものであり，漠然と後見人の不正を疑って監督権限を行使すべきものではない。具体的な監督は，家庭裁判所調査官に対する調査命令の発令，金融機関等への調査嘱託及び後見人に対する審問など様々な形式で遂行されるほか，後見人解任の審判事件を立件した上で審理することもあるが，いずれも，独立した判断権を有し，かつ，独立した判断を行う職責のある裁判官の職務行為として行われるものである（上記①)。家庭裁判所調査官による調査，裁判官による審問あるいは調査嘱託は，解任審判の前提ともなるものであり，いずれも争訟行為ではないという一事をもって，行政作用であると結論づけられる性質のものではない。後見事件として財産管理が継続する場合，定期的に後見監督が行われることが予定されており，監督期間における裁判官の判断についての法的安定性も求められる（上記②)。家庭裁判所は，地域や時代の実情に即して後見監督を行っており，裁判官の判断が異なることが予定されており，上訴はできないものの（上記③）後見人の職務行為の是正方法として親族に解任申立権が広く認められていること（民846条）からすると，家庭裁判所の後見監督についても，違法限定説の適用がある立場を支持する。その上で，家庭裁判所の財産管理（後見監督，不在者財産管理等）では，監督権限の不行使（不作為）が問題となるのであり，違法限定説の立場の判例【2-93】も「違法又は不当な目的をもって権限を行使し，又は家事審判官の権限の行使の方法が甚だしく不当であるなど，家事審判官がその付与された趣旨に背いて権限を行使し，又は行使しなかったと認め得るような特別の事情があることを必要とする」と判示する。具体的な判断においては，その付与された趣旨に背いて監督権限を行使しなかったことに違法又は不法な目的がある，あるいは，それと同等の評価がされることが要件となると解する。[198]【2-94】の事案は，違法限定説の立場からも，家事審判官が更なる損害の拡大を防止するための措置を採らなかった不作為について，この特別の事情を認める余地があろう。[199]

【2-93】1　家事審判官による不在者財産管理人の監督につき，職務上の義務違反があるとして国家賠償法上の損害賠償責任が肯定されるためには，家事審判官が違法又は不当な目的をもって権限を行使し，又は家事審判官の権限の行使の方法が甚だしく不当であるなど，家事審判官がその付与された趣旨に背いて権限を行使し，又は行使しなかったと認め得るような特別の事情があることを必要とする。

2　家庭裁判所から二男が父である不在者の不在者財産管理人に選任され，交通事故により死亡した三男の損害賠償金等を預かり保管中にこれを遊興等に費消して横領したことについて，二男及び三男は，父である不在者から遺棄された状況にあり，二男の横領行為は，二男及び三男と不在者との特殊な親子関係に端を発したものであるなどの判示の事実関係の下においては，監督事務を担当した家事審判官又はその事務補助に当たる書記官が不在者財産管理人である二男に対して，財産管理状況の報告を催告する行動に出ず，金銭保管口座のある銀行に残高照会をしなかったとしても，家事審判官において，その付与された権限の趣旨に背いてこれを行使し，又は行使しなかったと認めうるような特別の事情があると認めることはできないから，不在者財産管理人に対する監督につき職務上の義務違反があるとはいえない。

198）家庭裁判所の後見監督について違法限定説の射程外とする判旨に賛成するものとして，藤原正則「成年後見判例24」実践成年後見43号93頁，西島良尚「成年後見監督における家庭裁判所の権限と責任」赤沼康弘編著『成年後見制度をめぐる諸問題』246頁，本田正男「家庭裁判所による監督」赤沼康弘ほか編集『Q&A　成年後見実務全書第3巻』1282頁がある。

199）佐藤唯「広島高判平成24年2月20日の判例解説」訟務月報59巻3号は，広島高裁判決の事案は，違法限定説を採用する余地があったと指摘する。

東京高判平成22年10月7日判タ1332号64頁

【2-94】1　家事審判官が職権で行う成年後見人の選任やその後見監督は，審判の形式をもって行われるものの，その性質は，後見的な立場から行う行政作用に類するものであるとして，国家賠償法1条1項の適用にあたり，違法限定説を採用しなかった事例

2　家事審判官が，家庭裁判所調査官からの調査報告により，成年後見人が成年被後見人の預金から多額の金員を横領し，放置すれば今後も同様の横領が繰り返される可能性が高いことを認識したにもかかわらず，更なる横領を防止する適切な監督処分をしなかったため，成年後見人が，成年被後見人の預金口座の通帳，印鑑，キャッシュカードを所持し続け，反復して成年被後見人の預金から金員を払い戻して合計231万円を着服したなどの事情の下では，家事審判官が成年後見人の横領行為を防止する監督処分をしなかったことが，家事審判官に与えられた権限を逸脱して著しく合理性を欠くと認められる場合に当たるとして，国家賠償法1条1項の適用上違法となる。

広島高判平成24年2月20日判タ1385号141頁

3　争点に対する判断

(1)　Aを控訴人の成年後見人に選任したこと及びその後見監督について

ア　控訴人は，控訴人の成年後見人であるAが，平成17年＊＊月＊＊日から平成18年＊＊月＊＊日までの約1年6か月の間に，74回にわたって，被後見人である控訴人の本件預金口座等から現金合計3629万円を引き出し，また，平成18年＊＊月＊＊日，本件預金口座から他の金融機関に預け替えるため引き出した865万3877円のうち165万3877円を着服し，もって合計3794万3877円を横領したことについて，担当家事審判官がAを控訴人の成年後見人に選任したこと，その後のAに対する後見監督に違法があり，担当調査官及び担当家事審判官に故意，過失もあるとして，被控訴人に対し，国家賠償を求める。

イ　ところで，成年後見の制度（法定後見）は，家庭裁判所が，判断能力（事理弁識能力）の不十分な者を保護するため，審判によって，その成年後見人を選任する制度である。成年後見人は，被後見人の財産管理等を行うものであるが，そのため，被後見人の財産について，財産管理権とその財産に関する法律行為について被後見人を代表する権限（民法859条１項）が与えられている。被後見人と成年後見人の関係は委任の一形態と考えられるので，成年後見人は，これらの権限の行使について，被後見人に対し，善良な管理者としての注意義務を負い，この注意義務に反して，被後見人の財産を横領する等の不正行為を行った場合は，被後見人に対し，損害賠償義務を負うものである。他方，家庭裁判所は，選任した成年後見人の職務を監督することができるが，これは，成年後見人の権限が広範であるため，いったん不正行為が行われたときは，被後見人に回復し難い損害が発生するおそれがあるので，家庭裁判所に，一定の範囲で，成年後見人による後見事務が適正に行われているかどうかを確認することを可能にしたものというべきである。

上記成年後見の制度（法定後見）の趣旨，目的，後見監督の性質に照らせば，成年後見人が被後見人の財産を横領した場合に，成年後見人の被後見人に対する損害賠償責任とは別に，家庭裁判所が被後見人に対し国家賠償責任を負う場合，すなわち，家事審判官の成年後見人の選任や後見監督が被害を受けた被後見人との関係で国家賠償法１条１項の適用上違法となるのは，具体的事情の下において，家事審判官に与えられた権限が逸脱されて著しく合理性を欠くと認められる場合に限られるというべきである。そうすると，家事審判官の成年後見人の選任やその後見監督に何らかの不備があったというだけでは足りず，家事審判官が，その選任の際に，成年後見人が被後見人の財産を横領することを認識していたか，又は成年後見人が被後見人の財産を横領することを容易に認識し得たにもかかわらず，その者を成年後見人に選任したとか，成年後見人が横領行為を行っていることを認識していたか，横領行為を行っていることを容易に認識し得たにもかかわらず，更なる被害の発生を防止しなかった場合などに限られるというべきである。

なお，被控訴人は，裁判官の独立や上訴制度による是正制度の存在に照らし，裁判官の職務行為に国家賠償法１条１項の違法が認められるためには，当該裁判官が違法又は不当な目的をもって裁判をしたなどその付与された権限の趣旨に明らかに背いてこれを行使したものと認められるような「特別の事情」が必要であると主張するが，上記法理は，裁判官が行う争訟の裁判について適用されるものであるところ，家事審判官が職権で行う成年後見人の選任やその後見監督は，審判の形式をもって行われるものの，その性質は後見的な立場から行う行政作用に類するものであって，争訟の裁判とは性質を異にするものであるから，上記主張は採用することができない。

ウ　そこで，上記観点に立って，控訴人の主張を検討する。

(ア)　Ａを控訴人の成年後見人に選任したことについて

広島家庭裁判所福山支部の担当調査官（Ｇ調査官）や担当家事審判官(F)が，Ａを控訴人の成年後見人に選任した際，Ａが控訴人の財産を横領することを認識していたと認めるに足りる証拠はなく，また，前記２の認定事実によっても，上記担当調査官や担当家事審判官が，Ａが控訴人の財産を横領することを容易に認識し得たということもできない。

したがって，担当家事審判官(F)がＡを控訴人の成年後見人に選任したことが違法との控訴人の主張は，採用することができない。

なお，控訴人は，Ａに知的障害があったことが，Ａの横領行為の直接の原因であると主張するようであるが，Ａに善悪の判断能力があったことは，前記２の認定事実からも明らかであり，Ａには刑事責任能力も認められていたのであるから，Ａの横領行為は，Ａの自由な意思により行われたものであって，その知的障害によって生じたものとはいえない。したがって，Ａの知的障害の点は，本件の判断に直接影響を及ぼす事情にはならないというべきである。

(イ)　第１回後見監督について

広島家庭裁判所福山支部の担当家事審判官(F)や担当調査官（Ｉ調査官）が，第１回後見監督において，Ａが控訴人の預金を私的に使用していたことを認識していたと認めるに足りる証拠は存しない。

ただし，前記２の認定事実によれば，Ａは，平成16年＊＊月＊＊日，Ａ預金口座に控訴人の保険金4770万円が入金されると，Ｄと共謀して，同預金から一部の金員を払い戻して私的に使用することを繰り返していたところ，Ｉ調査官は，第１回の後見監督の面接調査日である平成17年＊＊月＊＊日，保険金入金から約４か月の間に470万円もの金員が払い戻されていることを発見している。

しかし，被後見人の財産の管理方法は成年後見人の裁量的判断に委ねられているところ，前記２の認定事実によれば，Ｉ調査官が，Ａに事情を尋ねたのに対し，Ａは，毎月必要な支出の合計額が25万円程度であり，70万円はベッドの購入など施設入所に際しての臨時の出費等に費消したが，急な出費に備えて，常時手元に現金で300万円を管理しているとの一応合理的な説明をしているのである。また，Ｉ調査官が，Ａに対し，控訴人の預金全額をＡ名義の預金口座から控訴人名義の口座に移し替えるよう指導したところ，Ａは，同日，上記指導に従い，株式会社＊＊銀行＊＊支店において「控訴人後見人A」名義の本件預金口座を開設し，4333万0768円を同預金口座に入金して，素直に従っているのである。そうすると，I調査官がAの上記説明を信じてAの横領について疑いを抱くことがなかったことが，著しく合理性を欠くとまでいうことはできず，少なくとも，I調査官や担当家事審判官(F)において，Aが横領行為を行っていることを容易に認識し得たということはできない。

そうすると，担当家事審判官(F)が，第1回の後見監督後，Aに対し，更なる被害発生を防止するための監督処分を行わなかったことが，違法ということはできない。

(ウ)　第2回後見監督について

前記2の認定事実によれば，担当調査官であるI調査官は，平成18年＊＊月＊＊日及び同月＊＊日のAらに対する面接等の調査により，同月＊＊日ころ，担当家事審判官(F)に対し，3600万円を超える使途不明金があり，その使途を説明できないことから，これらがAらによって私的に費消されたと考えざるを得ない，このまま放置しておけば，被後見人の財産が際限なく減少する危険があるため，早急に手続を進める必要があるとの調査報告をしている。したがって，担当家事審判官(F)は，同日ころ，Aが控訴人の預金から多額の金員を横領しており，放置すれば今後も同様の横領が繰り返される可能性が高いことを認識したというべきである。ところが，担当家事審判官(Fら)は，更なる横領を防止する適切な監督処分（なお，家庭裁判所は，職権で，被後見人の財産の管理その他後見の事務について必要な処分をすることができ（民法863条2項），後見人に不正な行為，著しい不行跡その他後見の任務に適しない事由があるときは，職権で，後見人を解任することができる（同法846条）。）をしなかった。そのため，Aらは，本件預金口座の通帳，印鑑，キャッシュカードを所持し続け，何の制約も受けずにこれらを行使できたところ，上記面接調査から約1か月半後である同年＊＊月＊＊日に50万円，同年＊＊月＊＊日に20万円，同月＊＊日に3万円，同月＊＊日に2万円，同年＊＊月＊＊日に20万円，同月＊＊日に20万円，同年＊＊月＊＊日に50万円，同月＊＊日に10万円，同月＊＊日に5万円，同月＊＊日に6万円，同月＊＊日に5万円，同年＊＊月＊＊日に10万円，同月＊＊日に10万円，同月＊＊日に10万円，同月＊＊日に10万円と，反復して控訴人の預金から金員を払い戻してこれらを着服（合計231万円）していたのである。

なお，担当家事審判官は，同年＊＊月＊＊日（横領発覚から約4

か月後)，K弁護士を二人目の成年後見人に選任しているが，Aが本件預金口座の通帳，印鑑，キャッシュカードを所持し，横領を繰り返していたのであるから，これは現に行われている横領行為を直ちに防止する有効な処分には当たらないというほかない。Aらの横領を阻止したのは，K弁護士が金融機関に対し控訴人の預金の支払を停止するよう依頼し，同年＊＊月＊＊日ころまでにその措置がとられたことによる。そして，担当家事審判官(L)が，Aを解任したのは，上記措置の後，横領発覚から約7か月も経過した同年＊＊月＊＊日のことである。

上記事実によれば，Aらが控訴人の預金から金員を払い戻してこれを着服するという横領を行っていたにもかかわらず，これを認識した担当家事審判官(Fら)がこれを防止する監督処分をしなかったことは，家事審判官に与えられた権限を逸脱して著しく合理性を欠くと認められる場合に当たり，国家賠償法1条1項の適用上違法になるというべきであり，また，担当家事審判官(Fら)に過失があったことも明らかである。

【2-95】被後見人（原告の母A）に対する債権を回収できなくなったのは，被後見人の成年後見人であるB弁護士の任務懈怠（けたい）を適正に監督しなかった横浜家庭裁判所の家事審判官の監督義務違反によるものであるとした国家賠償請求を棄却した事例

東京地判平成26年3月11日判タ1412号182頁

このような家事審判官による後見事務の監督は，成年後見人の選任又は解任の審判や家庭裁判所調査官に対する調査命令の発令等，裁判の形式をもって遂行されるものから，質問権の行使のように裁判以外の事実行為をもって遂行されることもあるが，いずれも，独立した判断権を有し，かつ，独立した判断を行う職責のある裁判官たる家事審判官の職務行為として行われるものであることにかんがみると，家事審判官による成年後見人の監督について，職務上の義務違反があるとして国家賠償法上の損害賠償責任が肯定されるためには，争訟の裁判を行う場合と同様に，家事審判官が違法又は不法な目的をもって権限を行使し，又は家事審判官の権限の行使の方法が甚だしく不当であるなど，家事審判官がその付与された権限の趣旨に明らかに背いて権限を行使し又は行使しなかったと認め得るような特別の事情があることを必要とするものと解するのが相当である。
〈中略〉
　しかし，成年後見人が行う被後見人の財産管理は，あくまで被後見人本人のために行われるものであり，本人の心身の状況や財産の状況に照らして必要性や相当性に乏しければ，成年後見人において，積極的に過去の行為にまで遡って被後見人の財産についてされた処分行為の当否を調査し，関係者の責任を追及する義務はなく，その判断は，成年後見人の裁量的判断事項であるというべきであり，家事審判官としても，成年後見人の判断に裁量権の逸脱，濫用がうかがわれるような場合でない限り，基本的に被後見人保護の見地から成年後見人の判断を尊重することになる。
　本件において，担当家事審判官は，原告から平成21年１月21日に提出された書面を受けて，Ｂ弁護士に対し調査報告を求め，Ｂ弁護士から同年２月23日に，①原告から様々な書類を受け取ったが，ＥらがＡの資産を横領したことを裏付ける明白な証拠があるわけでなく，かかる状況下で原告の主張を鵜呑みにしてＥらの責任を追及することは妥当とは思われないこと，②原告は，Ａ及びＥらを被告として別件訴訟を提起しているが，Ａのためを思い，Ａの利益を図ろうとする者がＡを被告として訴訟を提起するとは思えず，原告が後見開始の申立てをしたのは，真にＡの利益を図るためというより，自己の利益を図るためではないかとの疑問を払拭し得ないこと，③したがって，仮にＥらがＡの資産を横領した事実があるとしても，過去（後見開始の審判以前）の問題については踏み込まず，現在の財産管理を行うに止めた方が妥当であると思料することを記載した意見書を受領したことから（１⑺⑻），それ以上Ｂ弁護士に対し調査を命じ，あるいはＥらに対する責任追及を求めなかったことがうかがわれるのであり，このような担当家事審判官の判断を直ちに不合理ということはできないし，ましてや担当家事審判官が違法又は不当な目的をもって権限を行使し，又は家事審判官の権限の行使の方法が甚だしく不当であり，家事審判官がその付与された権限の趣旨に明らかに背いて権限を行使し又は行使しなかったと認め得るような特別の事情があったものとは認められない。

【２-96】未成年後見人が未成年被後見人の受領した保険金を横領したことにつき，違法限定説が適用されるとする被告の主張を排斥し，家事審判官に未成年後見人に対する監督につき著しい義務違反があるとして，国家賠償を認めた事例

宮崎地判平成26年10月15日判時2247号92頁

一　争点一について

(1)　民法が規定する未成年後見の制度は，親権を行う者がいない場合，又は親権を行う者が管理権を有しない場合において，未成年者を保護しようとする制度である。未成年後見人は，未成年者の身上監護とともに財産管理を行うものであるから，未成年者の財産について，財産管理権とその財産に関する法律行為について未成年者を代表する権限（民法859条1項）が与えられている。未成年者と未成年後見人の関係は，委任の一形態と考えられるので，未成年後見人は，これらの権限の行使について，未成年者に対し善良な管理者としての注意義務を負い，この注意義務に反して，未成年者の財産を横領する等の不正行為を行った場合は，未成年者に対し損害賠償義務を負うものである。

他方，家庭裁判所は，未成年後見人の職務を監督することができるが（民法863条），これは，未成年後見人の権限が広範であるため，いったん不正行為が行われると，未成年者に回復し難い損害が発生するおそれがあることから，家庭裁判所に，一定の範囲で，未成年後見人による後見事務が適正に行われているかどうかを確認することを可能にしたものというべきである。

上記未成年後見の制度の趣旨，目的，後見監督の性質に照らせば，家事審判官による後見監督について，違法な行為として国家賠償法1条1項が適用されるのは，具体的事情の下において，家事審判官に与えられた権限が逸脱されて著しく合理性を欠くと認められる場合，すなわち，家事審判官による後見監督に何らかの不備があったというだけでは足りないものの，家事審判官において，未成年後見人が横領行為を行っていることを認識していたか，横領行為を行っていることを容易に認識し得たにもかかわらず，更なる被害の発生を防止しなかった場合，違法な行為として国家賠償法1条1項が適用されるというべきである。

(2)　被告は，裁判官の独立や上訴制度による是正制度の存在に照らし，裁判官の職務行為について国家賠償法1条1項の違法が認められるためには，当該裁判官が違法又は不当な目的をもって裁判をしたなどその付与された権限の趣旨に明らかに背いてこれを行使したものと認められるような「特別の事情」が必要であると主張する。

しかし，上記の法理は，裁判官が行う争訟の裁判を前提としていて，家事審判官が職権で行う未成年後見人の後見監督は，審判の形式をもって行われるものの，その性質は後見的な立場から行う行政作用に類するものて，争訟の裁判とはその性質を異にするから，上記の法理を家事審判官が行う後見監督に適用することはできない。

15　成年後見の終了

(1)　成年後見の終了原因

成年後見の終了原因は，絶対的終了として，後見開始の審判の取消し，成年被後見人の死亡などがあり，相対的終了として，成年後見人の辞任，解任，欠格事由の発生，死亡などがある。

(2)　後見開始の審判の取消し

民法７条の定める原因が止んだときは，家庭裁判所は，本人，配偶者，四親等内の親族，後見人，後見監督人又は検察官の請求により，後見開始の審判を取り消さなければならない（民10条）。「民法７条の定める原因が止んだとき」とは，本人の事理を弁識する能力が後見制度による保護を要しない状態（保佐又は補助の制度の対象に該当する状態あるいは補助制度による保護も要しない状態）に回復した場合を指す趣旨である。[200)]

後見開始の審判の取消しの認容審判は，申立人（成年被後見人を除く。），成年被後見人（家事74条），成年後見人及び成年後見監督人（家事122条２項２号）に告知される。認容審判に対しては，即時抗告は認められていない。却下審判は，申立人に告知され，民法10条に規定する者からの即時抗告ができる。

(3)　管理の計算

終了時の成年後見人の主要な職務は，後見の管理計算である。管理の計算とは，成年後見人が就職してから後見終了に至るまでに，後見事務の執行に関して生じた財産の変動及び現状を明らかにすることである。

後見人の任務が終了したときは，後見人は，２か月以内にその管理の計算をしなければならない。ただし，この期間は，家庭裁判所において伸長

200）小林昭彦・原司『平成11年民法一部改正法等の解説』85頁

することができる（民870条，家事別表第一16項）。なお，後見監督人があるときは，計算は，その立会いでしなければならない（民871条）。立会いなしに計算したときは，後見監督人は，やり直しをさせることができる。管理の計算の報告を誰にすべきかについて規定はないが，相対的終了の場合は，後任の成年後見人（【２-97】），絶対的終了のうち，後見開始の審判の取消し，すなわち成年被後見人が能力を回復した場合は，本人に，死亡の場合はその相続人（【２-98】）に対して行う。[201] 後見監督人や家庭裁判所が後見監督の作用として計算書の提出を要求できることは，当然のことである（前掲【２-90】【２-91】）。

後見人が計算の終了前に死亡したときは，その相続人が管理計算の義務を負う。[202]

未成年後見の計算の終了前の取消権（民872条）（後記第４章第２節７⑶参照）の規定が，成年後見の審判が取り消される場合に類推適用されるか否かが問題となる。類推適用を肯定する学説は，未成年被後見人と成年被後見人とを区別する理由はないとする。[203] これに対し，否定説は，成年被後見人の場合は，精神上の障害により事理を弁識する能力を欠く常況にあるため，成年後見人からの心理的威圧を感じることがないことを理由とする。[204] 成年後見人の能力が回復する事例は希有と思われるが，類推適用肯定説を支持する。[205]

【２-97】後見の終了が相対的で単に新旧後見人の更迭があったにとどまる場合には，後任後見人が固有の権利に基づいて計算履行を請求できる。

水戸地土浦支判大正７年３月22日新聞1400号24頁

201）我妻榮『親族法』370頁
202）於保不二雄・中川淳編集『新版注釈民法㉕改訂版』464頁〔吉村朋代〕
203）中川善之助『新訂親族法』579頁，於保不二雄・中川淳編集『新版注釈民法㉕改訂版』459頁〔宮井忠夫〕，474頁〔吉村朋代〕
204）中川善之助編『註釈親族法(下)』226頁〔薬師寺志光〕
205）新制度の改正にともない，民法872条については，未成年後見に関する規定として，文言を「未成年者」から「未成年被後見人」と「後見人」を「未成年後見人」と改めたにとどまるのであり，類推適用を否定するまでもないであろう。

「被告ハ後見計算ハ被後見人ヨリ請求セラルヘキ理ナルモ後任後見人ヨリ之ヲ請求スルノ権利ナシト論争スト雖モ本件後見関係ハ未タ絶対ニ終了ヲ告ケタルモノニアラス被後見人ハ完全ナル行為能力ヲ有スルコトナク依然後見ニ付セラレ単ニ新旧後見人ノ更迭アリタルニ止マルヲ以テ之カ終了ハ正シク相対的タリト謂フ可ク従テ其計算関係モ亦被後見人又ハ相続人ニ対シテ為ス可キ場合トハ頗ル其趣ヲ異ニシ性質上後任後見人ニ対シテ之カ計算ヲ履行セサルヘカラサルヤ自明ノ理ナルカ故ニ原告カ後任後見人トシテ固有ノ権利ニ基ク本訴請求ハ固ヨリ正当ナリ」

【２-98】被後見人の死亡によって後見が終了する場合，更迭前の後見人がいまだに後見の計算をしないときは，その相続人は右計算請求権を行使できる。

東京控判昭和10年７月８日評論24巻民834頁

「後見ノ計算ハ必スシモ常ニ後任後見人ヨリ之ヲ請求スルモノト限ラス若シ被後見人ノ死亡ニヨリテ後見ノ終了スルカ如キ場合更迭前ノ後見人カ未タ後見ノ計算ヲ為ササルトキハ其ノ相続人ハ右計算ヲ請求シ得ヘキ固有ノ権利ヲ有スルモノト解スルヲ相当トスヘク其ノ相続人モ亦未成年者ナルトキハ其ノ法定代理人ニ於テ其ノ未成年者ノ有スル右計算請求権ヲ行使スルコトヲ得ヘキモノト謂ハサルヘカラス」

⑷　後見人の利息支払義務等

ア　財産の返還と利息の付加

後見の終了に際し，計算の結果，後見人から被後見人に対し，その保管する金銭を返還すべきであり，他方，後見人が後見事務の費用を立て替えていた場合などは，被後見人から後見人に償還すべきである。これらの財産返還に伴う債権債務は，計算が終了するまでその内容が不明確であり，履行期など一般の決済法理に従うことはできない。そこで，計算が終了するまでは，後見人・被後見人の双方に遅滞の責任は生じないこととし，後見の計算が終了して返還ないし償還すべき金額が確定した時にあたかも履行期が到来したことにして，その時から以後「返還すべき金額」に利息をつけなければならないこととした（民873条１項）。この利息は，年５分の法定利息（民404条）である。

イ　後見人の金銭消費の特則

後見人が自己のために被後見人の金銭を消費し，それに起因して被後見人に損害を与えた場合，その消費のときからの利息をつけるだけではなく，損害があったときは，その賠償の責任を負う（民873条２項）。その際は，後見人に横領その他不正の意思があることを必要としない。２項後段の法定利息を超える損害賠償の例としては，例えば，後見人が自己のために被後見人の金銭を消費した結果，被後見人の生活費を支弁しえなくなり，被後見人の他の財産を不当に安い価格で売却した場合，被後見人を代理して高利の金銭を借り入れた場合などの不当価格や高利の利息によって生じた損害をいう。成年後見人による金銭消費の責任の性質については，不法行為に基づく責任と解するか，[206] 債務不履行に基づく責任と解するか[207] の対立がある。後見人が損害の不発生を立証してもその責任を免れるわけではないことから，不法行為責任とはいえない。また，２項後段は，被後見人に法定利息以上の損害も立証により賠償請求を認めているから，金銭債務の一般原則（民419条）の例外規定である。法が認めた責任であり，委任類似の関係にもとづく一種の債務不履行責任と解すべきである。[208] 民法873条２項後段の損害賠償部分については，責めに帰すべき事由の不存在をもって抗弁としうる。[209]

(5)　成年被後見人の死亡後の成年後見人の権限[210]

ア　死後事務の明文化

成年被後見人が死亡した場合には，成年後見は当然に終了し，成年後

206）中川善之助監修『註解親族法』376頁〔山畠正男〕，於保不二雄・中川淳編集『新版注釈民法(25)改訂版』463頁〔宮井忠夫〕，石川利夫『改訂版家族法講義(上)』300頁の注２
207）中川善之助編『註釈親族法(下)』229頁〔薬師寺志光〕
208）中川淳『改訂版親族法逐条解説』597頁，於保不二雄・中川淳編集『新版注釈民法(25)改訂版』480頁〔吉村朋代〕
209）於保不二雄・中川淳編集『新版注釈民法(25)改訂版』482頁〔吉村朋代〕
210）髙山善裕「成年後見制度の利用の促進に関する法律，成年後見の事務の円滑化を図るための民法及び家事事件手続法の一部を改正する法律の概要」実践成年後見63号38頁，

見人は原則として法定代理等の権限を喪失する（民111条１項，653条１号）。しかし，実務上，成年後見人は，成年被後見人の死後も一定の事務を行うことを周囲から期待され，社会通念上，これを拒むことが困難であることが問題とされていた。従前から，応急処分（民654条，874条）等の規定が存在することから，窮迫の事情があるときに限定して入院費用の支払や埋葬等に契約が死後事務として行われる場合もあった。この点，「成年後見の事務の円滑化を図るための民法及び家事事件手続法の一部を改正する法律」（平成28年法律第27号，同年10月13日施行）により，民法873条の２の規定が新設され，成年後見人は，必要があるときは，成年被後見人の相続人の意思に反することが明らかな場合を除き，相続人が相続財産を管理することができるに至るまで，①保存行為（１号），②弁済期が到来している相続財産の債務の弁済（２号），③死体の火葬又は埋葬に関する契約の締結その他相続財産の保存に必要な行為（３号）を行うことができる旨，明らかにされた。

民法873条の２の規定による死後事務は，成年後見人のみに限られている。

イ　要　件

成年後見人が死後事務を行うためには，「必要があるとき」，「成年被後見人の相続人の意思に反することが明らかなときを除き」，「相続人が相続財産を管理することができるに至るまで」という要件がある。

「必要があるとき」とは，入院費の請求をされているが，相続人との連絡がとれないなどの事情により，成年後見人が支払わないと相当期間支払がなされないこととなる場合などをいう。

「相続人の意思に反することが明らかなとき」とは，成年後見人が１号から３号の行為を行うことについて成年被後見人の相続人が反対の意思を明確に表している場合をいい，相続人が複数いる場合は，１人でも反対の意思が明らかであれば，その意思に反して死後事務を行うことは

大塚竜郎「成年後見の事務の円滑化を図るための民法及び家事事件手続法の一部を改正する法律の逐条解説」民事月報71巻７号63頁以下参照

できないと解される。これに対し，相続人がいないか，又はいるかどうか不明であるとき，相続人がいるが連絡が取れない場合については，いずれも「成年被後見人の相続人の意思に反することが明らかなとき」には該当しない。

「相続人が相続財産を管理することができるに至るまで」とは，基本的には，相続人に相続財産を引き渡す時点までである。本来，１号から３号までの事務は，相続人が行うべきものであり，時期的な限定が付されている。成年後見人は，成年被後見人の死亡後２か月以内に管理の計算をし，相続人に管理財産を引き渡す義務（民870条）を負っていることからすると，この義務を履行することができる状況にあり，かつ，相続人もいつでも引き継げる状態にある場合に至った場合は，１号から３号の死後事務を行う権限を有しない。

ウ　死後事務の類型

１号は，特定の財産に対する保存行為と解され，①時効の完成間近に迫っている債権の時効の中断，②建物の補修などがあり，これについては，相続人の意思にも通常合致していることから，裁判所の許可なく，成年後見人において行うことができるとされた。

２号は，成年被後見人が入院していた際の医療費の支払や，居宅の賃料の支払などである。債務を消滅させ，遅延損害金の発生の防止につながるものであり，相続人の管理処分権を侵害するおそれは少ないことから，家庭裁判所の許可なく，成年後見人において弁済ができるとされた。

３号は，実務上，要請の多かった死体の火葬又は埋葬に関する契約の締結について，家庭裁判所の許可によりこれを認めるものである。遺体については，法律上，死亡後24時間以内の火葬等が禁止されており（墓地，埋葬等に関する法律３条本文），衛生上あるいは社会通念上も，適切な方法で遺体を保管することが必要とされる一方で，遺体の保管は相応の費用と手間がかかるため，相続財産の目減りを防ぐ意味でも早期に遺体を引き取り火葬等の手続をすることが必要である。成年後見人が相続人と連絡が取れない，あるいは，遺体の引取りを拒まれることも多く，このような場合に，成年後見人が火葬等の契約締結を行うことが想定される。なお，墓地，埋葬等に関する法律９条は，死体の埋葬又は火葬を行う者がないとき又は判明しないときの死亡地の市町村長の埋葬義務を定めているが，市町村長は，民法873条の２第３号を理由に遺体の引取りや火葬を拒むことはできない。[211)]３号の死体の火葬又は埋葬契約には，納骨に関する契約も含まれる。これに対し，葬儀は，その施行が公衆衛生上不可欠というものではなく，宗派，規模等によって様々な形態があり，法律上も義務付けられているものではないから，３号の権限には含まれない。

３号のその他相続財産の保存に必要な行為とは，成年後見人が管理していた動産その他の物の寄託契約の締結，電気ガス水道等の供給契約の解約，債務を弁済するための預貯金の払い戻しなどが想定される。これらの行為は，１号の相続財産の保存に必要な行為には該当しないが，相続財産全体としてみた場合に，これらの行為をしないと，相続財産の総額が減少することになるため，全体としてその保存に必要な行為になることから，成年後見人が家庭裁判所の許可を得て，これを行うことができるものとした。

１号と３号の関係であるが，１号の保存行為を行うために一定の支出を伴う場合，その費用を捻出するために預貯金口座から払い戻しを受ける場合には，払い戻しについては３号に該当するため，家庭裁判所の許可が必要となる。

成年後見人が３号該当事務を家庭裁判所の許可を得ずに行った場合には，無権代理として相続人に効果は帰属しない。ただし，民法873条の２の死後事務が明文化されているといっても，従前から存在する応急処分（民874条，654条）に該当すると認められる場合には，成年後見人は家庭裁判所の許可なくこれを行うことも許容される。なお，成年後見人が死後事務や応急処分を行ったとしても法定単純承認（民921条）は生じない。

211）大塚竜郎「成年後見の事務の円滑化を図るための民法及び家事事件手続法の一部を改正する法律の逐条解説」民事月報71巻７号78頁

(6) 後見終了の際の委任規定の準用

ア　委任規定の準用

後見の終了によって，後見人の管理権は消滅するが，後見開始の審判を取り消された者が直ちにその財産の管理を行うことは，実際，不可能なことが多い。後見人と被後見人の関係は，委任類似の関係ということができるので，後見の終了の際には，委任終了の際の善処義務の規定が準用される（民874条，654条，655条）。

イ　応急処分義務

後見人だった者，その相続人，その相続人の法定代理人は，後見が終了しても急迫の事情がある場合は，必要な処分をしなければならない（民874条，654条）。実務上，死後事務の範囲を明確にする必要性があることが指摘されていたところ，民法873条の２が新設され，成年後見人については，急迫の事情がある場合の必要な処分のうち，時効の中断，差押え，係争物についての仮処分申立て，倒壊しそうな家屋の修繕等などの相続財産に属する特定の財産の保存に必要な行為（同法１号）は，成年後見人の権限として明記された（前記(5)）。

後見人が更迭された場合，後見監督人があるときは，民法851条３号に基づいて応急処分を行うことになろう。応急の措置を行う法律上の責務を認めた判例として【２-99】がある。

ウ　後見終了の対抗要件

後見の終了事由はいくつかあり，後見人や取り消された被後見人がこれを正確に知り得るとも限らない。後見が終了しているにもかかわらず，これを知らない被後見人が財産の管理を怠る，あるいは，後見人が後見事務を行い，相互に不利益を被るおそれがある。そこで，委任の規定（民655条）を準用し，後見が終了する場合に，終了事由が被後見人にある場合と後見人にある場合があるが，いずれの場合を問わず，相手方に通知し，あるいは，相手方がこれを知らなければ対抗できないとした。ここでの相手方とは，後見関係における相手方をいい，取引の相手方としての第三者を意味しない。[212] この対抗要件は，後見人と被後見人の双方に準用される。実際には，後見開始の審判を取り消す審判においては，被後見人（家事74条）に加え，後見人及び後見監督人にも告知される（家事122条3項2号）。後見人の辞任の許可の審判及び解任の審判は，いずれも後見人に告知され（家事74条2項），被後見人に対しては，審判の告知又は通知の規定はないが，後任の後見人から被後見人に対し前任の後見人の辞任の説明をすることになる。このため，対抗要件の主張がなされる場面は稀有であろう。

【2-99】後見人はその資格が消滅した後でも，就職中に発生した不完全な状態の回復を図る法律上の責務がある。

大判昭和10年8月21日新聞3886号11頁

「後見人ハ未成年者監護ノ任務ヲ有スルモノナルカ故ニ其就任中ニ於テ為サレタル親族会ノ決議ニシテ不法又ハ不当ノモノアルトキハ之ニ対シ不服ノ申立ノ訴ヲ提起シ以テ未成年者監護ノ任務ヲ全フスヘキ責務ヲ有スルヤ疑ナク其就職中為サレタル親族会ノ決議ニ対シ訴ヲ以テ不服ノ申立ヲ為シ其訴訟ノ繋属中未成年者カ成年ニ達シタル為メ後見人タル資格消滅シタル場合ト雖モ仍ホ後見人ハ其訴訟ヲ遂行シ其就職中発生シタル不完全ナル状態ノ回復ヲ計ル法律上ノ責務アリト解スルヲ相当トス」

(7)　後見に関する債権の消滅時効

ア　後見に関する債権の消滅時効

後見人又は後見監督人と被後見人との間において後見に関して生じた債権については，親権者の管理にかかる債権の消滅時効の規定が準用されており，5年の消滅時効にかかる（民875条1項，832条1項）。消滅時効について特則が定められているのは，後見人・後見監督人・被後見人の負担を軽減させ，後見終了に伴う法律関係をすみやかに安定させようと

212）於保不二雄・中川淳編集『新版注釈民法㉕改訂版』484頁〔吉村朋代〕

する趣旨である。それとともに，後見が継続している間は，被後見人から債権を行使することは困難であるから，後見が終了するまではこのような債権は消滅時効が進行しないものとして，被後見人の利益を保護している。

イ　後見に関する債権

後見に関して生じた債権とは，財産管理に関するものに限られない（【２-100】）。しかし，後見人又は後見監督人と被後見人間の債権債務であっても，後見に関しないものは除外される。

被後見人の後見人に対する後見に関して生じた債権としては，成年後見人が後見事務費として受領した金員の返還請求権（【２-101】），成年後見人が財産管理上被後見人に与えた損害賠償請求権（民873条１項，２項の債権，任務懈怠（けたい）により生じた損害賠償債権などすべて）（【２-102】），[213] 未成年後見人が未成年被後見人の監護義務（民857条）を怠り，又は成年被後見人の療養看護（民858条）を怠ったために生じた被後見人の損害賠償請求権，後見終了の際の管理計算請求権（民870条）（【２-100】）などがある。

後見人の被後見人に対する債権としては，後見人の後見事務執行中の費用償還請求権，立替金償還請求権，報酬請求権などがある。

ウ　時効の起算点

普通，債権の消滅時効は，「権利を行使することができる時」，すなわち履行期から進行を開始する（民166条）が，後見に関して生じた債権の消滅時効は，後見人の管理権が消滅したとき，すなわち絶対的終了の場合は，後見終了の時から，相対的終了の場合は，後任の後見人が就職した時から進行する。後任の後見人が選任されないときは，被後見人の後見開始の審判が取り消された時から進行する（民875条１項，832条２項）。

213）民法873条２項の後見人の金銭消費の責任について，その性質を不法行為にもとづく責任と解する説には，消滅時効について通常の不法行為と同じく，「損害及ヒ加害者ヲ知リタル時」から３年の時効にかかり，民法875条の５年間の短期消滅時効の適用はないとするものがある（於保不二雄・中川淳編集『新版注釈民法(25)改訂版』468頁〔宮井忠夫〕）。しかし，その性質が不法行為責任であるとしても，民法875条の「後見に関して生じた債権」に，民法873条２項のものを含むとし，金銭消費以外の故意又は過失による損害賠償債権についても875条が適用されると解するのが相当である。

【2－100】後見人が被後見人の財産を管理したことに対し法律上負担させた計算義務も，後見に関して生じた債権に属する。

大判大正7年5月23日民録24輯1027頁

「他人ノ財産ヲ管理シタル者ニ於テ負担スル計算ノ義務ハ契約関係ヨリ生シタルト将タ法律ノ規定ニ依リ直接生シタルトヲ問ハス常ニ債権関係ニ外ナラサルコト多言ヲ要セス而シテ民法第942条ニ後見ニ関シテ生シタル債権トアルハ之ヲ広汎ニ解釈シ苟モ後見ニ基因シテ生シタル債権ハ総テ之ヲ包含スルモノト認ムルヲ相当トスヘキカ故ニ後見人カ其任務トシテ被後見人ノ財産ヲ管理シタルコトニ対シ法律上負担セシメタル計算ノ義務ノ如キモ亦前記法条ノ範囲ニ属スルコト論ヲ竢タス」

【2－101】後見に関して受領した金員の返還請求権は，民法875条（旧民942条）により消滅し，民法167条1項，159条によるべきものではない。

長崎控判大正9年1月27日新聞1664号15頁

「一審被告代理人ハ㈠ノ分ノ受領金返還請求権ハ民法第167条第1項ニ依リ一審被告カ之ヲ受領シタル明治41年1月20日ヨリ10年ヲ経過シタル大正7年1月20日時効ニ因リ消滅シ其他ノ受領金返還請求権ハ民法第159条ニ依リ一審原告カ成年ニ達シタル大正3年2月18日ヨリ6ケ月ノ経過ニヨリ時効完成スルヲ以テ本件返還請求権ハ既ニ時効ニ因リ消滅シタル旨抗争スレトモ前記各受領金ハ一審被告カ一審原告ノ後見人トシテ其後見ニ関シ受領シタルモノナルコトハ当事者間争ナキ所ナルカ故ニ一審原告ノ返還請求権ハ民法第942条第894条第1項ニ依リ後見終了ノ時タル大正3年2月18日ヨリ5年間之ヲ行ハサルニアラサレハ時効ニヨリ消滅スヘキモノニアラスシテ民法第167条第1項第159条ニ依拠スヘキモノニアラス何トナレハ後見終了セサル間ハ一審原告ニ於テ返還請求権ヲ行使スルコトヲ得サル筋合ナルヲ以テ後見終了セサレハ時効期間ノ進行スヘキ謂ナキヲ以テナリ而シテ本訴ハ右後見終了後5年ヲ経過セサル大正7年3月15日提起セラレタルコトハ訴状ニ徴シ明白ナルカ故ニ時効ノ抗弁ハ其理由ナシ」

【2－102】後見人として在職中に，その財産管理上不法行為により生じた損

害賠償債権は，後見に関して生じた債権であり，民法724条の３年の消滅時効の抗弁は失当である。

東京控判昭和13年11月28日評論28巻民155頁

「本件損害賠償債権ハ前段説示ニ徴シ明白ナルカ如ク控訴人カ岡谷繁雄ノ後見人トシテ在職中其ノ財産管理上不法行為アリタルニ基因シテ発生シタルモノナルヲ以テ民法第942条ニ所謂後見人ト被後見人トノ間ニ於テ後見ニ関シテ生シタル債権ナリト解スルヲ相当トスヘク従ツテ同法条及同法第894条ニ拠リ控訴人カ後見人タルコトヲ免黜セラレ岡谷六郎カ新タニ後見人ニ就職シタル前示昭和３年８月６日ヨリ起算シテ５年ヲ経過スルニヨリテ始メテ消滅時効完成スルモノト謂ハサルヘカラス然ルニ本件記録ニヨレハ本訴ハ未タ５年ヲ経過セサル昭和６年11月９日岡谷繁雄ニ於テ之レヲ提起シタルモノナルコト明カナルトコロ其ノ後昭和６年12月31日岡谷繁雄ハ右債権ヲ被控訴人ニ譲渡シ同日控訴人ニ対シ其ノ旨ノ通知ヲ為シタルコトハ当事者間争ナク被控訴人ハ之レニ基キ民事訴訟法第71条ノ規定ニヨリ訴訟参加ヲナシタルモノナルコト亦記録上明白ナルヲ以テ同法第73条ノ規定ニヨリ被控訴人ノ為メノ時効中断ノ効力ハ前記訴訟繋属ノ当初ニ遡リテ生スルコト固ヨリ論ヲ俟タサルトコロナリトス然ラハ民法第724条ノ規定ニヨリ右債権ハ岡谷六郎ニ於テ不法行為アリタルコトヲ知リタル昭和３年８月下旬ヨリ起算シ３年ヲ経過スルニヨリテ消滅時効完成シタリトスル控訴人ノ抗弁ハ失当ニシテ排斥ヲ免レス」

第２節　保佐制度の概要

1　保佐の開始

(1)　保佐開始の審判の対象者

保佐の制度は，精神上の障害により事理を弁識する能力（判断能力）が著しく不十分な者を対象とする（民11条）。従来の準禁治産では，「心神耗弱」の用語を用いていたが，これを改めるとともに，浪費者を保佐の対象とすることを廃止した（「精神上の障害」及び「事理弁識能力」の意義については，

第２章第１節１(1)参照)。[214] 浪費者を準禁治産とすることについて，【２−103】は，違憲ではないと判断していた。しかし，十分な判断能力を有する者を浪費者としてその金銭等の費消方法について裁判所が介入してその適否を判断することは，国家の市民生活に対する関与としては不適当であり，浪費者が家族に対する扶養義務を果たさない場合は，婚姻費用分担や子の監護に関する処分又は扶養の各審判により給付義務を確定し，履行確保制度や強制執行により解決することが相当である。また，浪費者であることを理由とする準禁治産宣告については，親族間の争いが多いうえ，様々な取引の場面において第三者の取引の安全が害されることなどの問題点が指摘されていた。そこで，成年後見制度は，精神上の障害，すなわち，認知症（痴呆）性高齢者，知的障害者，精神障害者等の判断能力を欠く者や不十分な者を保護する制度であることから，その趣旨に沿って，保佐の対象者から除外した。判断能力の不十分な浪費者は，保佐又は補助の各制度により保護を受けることになる。[215]【２−104】は，抗告人は鑑定によると心神耗弱の常況にあるとは認められないとし，ただ，異常な浪費を繰り返すことをも申立書において理由としているので，この点及び準禁治産宣告の必要性について，さらに審理を尽くさせるのを相当と認めて，原審を取り消して差戻しをしたという事案である。浪費を保佐開始要件とすることの問題点がうかがえるほか，親族間の本人の財産をめぐる紛争が背景にある事案として参考になる。

保佐開始の審判の対象者は，「事理を弁識する能力が著しく不十分である者」に限定される。後見制度の対象者である「事理を弁識する能力を欠く常況にある者」は，保佐開始の審判の対象者から除外される（民11条た

214）旧法は，昭和54年法律第68号で改正される前まで，「聾者，唖者，盲者」も準禁治産宣告の原因としていたが，身体的障害のみを理由として準禁治産宣告の原因とすべきではないとして削除されている。新制度が浪費者を保佐の保護対象から除外したことにより，精神上の障害により事理弁識能力が不十分な者を保護する制度であることが明確になった。

215）この点，谷口知平・石田喜久夫編集『新版注釈民法(1)改訂版』349頁〔鈴木ハツヨ〕は，単なる浪費者を保護対象から除外したことについて，「近親者に対する扶養義務を果たせず，自らもやがては社会保障という国民全体の負担に依存する可能性の強い者をも放任するべきかについては，若干の疑念が残らないではない。」とする。

だし書）し，「事理を弁識する能力が不十分である者」である補助開始の審判の対象者（民15条１項本文）は，保佐開始の審判の対象者とはならない。ただ，事理弁識能力の不十分な程度が，保佐では，「著しく不十分」，補助では，「不十分」と区別されているため，精神医学の専門家的立場から，事理弁識能力の不十分さの程度を精密に段階的に区分することは容易ではないと指摘されており，具体的に保佐と補助の区別をどのように認定するかが問題となる。[216] 結局，保佐制度と補助制度の対象者の区別は，民法13条１項所定の重要な財産行為について自分一人ではこれを適切に行うことができず，常に他人の援助を受ける必要がある状態かどうかにより区別することになる。[217]

保佐制度の対象者の具体例としては，①日常の買物程度は自分でできるが，重要な財産行為は，自分では適切に行うことができず，常に他人の援助を受ける必要がある（誰かに代わってやってもらう必要がある）者，②いわゆる「まだら呆け」（ある事柄はよくわかるが，ほかのことはまったくわからない場合と，日によって普通の日と認知症症状の出る日がある場合の双方を含む）のなかで，重度の者が挙げられる。[218]

【２-103】浪費者であることを理由として準禁治産を宣告する制度は，憲法第13条及び第29条に違反しない。

最大決昭和36年12月13日民集15巻11号2795頁

浪費者であることを理由として準禁治産を宣告する制度を設けた趣旨は，浪費者が思慮なくその資産を浪費することを防止し，もつて浪費者の財産を保護するにあるから，右の制度は，憲法13条および29条の趣旨と抵触するものでないことはいうまでもなく，また，浪費者であることを理由として準禁治産の宣告を受けた者も，その原因が止んだときは，民法13条，10条（注・

216）谷口知平・石田喜久夫編集『新版注釈民法(1)改訂版』292頁〔鈴木禄弥〕，於保不二雄・中川淳編集『新版注釈民法(25)改訂版』512頁〔小川富之〕
217）小林昭彦・大門匡編著『新成年後見制度の解説』72頁，髙村浩『Q&A　成年後見制度の解説』59頁，額田洋一「補助開始審判の要件」判タ1100号236頁
218）小林昭彦・大門匡編著『新成年後見制度の解説』103頁

現民14条）により，家庭裁判所は，本人その他民法7条所掲の者の請求によりその宣告を取消すことを要するものであり，本人が浪費者でなくなったことは，本人の日常の行動その他具体的事実により十分にこれを判断できるのであるから，その行為能力の回復が法律上保障されているのであって，その保障がないとの見解を前提として，この制度の違憲を論ずるは，当を得ない。

【2-104】準禁治産宣告及び保佐人選任の申立を認容した審判に対する即時抗告事件において，抗告人は心神耗弱の常況にあるとは認められないとして，原審判を取り消して，差し戻した事例

東京高決平成元年9月21日家月42巻2号166頁

1　記録によれば，原審鑑定人宮城光一（以下「宮城鑑定」という。）は，抗告人（事件本人）の現在の精神能力について，「脳血管性精神障害に帰因する知的活動性の減退及び人格変化のため，心神耗弱の常況にある。」と鑑定し，その理由として，抗告人が昭和48年11月，○○大学医学部心療内科で初老期うつ病及び動脈硬化症の診断のもとに入院加療を受け，昭和52年9月，右側の中大脳動脈領域に高血圧性脳梗塞が発症し，国立○○病院で血腫除去手術を受けたこと，抗告人が昭和56年4月から5月にかけて○○市立○○病院へ通院して，極く少量の抗うつ剤の投与を受け，その後昭和58年4月まで，東京都立○○病院で，うつ病及び脳血管障害後遺症の病名のもとに入院（7日間），通院して加療を受け，同年6月，急速に歩行困難，構語障害がみられ，次第に寝たきりの状態となり，国立○○病院へ約2週間入院し，同年7月から9月まで，○△病院分院で脳梗塞及びパーキンソン症候群の診断名で加療を受けたこと，現在症として，脳神経系では両視野に左同名半盲を認め，頭部CTスキャン検査により，右側の中大脳動脈領域に限局した陳旧性脳梗塞像が認められると同時に両側特に右側の著名な側脳室の拡大を伴った全般的な脳萎縮像を呈し，両側内頸動脈及び脳底動脈にも部分的な動脈硬化像が見受けられ，脳波検査により，安静閉眼時の基礎活動は頭蓋前半部優勢な30マイクロボルト8～9ヘルツの広範に拡がるアルファ活動でかなり連続的に出現するなど全般的な機能低下及び右側頭，頭頂，中心領に限局する異常を示唆する所見が得られ，自己中心的，独善的に自己の意見を主張し，人間不信が強く，対人関係では敵対的，他罰的な態度をとりがちであること等を掲げている。

しかしながら，他方で，宮城鑑定は，抗告人の家族内には特記すべき既

往歴，遺伝歴を認めず，精神障害に関する濃厚な遺伝負因の存在は否定しうるとし，習慣化した日常生活面では，行動，判断は比較的良好に保たれており，迂遠さ，保続傾向と了解の悪さを除いては，特別な言動もなく，人格の核心は比較的保持されているし，幻聴，幻視などのような知覚異常は認められず，離人症，させられ体験などの自我意識障害の存在は認め難く，躁状態でみられる観念奔逸，うつ状態で体験される思考抑制，精神分裂症に特徴的な滅裂思考及び思考途絶などは全く認められないとしている。また，○○大学名誉教授医師長嶋和雄作成の昭和62年7月5日付診断ならびに症状経過報告書（以下「長嶋意見」という。）によれば，同医師は，昭和60年2月8日，昭和62年6月15日及び同月22日の3回にわたり，他の医師，臨床心理士による諸検査を参考にして直接抗告人を問診した結果，現在，CTスキャン所見では脳全体に年齢相応の萎縮が見られるがその程度は軽度であり，昭和58年6月に脳梗塞及びパーキンソン症候群と診断されたが入院治療により奇蹟的に回復していて，現在の精神状態については，躁うつ病は寛解状態にあり，全体として精神的老化は見られるものの，年齢を考慮すれば著しい減退とは言えず，人格水準の低下も軽微であり，日常生活上において支障を来たすような精神障害は認められないとしている。これらの諸点を考慮すれば，抗告人の現在の精神能力は，既往の病歴，手術の状況，年齢にかんがみ多少の障害があるとは認められるが，その程度を心神耗弱の常況にあるとまで断定するのは相当でなく，宮城鑑定の前記結論部分には疑問がある。

2　次に，記録によれば，原審鑑定人関谷正彦（以下「関谷鑑定」という。）は，抗告人の現在の精神能力について，「心神耗弱の常況にある。」と鑑定し，その理由として，抗告人の病歴につき宮城鑑定と同旨を記述したうえ，その間，抗告人が不必要な大量の買い物をし家族に送つたこと，多額の株式投資をして多額の損失（抗告人分約4億4,000万円，会社分約3億5,000万円）を受け，○○にリゾートホテルを新築して毎年6,000万円ほどの赤字を出すようになったこと，抗告人が2回にわたり家出をし，ホテル，マンションに独り暮らしをし，妻香に対する離婚調停の申立て，相手方に対する告訴や訴訟の提起，自己の全遺産を○○学園に寄付する旨の遺言書の作成，抗告人の自筆又はワープロによる多数の宣伝文書の配布などがあつたとし，全般的観察による精神的現症は，抗告人は誇大傾向，自尊心増大，自制減弱と同時に相手方，香らへの敵対感情，被害念慮のみられる軽躁状態にあり，同時に老年期の器質過程に由来する現実判断能力，思考能力の柔軟性の低下を来たしていて，過去のできごとに捕われて執着し，頑固で，現実を吟味，対応する能力が減退しているとし，結局，抗告人は，自我復旧動向に基づき息子である相手方に対し頑強執拗に失地奪回闘争をなすもので，これは闘争パラノイアに準ずるものとみられ，昭和59年４月から躁病が続いて昭和63年７月には軽微になりつつあるが，向後平常になるか，再びうつ状態になるかは予断を許さず，躁うつ病，特に躁病による事実認識，判断力の障害は顕著であり，現在の総合的判断力の障害には軽微な老年痴呆も関与しているものと想定されるとしている。

しかしながら，記録によれば，抗告人は，商業学校を経済的理由により４年生で中退し，家業の果実食料品店の手伝いからはじめ，戦後，銀座にビルを建設し，昭和27年に創立した株式会社○○本社のほか関連会社３社も設立し，最近では，それらの資産が1,000億円にも達するともいわれ，関谷鑑定で指摘されたような株式投資，ホテルの新築経営等は，抗告人にとつては通常の経済活動の域を越えたものであるとは認めがたく，それによって損失を生じたからといつて，それをただちに抗告人の無思慮，無分別に帰することができるものでもない。また，相手方の本件準禁治産宣告の申立ては，昭和59年８月14日であることが記録上明らかであるところ，抗告人が弁護士を代理人として，相手方を横領罪で東京地方検察庁に告訴したのは，同年10月23日頃であり，抗告人が弁護士を代理人として，相手方ほかの者を当事者とする代表取締役，取締役，監査役職務執行停止，職務代行者選任仮処分命令申請，取締役及び監査役解任請求訴訟，株券返還請求訴訟を提起したのは，同年同月頃であり，抗告人が妻香を相手方として離婚を求める旨の調停を申立てたのは，昭和62年３月26日であることが記録上認められ，これらの告訴状，申請書，訴状等の内容を検討しても，あるいは記録中にある右訴訟事件の抗告人本人尋問調書を詳細に検討しても，抗告人のこれらの告訴，訴訟の提起等が自我復旧動向に基づく失地奪回闘争をなすものであり，闘争パラノイアに準ずるものであると断定することはできない。すなわち，抗告人の家族との不和，抗争あるいは会社経営をめぐる争いなどについて，家族や係争の相手方の側に何ら原因がなく，それがもっぱら抗告人の病的要因に由来するものであると断ずる根拠もないというべきである。そして関谷鑑定の指摘する前記のその余の事実を考慮しても，長嶋意見に照らすと，抗告人の現在の精神能力が心神耗弱の常況にあると断定するのは相当でなく，関谷鑑定の前記結論部分にも疑問がある。

3　以上のほか，記録を検討しても，抗告人が現在心神耗弱の常況にあると認めるに足りる証拠はないから，原審判は失当であり取消しを免れないが，相手方は，本件準禁治産宣告の申立書において，抗告人が異常な浪費を繰り返すことをも理由としているので，この点及び準禁治産宣告の必要性につき，更に審理を尽させるのを相当と認め，本件を東京家庭裁判所に差し戻すこととし，主文のとおり決定する。

(2)　保佐開始の審判の必然性

保佐開始の審判において本人の判断能力が著しく不十分であると認定された場合，家庭裁判所は，必ず保佐開始の審判をしなければならないのであろうか。旧法では，「心神耗弱者」であるときでも，家庭裁判所は，宣告の必要性を判断して準禁治産宣告の申立てを却下できるという解釈が通説であった。理由としては，心神耗弱者・浪費者について，準禁治産者とする必要性のない場合があるのみならず，保佐人になるべき者の範囲も限定されており，近親者が財産を僭取する目的で準禁治産宣告の申立てを行う場合が少なくなかったからとされている。[219] 民法11条は，「保佐開始の審判をすることができる」とあり，家庭裁判所に裁量権が認められるか否かが，改正後も解釈として問題となる。第１説（裁量否定説）は，判断能力が不十分であると認定される以上，民法13条１項所定の重要な財産行為について常に他人の援助を受ける必要（同意権付与の必要性）があるものと認められるので，補助開始の審判とは異なり，具体的な同意権・代理権付与の必要性について別途の審査を要することなく，保佐開始の審判をすべきであるとする。[220] これに対し，第２説（裁量肯定説）は，旧法下の通説と同じように，家庭裁判所は，審判の必要性も判断することになる，あるいは，保佐開始が必要か否かの判断も含めて「精神上の障害により事理を弁識する能力が著しく不十分」か否かの判断を行うと解する。[221]

判例は，旧法下のもので，家庭裁判所の裁量を否定した**【２-105】**と裁量を認めた**【２-106】**がある。**【２-105】**は，心神耗弱者である以上は

219）谷口知平・石田喜久夫編集『新版注釈民法⑴改訂版』349頁〔鈴木ハツヨ〕，我妻榮『新訂民法総則（民法講義Ⅰ）』82頁，斎藤秀夫・菊池信男編『注解家事審判法　改訂版』135頁〔安井光雄〕

220）小林昭彦・原司『平成11年民法一部改正法等の解説』96頁，谷口知平・石田喜久夫編集『新版注釈民法⑴改訂版』349頁〔鈴木ハツヨ〕，小林昭彦・大門匡編著『新成年後見制度の解説』72頁，山田真紀「後見開始と保佐開始」判タ1100号224頁

221）髙村浩『Q&A　成年後見制度の解説』100頁

必ず準禁治産宣告をしなければならないと判示した（仙台高決昭和27年３月１日家月５巻４号37頁も同様である。)。【２-106】は，心神耗弱者ではあっても，準禁治産宣告をすることが本人の利益の保護の観点から必ずしも必要かつ相当でなく，かえって本人の利益を損なうおそれがあると判断されるときは，家庭裁判所は，その裁量により準禁治産宣告をしないことができるとした。事案は，本人は，事業経営その他大金を動かすような経済活動をしておらず，同居の妹により事実上保護されており，他方，準禁治産宣告の申立人である本人の実兄は，本人の所有財産についてその所有を争い，訴訟を提起し，敗訴した者であり，純粋に本人の利益を考えて申し立てされたものかどうか疑問がないわけではないというものである。

確かに，成年後見制度では，浪費者が除外されたことや法定保佐人の制度が廃止され，適格者を後見人に選任しやすくなり，従来の通説の理由とされた問題点は，解消されている。しかし，本人の判断能力が著しく不十分であると認定できるとしても，本人の保護を目的とする制度であり，その必要性に欠く場合に本人の意思に反してまで保佐開始の審判を行うことが妥当でない場合もあると思われる。補助のように本人の同意が要件になっていないとしても，本人の意向を考慮する制度の趣旨（家事130条１項１号，民876条の４第２項）からすると，実際の必要性が認められず，かつ本人の意向に反する場合にまで，必ず保佐開始の審判を行うべきであるとする第１説には賛同できない。今後も【２-106】のような親族間の財産争いが背後にある事案も考えられることから，裁量権を認める第２説を支持する。

【２-105】心神耗弱者であれば耗弱の程度を問わず準禁治産の宣告をなすべきである。

大判大正11年８月４日民集１巻488頁

「民法第11条ハ準禁治産者ト為シ得ヘキ者ヲ定メタルニ止マリ之ニ掲ケタル者ニ対シテモ場合ニ依リテハ準禁治産者ト為スヲ要セサルコトヲ肯定シタルモノニ非ス法文ニ得トアルハ準禁治産者ト為スヲ必要トセサルコトヲ言現

ハシタルモノト解スルノ根拠ト為スニ足ラス是同法第７条ニモ得トアレトモ苟モ心神喪失ノ常況ニ在ル者ニ在テハ程度ノ如何ニ拘ラス之ヲ保護スルノ必要アルヲ以テ当然禁治産者ト為ササルヘカラサルニ鑑ミ明白ナル所ナリ是故ニ第11条ニ掲ケタル者ニ対シテモ裁判所ハ準禁治産ノ宣告ヲ為ササルコトヲ得ルヤノ問題ノ解決ハ他ニ其ノ理拠ヲ求メサルヘカラス即法律カ此等ノ者ヲ準禁治産者ト為シ保護スルヲ必要トスル趣旨ニ従ヒテ必要ノ存否ヲ決シ必要ノ存スル限リハ準禁治産ノ宣告ヲ為スヘキモノト為ササルヘカラス之ヲ心神耗弱者ニ付キ言ハンカ心神耗弱者ハ精神ノ力薄弱ニシテ利害ヲ判断スルノ能力ニ欠クル所アリ法律カ準禁治産者ト為シ保護スルヲ必要トスルノ理由ハ正ニ此ノ点ニ存スレハ苟モ心神耗弱者ナルニ於テハ耗弱ノ程度如何ヲ問ハス必ス準禁治産ノ宣告ヲ為スヲ当然トシ其ノ間準禁治産ノ宣告ヲ為ササルコトヲ得ルノ余地ヲ存セス」

【２-106】心神耗弱者であっても，準禁治産宣告をすることが本人の利益保護の観点から必要かつ相当でなく，かえって本人の福祉を損なう虞があるときは，その裁量により準禁治産宣告をしないことができると解した事例

東京高決平成３年５月31日判時1393号98頁

いうまでもなく，心神耗弱者についての準禁治産宣告制度の趣旨，目的は，自分の財産上の法律行為の結果を弁識し判断する能力が通常人に比較して劣る者につき，申立てにより準禁治産宣告を行い，一定の重要な財産上の行為につき保佐人の同意を要するものとしてその限度で本人の行為能力を制限し，それによって本人の所有する財産の散逸を防ぎ，本人を保護しようとするものであって，社会的弱者としての心神耗弱者の利益保護の観点からは必要有益であるものの，反面，経済社会の側からみれば，取引の安全がその限度で犠牲に供されるのであり，また，制度の運営上，心神耗弱者の保護に藉口して私利を図ろうとする者に乗じられ，ひいては制度の濫用に至る危険もないとはいえない。したがって，準禁治産宣告の申立てを受けた家庭裁判所としては，単に本人の意思能力の程度について判断するのみでなく，事案の内容に応じて本人の所有する財産の種類・内容，経済活動従事の有無，家計の収支の状況，財産処分の可能性，さらには本人の生活環境と周囲の人間関係等についても検討し，準禁治産宣告をすることが本人保護のため真に必要かつ相当であるかどうかについて慎重に考慮することが要請されるのであり，このように検討考慮した結果，準禁治産宣告をすることが当該本人の利益の保護の観点から必ずしも必要かつ相当でなく，かえって本人の利益を損なう虞れがあると判断されるときは，その裁量により準禁治産宣告をしないことができるものと解すべきである。
（中略）
　以上の事実を総合すると，事件本人が心神耗弱であることは推認できるのであるが，同人は現在妹２人と同居し，日常生活には特に不自由はなく，必要な場合は妹らの介助を受けていて，心身障害者なりに，また高齢者なりに，心理的にも経済的にも平穏で安定した生活を営んでおり，このままの状態で残された老後を送ることがもっとも事件本人の福祉に適うものと認められる。そして，少なくとも現時点においては，事件本人及び甲野夏子，同春子がその所有財産を処分する可能性は少なく，管理については，妹夏子が，善良な管理者としての注意をもって事件本人のために処理するものと期待することができる。他方，抗告人の本件申立てが純粋に事件本人の利益を考えてされたものであるかどうかについては，疑問がないわけではない。
　このように考えると，当面は事件本人がその所有財産を失って窮迫状態に追い込まれる虞れは乏しく，事件本人が甲野夏子らに保護されて幸せな余生を送ることができるよう周囲の者が見守ってゆくのが最も望ましいとの結論に達するのであり，今直ちに準禁治産宣告をし，保佐人として事件本人になじみの少ない人物を選任しなければならない必要性，相当性があるというには躊躇せざるを得ない。のみならず，あえて準禁治産宣告を行うとすれば，抗告人と甲野夏子らとの間の対立はいっそう激しくなり，その結果事件本人から現在の平穏かつ安定した生活環境と人間関係を奪うことになる可能性が高いのであって，これでは決して事件本人の保護を厚くすることにならないのである。
　そうすると，本件においては，準禁治産宣告をすることは必ずしも必要かつ相当でないばかりか，かえって事件本人の福祉を損なう虞れがあるというべく，原審が準禁治産宣告をしなかったことには，なんら違法はない。

2　申立権者

　保佐開始の審判は，本人，配偶者，四親等内の親族等が申立てをすることができ，また，他の類型からの移行のため，成年後見人，成年後見監督人，補助人，補助監督人又は未成年後見人，未成年後見監督人もその申立てをすることができるほか，公益の代表者として検察官にも申立権がある（民11条)。[222)]
改正後は，身寄りのない認知症（痴呆）性高齢者，知的障害者，精神障害者については，市町村長にも，保佐開始（民11条)，民法13条１項所定の行為以外についての保佐人への同意権（民13条２項)，保佐人への代理権付与（民876条の４第１項）の申立権が認められている（第２章第１節２(2)参照)。

３　保佐開始の審判の手続

(1)　管　轄

保佐開始の審判の管轄は，成年後見開始の審判と同じく本人の住所地の家庭裁判所である（家事128条１項)（第２章第１節３(1)参照)。

(2)　鑑　定

保佐開始の審判の本人の判断能力の判定方法に関しては，鑑定を要する（家事133条，119条１項)。近接した時期に別の事件で精神の状況についての鑑定が行われていて，本人の事理を弁識する能力の判定に利用できる場合には，鑑定は不要と認められるほか，保佐開始の審判の申立てでは，本人の陳述聴取が義務付けられており（家事130条１項１号)，その結果や診断書の内容によっては，鑑定を省略することもある。判例【２-107】は，本人が判断能力についての医師による鑑定を受けることを明確に拒否し，鑑定を行うことができない以上，保佐を開始する要件が認められないというほかはないとして，申立てを却下した事例である。

【２-107】遺産分割手続の実施と本人の財産の管理を目的として実兄から申し立てられた保佐開始申立事件において，本人が精神分裂病（統合失調症）に罹(り)患し，治療中である旨の診断書が提出されているものの，そのことから直ちに事理を弁識する能力が著しく不十分であるとまではいえず，本人の行動や言動を見ると，判断能力について全く疑問が

222）民法11条が申立権者として「後見人」「後見監督人」と定めているのは，未成年者に対する申立てのために，成年後見人と未成年後見人の両者を含む趣旨である。

ないわけではないが，本人が判断能力についての医師による鑑定を受けることを明確に拒否し，鑑定を行うことができない以上，保佐を開始する要件が認められないというほかはないとして，申立てを却下した事例

東京家審平成15年9月4日家月56巻4号145頁

主　文

本件申立てを却下する。

理　由

1　本件申立ての趣旨及び理由は，申立人は，本人の実兄であるが，本人は精神分裂病（統合失調症）に罹患し，○○医科大学に通院し治療中であるところ，母である久保豊乃が死亡して相続が開始し，申立人らが本人を相手方として遺産分割の調停を申し立てたので，遺産分割手続が適切に行われ，今後の本人の財産の管理のため，本人について保佐を開始する旨の審判を求めるというのである。

2　そこで，検討するに，一件記録によれば，次の事実が認められる。

(1)　本人は，昭和26年2月17日，久保多輝男と母久保豊乃の二女として出生し，高等学校卒業後，一時会社に就職したものの，主としてアルバイトをして生活していたが，昭和58年12月16日，○○医科大学病院で精神分裂病（統合失調症）との診断を受け，断続的に治療を受けている。

(2)　本人は，現在，肩書住所のマンション1階に一人で居住している。申立人は，家族ともに，同マンションの3階に居住している。

(3)　申立人及び赤木千絵は，平成14年10月21日，母である亡久保豊乃の遺産について，本人を相手方として，遺産分割調停事件を申し立てた（当庁平成14年(家イ)第××××号)。同調停事件においては，本人は，申立人らが主張している遺産のほかにも，預貯金があると主張し，久保豊乃が本人名義で作成した預金通帳の返還を求めた。調停の席上では，調停委員の説明に耳を貸さず，調停委員が申立人らの味方をするなどと不満を述べたり，感情的に反発して「次は来ない」などといって立ち去るなどの行動があった。そして，平成15年4月18日の第3回調停期日において，合意が成立する見込みがないとして，調停が成立しないものとして，事件は審判に移行した。この調停の段階では，本人について調停能力が欠けるような状況ではなかったものの，本人は自己の考えに固執し，柔軟性がない対応に終始した。その後，平成15年7月24日，遺産分割の申立ては取り下げられた（平成15年(家)第××××号)。

(4)　申立人は，本人がマンションの居住者に迷惑をかけるような行動をとっているといい，本人との関わりを持つことを避け，本人に対しても，本件申立てについて何らの説明もせず，手続が円滑に進行するために本人に働きかけをすることもしない。

(5)　平成15年８月18日，家庭裁判所調査官が本人宅に赴いて調査をしようとしたが，申立人に対する強い不信感を表明し，本件手続についても，医師による鑑定は必要はなく，自己には判断能力は十分あるので保佐人は不要である旨述べ，手続の進行や調査には拒否的態度を明確にしている。

ところで，保佐開始については，補助開始とは異なり，本人の同意が要件とはされていないものの（民法14条２項，11条参照），本人の保護のための制度であり，代理権付与について本人の同意を要し（民法876条の４第１項，第２項），保佐人の選任についても本人の意思を尊重しなければならないとする（民法876条の２第２項，843条４項）など，法は本人の自己決定を尊重することを求めている。このことは，審理手続にも反映されるべきであり，手続の進行に当たっても可能な限り本人の意思を尊重する必要がある。また，保佐制度は，本人の行為能力を制限するという効果が生ずるため，後見と同様に，「明らかにその必要がないと認めるとき」を除き，医師等による鑑定が必要とされている（家事審判規則30条の２，24条（注・現家事133条，119条１項））が，例外的に鑑定によらない場合とは，鑑定によるまでもなく医学上の確立した判断等から判断能力の有無が判明する場合をいうのであるから，本件はその例外の場合に該当しないことは明らかである。しかしながら，前記認定事実によれば，本人は保佐開始についてはその必要がないと述べ，医師による鑑定を受けることも拒否していることが認められる。

そこで，本件については，本人が精神分裂病（統合失調症）に罹患し，治療中である旨の〇〇医科大学病院医師による診断書が提出されているものの，そのことから直ちに事理を弁識する能力が著しく不十分であるとまではいえず，本人の行動や言動を見ると，判断能力について全く疑問がないわけではないが，本人が明確にそれを拒否しているため判断能力について鑑定を行うことができないから，結局のところ，保佐を開始する要件が認められないというほかはない。

(3)　本人の陳述の聴取

家庭裁判所は，本人の自己決定の尊重を図る趣旨から，保佐開始の審判をするには，本人の陳述を聴かなければならない（家事130条１項１号）。そのため，本人が保佐開始の審判の申立てに反対の意向を示すことも考えられる。保佐開始の審判は，代理権付与の審判と異なり，本人の同意は要件とされていないので，本人保護のために必要性がある場合には，保佐開始の審判がなされることになる。

⑷　申立ての取下げの可否

成年後見の項と同じである（家事131条，121条）（第2章第1節3⑷参照）。

⑸　申立手続費用

成年後見の項と同じである（第2章第1節3⑸参照）。

⑹　告　知

保佐開始の審判は，本人（被保佐人）及び申立人（家事74条）のほか，保佐人に選任される者（家事131条1号）に告知される。任意後見契約が効力を生じている場合には，保佐開始の審判により任意後見契約が終了するため（任意後見10条3項），任意後見人及び任意後見監督人にも告知しなければならない（家事131条1号）。

⑺　即時抗告

保佐開始の審判に対しては，民法11条本文に掲げる者（申立人を除く。）及び任意後見契約法10条2項に掲げる者（任意後見契約が締結されている場合は，任意後見受任者，同契約が効力を生じている場合には，任意後見人及び任意後見監督人）（申立人を除く。）に即時抗告権が与えられている（家事132条1項1号）。保佐開始の審判に対する即時抗告期間は，審判の告知を受ける者でない者及び被保佐人となるべき者については，本人に対する告知と保佐人に対する告知のうち，最も遅い日から2週間（家事132条2項，86条）であり，被保佐人となるべき者以外の審判の告知を受ける者については，その者が審判の告知を受けた日から2週間（家事86条）である。[223)]保佐開始の審判を却下する審判に対しては，申立人のみに告知され，同人のみが即時抗告権を有する（家事132条1項2号）。

そのほかの点は，後見開始の審判と同様である（第2章第1節3⑹参照）。

---

223) 裁判所書記官実務研究報告書『家事事件手続法下における書記官事務の運用に関する実証的研究―別表第一事件を中心に―』236頁，237頁脚注447参照

(8)　審判前の保全処分～保佐命令

財産管理者の選任，管理者の法的地位及び保全の要件などは，成年後見の場合と同様である（第２章第１節３(7)参照）。

保佐命令の審判の対象となる財産上の行為は，民法13条１項に規定する行為に限られる（家事134条２項）。日用品の購入その他日常生活に関する行為を含まない（民13条１項柱書ただし書）。本案と異なり，民法13条２項により，財産管理者の保佐を受けるべき財産上の行為を追加することはできない。保佐命令の審判は，本案審判前に，本人の保護のため，取消権の付与という仮の地位を迅速に形成する処分であり，追加的な取消権の要否は本案審理を待って初めて判断し得る事項と考えられるからである。[224)] 保佐開始の審判では，保佐人は，原則として民法13条１項の各号の行為についての同意権及び取消権を有するにすぎないことから，単に被保佐人の生活，療養看護及び財産の管理に必要であるというだけで保佐開始の審判事件を本案とする保全処分をすることはできず，保佐が開始していれば保佐人が同意権・取消権を行使し得る行為に関連する被保佐人の生活，療養看護または財産の管理のために必要であるといえて初めて，保佐開始を本案とする保全処分をすることができる。[225)] 保佐命令は，仮の地位を定める仮処分であるから，本人の陳述を聴かなければならない（家事107条本文）。

４　保佐人の選任・辞任・解任

家庭裁判所は，保佐開始の審判をするときは，職権で，保佐人を選任する（民876条の２第１項）。選任基準（民843条４項），欠格事由（民847条），選任手続（民843条１項，２項），辞任（民844条），辞任した保佐人の新保佐人選任請求義務（民845条），保佐人の解任（民846条）などについて後見の規定が準用されている（民876条の２第２項）。選任手続では，保佐人となるべき者の意見を聴かなければならないとともに，被保佐人となるべき者の陳述を聴取する（家事

224）最高裁判所事務総局家庭局監修『改正成年後見制度関係執務資料』109頁の注６
225）金子修編著『逐条解説　家事事件手続法』438頁

130条1項5号，2項1号)。複数保佐人や法人保佐人が認められることも成年後見人と同様である（第2章第1節4，5参照)。

複数の保佐人が同じ法律行為に関する代理権を付与された場合には，各保佐人は原則として単独でその代理権を行使することができる。また，同意権・取消権に関しても，複数の保佐人は，各自が単独でその権限を行使することができる。他方で，複数の保佐人間で権限の矛盾・抵触が問題となるおそれもあり，家庭裁判所は，成年後見人の場合と同様，職権で，数人の保佐人が，共同して又は事務を分掌して，その権限を行使すべきことを定めることができる（民876条の5第2項，859条の2)。各保佐人に対する代理権付与の審判において，各保佐人に異なる法律行為について代理権が付与された場合には，権限の矛盾・抵触のおそれはなく，権限の共同行使又は分掌は，問題とならない。[226)]

保佐人の解任事例の判例として【2-108】【2-109】【2-110】がある。【2-108】は，被保佐人の借財の事後処理のために同人から印章や預金通帳等を預かり後見人同様の財産管理をしてきた保佐人が，その後も準禁治産者の求めにかかわらず印章等の返還をせず，両者の間の意思疎通を欠くに至ったという事案で，被保佐人が不利な財産取引をしないよう未然に防止するためという保佐人の主張は，保佐人の任務の権限を超えており，保佐人を解任した原審判を相当と判示した。【2-109】は，準禁治産者とその兄とが準禁治産者名義の土地の所有をめぐって係争中に，右両名の長兄である保佐人が，証人として右土地はその取得経過から実質上自己の所有に属する旨を証言し，その内容が自己の権利を留保する趣旨であるとしても準禁治産者に対し，直接権利主張をしたものでない以上，保佐の任務に適さない事由があるとは認められないと判示した。【2-110】は，保佐人が準禁治産者の代理人となり第三者と契約を締結し，金銭の受託を受けこれを管理している場合，その契約締結や管理行為に不当な点があれば，保佐人の任務に適さない事情の一つとして保佐人の解任事由になり得るとして，申立人の主張する任務違背行為が保佐人としての地位に基づくものではない等の理由で申立てを却下した原

226）小林昭彦・大門匡編著『新成年後見制度の解説』119頁

審を取り消し，差し戻した。いずれも旧法の保佐人の職務権限が民法13条１項の列挙事由の同意権しかないことを前提としている。いずれも，成年後見制度により保佐人に取消権が付与された場合であっても，事案の結論は相当である。

【2-108】本件保佐人は，その就任当初は事件本人の借財の事後処理のため，事件本人から同人の印章や預金通帳等を預かり，後見人同様の財産管理をしてきたが，右借財の件が処理された後も後見人的な考え方は変わらず，このため事件本人所有の土地の活用に関し右保佐人と事件本人間に意見の対立をみるようになり，その上事件本人が自己の生活の困窮化もあって保佐人に対し繰り返し印章の引渡しや預金通帳等の返還を求めても頑強にこれを拒否するなど判示認定事情のもとにあっては，保佐人としての任務の範囲を逸脱しており，保佐の任務に適しない事由があるものと認めるのが相当である。

名古屋高決昭和45年12月24日家月23巻６号57頁

次に原審判挙示の各資料に徴すれば，保佐人北村友江は昭和42年11月14日準禁治産者沢本一郎（以下事件本人という）の保佐人に就任した当初は，事件本人の借財の事後処理のため同人からその印章や預金通帳等を預り後見人同様の財産管理をしてきたのであるが，右借財の件が処理された後も友江の後見人的な考え方は変わらず，これがため昭和43年９月頃から事件本人所有の土地の活用に関し右友江と事件本人間に意見の対立をみるようになり，その上事件本人が自己の生活の困窮化もあつて右友江に対し繰返し印章の引渡しや預金通帳等の返還を求めても頑強にこれを拒否するなどのことがあつて，益々右両者の意思の疎通を欠くに至り現在に及んでいる等原審判認定のような実情にあることが認められ，右事実からすれば，右友江の所為は保佐人としての任務の範囲を逸脱しており，保佐の任務に適しない事由があるものと認めるのが相当である。抗告人らは保佐人の同意なき準禁治産者の行為につき保佐人には取消権が与えられていないので，保佐人としては準禁治産者が不利な財産取引をしないよう未然に防止するより外に方法がない旨主張するが，準禁治産者の保護機関たる保佐人の任務（民法第12条列挙の行為に対する同意のみであつて，代理権も財産管理権も有しない）からすれば，未然防止のためといつても右の任務の範囲を超えた権限の行使を許容すべき理由とはならないから，抗告人らの右主張は未だ以て前示認定を動かす資料とはなし難い。
　してみると，準禁治産者一郎の保佐人友江を解任した原審判は相当であつて，前記抗告人3名を除いたその余の抗告人らの本件抗告はいずれも理由がないからこれを棄却すべきものとする。

【2－109】準禁治産者とその兄とが準禁治産者名義の土地の所有をめぐって係争中，右両名の長兄にあたる保佐人が，証人として右土地はその取得経過等から実質上自己の所有に属する旨証言し，その内容が自己の権利を留保する趣旨であるとしても，準禁治産者に対し直接権利主張をしたものでない以上，解任事由にはあたらないとした事例

名古屋高決昭和55年12月9日家月34巻6号39頁

　抗告人は，保佐人が準禁治産者名義の財産につき権利を主張している場合には，準禁治産者の基本財産の保全を眼目として保佐人の同意権を適切に行使することを期待している制度の趣旨からみても，その保佐人としての任務遂行上公正さを欠くに至る恐れがあること明らかであり，現に財産上の紛争を生じていなくともその蓋然性のある以上，当該保佐人は「保佐の任務に適しない事由がある」とき（民法第847条，第845条）（注・現民876条の2第2項，846条）に該当すると主張する。なるほど，準禁治産及び保佐人の制度の所論の如き趣旨からして，保佐人が準禁治産者の財産につき権利を主張する具体的事情の如何によつては，当該保佐人が保佐の任務に適しない事由がある場合に該当することがあるのは抗告人所論のとおりであるが，一件記録によると，準禁治産者下田美代子及び抗告人の兄である保佐人下田安夫は，美代子がその所有名義の土地を抗告人によつて侵害されたとして提起した土地明渡等請求訴訟（一審名古屋簡易裁判所昭和54年(ハ)第55号，二審名古屋地方裁判所昭和55年(レ)第29号事件）の証人として，右土地の取得経過等について抗告人摘示のような供述をしたものであるにすぎず，その内容が，美代子名義の土地について自己の権利を留保する趣旨であるとしても，直接美代子に対し権利を主張しているものでないことは，右訴訟の性質からもまた右証言自体において明らかにこれを否定していることからも明白である。しかして，抗告人の安夫が美代子に対し右の如き抗争的権利主張に出ない所以のものは，単に安夫にその意思がないからではなく，美代子の心身耗弱者たるの無知，無能と自己の保佐人たる地位に乗じて美代子の財産をもつて自由に自己の利を図ることが可能であるため争うことを要しないのにすぎないとの主張については，右安夫の証言その他一件記録によるも，抗告人の主観的判断の域をこえてこれを適確に認めるに足る資料は存しない。

その他，一件記録を精査し，抗告人所論の諸点を参酌しても，安夫について美代子の保佐人として，その任務に適しない事由その他の解任事由を発見することはできない。

そうすると，抗告人の本件各申立を却下した原決定は相当で，本件抗告は理由がないから棄却し，抗告費用は抗告人に負担させることとして，主文のとおり決定する。

〈原審〉

主　　文

本件各申立を却下する。

理　　由

第一　申立人の求めた裁判

申立人は準禁治産者下田美代子の保佐人下田安夫の解任ならびに新たに保佐人の選任を求め，申立の実情として次のとおり述べた。

申立人は準禁治産者下田美代子の兄である。申立人および美代子の長兄であつて且美代子の保佐人である下田安夫は，美代子，申立人間の昭和簡易裁判所昭和54年(ハ)第55号土地明渡等請求事件において，証人として出頭し，係争物件である名古屋市天白区○○町大字○○字○○××番の×山林459平方メートルについて，「右土地は旧地主から自分が買いうけたものであり，母親の要望で名義を下田美代子にしたものである。」，「右土地は名義こそ下田美代子になつているが，金を出したのは私であり，管理しているのも私ですから実質は私の土地です。」，「仮りに右土地を処分するとすれば売却金は下田美代子と私と権利があると考えています。」，「処分すれば，私の土地ですからその代金の取り分は当然あるということです。」等と証言した。左記証言からすれば，安夫は美代子の保佐人としての責任を忘れ，むしろ，その立場を濫用して準禁治産者の資産を自己のものとしようとしていることは明らかである。よつて保佐人下田安夫の解任を求めると共に，あらたな保佐人の選任を求める。

第二　当裁判所の判断

当裁判所昭和52年(家)第1644号，同第1645号禁治産宣告，後見人選任申立事件の一件記録によれば，下田美代子は昭和53年2月3日当裁判所で準禁治産の宣告をうけ，同日，美代子の長兄である下田安夫が保佐人に選任されたことが認められる。

記録中の申立人および下田安夫提出にかかる昭和簡易裁判所昭和54年(ハ)第55号土地明渡等請求事件の一件記録の写しによれば，左記訴訟は，美代子が原告として，同女所有にかかる前記○○所在の土地上に申立人が門や物置等を作つて，これを占有しているとして，申立人に対し同地を明渡すことを求める訴であるところ，安夫が同事件の証人として申立の実情記載の証言をしていることは認められる。

けれども，安夫は，同じ証言中で，だからと言って同人は美代子と前記土地について所有権を争う意図等全く有していないと述べており，又美代子は，両親死亡後今日まで継続して安夫に扶養され，現に同人方で落着いて暮していることは同人の審問によつて認められる。

保佐人は，準禁治産者の民法12条1項所定の法律行為について同意を与える権限を有するにすぎない者であるから，既に認定した事実があるからといつて，安夫が保佐人として不正な行為や著しい不行跡があつたとは認めえないことは勿論，同意権を与えるについて，直ちにその任務に適しない事由があるとも認められない。

よつて保佐人解任の申立は理由がないので，又保佐人選任の申立はその必要がないのでいずれも却下することとし，主文のとおり審判する。

【2-110】保佐人解任の申立てについて，申立人が保佐人に任務違背行為があると主張するその行為は保佐人としての地位に基づくものではない等との理由で申立てを却下した審判に対する即時抗告審において，保佐人が自ら準禁治産者との間でその重要な財産について任意に管理委任等の契約を締結し管理処分行為を行うことは，保佐人の任務と抵触する利害相反行為に当たる可能性があり，その点をおいたとしても，保佐人が準禁治産者の代理人となり第三者と契約を締結し，金銭の受託を受けこれを管理している場合，その契約締結や管理行為に不当な点があれば，保佐人の任務に適しない事情の一つとして保佐人の解任事由になり得るとして，原審判を取り消し，差し戻した事例

大阪高決平成10年12月9日家月51巻5号45頁

第2　当裁判所の判断

1　抗告人の保佐人解任申立

抗告人は，次のように主張して事件本人の解任を求めた。

(1)　事件本人は，昭和56年1月22日，準禁治産者関谷光の保佐人に就任した。

⑵　抗告人は，光の姉である。

⑶　事件本人は，昭和58年12月，件外○○建設株式会社との間で，光所有の土地について，光の代理人として賃料当初2年間月額8万円，その後月額10万円，目的資材置場とする土地賃貸借契約を締結した。しかし，契約当初保証金も受領せず，13年間も賃料値上げもせずに放置し，管理を怠っている。ちなみに，近隣土地の賃料相場からすると，適正賃料は月額36万円になる。

⑷　事件本人は，○○建設からの賃料を受領しながら，この15年間光に一円も渡していない。また，光に対し一度もその収支明細の報告，説明をしていない。受領総額と金利を合わせると2,000万円を超えるのに，極めてずさんな対応をしている。

⑸　抗告人代理人が光から委任を受けて財産目録の交付を要求したが応じない。それらの対応からすると，事件本人が，前示の賃料の一部を横領した疑いがある。

2　原審判の理由

原審判は，次のように判断して抗告人の申立は理由がないとした。

⑴　抗告人は，事件本人に任務違背があるというが，保佐人の任務は，民法12条列記の行為に対する同意のみであり，代理権も財産管理権も含まれない。そして，事件本人に不当な同意拒否等光との信頼関係を破壊する任務違背があったとは認められない。

⑵　なお，事件本人は光の土地賃貸借契約に関与し，賃料を受領して管理していると認められるが，これは光との別途の約定によるもので，保佐人としての地位に基づくものではない。その管理行為に不適切な点は認められず，横領行為もなく，光との信頼関係は維持されていると認められる。

3　当裁判所の判断

原審判の上記判断を是認することはできない。その理由は次のとおりである。

⑴　保佐人が，自ら準禁治産者との間でその重要な財産について任意に管理委任等の契約を締結し，管理処分行為を行うことは，民法847条2項に照らし，それ自体，保佐人の任務と抵触する利害相反行為に当たる可能性がある。仮にその点を措いたとしても，保佐人が準禁治産者の代理人となり第三者と契約を締結し，金銭の受託を受けこれを管理している以上，その契約締結や管理行為に不当な点があれば，保佐人の任務に適しない事情（民法847条，845条）（注・現民876条の2第2項，846条）の一つとして，保佐人の解任事由になりうる。

⑵　原審は，事件本人に管理行為に不適切な点はないと判断しているが，これについて具体的な事実の調査がなされていない。家庭裁判所調査官は準禁治産宣告及び保佐人選任の決定書を取り寄せ，申立人及び申立代理人から事情を聴いただけで，どうしたことか事件本人及び光の調査をしていない。土地賃貸借契約への関与の態様，受領した金銭の具体的な管理状況や光への報告の有無については何ら調査されていない。これらが保佐人の任務におよそ関係ないと判断したのであれば，⑴のとおり誤りである。

⑶　原審は，抗告人の申立により「関谷光代理人塩田勇一」名義の銀行預金口座について調査嘱託したが，名義人の同意がないとして断わられている。前示の家庭裁判所調査官の調査では，その結果，抗告人の主張を証明する何らの資料がないので，横領行為もないものと認められるとしているが，相当でない。受託金口座の状況などは，これを開示することが光の利益に反するなどの特別の事情がない限り，本来，事件本人において積極的に明らかにすべき事柄である。

⑷　ちなみに，当審において送付を受けた前示預金口座の記録によると，平成5年8月27日の預金残高は155万円余で，それまでに950万円ほどの払出しがなされた計算になる。また，平成10年8月27日の預金残高は458万円余で，その間に298万余円の払出しがなされている。

⑸　なお，一件記録によると，前記土地の貸借人と光の関係，光が申立代理人に委任したという経緯，光と申立人の関係，光の所在不明など，本件申立の背景にはかなり複雑な事情がうかがわれなくもない。そうだとすると，それらの事情との関係を見極めない限り，本件について適切な判断をすることは困難である。

4　まとめ

事件本人について，保佐人の任務に適しない事由があるか否かについては，3⑴の判断を前提として，さらに，事実関係を審理する必要がある。

第3　結論

そこで，当裁判所は，原審判を取り消した上，さらに事実関係を審理させるため，これを大阪家庭裁判所に差し戻す。

5　保佐開始の審判の効果～同意権と取消権

(1)　保佐開始の審判の効果

保佐開始の審判の効果として，保佐人には，民法13条１項所定の行為について同意権及び取消権（民120条１項）並びに取消権者としての追認権（民122条）が付与される。

ただし，被保佐人の自己決定の尊重の観点から，日用品の購入その他日常生活に関する行為は，同意権の対象から除外されている（民13条１項ただし書）。

(2)　同意権（取消権）の対象となる行為

同意権（取消権）の対象となる行為は，元本の領収が同意権の対象とされているほかは，成年後見人の後見監督人の同意を要する行為と同様である（第２章第１節９(4)ウ以下参照）。

元本の領収（民13条１項１号）とは，利息・家賃・地代等の法定果実（民88条）を生む財産を受領することであり，預貯金の払戻しや弁済の受領も含まれる。

訴訟行為については，保佐人の同意が必要とされる（民13条１項４号）が，訴訟行為の性質上，本人が保佐人の同意を得ないでした訴訟行為は，訴訟行為の性質上，取り消し得る行為ではなく，無効となると解されている。[227)]

(3)　同意権の範囲を拡張する審判手続

ア　趣　旨

家庭裁判所は，民法13条１項所定の行為以外についても保佐人の同意を要するものとする必要がある場合，申立てにより，保佐人に同意権を付与する審判を行うことができる（同法２項）。旧法では，保佐人の同意権の範囲を拡張する審判は，家庭裁判所の職権によるとされていた（旧法12条２項）が，成年後見制度では，当事者の申立てによる審判に改められた。家庭裁判所は，申立ての範囲内で民法13条１項所定の行為以外

227）小林昭彦・大門匡編著『新成年後見制度の解説』84頁

の行為について同意権を付与する審判を行うことができる。[228]

同意権拡張の対象となる行為は，成年後見制度の性質上，当然に法律行為に限られる。もっとも，相当の対価を伴う有償の契約である限り，雇用契約，委任契約，寄託契約等のほか，介護契約，施設入所契約等のような身上監護を目的とする役務提供契約も，同法1項3号の「重要な財産に関する権利の得喪を目的とする行為」に含まれることから，同意権の範囲を拡張する審判は，これらの契約で相当な対価を伴わないものに限られることになる。[229] 金額を明示した同意権付与（例えば，10万円以上の物品を購入する場合には保佐人の同意を要する旨の代理権付与の審判の申立て）については，これが1回の買い物か連続して小刻みに買うときは含まないのかという疑義が生じることや多くは民法13条1項3号との抵触の問題があるので，慎重に考えるべきである。[230] また，民法9条ただし書に定めた「日用品の購入その他日常生活に関する行為」については，同意権の範囲の拡張する審判の対象とすることはできない（民13条2項ただし書）。

審理では，手続上の利益を保障するため，同意権拡張の審判をする場合には，被保佐人（申立人を除く。）本人の陳述聴取が必要である（家事130条1項2号）。

イ　申立権者

同意権の範囲を拡張する審判の申立権者には，保佐開始の審判の申立権者のほか，保佐人，保佐監督人（民13条2項，11条本文），市町村長（老人福祉法32条，知的障害者福祉法28条，精神保健福祉法51条の11の2）も申立てができる。保佐開始の審判の申立てとともにする場合と，保佐開始の審判後に行う場合がある。任意後見契約が登記されているときは，任意後

228）小林昭彦・原司『平成11年民法一部改正法等の解説』111頁，小林昭彦・大門匡編著『新成年後見制度の解説』87頁，髙村浩『Q&A　成年後見制度の解説』86頁
229）小林昭彦・原司『平成11年民法一部改正法等の解説』114頁，小林昭彦・大門匡編著『新成年後見制度の解説』87頁
230）橋本和夫「後見・保佐，監督に関する問題」判タ1100号227頁，東京家裁後見問題研究会編著「東京家裁後見センターにおける成年後見制度運用の状況と課題」判タ1165号82頁

見受任者，任意後見人，任意後見監督人（任意後見10条）も同意権の範囲の拡張の審判を申し立てることができるが，保佐開始の審判の申立てと同時に行う場合に限られる。

ウ　審判の告知

同意権拡張の審判は，申立人，被保佐人及び保佐人，保佐監督人に告知される（家事74条，131条2号）。被保佐人（申立人を除く。）は，即時抗告をすることができる（家事132条1項4号）。同意権拡張の審判の請求が却下されたときは，請求者による即時抗告は認められていない。具体的な保護の必要性は，家庭裁判所の後見的判断に委ねられたからである。請求権者は，必要が生じれば，いつでも同様の請求を行うことができる。[231)]

(4)　同意権の範囲を拡張した審判の取消し

民法13条2項の規定に基づいて保佐人の同意権の範囲を拡張する審判を行った後，その審判の全部又は一部についてその必要性がなくなったときは，保佐開始の審判の申立権者又は保佐人若しくは保佐監督人は，家庭裁判所に対し，その審判の全部又は一部の取消しを申し立てることができる（民14条2項）。[232)]

認容審判は，申立人，保佐人，保佐監督人及び被保佐人に告知される。この審判に対しては，即時抗告をすることができない。同意権拡張の審判の取消しの審判が却下されたときは，申立人に告知されるが，これに対しても即時抗告は認められていない。具体的な保護の必要性は，家庭裁判所の後見的判断に委ねられており，請求権者は，同意権を拡張する必要がないと考えれば，いつでも同様の請求を行うことができる。同意権の拡張は，被保佐人の行為能力を制限することから，同意権拡張の審判の取消しの審判を審理するにあたっては，被保佐人の生活状況などに照らして，反復して行われる可能性がある行為であるかどうかなどについて審理することに

231）小林昭彦・原司『平成11年民法一部改正法等の解説』114頁

232）市町村長又は任意後見受任者・任意後見人・任意後見監督人は，保佐開始の審判並びにこれに関連して必要となる同意権の範囲を拡張する審判についてのみ申立権を付与されており，これらの審判の取消権は付与されていない。民法において保佐人・保佐監督人に請求権が付与されている以上，他の法律で補完的な請求権を規定する必要はないからである。小林昭彦・原司『平成11年民法一部改正法等の解説』126頁

なる。[233)]

(5) 保佐人の同意に代わる許可

保佐人の同意を要する行為について，保佐人が被保佐人の利益を害するおそれがないにもかかわらず，同意をしないときは，被保佐人は，家庭裁判所に対し，同意に代わる許可を請求することができ，家庭裁判所の許可を得れば，保佐人の同意がなくても，自ら有効に当該行為を行うことができる（民13条3項，4項）。旧法では，この点の規定が存在しなかったが，保佐人の不合理な同意拒絶に対する救済の趣旨から新設された。

家庭裁判所の許可の要件としての「被保佐人の利益を害するおそれがない」法律行為であるか否かの判断は，「自己決定の尊重の理念」の具体化という観点から決することになり，理念的・抽象的には，被保佐人が保佐人の同意を得て行おうとしている行為が一定の経済的合理性を有しているため被保佐人の利益を侵害するおそれがないにもかかわらず，保佐人が被保佐人の意思尊重義務及び身上配慮義務に反して同意を与えないことをいうものと解されている。[234)] この点，保佐人としては，被保佐人が行うとしている行為が，被保佐人にとっていかなる利害得失を生むことになるかについて経済合理性に従って判断することが求められている。

例として，被保佐人が自ら施設入所契約を締結しようとするのに対して，保佐人が，後の相続開始時における期待を有する推定相続人の意を受けるなど被保佐人以外の他の利益を慮って，被保佐人の財産の維持を図ろうとしてその生活状況などを考慮することなく，同意を与えないような場合には，被保佐人の財産を維持すること自体には合理性があるとしても，身上配慮義務に明らかに反すると解されるので，同意に代わる許可要件に該当すると考えられている。また，被保佐人が通常の経済合理性に基づく判断に照らして，通常であれば，浪費に当たると疑われるような行為を行おうとする場合であっても，被保佐人の心身の状態及び生活の状況に与える影響（当該行為を行うことを可能とする程度に財産を有するか，仮にそのよ

233）小林昭彦・原司『平成11年民法一部改正法等の解説』126頁
234）小林昭彦・原司『平成11年民法一部改正法等の解説』116頁

うな行為を継続することが被保佐人の生活レベルを維持することを困難にさせることがないかどうかなど）を考慮して判断すべきであり，そのような考慮を経ないで直ちに同意に代わる許可を与えないことをすべきではないと考えられている。[235] この点，景気の変動や物価の上下はつねに存在するから今日の社会通念から言って「被保佐人の利益を害するおそれのない法律行為」はほとんどありえないとして，一般の社会通念からいって，損害を生ずる可能性がそれほど多くない法律行為について，保佐人がそれを認めない場合には，家庭裁判所が同意に代わる許可をなし得るが，上場株式の売買や市街地の売買などでは，売買価格のかなりの上下が予想されないわけではないから，判断が困難であるという指摘もされている。[236]

同意に代わる審判の手続では，保佐人の陳述の聴取が必要とされている（家事130条１項３号）。本人の意思に反しても同意をできない事情（生活レベルを維持することを困難にするか否かなど）があるのかを審理する。判断が容易でない場合は，事実の調査として審問や書面照会などが実施されることもあるが，その場合は，申立人及び保佐人に対し，事実の調査の通知がされなければならない（家事63条）。

認容審判は，申立人（被保佐人），保佐人及び保佐監督人に告知される。認容審判に対する即時抗告はできない。却下審判は，申立人（被保佐人）に告知され，申立人は，即時抗告をすることができる（家事132条１項５号）。

⑹　取消権

被保佐人が保佐人の同意又は同意に代わる家庭裁判所の許可を得ないでした法律行為は，民法13条４項により取り消すことができる。旧法では，準禁治産者の保佐人に取消権が認められるかについて争いがあり，学説のうち有力説はこれを認めていたが，[237] 法文上は否定されており，判例も同旨（大判大正11年６月２日民集１巻267頁）であり，本人保護の実効性に欠くと指摘されていた。成年後見制度では，取消権者として「制限能力者」と

235）小林昭彦・原司『平成11年民法一部改正法等の解説』118頁の注３
236）谷口知平・石田喜久夫編集『新版注釈民法⑴改訂版』364頁〔鈴木禄弥〕
237）我妻榮『新訂民法総則（民法講義Ⅰ）』87頁，394頁，幾代通『民法総則（第２版）』427頁

「同意を為すことを得る者」（同意権者）と規定され（民120条1項），被保佐人と保佐人が取消権を有するほか，同意権者としては，臨時保佐人（民876条の2第3項）や急迫の事情のある場合又は被保佐人と保佐人との利益が相反する行為について同意権を有する保佐監督人（民876条の3第2項，851条3号，4号）も含まれ，これらの者も取消権を有するとされた。また，取消権が認められたことから，被保佐人が同意なく行った民法13条所定の行為について，保佐人にも追認権が認められることになった（民122条）。なお，旧民法のもとでも保佐人が事後に同意をすることを認めており（大判大正5年2月2日民録22輯210頁），学説の多くも追認権を肯定していた。

6　代理権の付与に関する審判

(1)　趣　旨

旧法において，保佐人は同意権を有するだけで代理権を有していなかったため，本人保護の実効性に欠けると指摘されていた。保佐では，被保佐人が保佐人の同意を得て自ら法律行為を行うことが期待されており，また，被保佐人は意思能力を喪失しているわけではないから，みずから委任・代理権授与契約をして，受任者に法律行為を行わせることができないわけではない。しかし，財産管理に関する法律行為の中には，被保佐人の同意を得たとしても自ら行うことが困難な場合も考えられるし，委任契約を締結する場合も，委任事項や代理権の範囲，委任事務の処理方法，委任の費用や報酬などの契約内容を取り決める必要があり，また，受任者の選任やその後の委任事務処理の報告を受け，監督する必要があるが，これらの行為を十分にできないおそれもある。そこで，保護の実効性を高めるために，成年後見制度では，保佐人に対し，代理権を付与する途を認めた。代理権の付与に関する審判は，自己決定の尊重の観点から，代理権の付与及びその範囲を当事者の申立てによる選択に委ね，本人以外の者の申立てにより代理権付与の審判をするときは，本人の同意を審判の要件とした（民876条の4第1項，2項）。代理権付与は，申立てに基づく選択的な措置であるので，代理権付与の申立て及びその審判がない場合は，保佐人は同意権と取消権のみを有することになる。

被保佐人が保佐人に対し，同人の同意を得て任意代理権を授与すること（民13条１項３号）ができるかが問題となるが，利益相反行為に当たる可能性があることや代理権付与につき家庭裁判所の審判を要求した民法876条の４第２項の趣旨からは，これを認めるべきではない（前掲【２-110】参照）。[238)]

代理権付与の対象となる法律行為には，法律上の制限はなく，財産管理に関する法律行為（例えば，売買，賃貸借，消費貸借，保証，担保物件の設定，請負等の財産契約のほか，預貯金の管理・払戻し，遺産分割など）と身上監護に関する法律行為（例えば，介護契約，施設入所契約，医療契約の締結など）が含まれる。法律行為に関連する登記又は供託の申請，要介護認定の申請等の公法上の行為も代理権付与の対象となる。紛争についての訴訟行為も代理権付与の対象となる行為に含まれると解されている。しかし，訴訟行為について代理権を付与する場合，法律上限定されていないが，家庭裁判所は，弁護士法の趣旨に照らし，通常は，弁護士資格を有する保佐人に限って訴訟行為の代理権を付与している。[239)] 有資格者ではない保佐人の場合は，弁護士等への訴訟委任することについての代理権付与の申立てをすることになる。財産管理に関する法律行為の代理権を付与された保佐人は，その代理権の範囲において，被保佐人の財産を管理する権限を有することになる。その代理権の範囲は，個々の事案により異なる。審判の具体例としては，財産の管理・保存・処分に関する事項として「被保佐人の別紙財産目録記載の財産及び将来被保佐人に帰属する財産並びにその果実の管理・保存」「不動産の売却」，金融取引に関する事項として「被保佐人に帰属する預貯金に関する取引（預貯金の管理，振込依頼，払戻し，口座の変更・解約等）」「預貯金口座の開設及び当該預貯金に関する取引」「貸金庫契約」，定期的な収入の受領や費用の支払に関する事項とし

238）安永正昭「成年後見制度⑵」法学教室237号58頁，於保不二雄・中川淳編集『新版注釈民法㉕改訂版』531頁〔小川富之〕

239）小林昭彦・原司『平成11年民法一部改正法等の解説』326頁の注９，小林昭彦・大門匡編著『新成年後見制度の解説』58頁，東京家裁後見問題研究会編著『後見の実務』別冊判タ36号56頁

て「家賃・年金の受領及びこれに関する諸手続」「家賃・公共料金・ローン返済金の費用の支払及びこれに関する諸手続」，相続に関する事項として「遺産分割又は相続の承認・放棄」，身上監護に関する契約に関しては「介護契約の締結・変更・解除及び費用の支払」「要介護認定の申請及び認定に関する承認又は異議申立て」，住居に関する事項として「居住用不動産の購入」「住宅等の新築・増改築・修繕に関する請負契約の締結・変更・解除」などがある。[240)]

⑵　代理権付与の審判手続

ア　申立権者

代理権付与の審判の申立権者は，民法11条に掲げる者（本人，配偶者，四親等内の親族，後見人，後見監督人，補助人，補助監督人，検察官）又は，保佐人若しくは保佐監督人である。市町村長は，65歳以上の者（65歳未満の者であって特に必要があると認められるものを含む。），知的障害者及び精神障害者について，その福祉を図るため特に必要があると認めるときは，代理権付与の審判の申立てをすることができる（老人福祉32条，知的障害者福祉法28条，精神保健福祉法51条の11の２）。

任意後見受任者，任意後見人又は任意後見監督人は，任意後見法10条２項により，保佐開始の審判の申立てができ，本人保護の実効性を高めるために，代理権付与の審判について請求することもできると解されている。[241)]

イ　審　理

家庭裁判所は，代理権付与の必要性及び被保佐人の同意について審理する。代理権は，申立ての範囲内で付与されるものであるから，申立人において，代理権の付与を必要とする特定の法律行為の範囲を示して申し立てる必要がある。家庭裁判所は，申立てのあった特定の法律行為に

240）最高裁判所事務総局家庭局監修『改正成年後見制度関係執務資料』527頁，裁判所書記官実務研究報告書『家事事件手続法下における書記官事務の運用に関する実証的研究―別表第一事件を中心に―』234頁

241）小林昭彦・原司『平成11年民法一部改正法等の解説』320頁，小林昭彦・大門匡編著『新成年後見制度の解説』78頁

ついて，被保佐人のために保佐人に代理権を付与する必要性があるか否かを審理する。また，被保佐人以外の申立てによる場合は，被保佐人の同意を確認する。必要性は個々の事案により異なるが，被保佐人が申立てをし，又は同意をしている場合，特段の事情がない限り，代理権の対象行為についてその必要性が認められやすいであろう。[242)]

ウ　審判の告知

家庭裁判所が必要性を認めた場合，代理権付与の審判がなされる。認容審判は，申立人と保佐人（家事74条）のほかに，被保佐人及び保佐監督人に対し，告知される（家事131条６号）。代理権付与の審判に対しては，認容も却下のいずれにも即時抗告をすることはできない。具体的保護の必要性については，家庭裁判所による判断に委ねられており，家庭裁判所が後見的に判断する。[243)] 審判が効力を生じた場合には，裁判所書記官は，遅滞なく，登記所に対し，後見登記法に定める登記の嘱託をしなければならない（家事116条，家事規77条１項８号）。

⑶　代理権の追加又は範囲の変更並びに取消し

保佐開始の審判後，保佐人の代理権を追加し，又は範囲の変更が必要となったときは，被保佐人，配偶者，四親等内の親族，保佐人，保佐監督人等は，追加的にその付与の審判を求めることができる（民13条２項，876条の４第１項）。また，代理権の必要性がなくなったときは，被保佐人，配偶者，四親等内の親族，保佐人，保佐監督人等は，その審判の全部又は一部の取消しを求めることができる（民13条２項，876条の４第３項）。市町村長又は任意後見受任者・任意後見人・任意後見監督人は，保佐開始の審判並びにこれに関連して必要となる代理権付与の審判についてのみ申立権を付与されており，これらの審判の取消権は付与されていない。[244)]

242）小林昭彦・原司『平成11年民法一部改正法等の解説』325頁の注６，小林昭彦・大門匡編著『新成年後見制度の解説』79頁

243）小林昭彦・原司『平成11年民法一部改正法等の解説』324頁

244）民法において保佐人・保佐監督人に請求権が付与されている以上，他の法律で補完的な請求権を規定する必要はないとされた。小林昭彦・原司『平成11年民法一部改正法等の解説』332頁

7　保佐の事務及び保佐人の任務の終了等

⑴　概　説

保佐人は，同意権と取消権により被保佐人の法律行為を援助し，あるいは，代理権付与の審判がなされた場合は，代理権を行使することにより，被保佐人の保護を図る。その際，保佐人は，身上配慮義務（民876条の５第１項）の趣旨に沿って保佐の事務を行うほか，後見の事務に関する規定が準用されている（同条２項）ので，これに従うことになる。また，保佐人の任務の終了した場合等についても後見の終了に関する規定が準用されている（同条３項）。

⑵　保佐人の身上配慮義務

保佐人が保佐に関する事務を行うに当たっては，成年後見人の身上配慮義務と同様，「被保佐人の意思を尊重し，かつ，その心身の状態及び生活の状況に配慮しなければならない」と定められた（民876条の５第１項）。成年後見人の身上配慮義務（民858条）と同趣旨の規定である（第２章第１節７参照）。その法的性質は，保佐人の善管注意義務（民876条の５第２項，644条）の内容を敷衍（ふえん）し，明確化したものである。[245)]

⑶　善管注意義務

被保佐人と保佐人とは，法定委任の関係に立つことから，権限行使にあたって善管注意義務を負う（民876条の５第２項，644条）。保佐人は，同意権や取消権を行使する際，被保佐人に有利であるか不利なのかを慎重に検討する必要がある。仮に事務の不正や過誤により被保佐人に損害を与えた場合は，不法行為（民709条）あるいは善管注意義務違反による損害賠償責任（民415条）を負うことになる。[246)]

⑷　居住用不動産の処分についての許可

保佐人に付与された代理権の対象が居住用不動産の処分である場合，居

245）小林昭彦・原司『平成11年民法一部改正法等の解説』333頁，小林昭彦・大門匡編著『新成年後見制度の解説』172頁

246）小林昭彦・原司『平成11年民法一部改正法等の解説』336頁，小林昭彦・大門匡編著『新成年後見制度の解説』172頁

住環境の変化が本人の心身の状態に与える影響の重大さに配慮する必要があり，保佐人が被保佐人に代わってその居住用不動産を処分する場合には，家庭裁判所の許可を要する（民876条の５第２項，859条の３）。保佐人の代理権付与の審判の対象が一般的な不動産の処分である場合には，実際に居住用不動産を処分する場合に改めて家庭裁判所の許可を得ることになり，当初から特定の居住用不動産の処分について代理権付与の審判がされる場合は，代理権付与の審判とともに家庭裁判所の許可を得ることになる。代理権付与の審判が「特定の居住用不動産の処分」を求める場合であっても，この審判は，財産管理の必要性の観点から判断されることに対し，居住用不動産の処分の許可の審判は，身上配慮面の観点から判断されることから，両方の側面について家庭裁判所の審判が必要となるからである。[247)]

(5)　被保佐人の行為を目的とする債務

保佐人が審判により代理権を付与され，被保佐人を代表した法律行為に基づいて，被保佐人の行為を目的とする債務を生ずべき場合は，被保佐人の同意を得なければならない（民876条の５第２項，824条ただし書）。

(6)　臨時保佐人

保佐人又はその代表する者と被保佐人の利益が相反する行為については，保佐人が被保佐人に同意を与えることはできない。また，代理権付与の審判により保佐人が代理権を行使して法律行為を行う場合も，被保佐人と利益が相反する行為については，保佐人は被保佐人を代表して法律行為をすることはできない。このような利益相反行為については，保佐監督人があるときは，保佐監督人が同意権や代理権を行使するが，保佐監督人が選任されていない場合は，臨時保佐人を選任し，臨時保佐人が被保佐人を代表する必要がある（民876条の２第３項）。利益相反行為及び当事者については，成年後見の場合と同様である（第２章第１節10参照）。

臨時保佐人は，保佐人の一類型であるから，その性質上適用の可能性のない規定を除き，基本的には成年後見人に関する規定で保佐人について準

247）小林昭彦・大門匡編著『新成年後見制度の解説』151頁

用されている規定（民876条の２第２項，876条の５第２項）が当然に準用される。[248)]

⑺　保佐事務の費用及び報酬

保佐の事務に要する費用及び保佐人の報酬については，成年後見人の規定が準用されている（民876条の５第２項，861条２項，862条）。事務に要する費用は，被保佐人の財産の中から支弁し，報酬については，家庭裁判所が報酬付与の審判により被保佐人の財産の中から相当な報酬を保佐人に与えることになる。旧法では，保佐人は，同意権を有するのみであったため，後見人の報酬規定は準用されていなかったが，成年後見制度では，保佐人が取消権を有するようになり，代理権付与の審判により代理権を付与された場合には，これに基づいて財産管理権も有するようになったことなどから，成年後見人の報酬規定が準用されたものである[249)]（第２章第１節12参照）。

⑻　任務終了の際の規定の準用

保佐人の任務が終了した場合（絶対的終了と相対的終了，代理権付与の審判が取り消された場合も含む）には，委任終了後の善処義務及び委任終了の対抗要件についての規定が準用されている（民876条の５第３項，654条，655条）。また，財産管理権を付与された保佐人については，任務終了後２か月以内に当該財産行為の事務に関する管理の計算義務を負うこと，金銭消費についての利息を付して返還義務を負うこと，被保佐人に損害があれば賠償の責を負うこと，保佐に関して生じた保佐人と被保佐人間の債権の消滅時効については，被保佐人が能力を回復した時又は後任の保佐人が就任した時から起算して５年間の消滅時効とされていること（民876条の５第３項，870条，871条，873条，832条）など，成年後見の場合と同じである（第２章第１節15参照）。[250)]

248）小林昭彦・原司『平成11年民法一部改正法等の解説』307頁，小林昭彦・大門匡編著『新成年後見制度の解説』170頁

249）小林昭彦・原司『平成11年民法一部改正法等の解説』336頁，小林昭彦・大門匡編著『新成年後見制度の解説』155頁

250）小林昭彦・原司『平成11年民法一部改正法等の解説』338頁，小林昭彦・大門匡編著『新成年後見制度の解説』175頁

8　保佐監督人

(1)　保佐監督人制度の新設

保佐人に対する監督制度として，保佐監督人制度があり，後見監督人の規定が準用されている（民876条の３）。準禁治産制度における保佐人には，同意権しか付与されておらず，代理権・財産管理権及び取消権がないので，後見監督人のような監督機関を設ける必要はないとされていた。成年後見制度では，保佐人は，同意権のみならず，代理権及び取消権を付与されるので，その職務遂行の適正を担保する必要があり，保佐監督人制度が設けられた。[251)]

(2)　保佐監督人の選任・欠格事由・職務

保佐監督人の選任や欠格事由，解任，職務権限，費用，報酬などについては，成年後見監督人の場合と同様である（民876条の３第２項前段，843条４項，844条，846条，847条，850条，851条，859条の２，859条の３，861条２項，862条）（第２章第１節13参照）。保佐人と被保佐人との利益相反行為については，成年後見監督人の場合（民851条４号は，「成年後見監督人が成年被後見人を代表する」と定めている。）と異なり，保佐監督人は，被保佐人を代理する場合と被保佐人に同意を与える場合がある（民876条の３第２項後段）。この場合，保佐監督人は，被保佐人が保佐監督人の同意を得ないでした行為について取消権を有する。[252)]

(3)　家庭裁判所による保佐人の監督

家庭裁判所による保佐人の監督（民876条の５第２項，863条）については，後見人の場合と同様である（第２章第１節14⑴⑵参照）。

251）小林昭彦・原司『平成11年民法一部改正法等の解説』312頁，小林昭彦・大門匡編著『新成年後見制度の解説』181頁

252）保佐監督人は，民法120条の「同意をすることができる者」に該当する。小林昭彦・原司『平成11年民法一部改正法等の解説』183頁

9 保佐の終了

(1) 保佐の終了原因

保佐の終了原因は，絶対的終了として，保佐開始の審判の取消し，被保佐人の死亡などがあり，相対的終了として，保佐人の辞任，解任，欠格事由の発生，死亡などがある。[253)]

(2) 保佐開始の審判の取消し

被保佐人の判断能力が回復し，保佐開始の原因が止んだときは，本人，配偶者，四親等内の親族，保佐人，保佐監督人等は，保佐開始の審判の取消しを求めることができる（民14条1項）。逆に，判断能力が減退又は回復により後見開始又は補助開始の審判に移行するときは，審判の重複を回避するため，家庭裁判所は，職権で保佐開始の審判を取り消すこととされている（民19条）。[254)] 保佐開始の審判の取消しは，将来に向かってのみ効力を有し，その取消前に保佐人又は被保佐人がした行為の効力に影響を及ぼさない。

保佐開始の審判の取消しの認容審判は，保佐開始の申立人（被保佐人を除く。），被保佐人（家事74条），保佐人及び保佐監督人（家事131条4号）に告知される。認容審判に対しては，即時抗告は，認められていない。却下審判は，申立人に告知され，民法14条1項に規定する者から即時抗告ができる。

253) 民法876条の5第3項の「保佐人の任務が終了した場合」とは，絶対的終了及び相対的終了の場合のほかに，保佐人の代理権付与の審判が取り消された場合も含む。

254) 後見開始の審判を行った場合に保佐開始の審判を取り消すことになるが，取消しの審判を受ける者である被保佐人は，家庭裁判所により「精神上の障害により事理を弁識する能力を欠く常況にある」と認定されて後見開始の審判を受けるので，取消しの審判の告知の対象者からは除外される。最高裁判所事務総局家庭局監修『改正成年後見制度関係執務資料』99頁

第3節　補助制度の概要

1　補助の開始

(1)　補助開始の審判の対象者

成年後見制度では，各人の判断能力及び保護の必要性の程度に応じた柔軟かつ弾力的な措置を可能なものとするため，旧法の禁治産又は準禁治産に該当する後見及び保佐のほかに，補助の制度が新設された。補助の制度は，精神上の障害（認知症・知的障害・精神障害等）により事例を弁識する能力（判断能力）が不十分な者のうち，保佐（心神耗弱），後見（心神喪失）の程度に至らない軽度の精神障害の状態にある者を対象とする（民15条1項ただし書）（「精神上の障害」及び「事理弁識能力」の意義については，第2章第1節1(1)参照）。[255] 補助開始の審判の対象者から保佐開始の審判の対象者が除外されたことから，従来は，保護の対象とならなかった者を対象とする（保佐との区別については，第2章第2節1(1)参照）。[256] 実務上は，民法13条列挙の包括的な援助（同意権）が必要か，部分的援助で足りるかという点から判断することになり，補助は，部分的援助で足りる場合に該当することになろう。具体例として，①重要な財産行為について，自分でできるかもしれないが，適切にできるかどうか危惧がある（本人の利益のためには，誰かに代わってやってもらったほうがよい）者，②いわゆる「まだら呆け」（ある事柄はよくわかるが，ほかのことはまったくわからない場合と，日によって普通の日と痴呆症状の出る日がある場合の双方を含む）のなかで

255）小林昭彦・原司『平成11年民法一部改正法等の解説』129頁，小林昭彦・大門匡編著『新成年後見制度の解説』42頁

256）小林昭彦・原司『平成11年民法一部改正法等の解説』131頁，小林昭彦・大門匡編著『新成年後見制度の解説』44頁。これに対し，髙村浩『Q&A　成年後見制度の解説』61頁は，補助制度の効果として，補助人の取消権があり，旧法の準禁治産者と比較して重い点があることからすると，旧法の準禁治産者にも該当しなかった者を補助制度の対象者に広く認めることは適当でないとし，その理由として，あまり障害の軽い者についてまで，補助人に同意権・取消権を付与することになると，保護になる反面で，取引社会において障害をもつ人が警戒されるという反作用を生むおそれがあるとする。

軽度の者が挙げられる。[257)]

補助は，軽度の認知症・知的障害・精神障害等の状態にあり，高度な判断を要する取引行為に関する判断能力が欠けているが，比較的単純な一定の範囲の行為に関する判断能力はある者なので，補助開始の審判を行うに際しては，後見・保佐と比べて本人の自己決定が尊重されるべきである。そこで，本人以外の者から補助開始の審判が請求されたときは，本人の同意が必要とされている（民15条２項）。

⑵ 補助開始の審判の必然性

補助開始の審判は，後見又は保佐開始の審判とは異なり，本人の申立て又は同意を要件としている（民15条２項）。本人が申立て又は同意している以上，補助開始の審判の必要性を認定できることが多いと思われる。補助開始の審判は，開始要件とともに同意権・取消権付与の必要性が判断され，その結果，同意権も代理権も必要ないときは補助開始の審判自体をすることができない構造になっている。取引の安全をある程度犠牲にすることがあっても，本人の保護のために同意権・取消権を付与することが必要か否かを検討することになり，民法所定の補助開始の要件が備わっている場合であっても，必要性がなければ却下できるとする説がある。[258)] 本人の同意を要件とする以上，そのような場合は，想定しづらいが，同意をめぐって争われることもあり（後記【２-112】参照），保佐開始の審判の必然性と同様に解し，必要性を要する説を支持する。

⑶ 補助人に対する権限の付与

補助開始の審判による本人保護の方法は，成年後見や保佐の開始の審判と異なり，補助開始の審判によって自動的に一定の範囲の同意権・取消権又は代理権が発生するという構成ではなく，補助開始の審判とは別個に，特定の法律行為についての同意権（取消権）付与の審判又は代理権付与の

257）小林昭彦・原司『平成11年民法一部改正法等の解説』136頁の注５，小林昭彦・大門匡編著『新成年後見制度の解説』103頁

258）髙村浩『Q&A　成年後見制度の解説』115頁は，「例として本人が特に保護すべき財産を所有しておらず，同意権・取消権を付与しても，申立人の不安解消に役立つ程度の意味しかない場合」を挙げている。額田洋一「補助開始審判の要件」判タ1100号237頁

審判により，これらの権限が発生するという構成となっている。そのため，同意権（取消権）や代理権のいずれの付与を伴わないのであれば，補助開始の審判を行っても本人を保護することはできないため，補助開始の審判をする実益がない。そこで，補助開始の審判は，同意権（取消権）（民17条1項）又は代理権付与の審判（民876条の9第1項）とともにしなければならないとされている（民15条3項）（後記5参照）。補助開始の審判を受けたとしても，行為能力が制限されず，代理権を有する補助人が付されるにすぎない被補助人も存することになる。[259)]

2　申立権者

補助開始の審判は，本人，配偶者，四親等内の親族が申立てをすることができ，また，他の類型からの移行のため，成年後見人，成年後見監督人，保佐人，保佐監督人又は未成年後見人，未成年後見監督人もその申立てをすることができるほか，公益の代表者として検察官にも申立権がある（民15条1項）。[260)] 身寄りのない認知症（痴呆）性高齢者，知的障害者，精神障害者について，市町村長にも補助の申立権が認められている（第2章第1節2(2)参照）。

補助制度の対象者は，一定の水準以上の判断能力を有する者であり，自己決定の尊重の観点から補助開始の審判は，本人の申立て又は同意を要件とする（民15条2項）。本人以外の者の申立てにより補助開始の審判をするには，本人の同意がなければならない。補助開始の審判に対する本人の同意が問題となった判例として【2-111】【2-112】がある。【2-111】は，既に任意後見契約を締結し登記された後にされた補助開始及び代理権付与の申立てをいずれも却下した審判に対する即時抗告審において，本人の補助開始の審判に関する同意が認められず，任意後見契約に関する法律10条1項にいう「本人の利益のため特に必要があると認める」事情を見出し難いとして抗告を却下した。【2-112】は，補助開始の申立てを却下した審判に対する即時抗告

259）小林昭彦・原司『平成11年民法一部改正法等の解説』139頁の注1
260）民法15条が申立権者として「後見人」「後見監督人」と定めているのは，未成年者に対する申立てのために，成年後見人と未成年後見人の両者を含む趣旨である。

審において，本人が補助開始に同意していない以上，仮に本人の財産管理に関して抗告人の危惧するような事情が認められるとしても，補助開始の申立ては理由がないとして抗告を棄却した。原審は，家庭裁判所調査官による本人の面接調査の結果，本人が申立てや同意の意味，その効果について理解していること，その後の審問期日において，本人は，調査官に述べたのと同様，財産管理を援助する人を法的に選任する必要はない旨あらためて述べたと認定しており，抗告審は，原審後に本人から同意書が提出されているとしても原審が本人から直接意見聴取し，意思確認した事実を覆すものではないとしている。

【2－111】既に任意後見契約を締結し登記した後にされた補助開始及び代理権の付与の申立てをいずれも却下した審判に対する即時抗告審において，本人の補助開始の審判に関する同意が認められず，任意後見契約に関する法律10条1項にいう「本人の利益のため特に必要があると認める」べき事情を見出し難いなどとして抗告を却下した事例

札幌高決平成12年12月25日家月53巻8号74頁

2　抗告理由について

(1)　抗告人は，本人の同意書が補助開始についての真意である旨主張するが，前記認定の事実によると，本人は，調査官や家事審判官の面前で，明確にその同意を撤回する意思を表明したものと認めるのが相当である。ちなみに，調査官及び家事審判官の質問に対する受け答え，その他記録に現われた事情を総合すれば，上記面接調査及び第1回審問期日における本人の判断能力は，診断書作成当時以後，特に低下しているとも認められず，前記同意の撤回を本人の真意でないということはできない。

(2)　抗告人は，原審判が任意後見契約の締結を本件申立て却下の理由としているのは不当である旨主張するが，任意後見契約の締結に関する原審判の説示は，仮定的な付言である上に，任意後見契約に関する法律10条1項は「任意後見契約が登記されている場合には，家庭裁判所は，本人の利益のため特に必要があると認めるときに限り，後見開始等の審判等をすることができる。」と定めているところ，本件で特に必要があると認めるべき事情が見出しがたいことは原審説示のとおりであるから（記録によれば，本人の財産については，既に財産目録が作成されており，今後の大きな支出については，清子に管理が委ねられる手筈が整えられていることが認められる。），抗告人の主張は理由がない。

(3)　さらに，抗告人は，原審判は本人の利益の保護をまったく考慮していないと非難する。しかしながら，補助の制度は，あくまでも本人に一定程度の判断能力があることを前提として，この制度を利用するか否かにつき，本人の同意権を優先させているのであり，仮にその判断能力さえも有しないというような場合には，もはや，補助の制度を利用させる余地もないことになる筋合いである。したがって，抗告人の上記批判は当たらないというべきである。

3　よって，原審判は相当であり，本件抗告は理由がないからこれを棄却することとして，主文のとおり決定する。

〔参考〕原審（札幌家　平12(家)20034号，20035号　平12.10. 4審判）

第２　当裁判所の判断

1　本件及び関連事件（札幌家庭裁判所平成12年(家イ)第683号）の各記録によれば，次の事実を認めることができる。

(1)　本人は，大正４年１月28日出生し，昭和17年12月16日，大原源太郎（以下「夫」という。）と婚姻して，長男洋一（昭和18年９月11日生。以下「洋一」という。），長女里美（昭和21年８月27日生。以下「申立人」という。）及び二女由紀（昭和23年10月20日生。以下「由紀」という。）をもうけた。

昭和56年，夫が死亡した。

(2)　平成４年，本人は，由紀夫婦と肩書地で同居するようになった。

(3)　平成10年２月，本人は脳梗塞で倒れて入院した。同年５月，本人は，リハビリのため老健施設に移り，同年９月自宅に戻ったが，10日後に吐血して再び入院した。同年11月，本人はリハビリのため転院し，平成11年３月，自宅に戻り，現在，週３回のデイサービスを受けている。

(4)　本人が脳梗塞で倒れたのをきっかけに，由紀夫婦が本人の財産を管理するようになった。

(5)　平成12年４月14日，洋一と申立人は，由紀が本人の財産管理を行うのは不適切であるとして，由紀を相手方とする親族間の調整を求める調停を申し立て（平成12年(家イ)第683号。以下「別件調停事件」という。），同年５月12日，第１回調停期日が開かれた。由紀とともに出頭した本人は，今後も由紀と同居し，生活していきたい旨述べた。

申立人は，別件調停事件の第１回調停期日後である同月25日，前記第１記載の審判を求めて申立て（以下「本件」という。）をした。これを受けて，家庭裁判所調査官（以下「調査官」という。）に対して，調査が命ぜられた。

(6)　7月12日，別件調停事件が不成立で終了した。

(7)　7月31日，本人は，実妹島田清子（以下「清子」という。）との間で，本人の財産管理や身上監護に関する契約についての代理権を清子に与えることを主たる内容とする任意後見契約を締結し，その登記を了した（登記番号第2000-975号）。

(8)　本人は，調査官に対して，本件の申立てに賛成できない旨述べ，第1回審問期日においても，同じ趣旨を述べた。

2　以上を前提にして検討するに，申立書に添付された診断書によれば，現在，本人に，痴呆の初期症状が出現しているとの記載があり，精神上の障害により事理を弁識する能力が不十分であって，補助類型に該当することを窺うことができるところ，補助開始の審判をするにはそもそも本人の同意が必要である。この点，本件申立てにあたっては，本人が署名押印した同意書が提出されている。しかしながら，前記1(8)のとおり，その後本人は本件の申立てに賛成できない旨明確に述べるに至っており，別件調停事件における経過や審問期日における本人の供述態度からすると，これは本人の真意に基づくものといえ，自己決定権の尊重という法の趣旨からすると，現在，本人は，本件申立てに同意していないといわざるをえない。

また，前記1(7)のとおり，本人は，清子と任意後見契約を締結し，登記している。このように，すでに任意後見契約を締結し，登記している場合，さらに補助開始の審判をするには，本人の利益のために特に必要と認められることを要件とするところ，本件においては，そのような事情は認められない。

3　以上のとおりであり，本件においては，補助開始の審判をする理由がない。よって，主文のとおり審判する。

【2-112】補助開始の申立てを却下した審判に対する即時抗告審において，本人が補助開始に同意していない以上，仮に本人の財産管理に関して抗告人の危惧するような事情が認められるとしても，補助開始の申立ては理由がないとして抗告を棄却した事例

札幌高決平成13年5月30日家月53巻11号112頁

第2　一件記録によれば，以下の事実が認められる。

1　事件本人の履歴等

(1)　事件本人は，昭和17年5月5日，父清水繁（昭和34年2月27日死亡）と母清水キヨエ（以下「母キヨエ」という。）の長男として樺太で出生し，昭和23年，両親及び弟の清水文雄（昭和18年10月30日生）とともに北海道夕張市に転居した。

(2)　事件本人は，夕張市内の中学校を卒業してから昭和61年ころまで鉄工場（株式会社○○製作所，以下「○○製作所」という。）に勤務していたが，昭和61年ころから被害妄想が見られるようになり，母キヨエと同居しながら○○赤十字病院での入退院を繰り返していた。

(3)　事件本人は，○○赤十字病院の紹介で，平成5年6月ころから，精神薄弱者援護施設である○○学園（以下「○○学園」という。）に通所した。○○心身障害者総合相談所長は，平成6年9月6日，事件本人が精神薄弱（軽度）であること及び母キヨエの年齢等を総合考慮して，事件本人を精神薄弱者援護施設に入所させることが適当であるとの判定をし，事件本人は，平成6年10月5日，○○学園に入所した。なお，○○心身障害者総合相談所長の総合判定は，事件本人には，精神発達遅滞及び接枝分裂病が認められ，鈴木ビネー式知能検査による知能指数は48で，言語の力にやや不十分な面も認められるが，対人面接における親和的対応をきちんとすることができ，簡易作業を理解して概ね正確に作業することができるとの医学的・心理学的・職能的な各診断・所見等に基づいてなされたものである。

2　事件本人の同胞の状況

(1)　母キヨエは，老人性痴呆症の症状が見られるようになったことなどから，平成9年3月26日，夕張市の特別養護老人ホーム○○園（以下「○○園」という。）に入所し，2週間に1回程度の事件本人の訪問を受けている。

(2)　事件本人の弟妹4人のうち，清水文雄は札幌市に，広瀬君子は神奈川県に，末永益子は鹿児島県に，抗告人は東京都にそれぞれ居住しており，弟妹が事件本人に面接に来るのは概ね年に1回程度であった。

3　事件本人の現状

(1)　事件本人は，○○製作所が国有林野を借り受けて同地上に所有していた木造家屋125.61平方メートルのうちの専有部分64.46平方メートルを昭和59年4月23日，○○製作所から買い受けたが，同家屋には，事件本人も母キヨエも居住していない。なお，同家屋の敷地利用権原の現状及び帰趨については，○○製作所が昭和63年ころ倒産しており，明らかではない。

⑵ 事件本人の預貯金通帳等は，○○学園が保管し，事件本人の定時収入としては，障害基礎年金（2か月約10万円）及び○○学園での作業報酬（1か月約8,000円）がある。

⑶ 事件本人は，○○学園で安定した生活を営んでおり，2週間に1回程度，徒歩（約20分）で母キヨエの居る○○園を訪れて母キヨエと面会することを楽しみにしている。

4 財産の管理等についての事件本人の意思

事件本人は，原審の第1回期日（平成12年9月21日）の本人審問において，事件本人に対する本件補助開始の申立てがなされていることを知っているが，事件本人としては，○○学園による金銭の管理を第一に希望しており，日常の金銭の需要に痛痒は感じていない旨陳述した。

第3 第2で認定した事実によれば，事件本人の判断能力が不十分であることが認められるものの，○○学園に入所してから現在に至るまでの生活状況は，十分に安定していること及び事件本人は，抗告人による本件申立ての事実をも理解した上で，抗告人による補助開始に同意しない旨の意思を表明したことが認められる。

ところで，補助の制度は，軽度の精神障害のため判断能力が不十分な者を保護の対象とする制度であって，本人の申立て又は本人以外の者による申立てによって開始されるが，本人以外の者による申立てにおいては，本人の同意があることを要するところ，本件では，事件本人が補助開始に同意していないことが明らかであるから，補助開始の要件を欠いている。このことは，仮に，事件本人の財産について抗告人が危惧するような事情が認められるとしても，結論を異にしない。したがって，抗告人が主張する事件本人の財産の管理に関する疑念・危惧について判断するまでもなく，本件補助開始の申立ては理由がない。

なお，抗告人は，事件本人が補助開始に同意しなかったことについて，他の弟妹に対する気兼ねによるものである旨主張するが，一件記録中に，事件本人の原審第1回期日における陳述の信用性を疑うべき事情を窺わせるような合理性のある資料は何ら存せず，抗告人が，本件抗告申立後に提出した平成13年3月13日付け「同意書」をもって，原審が事件本人から直接意見聴取し，意思を確認した事実を覆すには到底足りない。

3　補助開始の審判の手続

(1)　管　轄

補助開始の審判の管轄は，成年後見の開始の審判と同じく本人の住所地の家庭裁判所である（家事136条１項）（第２章第１節３(1)参照）。

(2)　鑑　定

補助開始の審判では，後見開始や保佐開始の審判と異なり，鑑定を必要とはしていないが，本人の精神の状況に関する医師の診断の結果その他適当な者の意見を聴かなければならない（家事138条）とされている。これは，補助開始の審判が，本人の行為能力を制限しないで補助人に代理権を付与するだけであること，行為能力を制限する場合でもその制限の程度が後見開始又は保佐開始の審判までには至らず，また，本人の申立て又は同意を要件とすることから，利用者の利便性を考慮して，厳格な手続によらずに補助開始の審判をできるようにしたからである。[261)] なお，補助開始の審判も証拠調べとしての鑑定を行うことは可能である（家事56条，64条）が，実務では，鑑定が例外的であることをふまえ，家庭裁判所調査官による本人の調査や診断書を作成した医師からの意見聴取により，補助開始の要件があるかどうかの判断をしている。[262)] 医師以外で本人の精神状況について意見を聴く適当な者としては，経験を積んだソーシャルワーカー等であって，本人の日常生活の状況をよく知っており，それを的確に評価できる専門家などが一応考えられている。[263)]

261）最高裁判所事務総局家庭局監修『改正成年後見制度関係執務資料』73頁，裁判所書記官実務研究報告書『家事事件手続法下における書記官事務の運用に関する実証的研究―別表第一事件を中心に―』293頁，金子修編著『逐条解説　家事事件手続法』448頁

262）最高裁判所事務総局家庭局監修『改正成年後見制度関係執務資料』74頁，裁判所書記官実務研究報告書『家事事件手続法下における書記官事務の運用に関する実証的研究―別表第一事件を中心に―』293頁，小林昭彦・原司『平成11年民法一部改正法等の解説』134頁。最高裁判所家庭局で作成された成年後見用診断書を用いることで，本人の精神上の障害の有無，その内容及び判断能力の程度について一定の記載がされ，審理の円滑な進行に資することになる。

263）金子修編著『逐条解説　家事事件手続法』448頁

(3)　本人の陳述の聴取

家庭裁判所は，補助開始の審判をするには，本人の陳述を聴かなければならない（家事139条1項1号）。この趣旨は，後見開始及び保佐開始の審判の手続におけるものと同様，本人の自己決定の尊重にあるが，補助開始の審判の請求が本人以外の者によりなされた場合，この陳述聴取の手続を利用して同意の要件（民14条2項）を確認することになる。

(4)　申立ての取下げの可否

補助開始の申立ての取下げについては，成年後見の項と同じである（家事142条，121条）（第2章第1節3(4)参照）。

(5)　申立手続費用

成年後見の項と同じである（第2章第1節3(5)参照）。

(6)　告　知

補助開始の審判は，本人（被補助人）及び申立人（家事74条）並びに補助人に選任される者（家事140条1号）に告知される。任意後見契約が効力を生じている場合には，補助開始の審判により任意後見契約が終了するため（任意後見10条3項），任意後見人及び任意後見監督人にも告知しなければならない（家事140条1号）。

(7)　即時抗告

補助開始の審判に対しては，民法14条1項本文に掲げる者及び任意後見契約法10条2項に掲げる者（任意後見契約が登記されている場合は，任意後見受任者，同契約が効力を生じている場合には，任意後見人及び任意後見監督人）（いずれも申立人を除く。）に即時抗告権が与えられている（家事141条1項1号）。補助開始の審判に対する即時抗告期間は，審判の告知を受ける者でない者及び被補助人となるべき者については，本人に対する告知と補助人に対する告知のうち，最も遅い日から2週間（家事141条2項，86条）であり，被補助人となるべき者以外の審判の告知を受ける者については，その者が審判の告知を受けた日から2週間（家事86条）である。[264]

264）裁判所書記官実務研究報告書『家事事件手続法下における書記官事務の運用に関する実証的研究—別表第一事件を中心に—』299頁

そのほかの点は，後見開始の審判と同様である（第2章第1節3(7)参照）。

(8)　審判前の保全処分～補助命令

補助開始の審判についても審判前の保全処分の規定が新設され（家事143条），財産管理者を選任し，補助命令を行うことができる。財産管理者の選任，管理者の法的地位及び保全の要件などは，成年後見の項と同様である（第2章第1節3(7)参照）。[265] ただし，補助命令については，補助開始の審判の申立てのほか，同意権付与の申立てがなされていることが前提となる（家事143条2項）。補助開始の審判は，原則として鑑定を要せず（家事138条），後見開始の審判や保佐開始の審判よりも迅速に審理されることが想定されることから，保全の必要性が認められる事案は，極めて少ないであろう。

本人以外の者が補助開始の審判を申し立てる場合，保全処分の要件のうち，本案認容の蓋然性が問題となる。本人以外の者が補助開始の審判を申し立てた場合，審判をするには，本人の同意が必要である（民14条2項）が，本人以外の者が本人の同意なく保全処分を申し立てる場合がある。保全処分には，本人の同意が要件とされていない（家事143条1項・2項）が，これは，本人の同意が確認される前であっても，本人を保全処分によって保護する必要がある場合があり得るし，緊急の場合に認められる暫定処分である保全処分については，必ずしも本案と同じ要件を具備しなければならないものとする必要はないと考えられていることによる。もっとも，補助命令は，仮の地位を定める仮処分であるから，本人の陳述の聴取が必要であり（家事107条本文），その際，同意を得られないのであれば，本案認容の蓋然性が認められないことになるので，保全処分の要件を欠き，認められないことになるし，本人の意向もこれにより尊重されることになる。[266]

265）最高裁判所事務総局家庭局監修『改正成年後見制度関係執務資料』105頁，裁判所書記官実務研究報告書『家事事件手続法下における書記官事務の運用に関する実証的研究—別表第一事件を中心に—』339頁，213頁，金子修編著『逐条解説　家事事件手続法』465頁

266）最高裁判所事務総局家庭局監修『改正成年後見制度関係執務資料』110頁，裁判所書記官実務研究報告書『家事事件手続法下における書記官事務の運用に関する実証的研究—別表第一事件を中心に—』341頁，219頁，金子修編著『逐条解説　家事事件手続法』467頁，350頁

4 補助人の選任・辞任・解任

家庭裁判所は，補助開始の審判をするときは，職権で補助人を選任する（民876条の７第１項）。選任基準（民843条４項），欠格事由（民847条），選任手続（民843条２項，３項），辞任（民844条），辞任した補助人の新補助人選任請求義務（民845条），補助人の解任（民846条）について後見の規定が準用されている（民876条の７第２項）。選任手続では，補助人となるべき者の意見を聴かなければならないとともに，被補助人となるべき者の陳述を聴取する（家事139条１項４号，２項１号）。複数補助人や法人補助人が認められることも成年後見人と同様である（第２章第１節４，５参照）。

複数の補助人が選任された場合，各補助人の権限の矛盾・抵触の問題については，成年後見や保佐の場合と同様，職権で，数人の補助人が，共同して又は事務を分掌して，その権限を行使すべきことを定めることになる（民876条の７第２項，859条の２第１項）。各補助人に対する代理権付与の審判において，各補助人に異なる法律行為について代理権が付与された場合には，権限の矛盾・抵触のおそれはなく，権限の共同行使又は分掌は，問題とならない。[267)]

5 同意権（取消権）又は代理権付与の審判

(1) 補助開始の審判の構成

家庭裁判所は，補助開始の審判をするときは，本人（被補助人）のために補助人を選任し（民16条，876条の７第１項），当事者が申立てにより選択した「特定の法律行為」について，審判により補助人に同意権（取消権）又は代理権の一方又は双方を付与する（民17条１項，120条１項，876条の９第１項）。補助制度は，代理権の付与又は同意権（取消権）の範囲の選択を可能とするため，補助開始の審判によって当然に一定の範囲の代理権又は同意権（取消権）が発生するという構成を採っておらず，代理権又は同意権（取消権）の付与を目的とする裁判である以上，そのいずれの付与も伴わない

267）小林昭彦・大門匡編著『新成年後見制度の解説』120頁

開始の審判をすることは，実益がない。[268] そこで，補助開始の審判は，保護の必要性のある者のみに制度の対象者を限定するため，代理権付与の審判（民876条の９第１項）又は同意権付与の審判（民17条１項）とともにしなければならず（民15条３項），代理権又は同意権（取消権）付与の必要性がなければ，補助開始の審判をすることはできない。

(2)　同意権の対象となる法律行為

同意権（取消権）の対象となる法律行為は，代理権付与の対象となる特定の法律行為に法律上の制限がない点と異なり（後記(3)参照），民法13条１項に定める行為の一部に限られる（民17条１項ただし書）。これは，判断能力の程度に応じて各制度の対象者にふさわしい保護の内容・範囲を法定した法定後見制度の枠組みの下で，補助における同意権の範囲は，保佐における同意権の範囲を超えることができないという趣旨によるものである。[269] 保佐の対象者より高い判断能力を有する被補助人について，保佐以上に同意権の範囲を広げることは相当でない。したがって，同意権付与の対象となる法律行為は，①元本の領収又は利用（預貯金の払戻し，金銭の利息付き貸付け等），②借財又は保証，③不動産その他重要な財産に関する権利の得喪を目的とする行為，④訴訟行為，⑤贈与，和解又は仲裁契約，⑥相続の承認若しくは放棄又は遺産分割，⑦贈与若しくは遺贈の拒絶又は負担付きの贈与もしくは遺贈の受諾，⑧新築，改築，増築又は大修繕，⑨民法602条に定める期間を超える賃貸借のなかから，その一部を選択することになる。同意権の対象となる各法律行為の意義については，保佐の場合と同様である（第２章第１節９(4)ウ，第２章第２節５(2)参照）。

同意権の対象行為の範囲は，申立人の請求により，その請求の範囲内で付与され，申立人は，同意権の範囲を具体的に特定して請求する必要がある。「特定の法律行為」とは，例えば「本人所有の甲不動産の売却」というような具体的な個別の取引行為を指定する場合と，「本人所有の不動産の売却」というような抽象的な法律行為の種類を指定する場合の二通りが

268）小林昭彦・原司『平成11年民法一部改正法等の解説』138頁，小林昭彦・大門匡編著『新成年後見制度の解説』51頁
269）小林昭彦・大門匡編著『新成年後見制度の解説』61頁

考えられる。[270] 同意権の必要性がなくなれば，同意権付与の審判の取消しを求めることになる。

⑶　代理権の対象となる法律行為

代理権付与の対象となる「特定の法律行為」には法律上の制限はなく（民876条の9第1項），財産管理に関する法律行為と身上管理に関する法律行為が含まれる。財産管理に関する法律行為とは，売買，賃貸借，消費貸借，保証，担保物件の設定，請負等の財産契約のほか，預貯金の管理・払戻し，遺産分割などがあり，身上管理に関する法律行為には，生活又は療養看護に関し，介護契約，施設入所契約，医療契約の締結などがある。これらの法律行為に関連する登記・供託の申請，要介護認定の申請等の公法上の行為も，代理権付与の対象となり得るものと解されている。[271] 具体的個別の取引行為を指定する場合と，抽象的な法律行為の種類を指定する場合の二通りのケースがある[272] 代理行為の具体的な内容は，保佐の代理権の場合と同じである（第2章第2節6⑴参照）。補助の代理権付与の対象行為について，民法13条1項所定の行為全体とすることは，保佐との境界が曖昧になり，補助が実質的に保佐や後見による保護を代替することになるので相当ではない。[273]

なお，補助開始の審判の対象となる人は，意思能力を喪失していないことから，自ら委任及び代理権授与契約を締結することもできないわけではない。しかし，委任契約では，委任事項や代理権の範囲，委任事務の処理の方法，委任の費用や報酬などの契約内容について取り決める必要があり，また，受任者から委任事務の処理の状況について報告を受け，適宜，指示を与えるとともに，事務処理の状況等に応じて委任・代理権授与契約を解約するなどして自ら受任者を監督する必要がある。これに対し，補助制度では，代理権は，申立ての範囲で家庭裁判所が付与することになり，補助

270）小林昭彦・大門匡編著『新成年後見制度の解説』63頁
271）小林昭彦・大門匡編著『新成年後見制度の解説』55頁
272）小林昭彦・大門匡編著『新成年後見制度の解説』56頁
273）島津一郎・松川正毅編『基本法コンメンタール親族　第4版』272頁〔岡孝〕。反対説として於保不二雄・中川淳編集『新版注釈民法㉕改訂版』589頁〔神谷遊〕

人による事務処理の状況については，家庭裁判所や補助監督人が監督するほか，法定代理（補助による代理権）の場合は，契約の有効性をめぐる紛争を防止することができることから，本人の保護及び取引の安全の双方に資することになる。本人自らが委任・代理権授与契約を締結できるとしても，契約内容について受任者と協議して取り決めることが困難であり，委任といっても実質上は白紙委任である，あるいは委任事務処理の状況について報告を受けても本人が理解できず，受任者の判断だけで事務処理がなされてしまうような場合は，補助開始の審判及び補助人への代理権付与の審判を受けることがふさわしい。[274)]

代理権の対象行為のなかには，継続的に行うことが必要な行為（預貯金の管理等）もあれば，一回限りでその目的を達して終わる行為（特定の不動産の売買等）もあり，後者の代理権については，当該行為が終了すればその存続の必要性がなくなる場合があるし，前者も存続の必要性がなくなる場合がある。不要となった代理権を登記で公示することは，無用の代理行為により被補助人や取引の相手方を害するおそれもある。[275)] 必要がなくなれば，代理権付与の審判の取消し（民876条の9第2項，876条の4第3項）を求めることになる。

(4)　同意権又は代理権の追加又は範囲の変更並びに取消し

補助開始の審判後，同意権又は代理権の追加又は範囲の変更が必要となったときは，本人，配偶者，四親等内の親族，補助人，補助監督人等は，追加的にその付与の審判を求めることができる（民17条1項，876条の9第1項）。市町村長又は任意後見受任者・任意後見人・任意後見監督人は，補助開始の審判並びにこれに関連して必要となる代理権付与の審判についてのみ申立権を付与されており，これらの審判の取消権は付与されていない。[276)]

274）小林昭彦・大門匡編著『新成年後見制度の解説』53頁，髙村浩『Q&A　成年後見制度の解説』125頁

275）小林昭彦・原司『平成11年民法一部改正法等の解説』331頁，354頁は，代理権消滅後の表見代理に関する民法112条の適用を認める。小林昭彦・大門匡編著『新成年後見制度の解説』59頁

276）民法において補助人・補助監督人に請求権が付与されている以上，他の法律で補完的な請求権を規定する必要はないとされた。小林昭彦・原司『平成11年民法一部改正法等の解説』354頁

⑸　補助人の同意に代わる許可

補助人の同意を要する行為について，補助人が被補助人の利益を害するおそれがないにもかかわらず，同意をしないときは，被補助人は，家庭裁判所に対し，同意に代わる許可を請求することができ，家庭裁判所の許可を得れば，補助人の同意がなくても，自ら有効に当該行為を行うことができる（民17条3項，4項）。この点は，保佐の項と同じである（第2節5⑸参照）。

⑹　審判の告知

補助開始の審判とともに同意を得る行為を定め，また，代理権付与の審判を行う場合は，上記3⑸のとおりである。補助開始後，さらに同意を得る行為を定め，また，代理権付与の審判を行う場合は，申立人（被補助人を除く。），被補助人（家事74条），補助人及び補助監督人（選任されている場合）（家事140条2号，6号）に告知する。同意権及び代理権付与の審判の取消しについても同様である（家事140条5号，7号）。これらについては，認容及び却下のいずれの審判に対しても即時抗告はできない。

6　補助の事務及び補助人の任務の終了等

⑴　補助の事務

補助人は，審判により付与された同意権又は取消権により被補助人の法律行為を援助し，あるいは，審判により付与された代理権を行使することにより，被補助人の保護を図る。補助人がその事務を行う場合については，後見の事務に関する規定及び保佐人の身上配慮義務等に関する規定が準用されている（民876条の10第1項）。

補助人の身上配慮義務（民876条の5第1項），善管注意義務（民644条），居住用不動産の処分についての許可（民859条の3），被補助人の行為を目的とする債務（民824条ただし書）については，後見人及び保佐人の規定が準用（民876条の10第1項）されている（第2章第2節7⑵ないし⑸参照）。

⑵　臨時補助人

補助人又はその代表する者と被補助人の利益が相反する行為については，補助人が被補助人に同意を与えることはできない。また，代理権付与の審判により補助人が代理権を行使して法律行為を行う場合も，被補助人と利益が相反する行為については，補助人は被補助人を代表して法律行為をすることはできない。このような利益相反行為については，補助監督人があるときは，補助監督人が同意権や代理権を行使するが，補助監督人が選任されていない場合は，臨時補助人を選任し，臨時補助人が被補助人を代表する必要がある（民876条の７第３項）。利益相反行為及び当事者については，成年後見の場合と同様である（第２章第１節10参照）。

臨時補助人は，補助人の一類型であるから，その性質上適用の可能性のない規定を除き，基本的には成年後見人に関する規定で補助人について準用されている規定(民876条の７第２項,876条の10第２項)が当然に準用される。[277]

⑶　補助事務の費用及び報酬

補助の事務に要する費用については，被補助人の負担とされている（民876条の10第１項，861条２項）。補助人の報酬については，成年後見人の報酬規定が準用され（民876条の５第２項，862条)，家庭裁判所は，被補助人の財産の中から相当な報酬を補助人に与えることができる。報酬付与の審判については，成年後見の場合と同じである（第２章第１節12参照)。[278] [279]

⑷　任務終了の際の規定の準用

補助人の任務が終了した場合（絶対的終了と相対的終了，代理権付与の審判が取り消された場合も含む）には，委任終了後の善処義務及び委任終了の対抗要件についての規定が準用されている（民876条の10第２項，654条，655条）。また，財産管理権を付与された補助人については，任務終了後２か月以内に当該財産行為の事務に関する管理の計算義務を負うこと，金銭消費についての利息を付して返還義務を負うこと，被補助人に損害があれば賠償の責を負うこと，補助に関して生じた補助人と被補助人間の債権の消滅時効については，被補助人が能力を回復した時又は後任の補助人が就任した時から起算して５年間の消滅時効とされていること（民876条の10第２項，870条，871条，873条，832条）など，成年後見の場合と同じである（第２

277）小林昭彦・大門匡編著『新成年後見制度の解説』170頁
278）小林昭彦・大門匡編著『新成年後見制度の解説』153頁
279）小林昭彦・大門匡編著『新成年後見制度の解説』155頁

章第1節14参照)。[280)]

7　補助監督人

補助監督人の選任，欠格事由，職務権限，費用，報酬などについては，成年後見監督人と同様である（民876条の8第2項前段）（第2章第1節13参照)。補助人と被補助人との利益相反行為については，成年後見監督人の場合（民851条4号は，「成年後見監督人が成年被後見人を代表する」と定めている。）と異なり，補助監督人は，被補助人を代理する場合と被補助人に同意を与える場合がある（民876条の8第2項後段)。この場合，補助監督人は，被補助人が補助監督人の同意を得ないでした行為の取消権を有する。[281)]

家庭裁判所による補助人の監督（民876条の8第2項前段，863条）については，後見人の場合と同様である（第2章第1節14(1)(2)参照)。

8　補助の終了

(1)　補助の終了原因

補助の終了原因は，絶対的終了として，補助開始の審判の取消し，被補助人の死亡などがあり，相対的終了として，補助人の辞任，解任，欠格事由の発生，死亡などがある。[282)]

(2)　補助開始の審判の取消し

被補助人の判断能力が回復し，補助開始の原因が止んだときは，被補助人，配偶者，四親等内の親族，補助人，補助監督人等は，補助開始の審判の取消しを求めることができる（民18条1項)。逆に，判断能力が減退又は回復により後見開始又は保佐開始の審判に移行するときは，審判の重複を

280) 小林昭彦・原司『平成11年民法一部改正法等の解説』338頁，小林昭彦・大門匡編著『新成年後見制度の解説』175頁

281) 民法120条の「同意をすることができる者」に該当する。小林昭彦・原司『平成11年民法一部改正法等の解説』182頁

282) 民法876条の5第3項の「補助人の任務が終了した場合」とは，絶対的終了及び相対的終了の場合のほかに，補助人の代理権付与の審判が取り消された場合も含む。

回避するため，家庭裁判所は，職権で補助開始の審判を取り消すことになる（民19条）。

補助開始の審判は，本人の申立て又は同意が要件とされているが，補助開始の審判後，被補助人（本人）が補助開始の審判の取消しを求めても補助開始の原因が止まない限り審判は，取り消されない。ただ，被補助人が取消しを求めていることは，補助開始の審判を維持しておく必要がある程度の判断能力か否かを判断する際の考慮事情の１つになると考えられる。[283)]

また，同意権又は代理権の全部又は一部を維持する必要性がなくなったときは，被補助人，配偶者，四親等内の親族，補助人，補助監督人等は，その審判の全部又は一部の取消しを求めることができる（民18条２項，876条の９第２項，876条の４第３項）が，全ての同意権及び代理権付与の審判を取り消すときは，家庭裁判所は職権で補助開始の審判を取り消さなければならない（民18条３項）。補助制度が補助開始の審判自体と，本人保護のための具体的な補助人の権限を付与する審判とに分離する構成となっていることから，補助人が全ての権限を失った場合には，本人保護の具体的必要性がなく，補助開始の審判自体を取り消すことになる。

補助開始の審判の取消しは，従来の禁治産・準禁治産の宣告の取消しと同様，将来に向かってのみ効力を有し，その取消前に被補助人又は補助人がした行為の効力に影響は及ぼさない。[284)]

補助開始の審判の取消しの認容審判は，申立人（被補助人を除く。），被補助人（家事74条），補助人及び補助監督人（家事140条４号）に告知される。認容審判に対しては，即時抗告は認められていない。却下審判は，申立人に告知され，民法18条に規定する者からの即時抗告ができる。

第４節　後見開始の審判等の相互の関係

法定後見制度は，後見，保佐及び補助という３つの制度を設け，保護の必

283）髙村浩『Q&A　成年後見制度の解説』270頁

284）小林昭彦・原司『平成11年民法一部改正法等の解説』154頁，小林昭彦・大門匡編著『新成年後見制度の解説』68頁

要性の程度等に応じて，後見，保佐及び補助制度を利用することを想定している。後見，保佐及び補助開始の審判の審理において，本人の障害の程度が申し立てられた類型と異なることが判明した場合に，申立ての趣旨に拘束されるのかという問題がある。旧法では，禁治産宣告申立事件において準禁治産宣告をすることは認めるが，その逆は認めないという「大は小を兼ねる」という考えが有力であり（昭和35年10月31日最高裁家二141号家庭局長回答家月12巻12号155頁），判例【２－113】【２－114】は，申立人が禁治産宣告のみを求めるという明確な意思表示をしていない限り，禁治産宣告申立事件において準禁治産宣告をすることを妨げないとした。これに対し，成年後見制度では，後見，保佐及び補助の各規定が相互に排他的な規定となっていること，補助開始の審判は同意権又は代理権付与の審判も申立てに基づいて行うことから，単純に「大は小を兼ねる」という関係にはなっていない。申立ての趣旨と違った審判が相当な場合，家事事件手続法で申立ての変更の制度が新設（家事50条）されたこともあり，申立ての趣旨の変更を促し，それでも変更がなされなければ，本人の障害の程度と異なる類型の申立てについては，却下をすることになる。[285)]

【２－113】禁治産宣告申立事件において，審理の結果，心身喪失の程度にはいたらないが心身耗弱であると認められる場合には，心身喪失と心身耗弱とは精神障害の程度の差であるから，制度の性質からみて，裁判所は申立人の主張に拘束されず準禁治産の宣告をなすを妨げないと解する。

新潟家審昭和45年９月17日家月23巻６号64頁

【２－114】一　禁治産宣告申立事件において，裁判所は，事件本人が心神喪失の程度には至らないが心神耗弱であると認められる場合には申立人が特に禁治産宣告のみを求める明確な意思表示をしている場

285）橋本和夫「後見・保佐，監督に関する問題」判タ1100号226頁，一場修子「後見（成年後見，未成年後見，保佐，補助，任意後見）に関する審判事件」金子修・山本和彦・松原正明編著『講座　実務家事事件手続法(下)』５頁

合でない限り準禁治産の宣告をなすことを妨げないものと解する。
二　準禁治産宣告可能とする事例においては，禁治産宣告申立に付随してなされた後見人選任申立に，準禁治産宣告がされる場合には保佐人の選任を求める旨の申立趣旨を含むものと解するのが相当である。

東京家審昭和47年３月22日家月25巻４号46頁

二，そこで判断するに，鑑定人医師吉田哲雄の鑑定書，当庁調査官補倭文民郎の調査報告書，それに申立人，岩間富三の各審問結果によると，事件本人は満五歳位の幼時「のどけ」と称される重症疾患をわずらつたため以後知能の発達が悪く，小学校の授業についてゆけず４年生のころ中退したこと，その後家業である農業の手伝いなどをしていたが，親が死亡したのちは実弟岩間一郎方に同居し，特に定職を有することもなく右農業手伝等をしながら現在に至つたこと，事件本人は中等度の精神薄弱であり，社会生活上必要な行為の性質を理解し，判断する精神能力に障害があるが，自己の利害得失につき基本的な理解・判断をすることは可能であり，その障害の程度は重篤なものではなく軽度であること，事件本人は既に老年期に達しているため，右精神能力回復の見込みはないことがそれぞれ認定される。

右認定事実によると，事件本人は，その精神能力の程度よりして民法11条にいわゆる心神耗弱者に該当するものといわなければならない。

三，禁治産宣告申立事件において，審理の結果，事件本人が心神喪失の程度には至らないが心神耗弱であると認められる場合，家庭裁判所はあらためて準禁治産宣告の申立をまたずに当該事件本人につき準禁治産の宣告をすることができるかどうかについては問題がある。惟うに，禁治産・準禁治産の制度は，互にその制度の趣旨を共通とし，ただ本人の精神能力においてそれが心神喪失の常況にあるか心神耗弱の状態にあるかという精神障害の程度の差に対応して，その行為能力の制限に度合いの差が設けられているに過ぎないとみることができるから，申立人が特に「禁治産宣告のみを求める。禁治産宣告以外は駄目である。」といつた明確な意思表示をしている場合でない限り，裁判所は申立の趣旨に拘束されることなく禁治産宣告申立事件において準禁治産の宣告をなすことを妨げないものと解する。

第５節　旧法の規定の効力

1　成年後見制度に伴う旧法の規定の効力

成年後見制度施行に伴う経過措置として，改正の理念及び趣旨に照らし，改正法の施行後に生じた事項のみならず，制度の施行前に生じた事項についても原則として新法を適用することを原則とする新法主義が採用された（改正法附則２条本文）。例外として心神耗弱以外の原因による準禁治産宣告を受けた者については，旧法主義が採用された（後記２参照）ので，浪費を原因とする準禁治産者（浪費者）については，新法は適用されない。

ただし，旧法の規定によって既に生じた効力を改正法の施行により遡及的に無効とすることは，本人の保護及び法律関係の安定の趣旨に反することになるから，旧法の規定によって既に生じた効力を妨げない（改正法附則２条ただし書）。[286] 例として，禁治産者が日用品購入契約を自ら行った場合で，まだ取消しの意思表示がされていない場合，成年後見人又は本人は，日常生活に関する行為について取り消せないことになる（民９条ただし書）が，施行前に取消しの意思表示がされている場合は，その効力は妨げられない。また，心神耗弱を原因とする準禁治産宣告を受けた者が保佐人の同意を得ないで，旧法12条１項に定められた行為をした場合，本人が新制度の施行前に取消しの意思表示をしている場合には，その効力は妨げられないが，取消しの意思表示をしていない場合には，日常生活に関する行為（民13条１項ただし書，９条ただし書）に該当しなければ，本人だけでなく，同意権者である保佐人も取消しの意思表示をすることができる。

改正法附則の解釈について【2-115】は，附則２条本文の「この法律による改正後の民法の規定は，当該改正規定の施行前に生じた事項にも適用する」とは，その行為当時行為者が，例えば準禁治産の宣告を受けている場合には，改めて保佐開始の審判を受けなくても，改正法附則３条２項の規定により当該行為者は被保佐人の地位に立つ者として，改正後の民法によって当

286）小林昭彦・原司『平成11年民法一部改正法等の解説』364頁

該行為を取り消すことができるという趣旨であり，その行為当時行為者が準禁治産宣告を受けていなければ，その後改正民法の施行後当該行為者が保佐開始の審判を受けたとしても，その保佐開始の審判前にした行為を取り消すことができるわけではないとした。異論のないところである。

【２-115】右附則第２条本文は，右改正民法の施行後にされた保佐開始の審判の効力が右施行前にしてあった法律行為にまで遡及することを定めたものではなく，右改正の理念及び趣旨を生かすために，改正規定の施行前に生じた事項（本件でいえば手形裏書行為）にも右改正前の民法ではなく改正後の民法を適用する旨を定めているにすぎない。

東京高判平成12年９月28日判時1731号９頁

二　争点２について

平成11年法149号により改正された民法12条１項２号，３項，４項によれば，被保佐人が約束手形に裏書するには保佐人の同意を得ることが必要であり，被保佐人は右同意又はこれに代わる許可を得ないでした手形裏書行為を取り消すことができるが，右の規定は保佐開始の審判後に被保佐人がなす行為またはなした行為の効力について定めるものであって，後日保佐開始の審判を受けた者が右審判前になした行為の効力について定めるものではない。

控訴人は，附則第２条（民法の改正に伴う経過措置の原則）本文が改正後の民法の規定は当該改正規定の施行前に生じた事項にも適用する旨を定めている点をとらえて，控訴人が本件審判を受けたことを理由として右民法12条４項（注・現民13条４項）に基づいて右改正民法の施行前にした本件裏書行為を取り消すことができる旨主張する。

しかし，右附則第２条本文は，右改正民法の施行後にされた保佐開始の審判の効力が右施行前にしてあった法律行為にまで遡及することを定めたものではなく，右改正の理念及び趣旨を生かすために，改正規定の施行前に生じた事項（本件でいえば手形裏書行為）にも右改正前の民法ではなく改正後の民法を適用する旨を定めているにすぎず，前示のとおり改正後の民法を適用しても保佐開始の審判前になした手形裏書行為を民法12条１項２号，３項，４項によって取り消すことができるという趣旨ではないのである。したがって，その行為当時行為者が，たとえば準禁治産の宣告を受けている場合には，改めて保佐開始の審判を受けなくても，右改正民法附則第3条2項の規定により当該行為者は被保佐人の地位に立つ者として，改正後の民法によって当該行為を取り消すことができるのであるが，その行為当時行為者が準禁治産等の宣告を受けていなければ，その後改正民法の施行後当該行為者が保佐開始の審判を受けたとしても，その保佐開始の審判前にした行為を取り消すことができるわけではないといわなければならない。この点に関する控訴人の右主張は採用することができない。

2　旧法の禁治産及び準禁治産宣告の効力

(1)　旧法の禁治産者

旧法の規定による禁治産宣告は成年後見制度の後見開始の審判とみなされ，禁治産者，後見人及び後見監督人は，それぞれ成年被後見人，成年後見人及び成年後見監督人とみなされる（改正法附則3条1項）。禁治産者は，成年後見制度における成年被後見人に該当し，精神上の障害により事理弁識能力を欠く常況にある者である点は同じであるから，改正後，改めて成年後見開始の審判を受けることを要しないとして，当然に成年被後見人としての法的地位を取得するものとされた。したがって，旧法の禁治産者並びにその後見人及び後見監督人は，成年被後見人，成年後見人及び成年後見監督人として新法の適用を受ける。[287)]

(2)　旧法の準禁治産者

旧法の準禁治産宣告のうち心神耗弱を原因とする準禁治産宣告については，保佐開始の審判とみなされ，準禁治産者及び保佐人は，被保佐人及び保佐人とみなされる（改正法附則3条2項）。心神耗弱を原因とする準禁治産者は，成年後見制度における被保佐人に該当し，精神上の障害により事理弁識能力の著しく不十分な者である点は同じであるから，改めて保佐開始の審判を受けることを要しないとされ，当然に被保佐人としての法的地位を取得するものとされた。したがって，旧法の準禁治産者並びにその保佐

287）小林昭彦・原司『平成11年民法一部改正法等の解説』367頁

人は，成年後見制度の被保佐人及び保佐人として新法の適用を受ける。[288)]

⑶　心神耗弱以外の原因による準禁治産者についての旧法適用主義

新制度の理念及び趣旨に照らし，新制度の施行前に生じた事項についても原則として新法が適用される（改正法附則２条本文）が，「心神耗弱を原因とする準禁治産者以外の準禁治産者及び保佐人」については，旧法846条（後見人の欠格事由），同974条（遺言の証人又は立会人の欠格事由），同1009条（遺言執行者の欠格事由）の改正規定を除き，旧法が適用される（改正法附則３条３項）。成年後見制度では，浪費者を保佐開始の審判の対象者から除外しているが，施行以前に浪費を理由に準禁治産宣告を受けた者が現に保護を受けている法的地位について一方的に奪うことは相当でないので，従前どおり旧法の保護を受けることとしたものである。準禁治産者について成年後見制度の適用を受けることを主張する者は，当該準禁治産者が心神耗弱を原因とする準禁治産宣告を受けた者であることを立証する必要があり，家庭裁判所の審判書の保存期間の経過等の理由により宣告の原因を立証できない場合は，新法の適用を受けることはできない。そのような場合であっても浪費者の場合と同様に，準禁治産者としての法的地位を受ける必要がある。改正法附則３条３項は，新法の適用されない準禁治産者について，旧法による保護を受けることを定めたものであり，「前項に規定する準禁治産者以外の準禁治産者及び保佐人」とは，浪費者及び心神耗弱を立証できない準禁治産者及びその保佐人をいう。[289)] そこで，浪費を理由として準禁治産宣告を受けた者は，浪費が止んで準禁治産宣告が取り消されるまでは，従前どおり準禁治産宣告が継続することになる。

３　禁治産者・準禁治産者の後見登記

禁治産宣告又は準禁治産宣告の事実は，本人の戸籍に記載することにより公示されていたが，成年後見の開始等の審判については，利用者の抵抗感が

288）小林昭彦・原司『平成11年民法一部改正法等の解説』367頁
289）小林昭彦・原司『平成11年民法一部改正法等の解説』368頁，小林昭彦・大門匡編著『新成年後見制度の解説』211頁

強かった戸籍による公示が廃止され，後見登記等に関する法律（平成11年法律第152号）により登記される。旧法の禁治産宣告や準禁治産宣告の記載が戸籍から抹消されることはないが，新たに後見等の登記の申請を行うことにより，後見等の登記がされたときは，その旨が戸籍事務を管掌する者に対し通知され，これにより当該通知に係る成年被後見人又は被保佐人の戸籍が再製され，再製された戸籍には，禁治産宣告や準禁治産宣告の記載がされない。

後見登記の申請については，旧法の禁治産宣告により，成年被後見人，成年後見人若しくは成年後見監督人とみなされる者又は当該成年被後見人とみなされる者（改正法附則３条１項）の配偶者若しくは四親等内の親族（後見登記附則２条１項），保佐登記の申請については，旧法の準禁治産宣告により，心神耗弱を原因とする被保佐人，保佐人とみなされる者又は当該被保佐人とみなされる者（改正法附則３条２項）の配偶者若しくは四親等内の親族（後見登記附則２条２項）が行うことができ，また，禁治産・準禁治産宣告を受けた者で成年被後見人又は被保佐人とみなされる者について，新制度施行後に確定した審判に基づく変更の登記又は終了の登記の嘱託がなされた場合において，当該嘱託に係る登記事項を記録すべき登記記録がないときは，登記官が職権で当該者について成年後見又は保佐の登記を行う（後見登記附則２条３項）。例えば，被保佐人とみなされる者について，被保佐人が自ら保佐登記の申請をする場合や，新制度施行後，保佐人に代理権を付与する審判が確定し，裁判所書記官が変更の登記の嘱託をしたが，まだ，保佐の登記がされていなかった場合に，登記官が職権で登記する場合，これらの申請や職権により登記官が後見等の登記をしたときは，遅滞なく戸籍事務を管掌する者に対し，その旨の通知をしなければならず（後見登記附則２条４項），この通知を受けた戸籍事務を管掌する者は，当該通知に係る成年被後見人又は被保佐人とみなされる者の戸籍を再製する（後見登記附則２条５項）。これにより再製された戸籍には，禁治産又は準禁治産宣告の事実は記載されない（後見登記附則５条）。

第3章　任意後見制度

第1節　任意後見制度の新設とその背景事情

1　立法の背景事情

成年後見制度の改正の一環として，法定後見制度の改正のほかに，公的機関の監督を伴う任意代理制度の創設を内容とする「任意後見契約に関する法律」（平成11年法律第150号）が制定され，2000年4月1日から施行された。任意後見制度は，本人が契約の締結に必要な判断能力を有している間に，自己の判断能力が不十分な状況における後見事務の内容と後見をする人（任意後見人）を自ら決めておく制度である。任意後見人の選任とその権限は，すべて任意の契約により定められる。自己の後見の在り方を自らの意思で決定するという自己決定の尊重の理念に即したものであり，法定後見制度と相互に補完し合う契約型の制度である[1]。

任意後見契約制度が創設された背景としては，次のような事情がある。大陸法系諸国では，本人の意思能力喪失を委任の終了原因とはせず，その後も任意代理人の代理権は存続すると解されている。民法の解釈としても，本人の意思能力の喪失は，代理権の消滅事由とはならず（民111条1項），委任の終了事由ともされていない（民653条）ため，通説は，本人が意思能力を喪失したとしても，任意代理人の代理権は消滅しないと解している。これに対し，英米法系諸国では，任意代理人の代理権は，本人の意思能力の喪失により当然に消滅するものと解されていたが，イギリスの1985年継続的代理権法のように，厳格な様式・方式により作成された証書により本人の意思能力の喪失後も継続して存続する継続的代理権を認めるとともに，任意代理人に対する公的な監督の枠組みが法制化されている[2]。

1）最高裁判所事務総局家庭局監修『改正成年後見制度関係執務資料』29頁，小林昭彦・大門匡編著『新成年後見制度の解説』21頁
2）小林昭彦・原司『平成11年民法一部改正法等の解説』375頁，小林昭彦・大門匡編著

大陸法系の日本の民法は，本人の意思能力喪失後も任意代理人の代理権が消滅しないとしても，従来の枠組みのなかで任意による後見契約を締結する場合，次のような問題点が指摘されていた。第１に，本人の能力が低下しており，本人による代理人の監督が困難となるが，本人に代わって代理人を監督する制度が存在しない。第２に，受任者と取引をする者は，委任・代理権の存在やその範囲を確認する必要があるが，本人の意思能力が喪失された後，委任や代理権授与契約が解約されずに存続していることを確認する制度がない。第３に，高額な財産の長期・継続的な管理を任意の委任契約で行うことは，前記第１及び第２の問題点があるため，制度の信頼性に欠ける。[3] そこで，本人の判断能力が低下した後の任意代理人に対する監督の枠組みがない従来の法制度の下では，自己の判断能力低下後の自己の生活・療養看護・財産の管理に関する事務（後見事務）を任意代理人に委託する委任契約は，実際上，利用が困難であり，関係各界から立法による手当の必要性が強く指摘されていた。[4] このように，任意後見制度は，関係各界のニーズを踏まえた本人保護の事前的な方法として，私的自治尊重の観点から，本人が自ら締結した任意代理の委任契約に対し本人保護のための必要最小限の公的な関与（家庭裁判所が選任する任意後見監督人による監督）を法制化することにより，自己決定の理念に即して，本人の意思が反映されたそれぞれの契約の趣旨に沿った本人保護の制度的な枠組みを構築する制度として立法化された。[5]

任意後見制度発足後も，その利用は低調である。[6] 利用者の自発的意思を尊

『新成年後見制度の解説』214頁
3）高村浩『Q&A　成年後見制度の解説』338頁
4）小林昭彦・原司『平成11年民法一部改正法等の解説』375頁，小林昭彦・大門匡編著『新成年後見制度の解説』216頁。地方自治体の社会福祉協議会，弁護士会，司法書士会，社会福祉士会等が高齢者・知的障害者・精神障害者等のための財産管理サービスを実施するに当たり，任意後見契約法の制定の必要性が提唱されていた。
5）小林昭彦・大門匡編著『新成年後見制度の解説』218頁，最高裁判所事務総局家庭局監修『改正成年後見制度関係執務資料』30頁
6）成年後見制度の利用者（後見開始，保佐開始又は補助開始の審判がされ，現に成年後見人等による支援を受けている成年被後見人，被保佐人及び被補助人）は，平成28年では，成年後見が16万1307名（前年15万2681名），保佐が３万0549名（前年２万7655名），補助が9234名（前年8754名）に対し，任意後見の利用者（任意後見監督人選任の審判がされ，現に任意後見契約が効力を生じている本人）は，2461名（前年2245名）である。（裁判所ホームページwww.courts.go.jp/about/siryo/kouken/index.html）

重する観点からは，任意後見制度の積極的な活用が図られることが望ましい[7]。利用促進法11条５号は，任意後見制度の積極的な活用のために利用状況を検証し，必要な制度の整備その他の措置を講ずるとしている。

２　任意後見契約とは

任意後見契約とは，委任者が受任者に対し，精神上の障害により事理を弁識する能力が不十分な状況における自己の生活，療養看護及び財産の管理に関する事務の全部又は一部を委託し，その委託に係る事務について代理権を付与する委任契約であって，任意後見監督人が選任されたときからその効力を生ずる旨の定めのあるものをいう（任意後見２条１項）。法的性質は，家庭裁判所による任意後見監督人の選任を停止条件（民127条１項）として代理権を付与する委任契約である。民法上，委任者の意思能力の喪失は，委任契約の終了事由にも代理権の消滅事由にも該当しないと解されている（前記１参照）が，任意後見契約法は，この解釈を前提として本人保護のための監督制度を定めており，民法の特別法と解される。このため，任意後見契約法制定後も，民法上の委任・代理権授与契約によって，判断能力が低下した後の財産管理等の事務について代理権を与えることも可能である。そのため，任意後見人と通常の任意代理人が併存することも想定される。しかし，本人保護の観点からは望ましいものではなく，不動産の売却等の重要な財産管理について，任意後見契約によらずに民法上の委任・代理権授与契約によった理由が，取引の相手方から問われることになろう[8]。

7）障害者権利条約12条からすると，法定後見制度の行為能力の制限は，期間や程度ともに謙抑的になされることが望ましく，障害者や高齢者の意思決定支援を進める必要がある（第１章第２節４参照）。岡孝「国際障害者権利条約を踏まえた日本の成年後見制度の再検討」草野芳郎・岡孝編著『高齢者支援の新たな枠組みを求めて』279頁，岡孝「法定後見制度の見直し」実践成年後見68号70頁は，意思決定支援の取組とともに任意代理権や任意後見契約の活用を提案する。

8）小林昭彦・大門匡編著『新成年後見制度の解説』221頁，髙村浩『Q&A　成年後見制度の解説』344頁

3　利用形態と問題点

(1)　任意後見契約の利用形態[9)]

任意後見契約の利用形態としては，移行型，即効型及び将来型の三形態がある。

ア　移行型

通常の任意代理の委任契約から任意後見契約に移行する場合で，委任者が契約締結時から受任者に財産管理等の事務を委託し，自己の判断能力の低下後は，公的機関の監督の下で受任者に事務処理を継続させる場合の契約形態である。通常の委任契約と任意後見契約を同時に締結することになる。事例としては，将来の老人性痴呆に備える場合の利用が挙げられる。通常の委任契約は，任意後見監督人の選任により終了する旨の条項を盛り込むことになる。

イ　即効型

任意後見契約の締結の直後に契約の効力を発生させる場合である。軽度の認知症・知的障害・精神障害等の状態にある補助制度の対象者（場合によっては，保佐制度の対象者）でも，契約締結時点において意思能力を有する限り，任意後見契約を締結することができる。契約締結後，直ちに本人又は任意後見受任者の申立てにより任意後見監督人を選任することにより当初から任意後見人による保護を受けることができる。本人が法定後見ではなく，任意後見契約による保護を選択する場合には，契約締結時の本人の事理弁識能力と任意後見契約を締結する意思が確認できる限りにおいて，契約締結の直後に契約の効力を発生させることを前提に，本人自らが任意後見契約を締結することができる。

ウ　将来型

将来の判断能力低下の時点で任意後見契約の効力を発生させる場合である。十分な判断能力を有する本人が契約締結の時点では受任者に後見

9）小林昭彦・大門匡編著『新成年後見制度の解説』225頁以下，小林昭彦・原司『平成11年民法一部改正法等の解説』392頁，髙村浩『Q&A　成年後見制度の解説』355頁，北野俊光「任意後見契約について」家月55巻10号１頁

事務の委託をせず，将来自己の判断能力が低下した時点ではじめて任意後見人による保護を受けることになる。将来の判断能力が衰える場合としては，高齢や障害に限らず，危険な手術を受ける場合，手術の結果によっては，精神上の障害が生じ，判断能力が低下する可能性があるような場合，あらかじめ任意後見契約を締結することが想定される。任意後見契約法２条１号の法文に則した典型的な契約形態である。

⑵　任意後見契約の問題点

上記のうち，移行型については，委任者が受任者に包括的な代理権を授与し，委任者の銀行取引印・預金通帳等を預けた結果，受任者がその預金通帳等をみだりに利用して委任者の財産を自己のために費消し，あるいは，委任者の判断能力が低下し，受任者が任意後見監督人の選任の申立てをすべきであるにもかかわらず，これをせずに放置しているといった濫用事例があることが問題となっている。本人は，能力の低下や入院などのために，代理人に対して委任事務の報告（民645条）を求めることもできず，委任者の監督ができない。財産管理の時期を一定期間に制限することや委任契約の段階においても監督者を置くことなどが方策として提案されている。[10)]

第２節　任意後見制度

１　概　要

任意後見契約とは，委任者（本人）が受任者（任意後見監督人選任前の任意後見人を任意後見受任者という。）に対し，精神上の障害により事理を弁識する能力が不十分な状況における自己の生活，療養看護及び財産の管理に関する事務の全部又は一部を委託し，その委託に係る事務について代理権を付与する委任契約であって，任意後見監督人が選任されたときからその効力を生ずる旨の特約の定めのあるものをいう（任意後見２条１号）。任意後見人の選任が停止条件となっていることから，任意後見契約は，家庭裁判所が任

10）雨宮則夫・寺尾洋編著『Q&A　遺言・信託・任意後見の実務』420頁

意後見監督人を選任した時から効力を生じる。任意後見監督人の選任以前は，受任者が委託された事務の代理権を行使することはできない。本人とは，任意後見契約の委任者（同条２号），任意後見受任者とは，任意後見契約法４条１項の規定により任意後見監督人が選任される前における任意後見契約の受任者（同条３号），任意後見人とは，任意後見監督人が選任された後における任意後見契約の受任者（同条４号）をいう。[11)]

任意後見契約の締結から契約の終了までの過程は，次のとおりである。

① 任意後見契約は，委任者（本人）と任意後見受任者との間で，公正証書によって任意後見契約を締結する（任意後見３条）。

② 公証人が登記所に対し，任意後見登記の嘱託をする（公証人法57条の３）。

③ 本人が精神上の障害により事理を弁識する能力が不十分な状況になる。

④ 本人，配偶者，四親等内の親族又は任意後見受任者が，家庭裁判所に対して，任意後見監督人の選任を申し立てる（任意後見４条１項）。

⑤ 家庭裁判所が，任意後見監督人を選任し，任意後見受任者は，任意後見人となる（任意後見２条１号）。

⑥ 任意後見人は，任意後見契約により定めた委任事務を遂行（任意後見６条）し，任意後見監督人は，これを監督する（同法７条）。

⑦ 任意後見契約は，ア）任意後見人の解任（任意後見８条），イ）解除（同法９条２項），ウ）本人が後見・保佐又は補助開始の審判を受けたとき（同法10条３項），エ）本人の死亡，破産，任意後見人の死亡・破産・後見開始の審判（民653条）によって終了する。

⑧ 契約の終了及び代理権終了について登記を行う（任意後見11条，後見登記８条）。

２　任意後見契約の締結

⑴　任意後見契約の方式

任意後見契約の方式は，公証人の作成による公正証書によらなければな

11）小林昭彦・大門匡編著『新成年後見制度の解説』228頁

らない（任意後見３条）。任意後見契約の公正証書が作成されると，公証人から登記所への嘱託により，任意後見契約の登記がされる（公証人法57条の３）。

任意後見契約を公正証書による要式行為とした主な理由は，①公証人の関与により本人の意思能力及び契約意思が確認できること，②公正証書により契約の原本が保存され，改ざんを防ぎ，契約の成立の確実な立証を可能とすること，③登記の嘱託が必ずなされることにある。[12] 特に，任意後見契約が締結された場合，法定後見が原則として開始しないことから，本人の意思能力及び契約意思の確認の点について，【３－１】は，公証人は，原則として本人と面接をして意思を確認すべきこととする。公証人は，本人に意思能力がないと判断した場合は，公正証書の作成を拒絶し（公証人法26条），通常，後見制度の利用を促している。公証人は，原則として本人と面接して，本人の財産の概要や将来の生活設計などを聴取し，契約の意図を確認している。

【３－１】任意後見契約の公正証書を作成するに当たっては，本人の事理を弁識する能力及び任意後見契約を締結する意思を確認するため，原則として本人と面接するものとする（本人が病気等のため公証人役場に赴くことができない場合は，公証人法18条２項ただし書の『事件ノ性質ガ之ヲ許サザル場合』に当たる。）。本人の事理を弁識する能力に疑義があるときは，任意後見契約の有効性が訴訟や審判で争われた場合の証拠の保全のために，本人が契約の性質及び効果を理解するに足りる能力を有することを証すべき診断書等の提出を求め，証書の原本とともに保存し，又は本人の状況等の事項を録取した書面を原本とともに保存するものとする。

平成12年３月13日民一634号民事局長通達

12）小林昭彦・大門匡編著『新成年後見制度の解説』231頁以下，小林昭彦・原司『平成11年民法一部改正法等の解説』399頁，北野俊光「任意後見契約について」家月55巻10号２頁

⑵　委任者

任意後見契約の委任者について，法律は制限を設けていない。意思能力を持つ者であれば，誰でも委任者となることができる。委任者には，未成年者，法定後見が開始している者，既に任意後見契約を締結している者も可能である。ただ，未成年者については，任意後見と未成年後見の関係から，委任者が未成年者である間は，任意後見監督人を選任しないものとしている（任意後見４条１項ただし書１号）。法定後見が開始している者も意思能力を有している時があり，これらの者も意思能力のある限り，任意後見制度を締結でき，その場合は，選択した本人の自己決定権を尊重して原則として任意後見が優先する（任意後見４条１項ただし書２号，２項，10条１項，３項）。既に任意後見契約を締結している者も，別の任意後見契約を締結することができるし，任意後見開始後であっても，委任者に意思能力があれば，新たな任意後見契約を締結できる。[13]

任意後見契約は，任意代理の委任契約の一類型であるから，制限能力者の法定代理人が本人を代理して本人を委任者とする任意後見契約を締結することができる。[14][15] そこで，いわゆる知的障害者・精神障害者等の「親なき後」の保護のために任意後見契約を活用することができ，方法としては，子を本人とする方法と親を本人とする次のような利用が考えられる。子を本人として任意後見契約を締結する場合，子本人に意思能力がある場合，自ら任意後見契約を締結し，親の老後・死後に任意後見監督人の選任を請

13）ただし，複数の任意後見契約が締結されると，事務の範囲や代理権の範囲について矛盾衝突が生ずるおそれがあり，任意後見契約の内容において矛盾のないよう注意を要する。北野俊光「任意後見契約について」家月55巻10号５頁

14）内田貴『民法Ｉ第４版』152頁，小林昭彦・大門匡編著『新成年後見制度の解説』227頁。

15）反対説として，佐久間毅「代理法から見た法定後見・任意後見」民商法雑誌122巻４，５号499頁以下は，「任意後見は，『自己の後見のあり方を自らの意思で決定するという自己決定の尊重の理念に則して，法定後見制度と相互に補完しあう』ものとして認められた制度であるはずである。そうだとすれば，保護を受ける本人自身の自己決定によらない任意後見を認めることは，そもそもこの制度趣旨に反するのではないか。」とする。確かに，知的障害や精神障害のある子と親権者とは，親といえども子から見れば他人である以上，任意後見契約によることは相当でないとする論旨も理解できないわけではない。しかし，このような親が長年，子の生活に配慮してきたことからすると，親なき後の子の保護方法として任意後見契約を利用することには，合理性が認められる。

求することにより，任意後見人による保護を受ける。この場合，子が未成年の場合は，民法５条の親権者の同意を得る必要がある。子本人に意思能力がない場合，子が成人の場合は，任意後見制度を利用することはできないが，子が未成年の間であれば，親権に基づき，親権者が未成年の子に代わって任意後見契約を締結する。親を受任者とする契約の場合は，自己契約となるので家庭裁判所で子どものための特別代理人を選任し，特別代理人と親との間で契約を締結する。親を本人とする利用方法としては，自身の老後の財産管理等に関して親を本人として任意後見契約を締結するとともに，個々の事案に応じて，遺言執行者と遺産の管理方法を指定する遺言，親の死後の財産管理を受託者に委託する信託，親の死後における子の介護等の事実行為を第三者に委託する準委任契約等を適宜組み合わせることにより，親の老後，死後における子の保護及びそのための財産管理等の在り方をあらかじめ定めておくことが可能である。[16)]

3　任意後見人となるべき者

⑴　任意後見受任者

任意後見人の候補者（任意後見受任者）には，法律上の制限はない。本人の親族・知人，弁護士・司法書士等の法律実務家，税理士，社会福祉士等の福祉の専門家も任意後見人になれる。また，任意後見契約は，任意代理の委任契約の一類型であり，任意代理の委任契約において，法人を任意代理人に選任できることや複数の任意代理人を選任できることから，解釈上，法人の任意後見人あるいは複数の任意後見人を選任することが可能である。任意後見人の選任は，委任者である本人の選択に任せられるが，家庭裁判所が任意後見監督人を選任する審判の段階で，任意後見受任者に不正な行為やその他不適任な事由があれば，選任の請求は却下され，任意後見契約は効力を生じないことになる。このように家庭裁判所における任意後見監督人選任の審判の段階で，任意後見人の適格性審査の手続が確保さ

16）小林昭彦・原司『平成11年民法一部改正法等の解説』392頁

れている。[17)]

⑵　複数任意後見人

複数の任意後見人を選任する契約には，①複数の受任者がそれぞれ単独で代理権を行使することができることとされている場合（事務の分掌の場合も含む）と，②複数の受任者の代理権について共同行使の定めがある場合がある。①は，当該契約は受任者ごとの別個の契約と解される。②の場合は，一個の不可分な契約と解される。①の場合，受任者の一人について不適任の事由があっても，他の受任者が適任であれば，その者について任意後見契約の効力を発生させることができる。②の場合，受任者の一人に不適任の事由があるときは，他の受任者が適任であっても，任意後見監督人を選任することはできず，任意後見契約は効力を生じない。[18)]複数の任意後見人が選任される場合，任意後見監督人の選任については，一人の任意後見監督人を選任してすべての任意後見人の監督を委ねることもできるし，任意後見人ごとに任意後見監督人を選任して格別に監督させることもできる。[19)]

４　任意後見契約の委任事務と代理権の範囲

⑴　任意後見人の事務

任意後見契約により代理権を付与できる事務は，委任者（本人）が受任者（任意後見監督人選任前の任意後見人を任意後見受任者という。）に対し，精神上の障害により事理を弁識する能力が不十分な状況における自己の生活，療養看護及び財産の管理に関する事務の全部又は一部（任意後見２条１号）であり，民法の委任事務の特則を定めたもので，その内容は，

17）小林昭彦・大門匡編著『新成年後見制度の解説』234頁以下，小林昭彦・原司『平成11年民法一部改正法等の解説』394頁，北野俊光「任意後見契約について」家月55巻10号17頁
18）小林昭彦・大門匡編著『新成年後見制度の解説』236頁，北野俊光「任意後見契約について」家月55巻10号21頁
19）小林昭彦・大門匡編著『新成年後見制度の解説』236頁，小林昭彦・原司『平成11年民法一部改正法等の解説』396頁

成年後見人の身上配慮義務（民858条）で定める事務と同じである。代理権付与の対象となる行為なので「事務」とは法律行為に限られ，具体的な介護サービス等の事実行為は含まれない。代理権付与の対象となる事務は，財産管理に関する法律行為（例えば，預貯金の管理・払戻し，不動産その他重要な財産の処分，遺産分割，賃貸借契約の締結・解除等）と身上監護に関する法律行為（例えば，介護契約，施設入所契約，医療契約等）が含まれる。これらの法律行為に関連する登記・供託の申請や要介護認定の申請等の公法上の行為も，代理権付与の対象となる。また，任意後見人が弁護士の場合，これらの事務に関して生ずる紛争についての訴訟行為の授権も可能である。弁護士でない任意後見人の場合は，将来これらの事務に関して生ずる紛争について弁護士に訴訟委任する権限を授権することになる。[20]

任意後見制度は，任意後見人が本人を代理して，その生活，療養看護及び財産の管理に関する事務を行うことにより，本人を保護するものであり，本人の行為能力を制限するものではないから，任意後見人には，本人の行為能力がないとして取消権を行使することは認められていない。任意後見契約であらかじめ契約の取消権を与えることは，委任契約により他者に法定後見人と同様の取消権を与えることとなり，社会の取引秩序が極めて不安定となるから許されないからである。[21]もっとも，任意後見契約において，各種の契約の解除や取消しに関する事項の代理権を与えている場合には，任意後見人は本人の代理人として，契約の解除や取消請求をすることは可能である。任意後見契約では，その代理権目録に，「財産の保存，管理に関する事項」，「紛争の処理に関する事項」を掲げて，代理権を付与することが通例であり，これらの代理権があれば，契約の取消権も含まれると解されている。例としては民法120条２項の詐欺又は強迫による取消し，消費者契約法４条による取消し，特定商取引法９条の申込みの撤回（クーリングオフ）について該当する場合の権限行使がある。本人が任意後見人を

20）小林昭彦・大門匡編著『新成年後見制度の解説』247頁
21）これに対し，新井誠「任意後見制度の存在意義・再考～世界の潮流を踏まえて～」実践成年後見45巻14頁は，任意後見人に民法120条の取消権を認める解釈論を展開すべきであるとする。

無視して不動産取引をした場合には，その契約が本人にとって不利益なものである場合，消費者契約法等の適用がない限り，取り消すことはできない。[22] そのため，本人が悪質商法の被害に遭い，法律行為を解除しなければならない事態となった場合には，本人の利益のために特に必要があるとして，法定後見開始等の審判の申立てをして（任意後見10条），本人保護を図ることも必要となる。

⑵　問題となる事務委任

ア　死後の事務委任

委任者は，自己の葬儀や埋葬に関する事項等死後の事務について任意後見契約において委任することができるかが問題となる。任意後見契約は，能力の不十分な委任者を保護する目的とした事務の委託を内容とした契約であるので，委任者の死亡により終了することになる。任意後見契約としては死後の事務委任を行うことはできないが，任意後見契約の締結時に通常の委任契約として，死後事務の委任を任意後見契約と同一の公正証書中に記載することは可能と解されている。[23] 最判【3－2】も，通常の委任契約は特段の合意がない限り，委任者の死亡により終了する（民653条1号）が，委任者が受任者に対し，入院中の諸費用の病院への支払，自己の死後の葬式を含む法要の施行とその費用の支払，入院中に世話になった家政婦や友人に対する応分の謝礼金の支払を依頼するなど，委任者の死亡後における事務処理を依頼する旨の委任契約においては，委任者の死亡によっても当然に同契約を終了させない旨の合意を包含する趣旨と解している。他方で，委任者の相続人は，委任者の地位の承継人として，民法656条，651条1項に基づいて，委任契約を解除することができるため，死後事務の委任契約が委任者の死後も効力を有するためには，契約の内容に不明確性や実現困難性があり，履行負担が加重であるなどの契約の履行が不合理と認められる特段の事情がないことが要件

22）田山輝明「成年後見制度と不動産取引行為」森泉章編『著作権法と民法の現代的課題』579頁

23）髙村浩『Q&A　成年後見制度の解説』364頁，赤沼康弘ほか編集『Q&A　成年後見実務全書第4巻』1578頁〔川口純一〕

となる。死後の事務委任の契約については特段の事情がなければ，委任者の地位の承継者が委任契約を解除して終了させることを許さない合意を包含する趣旨と解することになる（【3－3】）。

死後の事務委任の定めがない場合であっても，急迫な事情があり，相続人が事務の処理をすることができるようになるまでの間に処理しなければならない事項については，民法654条の応急処分として処理することは可能である。

【3－2】委任者が受任者に対し，入院中の諸費用の病院への支払，自己の死後の葬式を含む法要の施行とその費用の支払及び入院中に世話になった家政婦や友人に対する応分の謝礼金の支払という自己の死後の事務を含めた法律行為等を依頼する委任契約は，当然に委任者の死亡によっても当該契約を終了させない旨の合意を包含する趣旨のものというべきであり，民法653条の法意がかかる合意の効力を否定するものではない。

最判平成4年9月22日金法1358号55頁

原審は，㈠丙山良子は，入院加療中の昭和62年3月初めころ，同人名義の預貯金通帳，印章及び右預貯金通帳から引き出した金員を上告人に交付して，丙山の入院中の諸費用の病院への支払，同人の死後の葬式を含む法要の施行とその費用の支払，同人が入院中に世話になった家政婦の丁野テル子及び友人の戊山ミカ子に対する応分の謝礼金の支払を依頼する旨の契約を締結した，㈡上告人は，丙山が同月28日に死亡した後，右依頼の趣旨に沿って，病院関連費，葬儀関連費及び四十九日の法要までを施行した費用並びに丁野及び戊山に対する各謝礼金を支払った，との事実を認定した上で，丙山が上告人に対して右金員などの交付をしたのは，前記各費用などの支払を委任したものであり，そうすると委任者である丙山の死亡によって右委任契約は終了した（民法653条）として，上告人は，丙山から受け取っていた預貯金通帳及び印章のほか，上告人が支払った前記各費用などを控除した残金を，丙山の相続財産をすべて相続した被上告人に返還すべきであるとし，また，前記各費用などのうち上告人の戊山に対する謝礼金の支出は，被上告人の承諾を得ることなく上告人が独自の判断でしたものであるから不法行為となり，上告人は被上告人に対し同額の損害賠償責任を負うとした。

しかしながら，自己の死後の事務を含めた法律行為等の委任契約が丙山と上告人との間に成立したとの原審の認定は，当然に，委任者丙山の死亡によっても右契約を終了させない旨の合意を包含する趣旨のものというべく，民法653条の法意がかかる合意の効力を否定するものでないことは疑いを容れないところである。

しかるに，原判決が丙山の死後の事務処理の委任契約の成立を認定しながら，この契約が民法653条の規定により丙山の死亡と同時に当然に終了すべきものとしたのは，同条の解釈適用を誤り，ひいては理由そごの違法があるに帰し，右違法は判決の結論に影響を及ぼすことが明らかであるといわなければならない。

【3－3】委任者の死亡後における事務処理を依頼する旨の委任契約においては，委任者が自己の死亡後に契約に従って事務が履行されることを想定して契約を締結しているから，その契約内容が不明確又は実現困難であったり，委任者の地位を承継した者にとって履行負担が加重であるなど契約を履行させることが不合理と認められる特段の事情がない限り，委任者の地位の承継者が委任契約を解除して終了させることを許さない合意をも包含する趣旨と解することが相当である。

東京高判平成21年12月21日判タ1328号134頁

イ　医的侵襲

任意後見契約において，本人は，医療契約の締結，変更，解除及び費用の支払の事務を委任しておくことができる。これを超えて手術・治療行為その他の医的侵襲についての決定・同意の決定権限を委任することができるかが問題となる。成年後見人の権限と同様，任意後見人に対し，任意後見契約で医的侵襲の決定権限を委任することはできないと解されている（第2章第1節7⑷参照）。[24] 法務局は，医療行為の同意権については，

24）小林昭彦・大門匡編著『新成年後見制度の解説』145頁，髙村浩『Q&A　成年後見制度の解説』363頁，北野俊光「任意後見契約について」家月55巻10号27頁

登記を認めていない。「医療に関する一切の事項」という表現についても医療同意が含まれる可能性があり，同意は認められていない。[25]

ウ　延命治療の拒絶の委託

本人は，尊厳死の意思の表明を任意後見契約において受任者に委任できるかが問題となる。治癒不可能な病気に冒され，回復の見込みがなく，治療を続けても迫りつつある死を避けられない場合，意味のない延命治療をせずに，自己の尊厳を保ちながら死を迎えるため，延命治療を拒絶し，自然に寿命を迎えて死ぬことを尊厳死という。判断能力を失う前に，本人があらかじめ尊厳死を選択することを表明した文書をリビングウィル（生前発効遺言）といい，判例の中には，傍論としてこれを認めているものもある（横浜地判平成7年3月28日判時1530号28頁，東京高判平成10年2月9日高民51巻1号1頁）。しかし，わが国では，リビングウィルの効力を保障する法制はなく，患者自身の治療を拒絶する権限が制度的に確立していない。

任意後見契約で委任できる「自己の生活，療養看護及び財産の管理に関する事務の全部又は一部」とは，委任者自身が行い得る事務であり，かつ，代理により可能な法律行為をいうことからすると，延命治療は，委任者自身が行いうる法的な保障がないことや代理で行いうるものとも認められないことから，延命治療の拒絶を任意後見契約の内容とすることはできない。[26]

(3)　任意後見人の報酬・費用

任意後見契約は，委任契約の一類型なので，任意後見人の報酬・費用についてはすべて民法の委任の規定に従う。[27]報酬は，民法上は，受任者が報酬を受けるにはその旨の特約が必要である（民648条1項）。親族が任意後見人になる場合は，無償の契約がされることも多いと思われるが，親族以外の第三者が任意後見人になる場合は，報酬の約定がされるのが通常であろ

25）實金敏明監修「活用しよう！　任意後見」176頁
26）髙村浩『Q&A　成年後見制度の解説』365頁，北野俊光「任意後見契約について」家月55巻10号27頁
27）小林昭彦・大門匡編著『新成年後見制度の解説』251頁

う。後払い（同条２項）が原則であるが，特約により月額又は年額を定めることもできる。任意後見人がその責めに帰さない事由により，その事務を中途で終了したときは，すでに履行した事務の割合に応じて報酬を請求できる（同条３項）。

5　任意後見監督人の選任

(1)　選任の要件・手続

ア　選任の要件

任意後見契約は，任意後見監督人が選任された時からその効力を生じる。任意後見監督人を選任する実体的要件として，任意後見契約が登記されていること，精神上の障害により本人の判断能力が不十分な状況にあること，手続的要件として，本人，配偶者，四親等内の親族又は任意後見受任者による任意後見監督人選任請求が申立てされていること，本人の申立て又はその同意があることが必要である。ただし，本人がその意思を表示することができないときは，この限りではない。本人の精神の状況については，法定後見制度の後見，保佐，補助の各要件に該当する状況にある者すべてを含んでいる。[28)]

イ　障害事由

以下の選任の障害事由がない限り，家庭裁判所は任意後見監督人を選任しなければならない（任意後見４条１項）。[29)]

①本人が未成年者である場合（１号）

親権者又は未成年後見人との権限の抵触・重複を回避するため，任意後見監督人を選任して任意後見契約の効力を発生させることはできない。

②本人が成年被後見人，被保佐人又は被補助人である場合において，

当該本人に係る後見，保佐又は補助を継続することが本人の利益の

28）小林昭彦・大門匡編著『新成年後見制度の解説』237頁
29）小林昭彦・大門匡編著『新成年後見制度の解説』240頁

ため特に必要であると認めるとき（2号）

自己決定の尊重の趣旨から任意後見による保護を優先する趣旨で設けられた。本号に該当しないときは，任意後見監督人を選任して任意後見契約の効力を発生させ，法定後見開始の審判を取り消すことになるし，法定後見を継続することが本人の利益のために特に必要な場合は，任意後見監督人の選任の申立てを却下することになる。

③任意後見受任者に不適任な事由がある場合（3号）

任意後見受任者が民法847条各号（4号を除く）に掲げる者であるとき（3号イ），本人に対して訴訟をし，又はした者又はその配偶者並びに直系血族（3号ロ），不正な行為，著しい不行跡その他任意後見人の任務に適さない事由がある場合（3号ハ）があるときは，任意後見人として不適任であるので，任意後見契約の効力を発生させることはできない。成年後見人についての欠格事由（民847条）や解任事由（民846条）と同じ事由を障害事由とした規定である。

⑵　任意後見監督人の補充的・追加的選任

任意後見監督人については，成年後見監督人の規定に準じた規定がされている。任意後見監督人が欠けた場合や追加的に任意後見監督人を選任する場合，本人，その親族又は任意後見人に選任請求権が認められており，いずれの場合も，家庭裁判所は職権で選任することができる（任意後見4条4項・5項）。[30]

⑶　任意後見監督人の欠格事由

成年後見監督人の欠格事由（民850条）の趣旨と同様，任意後見受任者又は任意後見人の配偶者，直系血族及び兄弟姉妹は，任意後見監督人となることができない（任意後見5条）。他に欠格事由として成年後見監督人の規定が準用されている（任意後見7条4項，民847条）。[31]

⑷　任意後見監督人となる者

任意後見監督人の選任には，成年後見人の選任の考慮事情に関する規定

30）小林昭彦・大門匡編著『新成年後見制度の解説』242頁
31）小林昭彦・大門匡編著『新成年後見制度の解説』243頁

（任意後見７条４項，民843条４項）が準用されている。家庭裁判所は，本人の心身の状態並びに生活及び財産の状況，任意後見監督人候補者の職業，経歴（法人の場合は，その事業の種類・内容），任意後見監督人候補者（法人の場合は，その事業の種類・内容）と本人との利害関係の有無，本人の意見，その他一切の事情を考慮する。候補者の資格に法律上の制限はなく，法人を選任することや複数の任意後見監督人を選任することも可能である。[32)]

⑸　審理手続

ア　管　轄

任意後見契約法12条に規定する審判事件は，家事事件手続法別表第一に掲げる事項とみなされ，いずれも管轄は本人の住所地の家庭裁判所となる（家事217条）。

イ　診　断

家庭裁判所は，任意後見監督人を選任するには，本人の精神状況に関する医師の診断の結果その他適当な者の意見を聴かなければならない（家事219条）。任意後見は，任意後見人に任意後見契約で定めた代理権を付与するにとどまるもので，本人の行為能力を制限するものではないこと，本人の申立て又は同意を要件とする保護的措置であることから，鑑定は必要とされていない。[33)]

ウ　陳述及び意見の聴取

家庭裁判所は，任意後見監督人を選任するには，本人の陳述及び任意後見監督人となるべき者の意見を聴かなければならない（家事220条１項１号，２項）。また，家庭裁判所は，任意後見契約法４条１項の規定により任意後見監督人を選任するには，任意後見契約の効力が生ずることについて任意後見受任者の意見を聴かなければならない（家事220条３項）。任意後見監督人を選任する審判においても，後見開始の審判等の場合と同様，家庭裁判所調査官の調査の中で，本人の陳述聴取及び同意の確認

32）小林昭彦・大門匡編著『新成年後見制度の解説』244頁
33）最高裁判所事務総局家庭局監修『改正成年後見制度関係執務資料』172頁，裁判所書記官実務研究報告書『家事事件手続法下における書記官事務の運用に関する実証的研究―別表第一事件を中心に―』664頁，金子修編著『逐条解説　家事事件手続法』674頁

並びに本人の状況の確認を行うのが一般的である。これは，本人は，一般に事理弁識能力が不十分な可能性があり，そのような者の心身の状態に配慮しつつ，的確に要領良く聴取等を行うためには，専門家が行うのが相当であること，本人の裁判所への出頭が困難な場合もあり，機動性が求められること，診断書と本人の実際の状況とが乖離していないことの確認を必要とするからである。[34] 本人が成年被後見人，被保佐人又は被補助人である場合は，当該本人にかかる成年後見，保佐又は補助を継続することが本人の利益のため特に必要であると認められるかどうかについても調査を行う（任意後見４条１項ただし書）。

エ　告　知

任意後見監督人選任の審判は，申立人，本人，選任された任意後見監督人，任意後見受任者（家事222条１号）に告知されるほか，任意後見契約法４条２項の規定により，後見開始の審判等を取り消す審判は，成年後見人及び成年後見監督人等に告知しなければならない（家事222条２号）。

オ　即時抗告

任意後見監督人を選任する審判に対しては，即時抗告をすることができない。任意後見監督人の選任の申立てを却下する審判に対しては，申立人が即時抗告をすることができる（家事223条１号）。

カ　登記嘱託

任意後見監督人選任の審判が効力を生じた場合には，裁判所書記官は，遅滞なく，登記所に対し，後見登記法に定める登記の嘱託をしなければならない（家事116条，家規77条１項３号）。

6　任意後見監督人の職務等

(1)　任意後見人に対する監督

任意後見監督人は，任意後見人の事務を監督し，その事務に関し，家庭

34）最高裁判所事務総局家庭局監修『改正成年後見制度関係執務資料』174頁，裁判所書記官実務研究報告書『家事事件手続法下における書記官事務の運用に関する実証的研究―別表第一事件を中心に―』665頁

裁判所に定期的に報告を行うとともに，随時，任意後見人に対しその事務の報告を求め，又は，その事務若しくは本人の財産の状況を調査することができる（任意後見７条１項１号，２項）。法定後見における民法851条１号と同趣旨の規定である。[35] 任意後見は，法定後見と異なり，家庭裁判所が直接，任意後見人を監督することはない。家庭裁判所は，必要があると認めるときは，任意後見監督人に対し，報告・調査など必要な処分を命ずることができる（任意後見７条１項２号，３項）。任意後見人に不正な行為などその任務に適さない事由があるときは，家庭裁判所は，任意後見監督人等の申立てにより，任意後見人を解任することができる（任意後見８条）。

⑵　監督以外の職務

任意後見監督人は，急迫の事情がある場合には，任意後見人の代理権の範囲内で自ら必要な処分をすることができ（任意後見７条１項３号），利益相反行為について本人を代表する（同項４号）。法定後見における民法851条３号，４号と同趣旨の規定である。任意後見人は，任意代理人であるので，家庭裁判所が選任すべきものではなく，民法851条２号のような規定は設けられていない。また，任意後見人に代わって本人の居住用不動産を処分する場合，民法859条の３の規定は準用されておらず，家庭裁判所の許可は不要である。

⑶　任意後見監督人の報酬・費用，辞任・解任等

任意後見監督人の報酬・費用，辞任・解任，善管注意義務等については，成年後見監督人に関する民法852条の規定と同様，民法の規定が準用されている。複数の任意後見監督人の権限行使に関する定め等についても，同様である（任意後見７条４項）。[36]

任意後見監督人を解任する審判の申立てがあった場合，家庭裁判所は，当該申立てをした者の申立てにより，解任の申立てについての審判の効力が生ずるまでの間，任意後見監督人の職務の執行を停止し，又はその職務代行者を選任することができる（家事225条，127条１項）。

35）小林昭彦・大門匡編著『新成年後見制度の解説』252頁
36）小林昭彦・大門匡編著『新成年後見制度の解説』257頁

7　任意後見契約の終了と対抗要件

(1)　任意後見契約の終了事由

任意後見契約は，任意後見契約の解除，任意後見人の解任，法定後見の開始，契約当事者の死亡・破産等により終了する。

ア　任意後見契約の解除

任意後見契約は，委任契約の一類型なので，契約の解除により終了する。委任契約は，各当事者がいつでも解除できるのが原則であるが（民651条１項），任意後見契約の解除については，本人の保護及び当事者の真意の担保の観点から特則が設けられている。

①任意後見監督人選任前においては，本人又は任意後見受任者は，いつでも，公証人の認証を受けた書面によって，任意後見契約を解除することができる（任意後見９条１項）。

②任意後見監督人の選任後においては，任意後見人からの自由な解除を認めることは，無責任な辞任を容認するおそれがあり，また，本人からの自由な解除を認めることは，本人が判断を誤ることにより本人保護に欠ける結果となる。そこで，家庭裁判所が，「正当な事由」の要件が認められる場合に解除の許可の審判をして，本人の保護を図る（任意後見９条２項）。

イ　任意後見人の解任

任意後見監督人は，任意後見人の不正な行為，著しい不行跡その他任務に適さない事由が判明した場合には，家庭裁判所は，任意後見監督人，本人，その親族又は検察官の請求により，任意後見人を解任することができる（任意後見８条）。任意後見人が解任されると，任意後見契約の委任事務の履行が不能となり，任意後見契約自体が終了する。

ウ　法定後見の開始

任意後見監督人が選任された後に法定後見（後見，保佐，補助）開始の審判がされたときは，任意後見人と成年後見人等の権限が重複・抵触するのを避ける観点から，任意後見契約は当然に終了する（任意後見10条３項）。

エ 契約当事者の死亡・破産等

任意後見契約は，委任契約の一類型なので，委任契約の一般原則に従い，本人又は任意後見人の死亡・破産により終了する。任意後見人が後見開始の審判を受けた場合も同様である（民653条）。

オ 契約による終了

当事者間の約定により，例えば任意後見人の弁護士資格喪失を終了原因と定めることもできる。ただし，約定の終了事由発生の場合，当該事由の発生後，速やかに任意後見契約の終了の登記をしなければ，任意後見人の代理権消滅の事実を善意の第三者に対抗できない（任意後見11条）[37]。

⑵ 対抗要件

取引の安全との調和の観点から，任意後見人の代理権の消滅は，任意後見契約の終了の登記をしなければ，善意の第三者に対抗することができない（任意後見11条）。

任意後見人と取引をする相手方は，任意後見人，任意後見監督人又は本人若しくはその家族（配偶者若しくは四親等内の親族）に対し，任意後見人の代理権を証する登記事項証明書の提出を求め，任意後見人の代理権の範囲等を確認することになる（後見登記10条１項）。そこで，任意後見契約の終了の登記がされる前の法律行為について，任意後見人との取引の相手方は，任意後見人の代理権の消滅の事実を知らなかったことについての過失の有無にかかわらず，任意後見契約法11条により保護される[38]。逆に，任意後見契約の終了の登記がされていた場合には，相手方は，任意後見人の代理権の消滅の事実について善意であっても，任意後見契約法11条によっては保護されない。この場合，成年後見登記制度による登記が公開されないことから，商業登記の場合（最判昭和49年３月22日民集28巻２号368頁）と異なり，民法112条が適用されると解されている[39]。

37）小林昭彦・大門匡編著『新成年後見制度の解説』263頁
38）小林昭彦・大門匡編著『新成年後見制度の解説』269頁，小林昭彦・原司『平成11年民法一部改正法等の解説』482頁
39）小林昭彦・原司『平成11年民法一部改正法等の解説』483頁

8　法定後見制度との関係

⑴　任意後見契約が先行している場合

任意後見契約が登記されている場合，任意後見制度を選択した本人の意思を尊重して，家庭裁判所は，本人の利益のため特に必要があると認めるときに限り，後見開始の審判等をすることができるものとされている（任意後見10条１項)。「本人の利益のため特に必要があると認めるとき」とは，任意後見契約によることが本人の保護に欠ける結果となる場合と解されている。[40] 具体的には，①任意後見による保護が不十分な場合，すなわち，本人が任意後見人に委任した代理権を行うべき事務の範囲が狭すぎ，本人の精神の状況から新たな任意後見契約を締結できない場合や本人について同意権・取消権による保護が必要な場合，②任意後見受任者又は任意後見人が体調不良や本人との信頼関係の欠如により適切に職務を行うことができない場合，③合意された任意後見人の報酬額が余りにも高額であり，本人の資産状況によっては，報酬が支払われない，あるいは，本人の生活が成り立たなくなる場合などが考えられる。[41]

任意後見契約が先行されている場合の判例として前掲【2-111】のほかに【3-4】【3-5】がある。【2-111】は，既に任意後見契約を締結し登記された後にされた補助開始及び代理権付与の申立てをいずれも却下した審判に対する即時抗告審において，本人の補助開始の審判に対する同意が認められず，任意後見契約に関する法律10条１項にいう「本人の利益のため特に必要があると認める」べき事情を見出し難いとして抗告を却下した。【3-4】は，長男が保佐開始の審判を申立て後に，次男と本人との間に任意後見契約が締結され，登記されたというものであるが，保佐開始の申立て後であっても，任意後見契約が登記されたときは，保佐開始の審判をするためには，「本人の利益のため特に必要があること」を要するにもかかわらず，この点の審理・調査を尽くしていないとして，保佐開始

40）小林昭彦・大門匡編著『新成年後見制度の解説』274頁，小林昭彦・原司『平成11年民法一部改正法等の解説』478頁
41）小川敦「法定後見が任意後見に優先する場合の考慮要素」ケース研究325号３頁

の申立てを認容した原審を取り消し，差し戻した事例である。「本人の利益のため特に必要があること」とは，任意後見契約所定の代理権の範囲が不十分である，合意された任意後見人の報酬額が余りにも高額である，同法４条１項３号ロ・ハ所定の任意後見を妨げる事由がある等，要するに任意後見契約によることが本人保護に欠ける結果となる場合を意味するとした。**【３－５】**は，長男から長女に対し，内容証明郵便で本人（母）の預貯金の名義が無断で変更されており，本人の財産を長女に移している疑いが強いことを指摘し，本人の状況及び財産の状況を明らかにするよう求めた後に，本人との間で長女を任意後見受任者とする任意後見契約が締結され，長男の後見開始の申立てと長女の任意後見監督人選任の申立てが併合されたという事案で，長女が本人名義の預貯金口座から大金を出金して自己名義の預貯金口座に入金するなど，本人の財産への関わりに不適切な点が認められること，本人の療養看護については介護施設にほぼ任せており，長女の関心は，本人の財産管理にあると考えられること，推定相続人間で本人の財産管理及び療養看護をめぐって深刻な争いがあることなどの事情を指摘して，利害関係のない第三者に後見をさせるのが適切であるから，本件においては，「本人の利益のため特に必要がある」として，任意後見監督人を選任した原審を取り消し，差し戻した。任意後見契約締結の背景には，親族間紛争があることが多く，利害関係のない第三者を後見人とすることが「本人の利益のため特に必要があると認めるとき」に該当する一事情とした点で参考になる。

【３－４】保佐開始の申立後，保佐開始の原審判がされる前に，本人が任意後見契約を終結し，かつ，その登記もされている事案において，この任意後見契約の無効原因をうかがうことはできないことから，保佐を開始するためには「本人の利益のため特に必要がある」ことを要するにもかかわらず，原審において，この点の積極的な審理・調査が尽くされたとも認められないとして，原審判を取り消し，差し戻した事例

大阪高決平成14年６月５日家月54巻11号54頁

第2　抗告に至る経緯

原審記録によれば次の事実が認められる。

1　本人両名の間には，原審申立人（長男）及び抗告人（次男）の2人の子供がある。

2　本人横田敬治（以下「敬治」という。）は，65歳時に心筋梗塞で入院し，以後，入退院を繰り返していたが，平成11年12月以降，○○病院に入院した。

敬治の妻である本人横田まき（以下「まき」という。）は，敬治の見舞いに行く途中で転倒して肋骨を骨折し，平成12年2月以降，やはり○○病院に入院した。

本人両名は，平日は病院に入院し，週末に抗告人に迎えに来てもらって帰宅し，土・日曜日を自宅で過ごして，月曜日に病院に帰るという生活をしており，その保有する不動産や預貯金の管理も抗告人に委ねていた。

3　原審申立人は，平成12年7月5日，神戸家庭裁判所尼崎支部に対し，本人両名につき，保佐の開始及び保佐人の同意を要する行為を定める旨の審判を申し立て，その申立書中において，保佐人候補者として自己が適任である旨を述べた。

4　○○病院の医師○○○○は，神戸家庭裁判所尼崎支部の依頼を受け，平成12年9月28日，同支部に対し，敬治及びまきの診断名や判断能力判定についての意見を記載した診断書を提出した。

5　敬治と抗告人は，平成12年10月6日，大阪法務局所属公証人○○○○の面前で，敬治を本人（任意後見委任者）とし抗告人を任意後見受任者として，任意後見契約に関する法律（以下「法」という。）2条1号所定の任意後見契約を締結する旨を合意し，同公証人によりその旨の公正証書（平成12年第566号）が作成された。

また，まきと抗告人は，同日，同公証人の面前で，まきを本人（任意後見委任者）とし抗告人を任意後見受任者として，同じく任意後見契約を締結する旨を合意し，同公証人によりその旨の公正証書（平成12年第567号）が作成された。

これら任意後見契約はいずれも同月13日に登記がされた。

6　関西労災病院精神科医師△△△△は，神戸家庭裁判所尼崎支部から鑑定人として指定され，平成13年3月21日，敬治及びまきの精神障害の内容や判断能力に関する鑑定書を提出した。

7　原審裁判所は，平成13年7月2日，敬治及びまき両名につき，保佐を開始し，両名の保佐人として兵庫県弁護士会所属弁護士○○○○を選任するとの審判（原審判）をした。

原審判は，本人両名には民法11条の保佐開始の要件が認められるとした上，原審申立人と抗告人との間に争いがあることを考慮し，中立公正で法律的素養のある弁護士を保佐人に選任したものである。

第３　当裁判所の判断

１　任意後見契約が登記されている場合には，家庭裁判所は，「本人の利益のため特に必要がある」と認めるときに限り，保佐開始の審判をすることができる（法10条１項，４条２項）。法は，平成12年４月１日に施行された新しい成年後見制度における自己決定尊重の理念にかんがみ，任意後見を選択した者については，民法所定の成年後見制度を必要とする例外的事情がない限り，任意後見を優先させようとするのである（任意後見監督人が選任されていないために任意後見契約が効力を生じていない場合においても，この点は変わりがない。）。

２　上記のとおり，本人両名はいずれも任意後見契約を締結しており，かつ，その登記がされている。

これら契約が，人違いや行為能力の欠如により効力が生じないのであれば，「本人の利益のため特に必要がある」かどうかについて判断するまでもなく本人両名につき保佐を開始してよいことになるが，原審記録による限り，この契約の無効原因もうかがうことはできないから，本件で，保佐を開始するためには，本人両名について，「本人の利益のため特に必要がある」と認められることが必要である。

３　ここでいう「本人の利益のため特に必要がある」というのは，諸事情に照らし，任意後見契約所定の代理権の範囲が不十分である，合意された任意後見人の報酬額が余りにも高額である，法４条１項３号ロ，ハ所定の任意後見を妨げる事由がある等，要するに，任意後見契約によることが本人保護に欠ける結果となる場合を意味すると解される。

ところが，原審判は，この点について何も判断を示していないし，原審記録を検討しても，この点の積極的な審理・調査が尽くされたとも認められない（なお，本件においては，平成12年７月５日に本件保佐開始の申立てがされ，原審の家庭裁判所調査官が調査のため同年９月12日に抗告人と面接した後で，かつ，同調査官が本人両名の担当医師から同年９月28日に診断書を受理した後に，任意後見契約が締結され，登記されたことが認められるが，保佐開始の申立て後であっても，任意後見契約が登記されたときは，保佐開始の審判をするためには本人の利益のため特に必要があることを要するのであり，また，上記の経過のみから，本人の利益のため特に必要があると認めることはできない。）。

４　したがって，原審裁判所は，本人両名につき，保佐を開始するための要件の有無の審理を尽くしていないことになるから，原審判を取り消した上，本件を神戸家庭裁判所尼崎支部に差し戻すこととし，主文のとおり決定する。

【３－５】利害関係人は，本人との間で，任意後見契約（本件契約）を締結し，その旨の登記がされているところ，本人名義の口座から900万円を出金し，利害関係人名義の口座に入金するなど，本件契約締結前後の利害関係人による本人の財産への関わりには不適切な点が認められること，本人の療養看護については介護施設にほぼ任せており，利害関係人の関心は専ら本人の財産を管理することにあると考えられることからすると，利害関係人に本人の療養看護をさせるのは適切とはいえないこと，本人の推定相続人である抗告人，利害関係人らの間には，本人の財産管理及び療養看護をめぐって深刻な対立があることなど判示の事情の下では，利害関係のない第三者に後見をさせるのが適切であるから，任意後見契約に関する法律10条１項の定める「本人の利益のために特に必要があると認められるときに」に当たると認められる事情が存在するものとするのが相当である。

大阪高決平成24年９月６日家月65巻５号84頁

第１　事案の概要

１　利害関係人は，母である本人との間で，本人の生活，療養看護及び財産の管理に関する委任契約及び任意後見契約を締結し，その受任者（任意後見監督人の選任前は任意後見受任者，任意後見監督人の選任後は任意後見人）となっているところ，抗告人は，本人は認知症により意思疎通のできない状態にあったから，上記委任契約及び任意後見契約は無効であるなどと主張し，又は，利害関係人は，本人の財産を取り込むなどその財産管理には問題があること及び本人の延命治療を拒否するなどして本人の療養看護という委任事務の処理を放棄していることなど任意後見人としては不適格であると主張し，本人の利益のために後見を開始する必要があるとして，本人について後見開始の申立てをし（甲事件），他方，利害関係人は，上記任意後見契約に基づき，任意後見監督人選任の申立てをした（乙事件）。

２　原審は，両事件を併合し，平成24年６月８日，抗告人の申立てを却下するとともに，利害関係人の申立てを認容して，本人の任意後見監督人として，弁護士○○○○を選任するとの審判をした。

３　抗告人は，原審判中，抗告人の申立てを却下した部分を不服として即時抗告し，同部分を取り消し，本人について後見を開始するとの裁判を求めた。抗告理由は，別紙即時抗告理由書（写し）記載のとおりである。

第２　当裁判所の判断

１　一件記録（甲事件，乙事件及び神戸家庭裁判所尼崎支部平成24年(家ロ)第×××号財産の管理者の選任（成年後見）申立事件の各記録）によれば，次の事実が認められる。

⑴　本人は昭和２年×月×日生まれの女性であり，夫Ｄ（以下「亡Ｄ」という。）は平成13年×月×日に死亡しており，両名間には，出生順に長女である利害関係人，二女であるＥ（以下「Ｅ」という。）及び長男である抗告人がいる。

〈中略〉

⑼　抗告人は，平成22年×月×日到達の内容証明郵便をもって，利害関係人に対し，本人の預金通帳の名義が無断で変更されており，本人の財産を利害関係人に移している疑いが強いと指摘し，現在の本人の状況及びその財産の状況を明らかにするよう求めた。これに対し，利害関係人は，同月×日ころに到達した内容証明郵便をもって，本人が，抗告人に財産を使い込まれることをおそれて，本人名義の預金を利害関係人名義の口座に一時避難させたものであり，本人は，利害関係人と暮らすようになったことで，抗告人に財産を使い込まれる心配がなくなったことから，現在は本人名義の口座に戻されているなどと回答した。

⑽　利害関係人は，平成22年×月×日，本人との間で，本人の生活，療養看護及び財産の管理に関する委任契約及び任意後見契約を締結して，受任者（任意後見監督人の選任前は任意後見受任者，任意後見監督人の選任後は任意後見人。なお，任意後見監督人の選任の前後を問わず，受任者は月額10万円の報酬を受ける旨定められている。）となり，上記任意後見契約の登記がされている。なお，利害関係人は，平成22年×月×日から平成23年×月×日まで，上記報酬として，合計16回にわたって，１回当たり10万円を受領し（本人名義の○○銀行からの送金による。），同日現在で160万円になっている（これについて，利害関係人は，原審の家庭裁判所調査官に対し，将来，本人に何かあったときのために貯めていると説明している。）。

⑾　本人は，平成22年×月×日，要介護度３の認定を受けた。

上記認定を受けたときの認定調査票によれば，その当時，本人は，利害関係人方で同居してから１年も経過しない時期であるが，①短期記憶に障害がある，②利害関係人方の住所は覚えておらず（ただし，娘の家であることは理解できている。），場所の理解にも困難がある，③２，３時間前の食事の内容を思い出せない，④金銭の管理は利害関係人がしており，本人は小遣い程度をもらっている，⑤日常の簡単な意思決定はできるが，たまにしかないことや介護保険のことなどはできず，利害関係人に任せている，という状態であった。

〈中略〉

⒀　本人は，平成24年×月×日，突然，脳梗塞により意識障害に陥って，○市○の○病院に緊急入院した。本人は，同年×月×日及び同月×日，心原性脳塞栓症により後見開始相当（意思疎通ができない植物状態に準じた状態である。）と診断されている。その後，本人は，上記病院を退院したが，現在も他院に入院中である。

⒁　利害関係人は，本人名義の○○銀行の預金口座から平成24年×月×日及び同月×日にそれぞれ200万円ずつ出金し，これを利害関係人名義の○○銀行の預金口座に，同月×日及び同月×日にそれぞれ200万円ずつ入金した（利害関係人は，原審の家庭裁判所調査官に対し，本人が急遽入院することになり，入院生活が長引くおそれがあることから，すぐに対応できるように本人名義の預金を利害関係人名義の預金に移したと説明している。）。

⒂　抗告人は，平成24年×月×日，甲事件の申立てをし，これを本案として，審判前の保全処分として，財産管理者選任の申立てをした。

⒃　利害関係人は，平成24年×月×日，乙事件の申立てをした。

⒄　利害関係人は，原審の家庭裁判所調査官に対し，本人の延命治療には反対であり，抗告人やＥが延命治療を希望するのであれば，その費用は抗告人とＥが支払うべきである，第三者の後見人を選任することには反対であり，利害関係人が本人の財産を管理することができないのであれば，本人の面倒を見る気は一切ないとの意向を述べている。

２　上記１の認定事実に基づいて，抗告人の申立てについて検討する。

⑴　上記１⒀によれば，本人は，精神上の障害により事理を弁識する能力を欠く常況にあるといえ，後見開始の原因がある。

⑵　上記１⑽によれば，任意後見契約の登記がされているから，本人について後見開始の審判をすることができるのは，本人の利益のため特に必要があると認めるときに限られる（任意後見契約に関する法律10条１項）。なお，上記任意後見契約は，抗告人からの平成22年×月×

日到達の内容証明郵便による指摘等を受けてから約１か月後に締結されていることからすれば，何故そのような時期に，また，どのような目的・趣旨で同契約を締結することになったのかなど，同契約締結に至る経緯には疑問があるものの，同契約締結の当時，本人が意思能力を欠いていたことを認めるに足りる証拠はなく（上記１⑾によれば，本人の精神的能力は相当に低下していたと認められるものの，意思能力を欠いていたとまでは認められない。），他に同契約について無効事由があるとまでは認められない。また，利害関係人は，上記１⒄のとおり，その意向を述べているが，これをもって，利害関係人が上記任意後見契約を解除したと認めることはできない。

ア　利害関係人の本人の財産への関わりについてみると，次のとおりと認められる。

〈中略〉

⑽　上記１⒁によれば，利害関係人は，本人の入院後間もなく，本人の預金口座から400万円を自己の預金口座に移している。これについて，利害関係人は，本人が急遽入院することになったこと等からすぐに対応できるようにしたものであると説明するが，前記委任契約に基づき，本人の代理人として必要な時に出金できたのであるから，自己の預金口座に移し替える必要があったとはいえず，また，入院後間もない時期のことであり，予めそのような多額の出金をする必要があったのかという疑問もあり，本人の入院を奇貨として，本人の財産を取り込んだといわれても仕方がない行為である。

㈣　上記１⑽によれば，利害関係人は，平成22年×月以降，委任契約及び任意後見契約の受任者として，本人から月額10万円の報酬を受けているが，平成23年×月以降，本人の世話はほとんど通所している介護施設がしていたと認められる上，本人との同居後，利害関係人が本人の利益になるような財産管理をしているとは認められないから（出費に充てるための本人の預貯金からの出金のほかは，本人名義の預貯金を移動させているだけである。），月額10万円の報酬が相当といえるか疑問がある。

㈭　以上によれば，上記１⑽の委任契約及び任意後見契約締結前の利害関係人の本人の財産への関わりには不適切な点が認められ，また，同契約締結後の利害関係人による本人の財産管理についても同様である。

イ　利害関係人による本人の療養看護についてみると，利害関係人は，平成23年×月以降，本人の生活，療養看護については介護施設にほぼ任せていたこと，利害関係人の関心は，専ら本人の財産を管理することにあると考えられることからすれば，利害関係人に本人の適切な療養看護を期待することは困難であって，利害関係人に本人の療養看護をさせるのは適切とはいえない。また，本人の現在の病状に鑑みれば，利害関係人が自ら本人の療養看護に当たる余地はないから，利害関係人に本人の療養看護をさせる意味があるとはいえない。

ウ　本人の推定相続人は，抗告人，Ｅ及び利害関係人の３名であり，抗告人及びＥと利害関係人との間には，本人の財産の管理，本人の療養看護をめぐって深刻な対立がある上，本人と利害関係人との間で任意後見契約が締結され，登記がされているとしても，同契約が締結されたのは抗告人が１⑼の内容証明郵便を送付してから約１か月後のことであり，この間，同契約の締結について，利害関係人から抗告人及びＥに対して何らかの相談や説明があったとは認められないこともあわせれば，抗告人及びＥが利害関係人に不信感を持つのもあながち理由がないとはいえないのであって，任意後見監督人として第三者である弁護士が選任されるとしても，このような利害関係人に任意後見人として本人の療養看護及び財産の管理をさせることは適切でもないし，その必要性もないから，利害関係のない第三者に後見させるのが適切である。

エ　以上によれば，本件については，任意後見契約に関する法律10条１項の定める「本人の利益のために特に必要があると認めるときに」に当たると認められる事情が存在するにもかかわらず，本人の財産管理方法に不正を疑わせる形跡は認められないなどとし，任意後見契約に関する法律10条１項の要件を満たさないとして，抗告人の申立てを却下した原審の判断は相当でない。そして，上記要件を満たしているとして成年後見人を選任する場合，後見事務を監督する原審において後見人を選任するなどの手続を進めるのが相当であるから，この点を含め，原審において，更に審理を尽くさせるのが相当である。

⑵　後見，保佐又は補助開始の審判が先行している場合

既に本人が後見，保佐又は補助開始の審判を受けているときは，任意後見監督人選任の申立てがあっても，家庭裁判所は，後見，保佐又は補助を継続することが本人の利益のため特に必要であると認めるときは，任意後

見監督人を選任しない（任意後見４条１項２号）。任意後見契約を締結した本人の自己決定を尊重し，「特に必要である」と認められない場合は，任意後見監督人を選任することになる。

任意後見監督人を選任するときは，家庭裁判所は，後見，保佐又は補助開始の審判を取り消さなければならない（任意後見４条２項）。

第４章　未成年後見制度

第１節　未成年後見の位置づけ

1　親権との関係

未成年者に対して親権を行う者がいなくなった場合，又は親権を行う者が管理権を失った場合に未成年後見が開始する（民838条１項）。

従来，未成年後見は，父母の親権に服することのない未成年者のための親権の延長又は補充をするものと解されてきた。未成年者は，判断能力が不十分で法律行為における意思決定が困難な者であるが，原則として親権者がその判断能力を補うところ，親権者がないときに未成年後見が開始され，その判断能力を補うことになる。

未成年後見人が親権者に近い立場にあることから，親権者に対する家庭裁判所の後見的監督の強化や親権の義務性を強調し，親権の規定を廃して後見の規定に統一するという見解（親権後見統一論）[1] が提案された。この親権後見統一論は，旧民法時代の家父長制に由来する旧弊を一掃することを目指した点で評価されている[2]。

20世紀親権法においては，親権は，子に対する権利というよりも未成年子の利益・福祉を目的とする社会的責務が親子の自然な愛情に託されたものと理解されるようになった。親権は，後見とともに民法上の制度としてのみでなく，児童福祉立法に基づく児童福祉機関と協力し，国家的監督機関の監督の下に，社会国家的任務として行わるべき児童福祉のための職務といえよう[3]。平成23年法律第61号改正により，民法820条の規定に「子の利益のために」

1）中川善之助「親権廃止論　附・親権後見統一法私案」法律時報31巻10号４頁，立石芳枝「親権の概念」『家族法大系Ⅴ』１頁
2）久貫忠彦「親権後見統一論について」川井健ほか編『講座・現代家族法４巻』17頁
3）於保不二雄・中川淳編集『新版注釈民法㉕改訂版』５頁〔於保不二雄〕，内田貴『民法Ⅳ』209頁

との文言が加えられ（2012年4月1日施行），これまでも理念とされていた親権の性質が条文上でも明確にされた。現在でも，未成年後見を親権の延長や補充と位置づけるのではなく，親権は廃止し，親の自然後見として後見へ統合せられるべきであるという指摘もされている[4)]が，なお，両者を同一視することはできないであろう。[5)]

この改正により，未成年後見人についても，複数未成年後見人や法人未成年後見人の選任が可能となった。これは，未成年後見人は1人で子の監護養育や財産管理についての包括的な責任を負い，擬似的な親権者を作り出す制度といった理解がされていたところ，「親権を行う者がいない未成年者に対する補助のしくみ」という性格が，より前面にでたという指摘がされている。[6)]実際には，未成年後見について，死亡した親権者の年金受給や遺産分割などの財産管理の必要が生じた場合や，代諾養子縁組の必要がある場合（民797条）など，限られた事案で未成年後見人の選任が申し立てられていることが多く，十分機能しているとは言い難い。親権と未成年後見の関係については，今後も課題として検討される必要があろう。

2　成年後見との比較

未成年後見は，未成年者の監護教育（民857条による820条から823条の準用）とその財産管理を内容とする。未成年者には，乳幼児から成人目前の者までおり，その年齢により監護教育を重視するか財産管理を重視するかなど職務内容が異なってくる。成年後見では，成年被後見人が能力を回復することは稀有といってよいが，未成年者は，成年に達することで行為能力者となる。

親権者が遺言により未成年後見人を指定できること（民839条1項），未成年後見人の選任が戸籍に記載されること（戸籍81条），複数未成年後見人が選任

4) 於保不二雄・中川淳編集『新版注釈民法㉕改訂版』6頁〔於保不二雄〕，田中通裕「親権法改正への課題」石川稔ほか編『家族法改正への課題』390頁
5) 我妻榮『親族法』317頁，於保不二雄・中川淳編集『新版注釈民法㉕改訂版』3頁〔於保不二雄〕，有地亨『新版家族法概論』184頁
6) 窪田充見「親権に関する民法等の改正と今後の課題」ジュリ1430号8頁

された場合，権限の共同行使が原則であること（民857条の２第１項）など，未成年後見の特色に応じた規定がされている。手続面では，成年後見は，陳述聴取を省略することも多い（家事120条１項本文ただし書）が，未成年後見は，15歳以上であれば，その陳述を聴取しなければならない（家事178条１項１号）。

第２節　未成年後見

１　未成年後見の開始

民法838条１号は，未成年者に対し，①親権を行う者がいないとき，又は，②親権を行う者が管理権を有しないとき，後見が開始すると定める。同条２号は，後見開始の審判があったとき，後見が開始すると定めるところ，成年者であるか未成年者であるかを問わずに適用され，未成年者についても後見開始の審判が行われ得ることを前提とする規定である（第２章第１節１⑶参照）。

⑴　親権を行う者がいないとき

「親権を行う者がいないとき」とは，法律上親権を行う者がいない場合のほか，法律上親権を行う者があっても，親権者が事実上親権を行使しえない場合を含む。これに対し，親権者が未成年の場合は，親権代行がなされるので後見は開始しない。また，職務執行停止の仮処分がされた場合も，職務代行者が選任されるため，後見は開始しない。

ア　親権を行う者が存在しない場合

親権者が存在しない場合とは，親権者の死亡，親権の喪失（民834条），親権の停止（民834条の２）あるいは親権の辞任（民837条）があった場合をいう。さらに，親権者に対し，後見開始の審判があったときも未成年後見が開始する。判例【４－１】も同旨である。平成23年の民法改正により親権停止制度（民834条の２）が創設されたことにより，親権停止も未成年後見開始事由とされた。

イ　事実上親権を行使できない場合

親権者が事実上親権を行使しえない場合も親権を行う者がないときに該当する。単独親権者が精神上の障害により事理を弁識する能力を欠く常況にあるとき（【４－２】），行方不明（【４－３】）などの親権者の長期不在などもこれに該当する。

判例が事実上親権を行使しえない場合として未成年後見が開始すると認めたものとしては，親権者が生存していても重病のために事実上親権を行うことができない状況にある場合（【４－４】），精神病による長期入院の場合（【４－５】，【４－６】。【４－６】は，未成年者が韓国籍の渉外事例），受刑服役中の場合（【４－７】）がある。さらに，親権者が保佐開始の審判を受けた場合，親権を行使できるかが問題となるが，旧法の準禁治産宣告について，前掲【４－１】は，父又は母が禁治産者又は準禁治産者であるときは，親権を行うことができないとした。[7]

ウ　未成年の親権者の場合

親権者が未成年者である場合，その未成年者の親権者が親権に服する子に代わって親権を行う（民833条）。この代行者が親権を行うことができないときは，未成年者の親のために未成年後見が開始し，未成年後見人が未成年被後見人に代わって親権を代行する（民867条）ので，未成年後見は開始しない。判例【４－８】も同旨である。親である未成年者が死亡し，又は親権・管理権の喪失・辞任があれば，代行者の権限も消滅するので，子について未成年後見が開始する。未成年者が婚姻をして成年に達したものとみなされる場合は，その者が親権を行使できるので，親権の代行の問題や後見の問題は生じない。

エ　職務執行停止の仮処分の場合

親権者の職務執行停止の仮処分（家事174条）があっても後見は開始しない。この場合は，職務代行者が選任されるからである。[8] 旧法時代の判例【４－９】【４－10】も，親権，管理権の行使を仮処分により制限された場合，後見は開始しないとした。

【４－１】未成年者の父又は母が禁治産者若しくは準禁治産者であるときは親

7）通説も判例と同旨である（我妻榮『親族法』321頁）。反対説は，財産管理能力のみを否定する（穂積重遠『親族法』558頁）。
8）中川善之助編『註釈親族法(下)』148頁〔戒能通孝〕，我妻榮『親族法』354頁

権を行うことができず，その未成年者に対し他に親権を行う者がいない場合には後見が開始する。

大判明治39年４月２日民録12輯553頁

「民法第102条ニ代理人ハ能力者タルコトヲ要セストアルハ委任ニ因ル代理ト法定代理トヲ区別セス一般ニ通スル原則ヲ規定シタルモノナレトモ之ニ反スル別段ノ規定アル場合ニ於テハ其特別ノ規定ニ従ハサル可カラス民法親族編ノ規定ヲ按スルニ第895条及ヒ第934条第２項ニ依レハ未成年者ハ自ラ親権ヲ行フコトヲ得ス其未成年者ノ親権者又ハ後見人代ハリテ之ヲ行フモノトシ又第908条ニ依レハ禁治産者又ハ準禁治産者ハ後見人タルコトヲ得サルモノトセリ此等ノ規定ヲ推シテ立法ノ趣旨ヲ考フルトキハ未成年者ノ父又ハ母カ禁治産者又ハ準禁治産者ナルトキハ又親権ヲ行フコトヲ得サルモノト解スルヲ当然トス蓋代理人ノ能力者タルコトヲ要セサルヲ原則トスル所以ハ代理行為ハ直接ニ本人ニ対シテ其効力ヲ生シ代理人ニ其効力ヲ及ホスコトナキヲ以テ代理人ト為リタル無能力者ノ保護ヲ欠クノ虞ナケレハナリ然レトモ無能力者ノ為メニ設ケタル法定代理人ノ規定ハ実ニ本人カ無能力ナルノ故ヲ以テ其本人ヲ保護スル為メニ定メタルモノナレハ若シ此場合ニモ代理人ノ能力者タルコトヲ得ルモノトセハ為メニ代理人ト為リタル無能力者ノ保護ヲ欠クコトナキモ本人タル無能力者ノ保護ハ之ヲ全フスルコトヲ得スシテ其本人保護ノ必要上設ケタル立法ノ目的ヲ達スルコト能ハサルヤ明ケシ是レ如上数箇ノ法条ニ於テ親権者又ハ後見人ハ能力者タルコトヲ要スル趣旨ヲ明ニシタル所以ニシテ父又ハ母カ禁治産者又ハ準禁治産者ナル場合ニ付テハ明文アルニ非ラスト雖モ特ニ之ヲ除外シテ親権ヲ行フコトヲ許シタルモノト解スルコトヲ得ス若シ其明文ナキノ故ヲ以テ反対ニ解ス可キモノトセンカ子ヲ有スルマテニ成長シタル未成年者スラ尚ホ親権ヲ行フコトヲ得サルニ反シ心神喪失ノ常況ニ在ル禁治産者ハ却テ右未成年者ニ代リテ親権ヲ行フコトヲ得ルカ如キ奇観ヲ呈シ又法律ハ禁治産者又ハ準禁治産者ノ保護ノミニ厚フシテ其子ノ保護ハ毫モ之ヲ顧ミサルカ如キ不当ノ主義ヲ採リタルモノト為ルニ至ラン斯ノ如キハ到底之ヲ是認スルコトヲ得サルナリ而シテ禁治産ノ宣告アリタルトキハ第900条第２号ニ依リ後見開始セラルルモ其後見ハ禁治産者ノ法定代理ニシテ其子ノ法定代理ニアラス且禁治産者ニ代ハリテ親権ヲ行フコトヲ得ル旨ノ規定アルヲ見ス故ニ父又ハ母カ禁治産者又ハ準禁治産者ナルトキハ親権ヲ行フコトヲ得サルモノニシテ他ニ親権ヲ行フ者ナキトキハ第900条第１号ノ所謂未成年者ニ対シテ親権ヲ行フ者ナキトキニ該当シ後見ノ開始アルヘキモノト謂フ可シ」

【４－２】「母カ心神喪失ノ常況ニ在ルトキハ実際親権ヲ行フコト能ハサルニ因リ民法第900条第１号（注・現民838条１号）ニ依リ後見開始スヘシ」

明治39年４月17日民刑298号民刑局長回答

【４－３】「未成年戸主ニ親権ヲ行フヘキ継母ハ引続キ５箇年以上所在不明ナル場合未成年者ニ対シ親権ヲ行フヘキ者ナキトキト看做ス」

昭和６年10月８日民事710号民事局長回答

【４－４】一，民法838条１号に定める「未成年者に対し，親権を行う者がないとき」とは，親権者の心身に著しい障害があるため親権を行うことができない状況にある場合もこれにあたると解するのが相当である。

二，親権者が心身の障害のため親権を行なうことができない事情にあるかどうかは，関係法規に特段の定めのない限り必ずしも医師の鑑定や禁治産宣告等の手続を要せず，障害の程度が明白な場合には，家庭裁判所の職権調査による自由な認定に委ねてよい。

大阪家審昭和43年12月23日家月21巻６号62頁

さて民法第838条第１号に定める未成年者に対し親権を行う者がないときは，親権者の死亡・親権の喪失・辞任等により現に親権者がない場合はもとより，親権者が生存していても事実上親権を行うことができない事情にある場合をも含むと解すべきところ，親権者の心身に著しい障害があるため親権を行うことができない状況にある場合も，親権者の行方不明などの場合と同じく，これにあたると解するのが相当である。ところで，このように親権者の心身に障害があるため親権を行うことができない事情にあることを判断するには，必ず禁治産宣告等の手続を経なければならないとの見解がある。しかし，このように解すると，禁治産宣告等には，手続上申立権者の範囲・要鑑定などの制限があるほか，申立権者があっても近親者が禁治産宣告を望まぬことがあるため，この手続がとられないで放置されたり著しく遅延することなどがあって，早急に後見人を選任することができず，未成年者の保護に欠ける事態を招くことになり，未成年者後見制度の趣旨にてらし適切でないし，また親権者が心身の障害のためにせよ行方不明のためにせよ，親権を行うことができない事情にあることには差異はないのであるから，親権者が心身の障害のため親権を行うことができない事情にあるかどうかは，関係法規に特段の定めのない限り必ずしも医師の鑑定や禁治産宣告等の手続を要せず，障害の程度が明白な場合には，行方不明のため親権を行うことができないときと同じく家庭裁判所の職権調査による自由な認定に委ねてよい（もつとも，障害の程度が不明な場合には，事の性質上，専門医師等の鑑定を必要とすることが多いであろう。なお昭和31年１月25日当家庭裁判所家事部決議，大阪家庭裁判所家事部決議録126頁参照）。

【４－５】韓国人未成年者の親権者が実質上親権を行使できないとして後見人を選任した事例

広島家呉支審昭和46年１月23日家月23巻７号74頁

以上の事実によれば，事件本人らはいずれも韓国人であるから，これに対する後見開始の原因の有無は，法例第23条第１項（注・現法の適用に関する通則法35条）により，被後見人たる事件本人らの本国法である韓国法によつて定めるべきところ，韓国民法第928条によれば，「未成年者に対して親権者がないか，親権者が法律行為の代理権及び財産管理権を行使することができないとき」を後見開始の原因としている。そして，法例第３条第１項によれば，人の能力はその本国法によつて定めるべきものとされ，韓国民法第４条によれば満20歳をもつて成年としているから，事件本人らが未成年者であることは明らかであり，また，親権者の存否は，法例第20条により父の本国法によつて定めるべきところ，事件本人の父である忠男の本国法である我が国の民法第818条によれば，事件本人らは父である忠男と母である君子の共同親権に服するものであるが，前認定のとおり，忠男は現に精神病のため入院中であり，君子は現にその所在が不明であつて，いずれも親権を行使することは事実上不能の状態にある。このような場合は，前記韓国民法第928条に該当するというべきであるから，事件本人らについて後見が開始したものといわなければならない。

【４－６】単独親権者の心身に著しい障害があって，事実上親権を行使することができない状況が継続している場合は，その者につき禁治産宣告が

なされていないときであっても，民法838条1号前段所定の「未成年者に対し，親権を行う者がないとき」にあたる。

札幌家審昭和56年3月16日家月33巻12号68頁

一　先ず，後見開始事由である民法838条1号前段所定の「未成年者に対し，親権を行う者がないとき」とは，一般的には親権者の死亡・親権の喪失・辞任等によって現に親権者がいない場合を指すものであるが，これに限られるべきものではなく，親権者が生存していても，その心身に著しい障害があって，事実上親権を行使することができない状況が継続している場合にも，未成年者を保護する目的のもとでは，同視すべきものであるから，これに該当するものと解すべきところ，前記に認定したような山田文子の現在の精神状態からして，同女に著しい精神障害があるものとして，未成年者に対する関係では，後見開始の事由があるものといわなければならない。

二　次に，本件に関しては，山田文子に対する禁治産宣告・後見人選任の申立がなされているので，本件との関係において問題もないことはないが，当裁判所は，前記のように未成年者につき後見開始事由が認定できる以上，同未成年者に対し適当な後見人を選任すべきであって，その前提として，現に親権者の地位にある母山田文子に対し，必ず禁治産宣告等の手続を経なければならない必然性はないものと考える。

この点につき，申立人に対する審問の結果によれば，申立人は，未成年者に対し後見人が選任されることになれば，山田文子に対する禁治産宣告等を望むものではなく，むしろその審判事件を取り下げたい意向のようである。その意向を一概に無視できないし，養子縁組を含めて，未成年者の福祉の意味から，後見開始の事由が肯定できれば，早急に後見人を選任して，その保護に欠けることのないように措置すべきことが重要である。

【4－7】韓国人たる被後見人の父親が受刑者として服役中であることを理由に後見人を選任した事例

水戸家土浦支審昭和35年7月19日家月12巻9号198頁

【4－8】民法900条1号（注・現民838条1項）に所謂親権を行う者とは親権者に代りて其親権を行う者をも包含す。

大決大正３年12月10日民録20輯1071頁

【４-９】一　民法900条１号（注・現民838条１項）ニ所謂親権ヲ行フ者カ管理権ヲ有セサルトキトアルハ親権者カ管理権ノ喪失ヲ宣言セラレ又ハ親権ヲ行フ母カ管理権ヲ解シタル為メ之ヲ有セサルニ至リタル場合ヲ指スモノナルヲ以テ親権者カ仮処分命令ニ因リ管理権ノ行使ヲ禁止セラレタル場合ハ単ニ該命令ノ効力ヲ有スル間管理権ヲ行使スルコトヲ得サルニ止マリ之ヲ有セサルニ至リタルモノニ非サルヲ以テ後見ハ開始セサルモノトス。

大判大正10年５月２日民録27輯841頁

【４-10】一　仮処分命令ハ理由ノ消滅其ノ他事情ノ変更ニ因リテ当然其ノ効力ヲ失フモノニ非ス

二　親権ノ行使ヲ禁止シ他人ヲシテ之ヲ摂行セシムル仮処分命令ハ本案タル親権喪失ノ訴ノ係属中親権者カ財産ノ管理ヲ辞シタルコトニ因リ当然其ノ効力ヲ失フモノニ非ス

三　親権者カ財産ノ管理ヲ辞スルモ仮処分命令ニ依リ親権を摂行スル者アルトキハ後見ハ開始セサルヲ以テ親族会ノ為シタル後見人選定ノ決議ハ当然無効ナリ。

大判大正11年12月22日民集１巻791頁

⑵　親権を行う者が財産管理権を有しないとき

未成年者に対し親権を行う者が財産管理権を有しないときは，管理権のみを行う後見が開始する（管理後見）。親権の内容は，子に対する身上監護と子の財産に対する管理権が含まれている。この広義の財産管理権は，子の財産を管理する権限（狭義の財産管理権），財産行為の代表権（民824条），財産行為への同意権（民５条）に分かれており，ここでの財産管理権とは広義の財産管理権をいう。親権者が管理権を有しないときとは，親権者が管理権喪失宣告を受けたとき（民835条），と管理権を辞任したとき（民837条１項）である。

共同親権者がある場合は，一方の親権者が財産管理権を有しないことになっても，他方が単独で親権を行使できるので，後見は開始しない。この場合，親権者は，身上監護については，共同で行い，財産管理については，財産管理権を有する他方が単独で行う。離婚した父母の一方，又は非嫡出子の父母の一方が親権者で他方が監護者である場合において，親権者が死亡した場合は，財産管理権を有する者を欠くことになるので，財産管理のための後見人が選任される。[9] 管理権のみを有する後見人が選任された後，その後親権を行う者がなくなるときは，改めて別個に身上監護を含めた未成年後見人を選任する必要はなく，財産管理後見人が子の身上監護についてもこれを行うことになる。[10]

⑶　未成年後見が開始する場合の具体例

ア　父母が婚姻中の場合

未成年の子の父母が婚姻中である場合は，共同して親権を行う（民818条1項，3項）。親権者の一方が死亡し，又は親権を喪失・辞任しても，他の一方が親権を行使できるので，未成年後見は開始しない。婚姻関係にない父母が例外的に共同親権者となる場合，例えば，誤って親権者の指定のない協議離婚届が受理された場合（民765条2項）や協議離婚無効確認訴訟において，離婚は有効に成立したが，親権者の指定が無効であると判断された場合などがあるが，その場合も同様である。

共同親権者の一方の死亡，又は親権の喪失（民834条）・辞任（民837条1項）により，他方の親権者が単独親権者となった後に，その親権者が死亡し，又は親権喪失宣告を受け，あるいは，親権の辞任をしたときに，未成年後見が開始する。事実上親権を行使できない場合（前記⑴イ）や管理権を喪失した場合（前記⑵）も同様である（以下では，親権者の死亡及び親権の喪失宣告あるいは辞任のみを記載するが，アの場合と同様に事実上親権を行使できない場合や管理権を喪失した場合も含まれる。）。

9）我妻榮『親族法』145頁，354頁
10）中川善之助ほか『親族・相続法（ポケット註釈全書）』173頁〔千種達夫〕，於保不二雄・中川淳編集『新版注釈民法㉕改訂版』281頁〔山本正憲〕，先例（昭和25年2月3日民事甲154号民事局長回答）も同旨である。

イ　父母が離婚した場合

父母が離婚した場合は，父又は母が単独親権者となる（民819条1項，2項）。子の出生前に父母が離婚した場合は，母が単独親権者となるが，協議で父を親権者と指定することができる（同条3項）。この場合，親権者が死亡し，又は親権喪失宣告を受け，あるいは親権の辞任をしたときに，未成年後見が開始する。この場合，実親の親権が復活するか回復するかについて後記エのとおり，争いがある。

ウ　非嫡出子の場合

非嫡出子の場合は，出生により母が親権者となり，父が認知した場合，父母の協議で父を親権者と定めた場合に限り，父が親権者となる（民819条4項）。いずれの場合も親権者となった母又は父が死亡し，又は親権喪失宣告を受け，あるいは親権の辞任をしたとき，未成年後見が開始する。この場合，実親の親権が復活するか回復するかについて後記エのとおり，争いがある。

エ　親権者変更と未成年後見開始の関係

単独親権となった後に親権を行う者がいなくなった場合に，未成年後見が開始するが，生存している実親が親権者変更[11)]や親権者指定[12)]を請求できるかが問題となる。

学説は，①当然に未成年後見が開始すると解する説（後見開始説），②後見開始後でも後見人選任前であれば，適格性のある生存親に親権者を変更できるとする説（親権制限回復説），③後見人選任の前後を問わず，生存親に変更できるとする説（親権無制限回復説），④生存親が当然に親権行使資格を取得し，親権者変更の問題を生じないとする説（親権当然復活説）に分かれている。裁判例は，当初は，①後見開始説によるものが主流であった（大阪高決昭和28年9月3日高民6巻9号530頁）[13)]が，

11）離婚により単独親権者の指定がされた場合，あるいは非嫡出子や離婚後出生した子の親権者として父が指定された場合に，非親権者である実親が変更を求めることになる。
12）非嫡出子の認知した父及び離婚後出生した子の父が親権者の指定を求めることになる。
13）中川善之助『新訂親族法』545頁，戸籍先例（昭和23年8月12日民事甲2370号民事局長回答，昭和26年9月27日民事甲1804号民事局長回答）

昭和40年代ころから，単独親権者の死亡後でも親権者変更が行えるとする親権回復説に立つ審判が行われるようになった。親権者変更を行えるのは，後見人選任までの間に限るとする②親権制限回復説に立つ審判もなされたが，昭和50年以後は，後見人の選任の有無にかかわらず，親権者変更の申立てを認め，親権者として適格であれば，親権者変更を認める審判が行われるようになった。[14)]【４－11】は，未成年の子らの単独親権者と定められた親が死亡した場合に，親権者変更の申立てを却下して未成年後見人及び未成年後見監督人を選任した③親権無制限回復説による判例であり，許可抗告は棄却されており（最決平成13年10月30日），最高裁も従来の実務の立場を支持したものである。①後見開始説は法文上忠実であり，家庭裁判所の後見監督を通じて子の利益を保護しうる点で優れているが，他方で，未成年後見は親権の補充的機能を果たすものと位置づけられており，非親権者である親が生存している場合，親権者として子の監護教育を行わせる方が国民感情に合致し，自然である。一方，親権者としてふさわしくない者が当然に親権者となることは相当ではないので，④親権当然復活説は採用できない。生存親に親権者としての適格性があれば，審判によって親権者変更や指定を認めることができるし，親権者の指定や変更を後見人選任前に限定する必要はないことから，③親権無制限回復説を支持する。[15)]この場合，未成年後見人が選任された後であっても親権者の指定や変更の審判の確定によって未成年後見人の任務は終了するから，戸籍上はその終了届を行うことになる。

③親権無制限回復説は，生存親が親権者としてふさわしいか否かその適格性を審理するため，同時に現在の未成年者の監護者から未成年後見人選任の申立てがされている場合であれば，両者を比較衡量したうえで判断することになる。親権者変更を認めた判例として【４－12】【４－13】【４－14】（親権者変更を不適法として却下した原審判を取り消して

14）親権者変更と未成年後見開始の関係についての判例及び先例は，清水節『判例・先例親族法Ⅲ』128頁以下，最高裁判所事務総局編『改訂家事執務資料集中巻の２』379頁以下参照

15）昭和53年度高裁別家事事件担当裁判官会同家庭局見解（家月31巻11号50頁）

差し戻した事例），【４－15】【４－16】【４－17】，子の福祉の観点から親権者の指定又は変更を却下し，死亡した親権者の親族で現に未成年者を監護している者を未成年後見人に選任した判例として【４－18】【４－19】【４－20】【４－21】（親権者を変更することが子の福祉に沿うものであるか否か検討を尽くすべきであるとして，親権者を変更した原審を取り消し，差し戻した事例），【４－22】【４－23】【４－24】がある。手続上は，親権者変更（別表第二事件）を求める実親と未成年後見人選任（別表第一事件）を求める現在の監護者との間で，いずれが子の福祉に沿うか検討する子の親権者あるいは監護者の適格性の判断基準により，いずれを相当とするかを判断するという審理構造となっている。[16] 親権者変更を認めなかった判例は，別居親の監護体制（【４－22】【４－23】），子との交流が乏しかったこと（【４－20】）や子の意向（【４－19】【４－21】）などを考慮している。【４－24】は，申立人（実父）と未成年者との面会交流により信頼関係が回復し申立人の受入態勢が完備した段階で，改めて申立人に親権者を変更することを検討することが，未成年者の福祉に適合すると判示する。【４－15】【４－16】は，親権者の指定や変更を認容するとともに，事実上，監護している者を監護者に指定し，あるいは，監護者の指定を考慮する必要があるとして，第三者を監護者に指定することを認める判例である。子の福祉の観点からこれらの判例の結論は，妥当である。

③親権無制限回復説に立った場合，死亡した親権者による指定未成年後見人がある場合に，生存親が親権者変更を求めることができるかが上記とは別に問題となる。学説には，遺言のもつ意義を重視し，亡親権者の意思を尊重すべきであるとして，これを否定する説もある。[17] 指定未成年後見人は，遺言の効力発生時から未成年後見人に就職することになることから，その適格性について家庭裁判所が審査をする機会はなく，また，15歳以上の未成年者の意見聴取の機会もない（家事178条１項１号）こ

16）山畠正男「単独親権者死亡と親権者の指定・変更」沼邊愛一ほか編『家事審判事件の研究⑴』166頁
17）於保不二雄・中川淳編集『新版注釈民法㉕改訂版』288頁〔久貴忠彦〕

とから，子の利益の観点からは問題が残る。指定未成年後見人のある場合であっても，亡親権者から生存親への親権者変更の余地を認め，親権無制限回復説によることが相当である。[18)]判例【４－25】も，最後に親権を行う者が遺言により未成年後見人の指定を行っている場合であっても，生存親は，最後に親権を行う者から自身への親権者変更を求めることができるとして，生存親への親権者変更を認めた判例であり，抗告審もこれを維持している（大阪高決平成26年４月28日判時2248号65頁）。なお，【４－25】は，遺言者（亡親権者）の意思を親権者変更の当否を判断する１つの事実として考慮している。

生存実親から親権者変更の申立てがなされたが，親権者として適格性に欠け，ほかに未成年者を監護するものがいない場合には，未成年者本人に意思能力のある限り，本人が未成年後見人選任事件の申立てができるのであるから（家事177条，118条），申立てを促し，未成年者の利益を保護することになる。

【４－11】協議離婚の際に未成年の子らの単独親権者と定められた親がその後死亡した場合，未成年の子らの意向，生活状況及び財産管理に特段の配慮と監督を必要とする事情に鑑みると，生存親の心情を最大限考慮しても，未成年の子らの保護のために，家庭裁判所及び後見監督人の監督下におかれる未成年後見制度を活用すべきとして，親権者変更の申立てを却下し，未成年後見人選任及び未成年後見監督人選任をした原審判を是認し，即時抗告を棄却した事例

札幌高決平成13年８月10日家月54巻６号97頁

２　当裁判所も，事件本人らの親権者変更を求める抗告人の申立てを却下すべきものと判断する。その理由は，原審判の「理由」のとおりであるから，これを引用する。

なお，抗告人は，もっぱら，抗告人と事件本人らとの自然血族関係に基

18）合田篤子「遺言による未成年後見人指定と生存親への親権者変更」民商法雑誌152巻４・５号93頁

づいて，事件本人らの親権者を抗告人と定めるべき旨主張するが，原審判が摘示する，事件本人らの意向（事件本人らはいずれも15歳以上であり，その意思は十分に尊重されるべきである。），生活状況及び財産管理に特段の配慮と監督を必要とする事情に鑑みると，事件本人らの父親である抗告人の心情を最大限考慮しても，事件本人らの保護のためには，親権者の変更よりも，家庭裁判所及び後見監督人の監督下におかれる未成年者後見制度を活用すべきであるとの原審の判断は，相当であって，首肯することができる。

【参考　函館家審　平成13年６月19日】

〈中略〉

2　以上の事実を前提に当裁判所の判断を示す。

(1)　本件のように，離婚に際して単独親権者と定められた父母の一方が死亡した後に生存する他方の親から親権者変更の申立てがなされ，これと相前後して，別の者から未成年後見人選任の申立てがなされた場合については，そのいずれが当該事件本人である未成年者の福祉に適うかという観点から，その当否を判断する必要がある。その際には，血縁上の親子関係の存在といった点を重視すべき場合も多いことは確かであるが，これに限らず，未成年者の意思，未成年者と各申立人との関係，各申立人の監護養育及び財産管理についての能力や適格性等，当該事案における具体的な事情を比較考慮して判断しなければならない。

(2)　本件についてこれを見るに，まず，事件本人らの意思については，前記のとおり，同人らはいずれも，聡が未成年後見人となることを希望し，親権者を晃に変更することについては，これを拒んでいる。事件本人らは，現在大学生または高校生であり，当裁判所調査官の調査結果に照らしてみても，周囲の人物を的確に捉えて理解する能力を年齢相応に有している。同人らは，晃の性格や行動傾向に対する拒否感，同人の財産管理に対する強い不安等を吐露する一方，聡に対しては信頼のできる人物と評価した上で，上記の意思を示しているのである。晃は，事件本人らは，玲子の親族の言いなりとなってこうした意思を示していると指摘するが，事件本人らは，一方で，玲子の通夜の際の玲子の親族の態度を批判するなどしており，晃が指摘するような玲子の親族の言いなりとなっているといった様子は特段窺えない。事件本人らなりによく考えた上での意思表明と受け取れる。しかも，当裁判所調査官が，後見人の職務等について説明した上，期間をあけて行った二度の面接調査で，同じ意見を述べているのであって，かかる事件本人らの意思は，十分に尊重されるべきである。

(3)　また，圭司，智久については，現在，カヨが同居し，食事の世話をするなどしてその面倒を見ており，同人らは特段の問題もなく高校生活を送っている。近くに住む聡も，圭司，智久の様子を見るためしばしば○○の居宅を訪れている。

一方で，圭司，智久は，晃との同居を明確に拒んでいる。その理由は，やはり晃の言動に対する根深い不信感から来ており，仮に晃が同居を強要することになれば，圭司，智久の心身によい影響をもたらさないこともあり得る。

これらによれば，東京で大学生活を送る栞はさておき，圭司，智久の監護養育の点についてみれば，カヨや聡との関係を重視した方が，同人らの福祉に適うものといえる。

(4)　そして，本件においては，前記のように，事件本人らは，玲子の死亡により多額の保険金等を含む資産を取得し若しくは相続することになり，一方，玲子の残した債務の金額も少なくないことから，これらの財産管理について，未成年後見人あるいは親権者が，事件本人らのためにいかに的確に処理することができるかが非常に重要である。

この点について見ると，晃は，現在会社の重職に就き，借財は特にないものの，平成10年に自己破産した経歴を有する上，本件手続中，何ら権限を有しないにもかかわらず，玲子名義の死亡保険金を不正に受領するなどしており，その財産管理の適格性については大きな疑問がある。事件本人らが晃によって事件本人らの財産管理が全うされるかどうか強い不安を有していることも無理からぬところである。

これに対し，聡には財産管理の適格性について特段問題は認められない。

本件においては，事件本人らのこれらの財産管理に特段の配慮を必要とするのであって，これを親権者として晃に委ねるよりも，未成年後見制度を活用して，家庭裁判所や未成年後見監督人の監督の下，公明・適正に財産管理を図っていくのが相当である。本件のごとく，事件本人らの財産管理を巡って親族間において感情の対立があるような場合には，かかる処置こそがまさに事件本人らの福祉に適うものといえる。

(5)　晃が，母を失った事件本人らの将来を父として心配し，事件本人らの監護養育に自ら当たりたいと思うのも，十分理解できるところではあるが，上記の諸事情に照らすと，晃の親権者変更の申立てを却下し，事件本人らの未成年後見人として聡を選任するのが相当である。また，本件の未成年後見監督人としては○○○○弁護士が適任と認められる。

【4－12】離婚の際未成年子の単独親権者となった者が死亡し，後見人が選任された場合においても，親権者とならなかった他方実親が親権者になることを希望し，かつその者が未成年子の監護養育の適任者と認められる場合においては，後見が親権の補充的制度とされている趣旨等（判示理由参照）よりして，未成年子の親権者を他方実親に変更することができるものと解すべきである。

仙台家審昭和45年10月26日家月23巻３号19頁

三　当裁判所の判断

(1)　まず，本件請求の許否を決するには本件事案のように，離婚の際未成年の子の単独親権者となつた者が死亡した場合民法第838条により後見が開始し，指定後見人が存しない場合は家庭裁判所が後見人を選任することとなるが，その場合親権者とならなかつた他方実親が生存しており，新たに親権者になることを希望し，且つその者が未成年子の監護養育の適任者と認められる場合，親権者を死亡した単独親権者よりその生存する実親に変更することが許されるか否か，後見人選任以外に出来ないのかということ，更に親権者変更が許されるとするなら，その時期は何時迄か，すでに生存実親でない者が後見人に選任されていた場合にも親権者変更の余地があるかという点が問題となるが，当裁判所は右いずれについても，積極と解する。

何故なら，我民法のたてまえは未成年子の監護教育は第一次的には父母が親権者として自然の愛情に基づいてその任に当るべきことを期待し，後見制度を親権の補充的役割を果すべきものとして規定しているのであるから，親権者たり得る者が存在し，且つ適任者であるならその者を後見人としてではなく，親権者として監護教育を全うさせることの方が，より制度の趣旨に合致し，子の福祉に適する所以であるから，現行法上変更を認める解釈の余地ある限り，親権を優先させるべきであると考えられるところ，もともと離婚の際に単独親権者を定めることは，事実上共同行使が不能な状態に対する便宜的措置であり，親権者とならなかつた者も親権を離婚により失つたのではなく単に行使の面を制限されているに過ぎないからこそ民法第819条６項により後に変更することが可能なのであつて，同条第５項の場合と同様，これを双方実親が生存中に限るべき実質的理由はないと考えるからである。更に，すでに後見人選任後の場合については，右変更審判を認める説もその多くは後見人が選任される前に限定し，すでに後見人が選任されてしまえば親権者変更の余地はないとしているようであるが，前述したとおり後見を親権の補充的制度と把握する限り，後見人選任の先後により区別する必要はない。親権行使の失当により親権を喪失した場合や親権者が行方不明になり親権行使が不能となつた場合すら，この事由が止んだ後には再びその者が親権者として登場する機会を与えられているのであるから，離婚の際親権者とならなかつた生存実親が親権者となつて未成年子の監護教育の責任者となり得る可能性を，すでに後見人が選任されたことの一事を以つて阻止するのは不合理であり，選任の有無は問題とすべきでないと思料する。そして親権者が不在の間，未成年子の保護が疎にならぬよう選任せられていた後見人も，生存実親がその適格性を認められ親権者変更を認める審判を得て，親権者としての職責を果し得る状態となつたならば，以後はもはや遂行すべき職務はなく，不要の存在となつたわけであるから，その任務はその時点において当然終了するものと解すべきであろう。

⑵　そこで進んで申立人が親権者となることが事件本人らの福祉に適するかどうかを考察すると，前記認定のとおり申立人は亡喜一と不和になつて以来事件本人らと生活を共にしていないし，現在再婚し新しい生活に入つているので，必ずしも全面的に監護教育のみに専念できる態勢が整つているとはいい難い。しかし申立人は別居中も何かと子供らとは接触を保ち，母親としての心遣いをして来たのであり，特に事件本人らの親権者が死亡してからは一層その責務を自覚して引き取りを熱望し，現在の夫やその親族の了解も得て努力しており，又その生活状況も安定した健全な状態であるから，今ここで申立人を親権者とすることにより事件本人らの身辺や申立人の家庭内ににわかに不都合な事態が生ずるとは考えられない。かえつて，現在事件本人らの後見人にはこれ以上身上監護の点についても期待し得ないし，両親の不和以来，不幸な境遇にあつた事件本人らであるから，なお引き取り実現までには若干の日時を要するであろうが，一日も早く申立人に監護教育の責任を委ね母親としての愛情ある接触をさせることが事件本人らの福祉に適するものと思料する。

【４－13】父母の離婚に当たり双生児である長男の親権者を父，次男（事件本人）の親権者を母と定めたが，長男，次男ともに父（申立人）によつて監護養育されていた間に，事件本人の親権者たる母が死亡し，相続登記手続の必要のみのために事件本人とは面識の浅い叔父が後見人に選任された後，父が親権者変更を，右後見人がその辞任の許可をそれ

ぞれ申立てた事案につき，親権者がない場合あるいはその親権行使が制限される場合に補充的に後見人がその任にあたるものとしているのが民法の基本態度であり，かつ，親権のはく奪等により後見人が選任された後であつても親権を回復し得る民法の立場によれば後見人選任の有無は親権者変更の可否に理論上何ら影響を与えないとして親権者を父に変更した事例

大阪家審昭和51年６月18日家月29巻１号79頁

【４－14】民法の基本的態度は，親による子の保護を原則とし，未成年後見は補充的にその機能を果たすことを予定しているものと解すべきであり，したがって，親権者と定められた一方の親が死亡した場合に，生存親が親権を行使することが当該未成年子の福祉に沿うときは，民法819条６項を準用して親権者変更をなすことができ，これは後見人が選任された後であっても同様であるとされた事例

名古屋高金沢支決昭和52年３月23日家月29巻８号33頁

ところで，本件のように離婚の際未成年の子の単独親権者と定められた親が死亡した場合，家庭裁判所は子の親族の請求により親権者を離婚の際親権者とならなかった他方の親とすることができるものであり，そのことは単独親権者の死亡によって開始した後見について既に後見人が選任されている場合であっても同様である（死亡した単独親権者の遺言によって後見人が指定されている場合についてはしばらくおくこととする）と解するのが相当である。

すなわち，親権も未成年後見もともに未成年の子のための監護，養育および財産管理の面における保護を目的とする制度であるが，未成年後見の開始事由，終了事由等についての民法の規定に照らせば，民法の基本的な態度は，親子の自然的社会的関係に基盤を置く，親による子の保護を原則とし，後見は親権者たる親がない場合あるいは親の親権行使が制限される場合に補充的にその機能を果たすことを予定しているものとみることができる。

従って後見が開始し，さらに後見人が選任された後であっても，そのことを理由に親権が機能する余地がないと解するのは相当でない。

そして，離婚の際一方の親を未成年の子の親権者と定めることを要するのは，離婚した両親にとって親権を共同行使することが事実上困難であることによるものであるから，親権者と定められた一方の親が死亡して親権を行なう者が欠けた場合に，他方の親が生存し，それを望み，それが当該未成年者の福祉にそうときは，民法第819条第６項の親権者変更の規定を準用し，生存する他方の親に親権を行使する可能性を認めることは，民法の明文に反するものでないばかりか，むしろそう解してこそ民法の基本的態度にも，国民一般の感情にも合致するものである。

なお，前記条項にいう親権者の変更はいわゆる乙類審判事項とされているが，それは家庭裁判所が調停手続を通じて子の福祉に合致するよう親権者や親族を説得し，円満に親権者変更の処分をなすことが事の性質上妥当であるところから調停の対象となりうるように定められたもので，審判の内容を実質的にみれば，家庭裁判所が未成年の子の親族の申立により，子の利益保護の立場から後見的に子のためによりふさわしい親に親権者の地位を与える，という非争訟的性格を有しているものであるから，本件のように単独親権者が死亡している場合には，相手方が存在しないからといって，親権者変更の審判の申立が不適法になるものということはできない。

よって，これと異なる見解に立ち，本件の親権者変更の申立は不適法であるとして事件本人両名のための各親権者変更申立を却下した原審判は失当であるから家事審判規則第19条第１項（注・現家事91条２項）によりこれを取消し，かつ，事件本人両名の親権者を抗告人に変更し，これによって既に開始した後見を終了させることが事件本人両名の福祉保護の見地から相当であるか否かについて更に審理するため本件を原裁判所へ差し戻すこととして，主文のとおり決定する。

【4-15】離婚に際し親権者と定められた父が死亡した後，母から親権者変更の，父方祖父から子の監護に関する処分の各申立てがなされた事案において，母が未成年者らの親権者となることに格別の不都合はないが，未成年者らは祖父の下で安定した生活を継続しており，母と別居して約５年間経過しているため母との親近感に欠けるところがあることから，直ちに母と生活させるより右祖父との生活を継続させ，母と円滑に同居することができる機会を待つのが未成年者らの福祉に合致するとして，未成年者らの親権者を母に変更し，監護者を右祖父と定めた事例

大阪家審昭和57年４月12日家月35巻８号118頁

以上認定の諸事情を総合勘案すると，教子が事件本人らの親権者となることについて，格別不都合，不適当と認められる事情はないが，ただ，事件本人らは現在豊吉のもとで安定した生活を継続しており，かつ，教子と事件本人らが別居して生活するようになって以来今日まで約５年間が経過してこの間互いに面接の機会がなかつたので親近感にやや欠けるところがあるとも解せられるので，今直ちに事件本人らを教子のもとで生活させるよりも，むしろ，暫く豊吉のもとでの生活を継続させ，教子と事件本人らとが愛情ある接触の機会を積み重ねたうえ円滑に同居に至るのが，事件本人らの福祉に合致するものと解される。従って，現時点においては，事件本人らの監護者を豊吉と定めたうえ，事件本人らの親権者を亡好文から教子に変更するのが相当であると思料する。

【4－16】離婚によって単独親権者となった父親の死後母親から申立てられた親権者変更の申立てを認容した審判について子の福祉の観点から監護者の指定を考慮する必要があるとしてこれを取り消した事例

名古屋高金沢支決昭和58年７月１日判時1096号77頁

1　相手方と一郎及び事件本人は右協議離婚以前は一郎の父母（事件本人の父方祖父母）の家で同居していたが，離婚により相手方が同家を去った後及び一郎が死亡した後においても事件本人は右祖父母方で養育監護され，現在保育園に通園している。

2　原裁判所に対し相手方より本件親権者変更の申立がなされるに先立ち，事件本人の祖父である抗告人より事件本人の後見人選任申立（福井家庭裁判所昭和57年(家)第923号）がなされ，該申立は原審裁判所に係属中である。

3　相手方は，離婚後，住所，職業を転々としたが，昭和57年10月より紡績工場に就職し，寮生活をしており，現時点においては直接事件本人を監護養育することは困難であり，自己の実家の協力が得られないため，仮に事件本人を引取るにしても，相手方自身の収入，居住関係が安定するまでは，事件本人を養育施設に入所させることを考えている状況である。

4　一方，抗告人は事件本人を可愛がり，将来は事件本人に養子を迎え家を継がせたいと思い，仮に相手方が事件本人の親権者に定められても，引続き抗告人のもとで事件本人の監護養育することを強く希望し，相手方に対して事件本人の養育費を求める考えはもっていないし，事件本人が養護施設に預けられるようになることは到底忍び難いと言っている。

三　抗告理由一について

離婚により親権者となった親が死亡したのち，生存する他方の実親から親権者変更申立があった場合には，民法第819条6項を準用し，右他方の親を親権者に定めることが未成年子の福祉のため適当であるときは親権者変更の審判をなすことができると解するのが相当である。抗告人の主張は採用できない。

四　しかしながら，右のように，生存する他方の親の申立にかかる親権者変更について審判をなすに当たっては，当然に親権者変更の審判をなすべきものでなく，生存する親を親権者に定めることが未成年子の福祉を害さないものであるか，右相当性についての検討を経るべきであるが，さらに本件においては，前記二の諸事情を勘案すると，相手方を事件本人の親権者に変更することが適当であるとしても，右審判において同時に監護者の指定をなすことが事件本人のため，必要であると考えられるのである。

五　よって，家事審判規則19条1項（注・現家事91条2項）により，原審判を取り消し，叙上本件親権者変更の相当性，監護者指定につき更に審理を尽させるため，本件を原審に差し戻すこととし，主文のとおり決定する。

【4－17】事件本人らの単独親権者である実父が死亡して後見が開始し，父方祖母が未成年後見人に選任された後であっても，事件本人らの実母である申立人が親権者となることを希望し，健康面の不安を抱える未成年後見人も申立人が親権者となって養育していくことを望んでいる上，申立人の家族関係，生活状況及び事件本人らとの親和性に照らして申立人が監護養育の適任者と認められるという事情の下では，民法819条6項を準用して，事件本人らの親権者を申立人に変更するのが相当である。

佐賀家唐津支審平成22年7月16日家月63巻6号103頁

1　本件記録並びに当庁平成20年(家)第×××号及び同第×××号未成年後見人選任事件記録によれば，次の事実が認められる。

(1)ア　申立人（昭和48年×月×日生）と亡D（昭和50年×月×日生）は，平成12年×月×日婚姻し，平成13年×月×日事件本人Bを，平成15年

×月×日事件本人Ｃをもうけた。

イ　平成18年×月×日，申立人と亡Ｄは，事件本人両名の親権者を亡Ｄとして，協議離婚し，亡Ｄは，自分の父母と同居してその補助を受けながら事件本人両名を養育していた。

他方，申立人は，里心がつくから１年から１年半は事件本人両名に会わないでほしいと亡Ｄに言われていたことから，離婚後，事件本人両名と交流を持つことはなかった。

平成19年×月×日，事件本人両名の親権者である亡Ｄが死亡し，その後は，亡Ｄの父母が事件本人両名の保護者の役割を果たしてきた。

申立人は，亡Ｄの死亡を知って，事件本人両名を引き取るべきでないかと考えたが，それまで事件本人両名と交流がなかったことなどから，事件本人両名の引取りに向けた行動はとらなかった。

ウ　平成20年×月×日，亡Ｄの母（事件本人両名の父方祖母）であり，事件本人両名と同居して養育してきたＥが，事件本人両名の養育や遺産分割等を理由に，当庁に，後見人選任の申立てをし，同年×月×日，Ｅが後見人に選任された。

後見人は，その後，事件本人両名を養育してきたが，自分の健康に不安があることから，事件本人両名の引取りを求めて，平成22年×月ころ，申立人の親族に連絡をとり，以後，後見人と申立人の父母らとで話合いがなされた。

そして，申立人側でも話合いがなされ，平成20年×月×日に再婚し，夫とともに現住所地に転居していた申立人は，その夫と相談した上，事件本人両名を引き取る決意を固め，平成22年×月に申立人と事件本人両名が再会した。

その後，申立人と事件本人両名は少しずつ交流を深めてきた。

⑵　申立人は，現住所で○○メーカーの営業所長を務めている夫と２人暮らしをしており，受付のパートをしている。平成22年×月中に夫が東京へ転勤することがほぼ決まっており，夫とともに転居し，その後に事件本人両名を引き取る予定である。

申立人夫婦とも健康面に問題はない。

申立人は，しばらく事件本人両名と交流がなく，自分も再婚したことから事件本人両名との交流には当初とまどいもあったが，申立人の夫も事件本人両名の引取りに前向きであり，事件本人両名も申立人と暮らすことを納得する様子を見せたことから，いよいよ事件本人両名を引き取る気持ちを強めている。

⑶　Ｂは現在小学校３年生，Ｃは小学校１年生である。

当庁家庭裁判所調査官から，今後，祖母である後見人のもとを離れて申立人のもとに行くことについて尋ねられると，Ｂは直ちに「行く。」と答え，すでに申立人の夫とも遊ぶ機会があり，同人を「パパ」と呼んで慕っている様子である。Ｃも，申立人との生活を楽しみにしている様子を見せた。

(4)　後見人は，これまで事件本人両名と同居してその生活全般の面倒を見るとともに，財産管理をしてきたが，健康面の不安を抱えている上，事件本人両名が活動的であることから，今後，長期間，事件本人両名を養育していくことに困難を感じている。

　そのため，事件本人両名の実母である申立人が，事件本人両名の親権者となって，同人らを引き取り，養育していく方がよいと考えている。

2(1)　民法は，未成年者に父母が存在する場合には，親権者として親の自然的愛情に基づき監護教育・財産管理をさせるべく，親権者としての権利義務を遂行できない特別な事情がある場合に限り，初めて，未成年後見が補充的代用制度として機能するものと予定している。したがって，親権者が死亡して後見が開始して，後見人が選任された後であっても，非親権者が生存しており，新たに親権者となることを希望し，かつ，その者が後見人と同様またはそれ以上の監護養育の適任者であり，親権者を変更しても子の利益が確保できる場合には，民法819条６項の規定を準用して，親権者変更をすることができるとするのが相当である。

(2)　本件においては，事件本人両名の親権者であった亡Ｄが死亡した後，後見が開始し，後見人が選任されているが，事件本人両名の実母である申立人が新たな親権者となることを希望しており，前記１の事実によれば，後見人は，申立人が親権者となって，事件本人両名を引き取り養育することを望んでおり，申立人の家族関係，生活状況及び事件本人両名らとの親和性にかんがみても，申立人は監護養育の適任者であり，親権者を変更しても事件本人両名の利益を確保できるということができる。

(3)　よって，申立人の本件申立ては相当と認められるから，事件本人両名の親権者を申立人に変更することとし，主文のとおり審判する。

【４－18】離婚後単独親権者となつた父が死亡し，その後は父方の祖父母が養育し，右祖父から後見人選任申立てがなされている子につき，生存する母から親権者指定の申立てがなされた事案について，申立人よりも右祖父母の方が経済的生活面においてより安定していることその他の事情から，同人の監護養育はむしろ祖父母に委ねるのが相当であるとして右申立てを却下した事例

熊本家人吉支審昭和50年２月21日家月28巻１号78頁

【４－19】離婚後の単独親権者母死亡後，父が親権者変更を，母方の祖父が後見人選任を申し立てた事案において，事件本人は父に対し強い不信感を有していることや，父には負債があり，同人に事件本人の財産管理を委ねることには疑問があること等判示事情のもとにおいては，家庭裁判所による監督が可能な未成年者後見制度を活用するのが相当であるとして，親権者変更申立てを却下した事例

横浜家審昭和54年11月29日家月32巻３号115頁

１　申立人と亡光子とは夫婦であつたものであり，その間に昭和35年６月９日未成年者が長男として出生したが，不和となり，同52年10月７日未成年者の親権者を母である亡光子と定めて調停により離婚した。

２　未成年者は，上記離婚後亡母に引き取られたが，以前からのノイローゼ状態が嵩じて昭和52年12月ころから約３カ月間○○○○病院に入院するに至つた。同病院退院後，未成年者は亡母の許に戻つたが，昭和53年８月ころから父である申立人の許に立ち寄るようになり，翌54年２月ころから通学先の○○学院高校近くにある申立人宅（同人の肩書住所所在）で申立人と同居するに至つた。

３　しかし，この同居生活中における未成年者と申立人とは，互いに親和できず，いさかいが絶えなかつたものであり，申立人は未成年者に対し或いは炬燵の脚で或いは鍋で臀部を殴打したり，或いはまな板で頭部を殴打したりしたこともあり，未成年者も申立人に反発し，付近の警察署に３回位相談に行くなどして悩んだ結果，抑うつ気分（心因反応）が顕著化し，遂に同年７月６日前記○○○○病院に再入院するに至つた。

４　亡光子は，未成年者の上記再入院中の昭和54年８月７日死亡した。

５　その後，未成年者は，同年９月17日退院したが，申立人との前記同居中の不和に懲りて申立人宅近くのアパート○○○荘に単身入居し，爾来今日まで申立人とは別居し，現在○○学院高校３年生として通学している。しかし，申立人は，未成年者のため同アパート代及び学費を負担しており，また毎日申立人宅で食事を用意して未成年者に提供し，かつ昼食の弁当も作つて未成年者に持たせるなど申立人なりに配慮している。

６　申立人が本件親権者変更の申立をした動機は，⑴未成年者の病状を心配し，療養看護に努めたいと考えたこと及び⑵未成年者には亡母光子の遺産

（横浜市○区○○町字○○○×××番×所在の土地，建物（薬局店兼居宅），動産など）があるところ，亡光子の親族に対してはかねてから強い不信感を抱いており，光子の死亡後同親族らが同遺産を搾取しようとしているとの危惧を感じ，自己が適正に管理したいと考えたことにある。

7　しかし，申立人は，離婚前に自己の経営する会社が経営不振となつたことがあるうえ，主として，現在経営する家庭用品販売業のため自己の両親から160万円，弟から年利８％の約定で120万円の借財があり，右弟の分については既に返済期限を徒過しているところ，亡光子の親族らは申立人の右経営不振，借財の点を含めて申立人に対し以前から強い不信感を抱いており，このため，申立人には未成年者の財産管理を到底任せられないとして亡光子の父上田宏一が自ら候補者となつて当庁に後見人選任の申立をしている（昭和54年(家)第3373号事件）。

8　また，未成年者は前述のとおり現在申立人の世話になつているものの，もともと亡母光子が死亡したのは同人が申立人から長い間苛められた結果であると信じ込んでいるうえ，前記３の同居中における申立人の仕打ちや上記のとおり申立人が借金を抱えていることなどから申立人を父親として信用できず，根深い不満や反感を抱いており，自己の身上監護及び財産管理を申立人に委ねることに強く反対し，できれば申立人の世話を受けず祖父上田宏一に後見人になつて貰つて同人の世話になりたいと希望している。

以上の事実が認められ，右認定事実によれば，申立人は現在申立人なりに未成年者の将来を考え，親権者として養育，監護及び財産管理に努めたいと思つており，本件親権者変更申立も真摯な動機からなされたものと考えられるが，しかし，未成年者の申立人に対する悪感情は相当根深いものであり，事実，申立人の未成年者に対する接し方においても，両親の離婚という不過な環境下にあつて精神的疾患を有する未成年者に対する十分な理解，配慮に欠けた憾みがあつたものというべきであるから，このような事情の下において申立人に未成年者の身上監護を委ねることは，19歳という未成年者の年齢に徴し，未成年者の福祉上相当なものとは思われないのみならず，本件においては特に財産管理をめぐつて申立人と亡光子の親族らとの間に感情的対立があるところ，申立人に経営不振の前歴があり，かつ現在借金を抱えていることも事実であつてこれらの点からだけでも前記親族ら及び未成年者が申立人によつて未成年者の財産管理が全うされるか否かにつき強い危惧の念を抱いていることは無理からぬ点もあるというべきであり，従つて本件の場合は親権者の変更によるよりも，選任，解任，必要に応じ後見監督処分等を通じて家庭裁判所の監督可能な未成年者後見制度を活用することによつて公明，適正な財産管理を図るのが相当であると解せられる。なお，申立人としては今後共未成年者の父親として従来どより援助の手を差しのべ，併せて未成年者の信頼を回復すべくその心情をよく理解し，真に父子の絆が築けるよう努力し，かつ当庁によつて選任される後見人に協力し，もつて未成年者の健全な育成を期するよう心掛けることが望ましい。

以上によれば，親権者変更を求める本件申立は相当でないから却下することとし，主文のとおり審判する。

【４－20】親権者変更事件係属中に親権者が死亡したため父方の叔父が後見人選任を申し立てた事案につき，叔父に関しては，事件本人及びその祖母とともに一応平穏な生活を送つており，その監護養育並びに財産管理について不適当と認むべき特段の事情もないこと，他方，実母に関しては，事件本人が１歳の頃から２年以上の間事件本人と直接の交流はなく，今後の監護養育の態勢も必ずしも十分でないこと等を考慮すると，親権者を変更することは事件本人の福祉の面で適当とは言えないとして，親権者変更の申立てを却下し，右叔父を後見人に選任した事例

新潟家糸魚川支審昭和55年１月８日家月32巻３号120頁

主　　文

一　昭和54年(家)第267号親権者変更申立事件の申立人小林カオルの本件申立を却下する。

二　昭和54年(家)第272号後見人選任申立事件について事件本人岡田ひとみの後見人として申立人岡田光男を選任する。

理　　由

第一　甲事件の申立の趣旨及び理由

申立人小林カオルは，「事件本人の親権者を申立人に変更する。」との審判を求め，その理由として，「申立人と岡田光一郎とは，昭和53年８月19日調停離婚し，その際両者間の長女ひとみ（事件本人）の親権者を父光一郎と定めた，しかし，光一郎のひとみに対する監護養育は不適当であるのでその親権者を母である申立人に変更するよう光一郎を相手として本件調停申立をしていたところ，光一郎は，昭和54年６月22日事故死したので，事件本人の親権者を申立人に変更するとの審判を求める。」と述べた。

第二　乙事件の申立の趣旨及び理由

申立人岡田光男は，主文第2項と同旨の審判を求め，その理由として，「申立人は，事件本人ひとみの父光一郎の父母の養子であるが，ひとみの親権者光一郎が昭和54年6月22日事故死し，後見が開始したので，事件本人の監護養育のため申立人をその後見人に選任するとの審判を求める。」と述べた。

第三　当裁判所の判断

2　ところで，本件のように離婚の際未成年の子の単独親権者となつた者が死亡した場合には後見が開始することはいうまでもないが，その場合親権者とならなかつた他方実親が生存しており，新たに親権者となることを希望し，かつ，その者が未成年者の監護養育にあたることが未成年者の福祉に合すると認められる場合には，親権者を死亡した単独親権者から生存する実親に変更する余地を否定すべき理由はないと解するを相当とするが，前記認定した事実によれば，甲事件申立人小林カオルは，事件本人ひとみが生後1年になつたばかりの時から生活を共にしていないばかりか，以後ひとみと直接交流をもつておらず，かつ，今後ひとみの監護養育を全面的に専念しうる態勢が十分とはいえないうえ，他方，乙事件申立人岡田光男についてもひとみの監護養育を老令なキヨに依存しなければならず，将来のことを考えると不安な面がないわけではないが，ひとみは現在光男及びキヨの手許で一応平穏な生活を送つて安定していること，その監護養育並びにひとみの財産管理について不適当と認むべき特段の事情も認められないこと，現在3歳余のひとみの生活環境及び人的環境を変えることについては慎重であるべきこと等を合せ考えると，実親であるカオルの自然な愛情による監護養育により適切な面があることは否定できないものの，現在ここでカオルにひとみの監護養育の責任を委ね，光男及びキヨらとひとみの引取り等について紛争を重ねることはひとみの福祉の面で適当とはいえないと認めざるをえない。

3　よつて，本件甲事件の申立は不当であるからこれを却下することとし，乙事件の申立は相当として（前記認定した事実によれば，岡田光男が後見人として不適当であると認むべき特段の事情はない）主文のとおり審判する。

【4-21】離婚によって単独親権者となった父の死後，母から申し立てられた親権者変更の申立てを認容した審判について，親権者を変更することが子の福祉に沿うものであるか否か検討を尽くすべきであるとしてこれを取り消し，原審に差し戻した事例

東京高決昭和61年12月５日家月39巻５号25頁

（当裁判所の判断）

一　抗告人らの抗告理由一について

民法は，後見と親権とを区別して規定するが，父または母の監護教育の職分はできるだけ親権者として行使させることが国民感情に適するから，未成年者の監護教育については，親たるものの保護を原則とし，未成年者後見は補充的なものと解される。したがつて，親権者として定められた一方の親が死亡した場合に，生存する親が親権を行使することが当該未成年者の福祉にそうときは民法819条６項の規定を類推適用して親権者変更をなすことができるものと解するのを相当とする。

右と見解を異にする抗告理由一は採用することはできない。

二　抗告人らの抗告理由二について

１　当審における抗告人権藤弘，事件本人ら，相手方の各本人審問の結果並びに一件記録によれば次の事実が認められ，右認定に反する証拠はない。

⑴　亡権藤英雄と相手方は昭和45年11月24日婚姻し，同人らの間に事件本人である長男民雄（昭和46年７月19日生），同二男昌英（昭和49年８月25日生）が出生した。そして亡権藤英雄と相手方は昭和55年５月13日事件本人らの親権者を父である英雄と定めて離婚したが，当時民雄は８才，昌英は５才であつた。

⑵　亡権藤英雄は離婚した後，親権者として，姉である抗告人権藤ミネヨ及びその夫である抗告人権藤弘に事件本人らの監護教育を依頼し，抗告人らは，相手方の意見も聞いた上で間もなく事件本人らを引き取り，以来同人らを監護教育している。

⑶　亡権藤英雄は昭和58年12月24日胃がんで死亡したので，抗告人権藤弘は昭和59年１月後見人選任の申立てをしたところ，相手方は同年２月裁判所からの通知でこれを知り，同年11月15日本件親権者変更の申立をなし原審判がなされた。

⑷　ところで，抗告人らには一男三女があるが，すべて大学をでて昭和55年１月までに結婚して独立し，現在抗告人らは建坪50坪弱の家に事件本人らと４人で住み，財産もあり安定した生活を送り，事件本人らは順調に生長している。そして，原審判がなされたとき，事件本人らは抗告人らからその趣旨を聞かされたところ事件本人らは「殺されても行かない。」と述べたので，抗告人らは自分のもとで事件本人らを育てる決心をいよいよ固くした。事件本人らは将来は大学まで行くこ

とを希望し，抗告人らも大学まで行かせる予定にしている。

(5)　また事件本人らは，来春はそれぞれ高等学校及び中学校に進学する予定になつているが，小さい時から抗告人らのもとで育ち，友達もでき，その環境の中で育つたもので，今更相手方と一緒に暮すことを全く望んでいない。

(6)　相手方は昭和55年12月６日現在の夫小手川栄と婚姻し，２人の間に長女由香（昭和56年10月１日生），長男正（昭和58年６月19日生）が生れ，年収約400万円，ローンで買った土地建物に住み，月々９万円程度の支払をしながら暮しているが，事件本人らとの接触は全くなく，相手方は親として事件本人らに愛情を持ち，同人らを育てなければならないと考えてはいるものの，事件本人らが抗告人らのもとで育つよりも相手方のもとで育つことが事件本人らの福祉のためになるという特段の具体的な理由は見当らない。

２　右認定の事実によると，事件本人らは，８才及び５才という幼い時から抗告人のもとで育ち，友人を作るなど新しい環境のもとで暮しているのであるが，現在の生活は安定したものと認められるところ，民雄15才，昌英12才という動揺しやすい多感な年ごろにおいて，父を異にする妹，弟と共に，新しい生活を始めることの心身に及ぼす影響を考えると，他に特段の事情の存しないかぎり，事件本人らの意思に反してまで親権者変更をなし相手方を親権者とすることが事件本人らの福祉にそうものとはいい難いところ，右特段の事情について十分な検討をしないで親権者変更を認めた原審判は失当であるといわざるを得ない。

三　よつて，本件抗告は理由があるから，家事審判規則19条１項（注・現家事91条２項）に従い，原審判を取り消し，前記の特段の事情の存否につき更に審理を尽させるため本件を宇都宮家庭裁判所大田原支部に差し戻すこととして，主文のとおり決定する。

【４－22】離婚により親権者となった親が死亡した後，生存する他方の実親からの親権者変更の申立て事件において，申立人に親権者を変更するよりも，亡親権者の姉を後見人に選任することが相当であると認め，申立てを却下した事例

千葉家審昭和63年８月23日家月41巻２号158頁

(5)　久美子は，昭和58年９月17日に申立人との間の長男である未成年者を出産した。

⑹　申立人は，昭和59年９月15日に未成年者に対する嫡出子否認，久美子に対する夫婦関係調整（婚姻解消）を求める調停を当庁に申し立てたが，同61年４月に「申立人の未成年者に対する総合的父権肯定確率は99.96％であつて，申立人は未成年者の父である」旨の鑑定が出るに及んで，同61年５月嫡出子否認の申立てを取下げ，久美子との間で未成年者の親権者を久美子と定めて同61年10月14日協議離婚した上，同61年11月17日夫婦関係調整の申立てを取下げた。

⑺　未成年者の祖父母である祥吾とカネは，昭和62年１月５日申立人に対する離縁の調停を当庁に申し立てた。「娘の久美子が申立人と昭和56年11月に婚姻したため，将来の面倒もずつとみてもらいたいので養子縁組をしたが，申立人が娘とうまく行かずに昭和58年３月に家を出，同61年10月ついに離婚し，孫の未成年者の養育も放棄し娘が養育しており，私たちとも絶縁状態にあり，これでは養子縁組の意味がないので，解除しようとして話合いを申し込んでも会つてくれようとしないので，申立てに及んだ」というのである。

これに対して申立人は，「久美子と離婚したのは久美子の不貞行為が原因であるのに久美子の人倫にもとる行動を庇護加担するなど縁組の当事者間の協同関係をかえりみない所業の数々をなして来たのは祥吾とカネである，調停に先立ち相手方の職場に上司と面談や電話連絡して相手方の名誉を毀損したり業務を妨害した」と主張し，解決金として当初1,000万円以上，のちに500万円を請求し，結局150万円の解決金支払いを受けることにして調停離縁した。

⑻　久美子は，離婚後，未成年者と同居してこれを監護養育し，昭和62年８月１日に相手方に対する養育料請求の調停を当庁に申し立て，その４回調停期日の昭和63年１月18日にようやく「相手方が申立人に未成年者の養育料として同63年１月から未成年者が成年に達する月まで毎月末日限り月額２万5,000円宛を支払う」旨の調停が成立した。

⑼　母久美子は，上記調停成立の８日後の昭和63年１月26日朝通勤途上の踏切でJR特急と自分の運転中の車とが衝突し，同日午前11時４分死亡した。

⑽　未成年者は，出生以来祖父母（祥吾とカネ，以下同じ）と母久美子との生活であつた。母久美子が稼働していた日中は祖母カネが主に未成年者を世話して来た。母の事故死のシヨツクは大きかつたが，昭和63年５月頃からやつと受けとめて来た様子で，母をなつかしむ方向へ移つて来ている。未成年者の幼稚園担当教諭は，同年４月の入園時から比較すると未成年者は明るく安定してきており，未成年者をとりまく現在の環境

をあたたかく好ましいものとみている。

⑾　母久美子の姉加藤春子は，昭和63年２月５日祖父母と未成年者との養子縁組を前提として当庁に後見人選任の申立てをした。祖父母及びその長女加藤春子，二女寺田美智子らの間では，未成年者を祖父母が養育監護していくこと，祖父母が未成年者を養子として上野家をついでいく跡とりにすることを考えており，経済的には問題はなく，高齢のため祖父母による養育監護が難かしくなつた場合には二女夫婦（寺田美智子38才，寺田篤43才○○○○技術課長，長男隆一中１，二男順二小４，三男文夫小１）が祖父母宅に入り，未成年者の養育監護にあたるという話し合いができている。祖父母方に，農繁期には，寺田家は，家族そろつて手伝いに来てくれるので，すでに未成年者も馴染んでいる。

⑿　申立人（父）は，婿入りした祖父母方を，未成年者出生前（昭和58年３月）に家出し，ついに戻らなかつた。出生後今日まで未成年者との直接の接触はない。申立人は，祖父母死亡後久美子の同胞がどれだけ未成年者の面倒を見てくれるか，自分の子と差別されないか心配で，将来のことを考えると今から未成年者を引取り養育したいが，もし親権者となつても，すぐに未成年者を引取るのは無理だと考えている。また引取つた場合には申立人の母せきが面倒を見てくれることになつているというが，調査官から母せきを家裁に同道することを要望したところ，それはできないとのことであつた。申立人は，祖父母死亡後に養育や金銭面での要求が出されることを心配しており，「加藤春子ら母久美子の同胞から祖父母死亡後も何があつてもちやんと未成年者を責任をもつて面倒を見，現在以上の養育費を請求したり，突然引き取れと言わないことなどの念書を取りたい」とも調査官に述べている。そして申立人には，未成年者との実際的具体的な関係づくりの動きも，態勢もない。

２　以上認定したところによると，現在ようやく安定に向かい祖父母とともに母の死亡による精神的動揺を整理しつつある未成年者にとつては現在のままの環境に置いておくのが最も良いことであつて，親密な関係が形成されている祖父母を親権者変更によつてうしなうことは未成年者にとつて大きな痛手となるであろうと考えられる。申立人には，将来未成年者から必要とされた時に，未成年者に対してその必要とするものを与えられるような父であつて欲しいというのが，未成年者の表現されない心からの願いであろうと思われる。

結局，申立人に親権者を変更するよりも，母久美子の姉である加藤春子を後見人に選任することが相当であると認められる。

【４-23】離婚によって単独親権者となった母の死亡後，後見が開始した場合において，父が申し立てた親権者変更の申立を認容した審判の抗告審において，申立ての許否は，民法819条６項が規定する子の利益の必要性の有無，具体的には新たに親権者となる親が後見人と同様またはそれ以上の監護養育適格者であり，かつ親権者を変更しても子の利益が確保できるか否かという観点から判断すべきであるとしたうえで，本件においては，新たに親権者を定めることは相当ではなく，相手方の親権者変更の申立ては理由がないとして，原審を取り消し，自判した事例

東京高決平成６年４月15日家月47巻８号39頁

一　本件記録によれば，次の事実が認められる。

１　相手方（昭和38年11月28日）と甲野花子（昭和43年２月13日生，以下「花子」という。）とは平成元年６月２日に婚姻し，その間に平成２年７月６日に長女である本件未成年者甲野春子（以下「未成年者」という。）が出生した。

相手方と花子とは平成３年７月ころから別居し，平成４年３月18日に未成年者の親権者を花子と定めて協議離婚した。右別居と離婚は，相手方が平成３年ころから10代の女性と交際を始め，同女を妊娠させたことが大きな原因となっている。

２　右別居後，花子は未成年者と共に２人でアパートに住むようになったものの，精神状態が不安定になり，体調も崩したため，花子の母である抗告人が未成年者を預かったりしてその面倒をみたこともあったが，花子は平成４年６月24日に自殺した。

３　花子の死亡後，抗告人の希望で未成年者の養育監護を当面抗告人が行うことになった。相手方は葬儀当日から１週間位は毎日抗告人方に来ていたが，平成４年７月５日に，未成年者の引取について抗告人との間で口論し，更に同年７月21日に花子の自殺の原因について口論した後は，抗告人方を訪問することなく，今日に至っている。そして，未成年者に面会したり，その誕生日に贈物をするなどの愛情を示す行為はしていない。

４　相手方は，現在単身で肩書地のマンションに居住しており，砂利採取業等を営み，経済的な不安はないが，離婚に際し，公正証書により未成年者に対する月６万円の養育費，花子に対する月６万円の慰謝料を支払う約束をしながら，その履行状態は悪く，離婚直後には200万円余りをかけて背中に入れ墨をした。

また，相手方は未成年者を引き取った場合には，相手方の父母等の協力を得てその養育監護にあたる方針であるが，右父母は未成年者が物心がついてから殆ど同人と会っておらず，物品を贈るなどの愛情を示す行為もしていない。

5　抗告人は，前記のとおり，花子の死後未成年者を引き取り，当時内縁の夫であった乙山太郎とともに未成年者を養育監護してきたが，花子の死亡により親権者が欠けたため，平成４年10月１日に，抗告人が未成年者の後見人に選任され，平成５年６月29日には乙山と婚姻の届出をした。

抗告人夫婦はマンションの１階を賃借してとんかつ屋を経営しており，その２階に未成年者と共に居住している。夫婦とも健康であり，生活は安定している。

抗告人夫婦は未成年者に対し，深い愛情を持ち，その生活について細かい配慮をし，母を失って衝撃を受けた未成年者を明るく育てようと最大限の努力をしており，その親戚や近所の人々もこれに協力している。未成年者は通園している保育園にも慣れ，健康状態も良く，心身共に安定した状態にある。

二　ところで，本件のような親権者変更申立については，民法819条６項を準用すべきものと解されるが，右申立を許可すべきか否かは，同項が規定する子の利益の必要性の有無によって判断することになり，具体的には，新たに親権者となる親が後見人と同等又はそれ以上の監護養育適格者であり，かつ親権者を変更しても子の利益が確保できるか否かという観点から判断すべきである。

本件についてこれを見るに，現在未成年者は抗告人夫婦の元でその愛情に育まれた環境の中で安定した生活を送っている。

他方，相手方は未成年者に対する愛情を持ってはいるが，前記のように，未成年者に面会したり，その愛情を示す行為をしておらず，その生活態度に問題がないわけでもない。しかも相手方が未成年者を引き取った場合，同人の実際の養育は相手方の父母に頼らざるを得ないところ，右父母は未成年者とは殆ど会っていないし，未成年者に対する愛情は未知数である。

このように，母を失った悲しみをようやく克服しつつあるかに見える未成年者を，今新たに，物心がついてから殆ど生活を共にしたことのない相手方及びその父母の養育に委ねることは，未成年者にとって大きな苦痛をもたらし，その利益に合致しないばかりか，新たな環境に適応できないおそれのある本件においては，回復が困難な精神的打撃を未成年者に与える可能性がある（原審の家庭裁判所調査官は，この点を考慮し，相手方に対し，本件の結果如何にかかわらず，未成年者との面接，交流をするよう勧めたが，相手方はこれに応じようとしていない。)。

三　以上のとおり，本件において新たに親権者を定めることは相当でなく，相手方の本件親権者変更の申立は理由がないから，原審判を取り消して，家事審判規則19条２項（注・現家事91条１項）により，審判に代わる裁判として右申立を棄却することとし，主文のとおり決定する。

【４－24】離婚により未成年者の親権者となった母が死亡した後，未成年者の父から親権者変更の申立てがされた事案において，申立人に親権者を変更するよりも，亡親権者母の母を後見人に選任することが相当であると認め，申立てを却下した事例

福岡家小倉支審平成11年６月８日家月51巻12号30頁

３　以上の事実を前提にして判断する。

単独親権者が死亡した後に，親権者を生存親に変更し得るか否かについては，民法は後見と親権とを区別して規定するところ，父または母の監護養育の職分はできるだけ親権者として行使させることが国民感情に適するから，未成年者の監護養育については，親があたるのを原則とし，未成年者後見は補充的なものと解される。従って，親権者として定められた一方の親が死亡した場合に，生存する親が親権を行使することが当該未成年者の福祉に沿うときは，民法819条６項の規定を類推適用して親権者変更をすることができると解する。もっとも，親であるという理由で当然に親権が復活するとすれば，親権者として不適格な者も親権者となることになって妥当ではないから，生存親に親権者を変更することと，第三者に監護養育を委ねるべく後見を開始させることのいずれが未成年者の福祉に適合するかを比較検討する必要があるというべきである。

そこで，以下検討する。

⑴　隆子は，未成年者が６歳のころから康子に協力して監護養育にあたり，康子が死亡した後も引き続いて監護にあたっており，その期間は６年間に及び，今後も，引き続いて喘息の持病に配慮しながら監護していく所存である。

未成年者は，康子の死亡後，一時期動揺を見せたものの，現在は，比較的平穏を取り戻し，元気に通学し安定した生活を送っており，引き続き原口らとの生活を送りたいとの意思を表明している。

(2)　申立人自身も，未成年者のために親権者として監護養育に努めたいと真摯に思っているが，現時点では現在の生活を尊重して，直ちに未成年者を引取ることは控え，しばらくは原口らに未成年者の監護養育を委ね，中学校に入学するころに自らのもとに引き取る所存であり，現時点で法定代理人として何らかの行為をする必要に迫られているというわけではないが，ただ，現時点で隆子が後見人として選任されて法定代理人として権限を得ると，申立人と未成年者との面接交渉や，申立人が将来未成年者を引き取ることに支障を来すおそれがあることから，現時点で申立人自らが親権者となることを希望するという。

(3)　確かに，原口らは，依然として申立人に対する悪感情を払拭できないでおり，面接交渉に送り出す側の原口らが不愉快な反応を見せれば，未成年者の心情に影響を及ぼすことは否定できないところである。

しかし，原口らは，実父である申立人と未成年者との交流が失われたままとなることが適当でないことに理解を示すようになり，現時点においては，申立人と未成年者が面接交渉することに異存はなく，未成年者の意思を尊重し，同人が高等学校に入学するころに同人が希望すれば申立人に引き渡してよいと述べるに至っている。

そうであれば，隆子が後見人として選任されても，申立人は実父として何ら遠慮することなく未成年者と面接交渉をすることができるはずであり，面接交渉に支障をきたすと認めるに足りる事情はない。

そして，申立人は，未成年者と会わなくなってから２年近くに及んでいるばかりか，康子死亡後の動揺した時期を経てようやく安定に向かい，精神的動揺を整理しつつある未成年者に宛てた手紙の中で，原口らが申立人の悪口を言っていると思うがなどという不適切な表現をとったり（家庭裁判所調査官の調査報告書に基づく。），未成年者の意思を十分に推し量ることなく，下校中に追いかけたりしており，未成年者に対する理解，配慮に多少不足する面があったといわざるを得ず，未成年者が申立人に対して必ずしも親和的感情を抱いているわけではないことを考慮すると，申立人が面接交渉の機会を十分に持って未成年者の心情を理解することに努め，真に親子の絆が築けるよう努力して信頼を十分に回復することが急務であり，それは面接交渉の過程で実現することが可能であるといえ，それが達成された段階においては未成年者引取りの可能性も十分に存するというべきである。

その他に，隆子を後見人に選任することによって支障が生じると認めるに足りる事情や，あえて直ちに親権者を申立人に変更しなければならないという事情は認められない。

したがって，現時点においては，監護養育状況の実態に合わせるとともに，康子が未成年者のために残した保険金の受領等の手続を進めるためにも，隆子を後見人として選任し，申立人と未成年者との面接交渉等が円滑に進むように，当裁判所の後見監督をもって原口らを指導し，申立人と未成年者との信頼関係が回復し申立人の受入態勢が完備した段階で，改めて申立人に親権者を変更することを検討することが，未成年者の福祉に適合するというべきである。

4　以上から，本件申立ては，理由がないから却下することとし，主文のとおり審判する。

【4－25】最後に親権を行う者が遺言により未成年後見人の指定を行っている場合であっても，生存親は，最後に親権を行う者から自身への親権者変更を求めることができるとして，親権者を生存親である申立人に変更した事例

大阪家審平成26年１月10日家庭の法と裁判２号92頁

第一　事案の概要

一　本件は，申立人の元妻であり，未成年者Ｃ，未成年者Ｄ及び未成年者Ｅ（以下，あわせて「未成年者ら」という。）の親権者母であるＦ（本籍・○○。以下「Ｆ」という。）が平成25年×月×日に死亡したことから，未成年者らの父である申立人が，未成年者らの親権者を申立人に変更することを求めた事案である。

二　本件に利害関係参加したＢは，Ｆの母である。

第二　一件記録から認めることができる事実

一　申立人とＦは，平成21年×月×日，両名の間の長女Ｃ，長男Ｄ及び二女Ｅの親権者をいずれも母であるＦと定めて離婚した。

Ｆは，平成25年×月×日，死亡した。

二　上記離婚後，Ｆは，住所地において未成年者らを養育していた。

申立人と未成年者らは，申立人とＦの離婚後も，休日にはともに食事をしたり，遊園地等に出かけるなどの交流を続けていた。上記の父子交流の頻度は，平成22年の冬から平成25年×月にかけて，年間四回ないし五回程度である。

三　未成年者らは，Ｆが死亡した後，Ｆの母であるＢに引き取られた。Ｂ宅では，現在，Ｂ，その夫及び未成年者ら三名が生活している。

申立人は，Ｆとの離婚後の平成25年×月×日，Ｇと婚姻し，現在肩書地において夫婦で生活している。

四　Ｆは，未成年者らの未成年後見人としてＢを指定する旨の平成25年×月×日付自筆証書遺言を作成し，同遺言書はＢが保管していた。Ｂは，当庁に対し，上記遺言書の検認を申し立て，当庁は，平成25年×月×日，上記遺言書を検認した（当庁平成25年(家)第××号。以下，この遺言を「本件遺言」という。）。

同日，Ｂは，未成年者らに付き親権を行う者がないため未成年後見人に就職した旨の戸籍上の届出をした。

第三　当裁判所の判断

一　親権者変更の可否

(1)　上記認定のとおり，Ｆは，Ｂを未成年者らの後見人に指定する遺言（本件遺言）をしているところ，Ｂは，このような事実の下では，未成年者の親権者をＦから申立人に変更することはできないと主張する。

Ｂは，その理由を，未成年後見人の指定を遺言事項とし，その指定がない場合には裁判所が後見人を選任するとする民法の定めからすると，未成年後見人が存在しているのに親権者変更の手法によって未成年後見人の地位を奪うことは，後見人指定を遺言事項と定めた意味をなくするものであり，遺言を残して死亡した者の最後の意思を無にすることであって，遺言制度の趣旨にも反すると述べる。

(2)　しかし，離婚の際に一方の親を親権者と定めることを要するのは，離婚した両親にとって親権を共同して行使することは事実上困難であるためであるから，親権者と定められた一方の親が死亡して親権を行う者が欠けた場合に，他方の親が生存しており，未成年者の親権者となることを望み，それが未成年者の福祉に沿う場合においては，親権者変更の可能性を認めることが相当と解される。そして，親権者による未成年後見人の指定がされているときでも，未成年後見制度が元来親権の補完の意味合いを持つにすぎないことに照らすと，親権者変更の規定に基づいて親権者を生存親に変更することが妨げられるべき理由はない。Ｂは，そのような解釈は遺言制度の趣旨に反するというが，親権であれ，未成年後見であれ，未成年者の利益を重視して運用されるべきものであり，遺言による未成年後見人の指定においては，その適性を審査する機会が全く存在しないことにも照らすと，同指定がされたときには親権者変更の余地がないとすることは，却って未成年者の利益を害しかねないものと考えられる。したがって，Ｂの上記(1)の主張は採用できず，最後に親権を行う者が遺言により未成年後見人の指定を行っている場合であっても，生存親は，上記最後に親権を行う者から自身への親権者変更を求めることができると解するのが相当である。

オ　養親の死亡の場合

養子は，養親の親権に服する（民818条２項）ので，養親が単身であれば，その養親が親権を行使する。養親が夫婦であるときは，養父母が共同で親権を行使し，養親の一方について，親権を行えない事由があるときは，他方養親が単独で親権を行使することは，前記アと同様である。夫婦が未成年の子を養子とする場合，養子となる者が配偶者の嫡出子である場合を除いて，夫婦共同縁組が強制される（民795条）。この養親夫婦が離婚し，養親が単独親権者となったが，単独親権者の養親が死亡し，又は親権喪失宣告を受け，あるいは親権の辞任をしたとき，前記イの場合と同様，未成年後見が開始する。生存している養親（実親）が親権者として適格であれば，親権者変更が認められることも，前記エのとおりである。

単独親権者である養親が死亡し，又は親権喪失宣告を受け，あるいは親権の辞任をしたとき，当然に未成年後見が開始する。[19] 養子縁組は，縁組により実親の親権が失われており，養親が死亡すれば，「親権を行う者がないとき」（民838条１号）に該当するからである。なお，死後離縁は，縁組関係の解消であり，民法811条２項３項の適用もない（後記カ参照）から，死後離縁により当然に実親の親権が回復することはない。[20]

判例【４-26】【４-27】及び戸籍先例【４-28】昭和23年12月６日民事甲3305号民事局長回答，昭和24年９月９日民事甲2035号民事局長回答も，未成年後見が開始するとする。[21] 実親の親権が当然に復活するとする

19）我妻榮『親族法』322頁，中川善之助編『註釈親族法(下)』28頁〔舟橋諄一〕，松坂佐一「父母の共同親権」『家族法大系Ｖ』29頁，昭和45年３月全国家事審判官会同家庭局見解（家月22巻９号41頁）

20）我妻榮『親族法』322頁，松坂佐一「父母の共同親権」『家族法大系Ｖ』29頁。なお，中川善之助『新訂親族法』543頁は，養親死亡の場合の後見開始事由の説明として養親死亡により縁組関係は解消されないとする通説に対し，「家族制度的血統継続の要請に由来する」として，「子の養育を縁組の主眼として考える以上，養親の死亡は縁組み関係の消滅と見るの他はないと思う。従って死亡も離縁も共に縁組み解消原因であり，等しく後見開始原因とすべきもの」とする。

21）旧民法は，未成年者の親権を行う者を同一家籍にある親であることを要し（旧民877条１項，２項），数種の父母（養父母，実父母など）がいる場合の親権者の順位は，養父が第１順位であり，順に養母，実父，実母という順であった。先例は，応急措置法施

【4-29】や死後離縁の手続を採らなくても実親が親権者変更又は親権者指定の審判を申し立てて親権者となることを認める【4-30】【4-31】もあるが，少数である。養親の一方が死亡し，生存養親と離縁した場合も未成年後見が開始する（戸籍先例【4-32】【4-33】も同旨である。）。

【4-26】離婚により単独親権者となった母が再婚し，その夫と，母の親権に服する子が養子縁組をしたのち，右実母，養父が同時に死亡したため，非親権者である実父が後見人となり，右縁組につき死後離縁許可の審判がなされた事案において，親権者を亡実母から実父に変更する親権者変更の申立てを認容した事例

大阪家審昭和56年3月13日家月33巻12号64頁

実父母・養父母の第一次的な親権と第二次的な後見とを区別し，親権を行使する者がないときに初めて後見が開始するという民法のたてまえおよび実父母の未成年の子に対する監護養育の職分は親権者として行使させるのが一般国民感情に合致しており，実父母でありながら後見人であるというのは一般常識に照らし奇異の感を免れないことを考え合わせると，親権者である実父あるいは実母が死亡等により親権を行使することができなくなった場合，民法838条1号により後見は開始するけれども，他方非親権者の他方実親も親権者たり得べき地位を回復するものと解すべく，その者から親権者変更の申立がなされ，その者に親権を行使させることが子の利益・福祉に合致すると認められる場合には，家庭裁判所は民法819条6項により親権者をその者に変更する審判をなすことができ，これが確定したとき一旦開始した後見は終了するものと解するのが相当である。親権者変更の審判により一旦開始した後見が終了するのであるから，その審判は後見人選任の審判の前後を問わずこれをなすことができるものというべきである。また上記の理は親権者である養父母が死亡し，その亡養親と養子である未成年者との離縁を許可する審判がなされ，亡養親との養親子関係が解消された場合の非親権者実親についても同様にあてはまるものといわねばならない。

そうすると本件のように共同親権行使者であつた養父・実母夫婦が同時に

行中，養親が死亡し，実親が親権を行使していたが，現行民法施行後，実親の親権は消滅し，後見が開始するとしたものである。

死亡し，亡養父と未成年者養子である事件本人らとの間の死後離縁許可の審判がなされた場合には，生存非親権者実父である申立人は，亡養父との関係においても，亡実母との関係においても，親権者たり得べき地位を回復するものと解すべく，申立人に親権を行使させることが事件本人らの利益・福祉に合致すると認められる場合には，親権者を申立人に変更することができるものというべきである。なお申立人は養父・実母同時死亡により一旦開始した事件本人らの後見につき，上記のように後見人に選任されているが，上記後見は本件を認容する審判の確定により終了すべきものであり，その後見の後見人に申立人が選任されたか，第三者が選任されたかにより，後に申立人に親権者を変更することができたり，できなくなったりすると解さねばならない理由はないというべきであるから，申立人が現に事件本人らの後見人であるということは，本件を認容するについて何ら障害とはならないものといわねばならない。

【４-27】未成年の養子は養親の親権に服するものとされ，養子の実親は，養子縁組の存続中養子の親権者となる資格を有しないから，養親が一人である場合に，その養親が死亡しても，実親の親権は当然に復活するものではなく，後見が開始すると解すべきであり，離縁許可前に実親が親権者変更の申立てをすることはできない。

東京高決昭和56年９月２日家月34巻11号24頁

本件記録によれば，事件本人小田和一は抗告人ら夫妻の長男であり，事件本人小田秋子は同夫妻の長女であるところ，事件本人両名は，昭和55年11月12日抗告人小田和徳の母である小田美子の養子となる養子縁組をしたこと及び右小田美子は，昭和56年２月11日死亡したことが認められる。

ところで，未成年の養子は養親の親権に服するものとされているから（民法第818条第２項），養子の実親は，養子縁組の存続中は養子の親権者となる資格を有しないものといわなければならない。そして，養親が一人である場合にその養親が死亡しても，養子縁組は当然には解消しないから（同法第811条第６項参照），実親の親権が当然に復活するものではなく，後見が開始すると解すべきである。

これを本件についてみるに，事件本人両名の養親は小田美子一人であつたところ，同人が昭和56年２月11日死亡したことにより，事件本人両名につき後見が開始したものというべきである。
抗告人らは，本件につき後見が開始したとしても親権者の変更が可能である旨主張するが，上述のように養子縁組が解消されないかぎり実親は養子の親権者となることができないと解されるから，仮に事件本人らが抗告人らと同居している等抗告人ら主張の事実がすべて認められるとしても，親権者の変更により事件本人らを抗告人らの親権に服せしめる余地はないものというほかない。
なお離婚に際して親権者と定められた父母の一方が死亡した場合において他方への親権者の変更が可能であるかどうかについては見解の分れるところであり，これを積極に解した審判例があることは抗告人ら主張のとおりであるが，この場合は親権者でなかつた親も親権者となる資格に欠けるところはないのであるから，右審判例のようにこれを肯定する余地がないわけではないが，本件はこれと異なり，右述のとおり抗告人らは親権者となる資格を有しないのであるから，離婚の場合の前記審判例にならい親権者の変更が許されるものと解することは困難である。
そうすると，本件親権者変更の申立ては理由がないから，これを却下した原審判は相当である。

【４-28】「日本国憲法の施行に伴う民法の応急的措置に関する法律施行中は，養親死亡後の養子に対する親権は実親が総べてこれを行っていたがかかる場合の実親の親権は，改正民法第818条第２項の規定の趣旨より，同法の施行とともに消滅して養子のために後見が開始し実親は親権を行うことができない。」

昭和23年11月12日民事甲3585号民事局長通達

【４-29】養親が死亡して親権を行使する者がいなくなつた場合には，養子は離縁等の手続をまたず，当然に実親の親権に服することになるとして，実親からの後見人選任の申立てを却下した事例

宇都宮家大田原支審昭和57年５月21日家月34巻11号49頁

【４-30】離婚により単独親権者となった母が再婚し，その夫と母の親権に服する子が養子縁組したのち，右養父と実母がいずれも死亡した場合に

は，亡養父との間で離縁の手続がとられていなくても，実父への親権者変更の審判をすることができる。

札幌家審昭和56年６月９日家月34巻11号45頁

ところで，前記に認定した事実によれば，事件本人は，養父と実母との婚姻により，その共同親権に服していたものというべきであり，その後，養父吉田栄一の死亡により，実母吉田多津子の単独親権に服していたところ，さらに，実母多津子の死亡により，事件本人に対し，親権を行う者がなくなったものというべきである。

そこで，このような場合に，民法838条１号によれば，事件本人に対する後見が開始すべきものとされているが，このような場合にも，法の解釈上，後見人選任の措置に出ないで，他の生存親へ親権者変更の審判が許されるかについて争いのみられるところであるが，もともと，未成年者に対する後見制度は，民法上，親権制度の補充的性格を有するものであり，かつ，生存親と実子という関係における一般的な国民感情を無視しえないこと等を考慮して，生存親が親権者であることを希望し，かつ，同人が，親権者としての適格性を有するものと認められるかぎりにおいては，生存親への親権者変更の審判をなしうるものと解するのが相当である。

さらに，本件において，事件本人と，すでに死亡している養父吉田栄一との間で，未だなお離縁の手続がとられていないため，両人間に法律上の養親子関係が継続しているけれども，養父の死亡により，その養親子関係の実態は解消されているものと認められるほか，子の利益・福祉に鑑み，以上のような解釈は，これ（法律上の養親子関係の存続）により何ら影響されるものではない，と解するのが相当である。

第四　以上のような認定事実によれば，申立人は，実父として，事件本人の親権者でありたい旨強く希望し，かつ，申立人について，親権者として，その適格性を充分肯定できるところであるから，叙上の説示により，本件申立を相当と認めて，主文のとおり審判する。

【4－31】母方祖母との間で養子縁組をしたのち，実父母が離婚し，更に養母の死亡に伴い，実父が後見人に選任されたが，監護養育の実際は実母が担当していた事案において，実父の後見人辞任を許可するとともに，亡養親との離縁の手続がとられていない未成年の子について，民法837条２項及び同法819条５項を準用してその実母を親権者に指定した

事例

宮崎家審昭和56年７月24日家月34巻11号41頁

以上認定の各事実によると，申立人が事件本人の後見人の任務を辞するについて正当な理由があると認めるのが相当であるから，民法844条，家事審判法９条１項甲類15号（注・現家事39条，別表第一72項），家事審判規則82条（注・現家事176条）によりその辞任を許可することとする。申立人の辞任の意思が事件本人の母である相手方に対し表示されていることは顕著なので，その辞任は本件許可により直ちに効力を生じるものである。そこで後任後見人の選任について検討するに，事件本人は養母死後もその生前と全く同様に実母である相手方に監護養育されて今日に及んでいるのであり，今後も相手方が監護養育の任に当たるものであることは明らかである。かかる場合相手方を後見人として選任するよりは，親権者として監護養育の職分を尽くさせることが相当であると解する。事件本人は養子縁組により実父母の親権に服しなくなつたものとして親権者である養母の死亡により実父である申立人が後見人に就任したため，実母である相手方は形式上親権の行使ができないもののごとく扱われていたものであるから，その後見人が辞任した以上民法837条２項の趣旨を準用して実父母は親権を回復すべきところ，本件においてはその以前に実父母は協議離婚を遂げており，その際実父母の親権の行使が停止されているままに実父母間における親権者指定の協議がなされていなかつたものであるから，同時に民法819条を準用して回復後の親権を行使すべき親権者を指定することを要するものである。よって事件本人の実父でありながら後見人に就任していた申立人が後見人を辞任し，事件本人の実母を後見人候補者として後見人選任を家庭裁判所に申立てた本件は，親権者の回復と親権者指定の審判を求める申立とみなすのが相当であり，従ってその申立は理由があるからこれを認容することとし，上記認定の各事実に照し相手方を事件本人の親権者に指定するのが相当であること明らかであるから当裁判所は民法837条２項，819条５項を準用し，家事審判法９条１項乙類７号（注・現家事別表第二８項），家事審判規則70条，54条，60条（注・現家事167条，169条２項）により主文２項のとおり審判する。

【４－32】養父母の一方が婚姻中に死亡した後，同氏の養子がその生存養親とのみ離縁しても，離縁の効力は死亡養親に及ばない（昭和24年９月９日民事甲2039号通達）**が，この場合養子が未成年者であるときは，後見が**

開始する。

昭和25年３月30日民事甲859号民事局長回答

【4-33】養父母の一方が婚姻中死亡した後，同氏の養子が生存養親とのみ離縁したときは，離縁の効力は亡養親には及ばないが，養子は離縁によって，直ちに縁組前の氏に復し，縁組前の戸籍に復籍する。なお，復籍した未成年に対する親権については，亡養親との縁組関係が継続している限り，実親の親権に服さないで後見が開始する。しかし，縁組前の戸籍に復籍した15歳未満の養子について，婚姻中父（夫）死亡による婚姻解消後，母（妻）が婚姻前の戸籍に復籍しているので，母の氏を称するため，母を法定代理人として氏変更許可の申立をなし，ついで右申立を許容した家庭裁判所の審判が行われた場合は，法定代理権を有しない実母の申立に基く家庭裁判所の審判であっても，これを当然無効と解することは適当でない。右審判に基く入籍の届出は，これを受理するのが相当である。但し，入籍の届出は後見人がしなければならないものと解する。

昭和26年１月31日民事甲71号民事局長回答

カ　離縁の場合

養子縁組は，離縁によって終了するので，単独養親の場合はその養親と離縁することにより，養親が夫婦である場合は養親夫婦と離縁することにより，実親の親権が回復し，実父母の双方あるいは一方が親権者となる。[22)]民法811条２項，３項は，実親の親権が復活することを前提とした規定であるからである。

養親死亡時に未成年後見は開始するが，未成年後見人が選任されないまま，実親から離縁の許可申立てを行うことができるかが問題となる。死後離縁の場合には，民法811条２項の類推適用は認められておらず，実親が離縁後の法定代理人として養子（15歳未満の場合）と死亡した養

22）中川善之助編『註釈親族法(下)』148頁〔戒能通孝〕，我妻榮『親族法』354頁

親の死後離縁手続を採ることは認められていない。先例【４－34】は，未成年後見人より家庭裁判所に対する離縁許可の申立て及び離縁届出をするのが相当であるとする。[23]

【４－34】後見に服する15歳未満の養子が，亡養親と離縁する場合には，養子の実父母があっても，後見人より離縁許可の申立をなし，かつ離縁の届出をする。

昭和25年７月22日民事甲2006号民事局長回答

キ　養親と実親が婚姻した場合

養親と実親が婚姻した場合，養子縁組当時実親が親権者でなかったとしても，共同親権となるのが通説であり，[24] 戸籍先例【４－35】【４－36】及び判例【４－37】も同旨である。養子は，養親の親権に服する旨の民法818条２項は，養親と実親が共同生活を営まない通常の事例を想定した規定であるのに対し，父母婚姻中の親権の共同行使を定めた同条３項は，すべての事例を包括する原則規定であるから，縁組当時の親権者でなくても，婚姻中である以上，共同親権者となる。

そこで，養親が死亡した場合，養親と婚姻している実親が縁組前に親権者でなかったとしても，いったん親権者となった以上，実親が単独親権者となり，未成年後見は開始しない。養親と婚姻した実親が死亡した場合，養親が単独親権者となる。その後，養子が養親と離縁した場合，死亡した実親が縁組前に親権者であれば，未成年後見が開始し，死亡した実親が縁組前に親権者でなければ，縁組前の配偶者である生存親の親権が復活すると解するのが多数説である。代諾権者による離縁の場合，

23）清水節『判例・先例親族法Ⅲ』21頁以下，同『先例・判例親族法Ⅱ』383頁参照。清水節は，死後離縁の申立てだけのために後見人を選任するのは技術的であるとして，実父母からの離縁申立てを認める。

24）我妻榮『親族法』353頁，中川善之助編『註釈親族法(下)』29頁〔舟橋諄一〕，村崎満『先例判例親権・後見・扶養法（増補）』25頁，鈴木禄弥『親族法講義』357頁，中川淳『改訂親族法逐条解説』410頁，於保不二雄・中川淳編集『新版注釈民法㉕改訂版』25頁〔山本正憲〕

親権者であった実親がいる場合は，親権が回復するので実親により行い，そうでない場合は，未成年後見人を選任してこれをすることになる。[25)]

養親と実親が婚姻して共同親権となった後に離縁した場合には，養親と婚姻している実親が縁組前に親権者であったか否かを問わず，実親が単独親権者となり，未成年後見は開始しない。判例【４-38】及び先例【４-39】【４-40】ともに同旨である。

実親と養親が養子の親権者を養親と定めて離婚した場合，養親と15歳未満の養子が離縁する際の協議者は，当然に実親となるものではない。これは，実父母が離婚し，その際に親権者となった者が親権を行使することができなくなった場合には，他の実親が当然に親権者となるものではなく，親権者変更の調停又は審判を経て親権者を変更するか，そうでなければ未成年後見が開始すること，養親と実親が婚姻した場合には，上記のとおり養子は両人の共同親権に服し，離婚する場合も親権者を定める（民819条）のであるから，実親夫婦が離婚した際に親権者となった者が親権を行使することができなくなった場合と同様に考えることが相当であるからである。【４-41】も同旨である。単独親権者となった養親と離縁する協議は，離縁により親権者が不在となるので，未成年後見人となるべき者を選任し，その者が離縁協議者になるか，実親が離縁の前に親権者変更の手続を経て親権者となり離縁協議をすることになる。

【４-35】配偶者の一方が他の一方の子を養子とし，又は養親が養子の実親と婚姻した場合に養子が未成年者であるときは，民法第818条第３項の規定によつて養親と実親とが共同して養子の親権を行使するものと解されているところ，この場合における養親及び実親の親権者としての地位には互に優劣の差を認むべきものではないから，右の養親と実親が離婚する場合は，同法第819条第１，２項の規定により，その協議で，その一方を養子の親権者と定めるのが相当である。

25）中川善之助『新訂親族法』544頁，我妻榮『親族法』323頁，中川淳『改訂親族法逐条解説』495頁

昭和25年9月22日民事甲2573号民事局長通達

【4-36】母の戸籍にある未成年の庶子が，実父とその配偶者の養子となつた後，養父母は，養父を親権者と定めて離婚し，養母は実方に復籍した。養父（実父）はその後養子の実母と婚姻をしたところ，養子が養母とのみ離縁した場合は養父実母が共同して親権を行う。

昭和24年2月12日民事甲194号民事局長回答

【4-37】実親と養親とが婚姻した場合における子の親権は養親・実親の共同行使となるとした事例

福岡高決昭和31年4月30日家月8巻10号62頁

論旨は結局，実親と養親とが婚姻した場合に子に対する親権は養親一人が行うか，或は養親と実親とが共同して行使するのかの問題に帰するのであるが，民法第818条第2項は子が実父母以外の者と養子縁組をするもつとも普通の場合に，実父母よりも養親に親権を行使させる方が当事者の意思にも人情にも合致するものとして定められたものであるから，実親と養親とが婚姻してその夫婦の許で養育している場合に養親があるからというて，実親の親権を認めず，養親のみに親権を行使させるのは親子間の人情に反するばかりでなく子の利益の保護を全うする所以でない。だから，この場合は民法第818条第3項に則つて養親，実親の共同行使を認むるものと解するのが相当である。したがつて，右婚姻により一旦回復した実母の親権は爾後養父が死亡し（且つ離婚した養母が生存していると否とを問わず）だからといつて消滅するものではない。

【4-38】配偶者の一方の子を他の一方の養子とした場合は，実親と養親とが共同して親権を行使し，その後，養親と養子が離縁した場合，実親の単独親権となり，後見は開始しないとした事例

広島家審昭和30年9月9日家月7巻10号24頁

【4-39】実父母が離婚の際に親権者を父と定められたが，他男の養子とな

り，その養父と実母とが婚姻したので，これらの者の共同親権に服してから，養父と実母が実母を親権者と定めて離婚した後に離縁となった養子の親権者は実母に影響はなく，養父と実母が婚姻中に離縁されるときは実母が離縁協議者であり，離縁後は実母が親権を行う。

昭和26年６月22日民事甲1231号民事局長回答

【４-40】夫甲，妻乙が未成年者の長男丙の親権者を甲と定めて離婚し甲の代諾で丙が丁男の養子となった後養父丁と実母乙が婚姻したので養子丙は養父丁と実母乙の共同親権に服するに至ったがその後養父と実母の婚姻継続のまま丙と丁が離縁した場合その離縁協議者及び離縁後の親権者は，いずれも乙と解するのが相当である。

昭和26年８月14日民事甲1653号民事局長回答

【４-41】実母と養父が養子の親権者を養父と定めて離婚した後，養父と15歳未満の養子とが離縁する場合には，実母が当然に離縁協議者となるものではない。

平成22年８月19日民一2035号民事局民事第一課長回答

２　未成年後見人

(1)　指定未成年後見人

ア　未成年後見人の指定権者

未成年者に対し，後見が開始した場合，未成年被後見人のために，その身上監護と財産管理の職務を行う機関として未成年後見人，あるいは，財産管理の職務だけを行う未成年管理後見人が必要となる。この未成年後見の職務を行う者が未成年後見人である。未成年後見は，親権の延長と理解されていることから，最後に親権を行う者は，自分に代わって未成年者の身上を監護し，財産を管理する未成年後見人を遺言により指定することができる。ただし，指定できる親権者は，管理権を有することが必要である（民839条１項)。共同で親権を行使する父母の一方が管理権を有しないときは，他の一方は，最後に親権を行使する者ではないが，その者が死亡すると管理後見が開始することから，未成年後見人を指定することができる（民839条2項）。

最後に親権を行う者とは，その者が死亡すれば親権を行う者がいなくなり，未成年後見が開始することになる場合の親権者を意味する（前記第2節1(3)参照）。

未成年後見人の指定権者の資格は，遺言時に備わっていなくても，遺言の効力発生時において法定の要件を充たしておれば指定は有効であると解されている。[26] 民法32条の2により，共同親権者である父母双方が同時に死亡したと推定される場合，いずれの父母も最後に親権を行う者ではないが，未成年後見人の選択について最も適任者であり，かつ法律上その権利を奪われるべき何ら非難もないはずの親権者が，2人とも完全に未成年後見人指定権を否定されることは不当であり，この場合の父母は，いずれも最後に親権を行う者として遺言を作成することができる。[27] 父母の指定した者が異なる場合，平成23年法律第61号による改正前は，複数未成年後見人の指定が認められなかったため，無効と解されたが，複数未成年後見人の指定が許される以上，有効であり，権限については，共同行使をすることになる（民857条の2第1項）。

親権代行者（民833条）は，その親権に服する子（未成年者）の未成年後見人を指定することはできるが，未成年者の子の未成年後見人を指定することはできない。親権代行者は，未成年者の子の親権者ではないからである。

イ　複数の指定

民法842条が削除されたこと（平成23年法律第61号）により，複数の未成年後見人の指定も可能となった。順位を付した指定，すなわち，第1順位の者の死亡や欠格事由などにより就職できない場合に備えて，第2順位の者を補充的に指定する方法も可能である。[28]

26）於保不二雄・中川淳編集『新版注釈民法(25)改訂版』286頁〔久貴忠彦〕
27）於保不二雄・中川淳編集『新版注釈民法(25)改訂版』291頁〔久貴忠彦〕
28）改正前は，複数未成年後見人が認められていなかったので，2名以上の者が後見人と

ウ　指定の効力発生時期

未成年後見人の指定の効力は，遺言の効力発生時すなわち遺言者の死亡時（民985条）に効力を生じ，被指定者は，直ちに未成年後見人に就職する（大正8年4月7日民835号法務局長回答）。被指定者は，就職の際に未成年後見人となることについて引受拒絶をすることはできないが，正当な事由がある場合には，家庭裁判所の許可を得て辞任することができる（民844条）。被指定者は，就職の日から10日以内に，遺言の謄本を添付して，未成年後見開始届をしなければならない（戸籍81条）。これは，報告的届出である。

指定された未成年後見人がいることが知られないまま未成年後見人が選任された場合（民840条），未成年後見人選任の効力について，旧法時代の判例【4-42】は，指定後見人のあることを知らないまま親族会が後見人を選定した事案で，後見人選任決議は無効に帰し，選任された後見人は当然に資格を喪失するとしたものがある。これに対し，現行法上の解釈として，家庭裁判所の未成年後見人選任が絶対的に効力を生じ，指定は効力を生じないとする説がある。[29] しかし，条文上は，指定未成年後見人となるべき者がいないときに，家庭裁判所は，未成年後見人を選任するとなっており，解釈により家庭裁判所による選任を優先させることは，困難であろう。実務上は，家庭裁判所は，未成年後見人選任の審判を家事事件手続法78条により取り消すことになる（昭和30年6月仙台高裁管内家事審判官会同家庭局見解）。[30] また，指定未成年後見人が辞任して（民844条），選任未成年後見人の効力を維持することも可能である。

して代理した法律行為は，無権代理行為に該当し，未成年者が成年に達した後これを追認しない限り，効力を生じなかった。判例（最判平成3年3月22日家月43巻11号44頁）は，未成年者が祖父と養子縁組をし，祖父の死亡により後見が開始し，実父母2名が未成年後見人に就任した旨戸籍に記載された事案で，実父母がともに正当な後見人になったものと考えて未成年者の財産を管理してきた事案で，未成年者の不動産の売買に両名が後見人として関与したことにより，未成年者の利益が損なわれたものではないとして，未成年者が信義則上売買契約の効力を否定することは許されないとした。

29）中川善之助監修『註解親族法』299頁〔山畠正男〕，青木義人・大森政輔『戸籍法　全訂版』373頁

30）最高裁判所事務総局編『改訂家事執務資料集上巻の1』263頁

民法839条については，指定未成年後見人の存在が家庭裁判所にまったく知られず，かつ未成年後見人として適格者であるという保障はなく，不適格であると考えられるときに解任の手段があるに過ぎず，好ましいものとは言えないと批判されている。[31)]

【4-42】親族会が後見人を選任した場合であっても，適法な遺言による指定後見人のあることが後日明白となったときは，右後見人選任決議は無効に帰し，これによって選任された後見人は当然資格を喪失する。

大判明治40年11月18日民録13輯1138頁

「因テ按スルニ遺言ヲ以テ後見人タル者ヲ指定シタルトキハ親族会ニ於テ後見人ヲ選任スヘキモノニ非サルコトハ民法第904条第901条ノ規定上毫モ疑ヲ容レス去レハ指定ノ後見人ナキモノトシテ親族会カ後見人ヲ選任シタル場合ニ於テ遺言ヲ以テ後見人ノ指定セラレタルコトカ後日明白ト為リ而シテ其遺言ニシテ合法適正ノモノナルニ於テハ親族会員選定並ニ親族会招集決定ノ取消サルルト共ニ親族会ノ決議ノ無効ニ帰スルヲ以テ之ニ因リテ選任セラレタル後見人ハ決議カ形式上確定シタルニ拘ハラス当然資格ヲ喪失スルモノト謂フ可キナリ然レハ原判決カ被上告人ニハ真正適法ノ遺言ニ基クAナル指定後見人アリ又上告人ヲ後見人ニ選任セシ親族会員選定並ニ親族会招集申請ヲ却下スル決定ノ確定セシコトヲ認メ上告人ヲ後見人ニ選任シタル決議ノ違法ナルコトヲ判示シ上告人ノ後見人タル資格カ消滅シタルモノト為シタルハ相当ニシテ之ヲ不法トスル本論旨ハ孰レモ理由ナシ」

(2)　選任未成年後見人

ア　未成年後見人の選任請求権者

未成年後見が開始しているが，指定による未成年後見人（民839条）がない場合，あるいは，指定未成年後見人が欠けた場合，すなわち，死亡，辞任，解任，欠格によって，指定未成年後見人が存在しなくなった場合に，家庭裁判所は，未成年被後見人又はその親族その他の利害関係人の請求によって未成年後見人を選任する（民840条1項）。家庭裁判所は，未

31）於保不二雄・中川淳編集『新版注釈民法㉕改訂版』295頁〔久貴忠彦〕

成年後見人がある場合においても，必要があると認めるときは，1項の請求権者若しくは未成年後見人の請求により又は職権で，更に未成年後見人を選任することができる（同条2項）。

未成年後見は，未成年者について親権を行う者がいないときに開始するが，実際は，未成年後見人が選任されないまま事実上の監護者によって保護されていることが多い。このような状態は，解消されることが望ましいことから，未成年後見人選任請求権を狭く解する必要はない。親族とは，民法725条に定める者を意味し，利害関係人とは，未成年後見人を選任するについて利害関係を有する者や財産を管理されることに法律上の利害関係を有する者を言う。具体例としては，事実上，未成年者を監護している者，少年院長，保護観察所長，訴訟の相手方，債権者，債務者などである。未成年被後見人所有の土地が，道路工事・河川工事に関連して公共用地として収容の対象となっている場合の県知事も利害関係人である（昭和38年12月28日最高裁家二163号家庭局長回答家月16巻2号138頁）。

未成年被後見人本人も意思能力があれば，未成年後見人請求権を有する（民840条3項）[32]。

未成年後見人について，家庭裁判所による職権による選任は認められていない。成年後見人等については，後見開始と同時に家庭裁判所が職権により選任することに改正されたが（民843条1項），未成年後見人については，改正されなかった。学説には，職権による選任を認める説[33]もあるが，未成年後見の開始を家庭裁判所が知り得る方法はなく，また，未成年後見人が欠けた場合を知りうることも辞任（民844条）や解任（民846条）の場合以外にはないことから，実際にこれを認めたとしても実効

32）旧法841条には請求権者として未成年被後見人は明記されていなかったが，通説は，意思能力があれば，選任請求権を認めていた。成年後見人又は後見監督人の選任・解任等の申立権を成年被後見人に付与する他の規定の改正との均衡及び本人保護・自己決定の尊重の観点から，平成11年の改正時に未成年被後見人についても明記された。小林昭彦・原司『平成11年民法一部改正法等の解説』204頁，於保不二雄・中川淳編集『新版注釈民法㉕改訂版』296頁〔犬伏由子〕

33）於保不二雄・中川淳編集『新版注釈民法㉕改訂版』319頁〔久貴忠彦〕

性に乏しいと指摘されている。[34)]

イ　未成年後見人の選任基準

未成年後見人の選任基準は，未成年被後見人の年齢，心身の状態並びに生活及び財産の状況，未成年後見人となる者の職業及び経歴並びに未成年被後見人との利害関係の有無（未成年後見人となる者が法人であるときは，その事業の種類及び内容並びにその法人及びその代表者と未成年被後見人との利害関係の有無），未成年被後見人の意見その他一切の事情を考慮しなければならない（民840条3項）。成年後見とは異なり，未成年後見の場合は，未成年者が乳幼児であるか，成人に近いかなど年齢によって，未成年後見人の職務の内容や継続期間等が大きく異なると考えられることから，年齢を考慮すべきことが条文上明記されている。

ウ　未成年後見人の選任手続

未成年後見人の選任手続の管轄は，未成年被後見人の住所地の家庭裁判所である（家事176条）。家庭裁判所は，選任手続において，未成年後見人となるべき者の意見を聴かなければならず，また，満15歳以上の子については，その陳述を聴取しなければならない（家事178条）。

未成年後見人を選任する審判は，当事者に対する告知により効力を生じ（家事74条），これに対する不服申立てはできない。未成年後見人の選任の審判が効力を生じたときは，裁判所書記官は，未成年被後見人の本籍地の戸籍事務管掌者に対し，戸籍記載の嘱託をしなければならない（家事116条1号，家事規76条1項2号）。

【4-43】は，養親死亡後に後見人選任を申し立てた事案で養子縁組が相続税軽減を目的としていることを理由に無効であるとして後見人選任の申立てを却下した原審判を，家事審判規則には後見人選任却下の審判に対する即時抗告を認める規定はないが，未成年者が後見人のないまま放置される異常事態を生ずる場合には，即時抗告による救済を認めるのが相当であるとした上で，原審判を取り消して，後見人に実母を選任した。通常は，再び後見人選任を申し立てて対処することが多いが，前

34）於保不二雄・中川淳編集『新版注釈民法㉕改訂版』297頁〔犬伏由子〕

提問題の養子縁組を無効と判断したことから即時抗告を認めたものと解される。家事事件手続法では，養子の離縁後に未成年後見人となるべき者の選任の申立てを却下する審判に対しては，申立人は，即時抗告することができる旨定められた（家事179条１号）。[35]

エ　未成年後見人の選任請求義務

父若しくは母が親権若しくは管理権を辞した場合及び親権喪失，親権停止若しくは管理権喪失の審判があったことにより，未成年後見人を選任する必要が生じたときは，その父母は，遅滞なく未成年後見人を選任することを請求しなければならない（民841条）。親権を奪われた者に未成年後見人選任義務を課しても，その請求を期待できないという批判があったが，成年後見制度改正時の議論では，親権を喪失した親にも未成年後見人選任義務を課すことで問題ないとされた。[36]

民法の定める請求義務者としては，未成年後見人が辞任したことにより，新たに後見人を選任する必要が生じた場合の辞任した未成年後見人（民845条）[37]及び未成年後見人が欠けた場合の未成年後見監督人（民851条２号）がある。

民法以外には，児童相談所長（児童福祉法33条の８第１項）や生活保護の実施機関（生活保護法81条，19条）について，未成年者に親権者及び未成年後見人がいない場合，未成年後見人選任請求をしなければならないと定められている。

オ　申立ての取下げ

家事審判法の下では，取下げの許可についての規定がなく，解釈として，選任請求義務のある父母からの申立て（民841条）の場合は，取り下げることはできないとする説があったが，それ以外の場合は，取下げが

35）金子修編「逐条解説　家事事件手続法」580頁

36）小林昭彦・原司『平成11年民法一部改正法等の解説』209頁，於保不二雄・中川淳編集『新版注釈民法㉕改訂版』301頁〔犬伏由子〕

37）旧841条は，親権又は管理権の辞任・喪失に基づく未成年後見人選任請求義務と後見人辞任に基づく後任の後見人の選任請求義務を規定していたが，後見人に関する包括的な規定を整理し，前者を民法842条に，後者を民法845条に整理したもので，規定内容は，旧法から変わっていない。小林昭彦・原司『平成11年民法一部改正法等の解説』227頁

できると解された。[38] しかし，未成年後見人が欠けていることを理由とする未成年後見人の選任は職権ですることができない（民840条１項）のであり，未成年後見人が欠けているにもかかわらず，未成年後見人選任の申立てが取り下げられると，未成年後見人が欠けた状態が解消されない状態となる。この事態を防止する必要から，家事事件手続法で，未成年後見人の選任申立ての取下げの制限が明文化された[39]（第２章第１節３⑷参照）。未成年後見人が欠けていることを理由とする申立て（民840条１項），父母が選任義務を負う場合の申立て（民841条）及び辞任した未成年後見人による未成年後見人選任の申立てのいずれの場合も，審判がされる前であっても，家庭裁判所の許可を得なければ取下げすることはできない（家事180条，121条）。

カ　複数未成年後見人及び法人未成年後見人

従前，未成年後見人は，１人でなければならないと定められており（平成11年改正時の民842条），また，法人を選任することはできなかった。成年後見制度の改正では，未成年後見が対象とならず，また，未成年後見人については，父母に代わって未成年者に対する教育，居所指定，懲戒等を行う権限と義務を有する者であり，その職務の性質上，複数の未成年後見人間の方針に齟齬（そご）が生じることは未成年者の福祉の観点から相当でなく，その弊害は権限の調整規定によって解決し得るものではない[40]として，一人制が維持されていた。この点，平成23年法律61号により，民法840条２項，３項が追加され，複数未成年後見人及び法人未成年後見人が認められた。[41] 自然人１人が未成年後見人の職務を担うのは，負担が大きい場合があること，未成年者に多額の財産があるような場合には，専門職を未成年後見人に選任する必要性があること，未成年者といっても成人に近い年齢の者については，財産管理が中心となり，法人がその職務を行うことが一律に不適当とはいえないことが改正の理由で

38）山木戸克己『人事訴訟手続法・家事審判法』44頁，市川四郎『家事審判法概説』49頁
39）金子修編著『逐条解説　家事事件手続法』583頁
40）小林昭彦・原司『平成11年民法一部改正法等の解説』211頁
41）平成11年の改正により，旧842条は，「未成年後見人は，１人でなければならない。」と定められたが，平成23年の改正により，旧842条が削除された。

ある。[42]

キ　複数未成年後見人の権限の行使

複数の未成年後見人がある場合，家庭裁判所は，職権で，複数未成年後見人のうち一部の者について，財産管理の権限のみを行使することを定めることができる（民857条の２第２項）。なお，身上監護に関する権限のみを行使する未成年後見人を定めることはできない。身上監護に関する権利義務をのみを有する未成年後見人を認めると，身上監護に関して必要な財産に関する権限を一切行うことができないことになり，未成年者の日常的に使用する身の回りの者の管理処分等に支障を生じるおそれがあるからである。[43]そのため，複数の未成年後見人がある場合の権限行使の規律は，成年後見人の場合とは異なり，身上監護及び財産管理のいずれについても，共同行使が原則となる（民857条）。もっとも，家庭裁判所は，財産管理の権限のみを有する未成年後見人を選任する場合，各未成年後見人が単独で権限を行使すべきこと（単独行使の定め）又は複数の未成年後見人が事務を分掌して権限を行使すべきこと（事務分掌の定め）を定めることができる（民857条の２第３項）。そこで，財産管理については，権限の定めにより，複数未成年後見人が共同行使をする場合，１人の未成年後見人が単独で財産管理権を行使する場合，それぞれが単独で財産管理権を行使する場合，未成年後見人が財産管理の事務を分掌して行使する場合の態様が可能となった。[44]

42）飛澤知行編著「一問一答　平成23年民法等改正」62頁
43）飛澤知行編著「一問一答　平成23年民法等改正」73頁
44）複数の未成年後見人がそれぞれ財産に関する権限を単独で行使する場合は，「未成年後見人○○及び未成年後見人△△は，それぞれ財産に関する権限を単独で行使する。」という権限分掌の審判をすることになる。一部の未成年後見人の権限を財産管理権のみに限定した上で，未成年後見人の財産管理権限の事務分掌をする場合としては，身上監護権を有する未成年後見人に少なくとも身上監護に関して必要な財産に関する事務を分掌させることが相当であろう。その場合は，「１　未成年後見人○○は，財産に関する権限のみを行使することができる。２　未成年後見人○○及び未成年後見人△△は，財産に関する権限について，別紙権限行使の定め目録のとおり事務を分掌してその権限を行使しなければならない。」「別紙１　未成年後見人○○は，次の事務を分掌する。⑴未成年被後見人に帰属する預貯金（ただし，２⑴の普通預金を除く。）に関する取引⑵未成年被後見人の保険金の受領　２　未成年後見人△△は，次の事務を分掌する。⑴未成年被後見人が□□銀行□□支店に対して有する普通預金（口座番号××）に関する取引⑵

身上監護については，権限の単独行使や分掌は認められていない。身上監護について，複数の未成年後見人の間で方針が一致しないため，未成年者の利益が害される場合は，家庭裁判所は，後見事務の改善を命じる処分（民863条2項）をすることになるほか，改善が見られなければ，双方又は一方の未成年後見人を解任することとなろう。

【4-43】養子の実母から申し立てられた後見人選任の申立てを却下した原審判に対する即時抗告審において，家事審判規則には後見人選任却下の審判に対する即時抗告を認める規定はないが，未成年者が後見人もないまま放置される異常事態を生ずる場合には，即時抗告による救済を認めるのが相当であるとした上，原審判を取り消して，後見人を選任した事例

東京高決平成3年4月26日家月43巻9号20頁

一　原審判は，亡川井和貴子と事件本人との間の本件養子縁組（代諾権者父母）は，専ら相続税を軽減させる目的を達するための便法としてなされたもので，真実亡和貴子と事件本人との間に社会観念上養親子と認められる関係の設定を欲する効果意思がなかつたので，本件養子縁組は無効であるとして本件後見人選任申立を却下している。

しかしながら，相続税軽減を目的として養子縁組をしたからといつてその養子縁組が無効となるものではない。記録によつても本件養子縁組が養親子関係を設定する効果意思を欠くものであるとは到底言いがたい。事件本人は戸籍上後見人のいない未成年者の状態となつており，法律上，社会生活上事件本人に重大な支障が生ずることが明らかである。

したがつて，かような場合は，事件本人のため後見人を選任すべきである。原裁判所が厳しく糾弾する「相続税逃れ」は，相続税法63条等により律すべき問題である。

家事審判規則には，後見人選任却下の審判に対して即時抗告をすることができる旨の定めはない。しかしながら，これは，本件のような審判がな

1⑴⑵並びに2⑴記載以外の事務」等の事務分掌の審判をすることになる。

裁判所書記官実務研究報告書『家事事件手続法下における書記官事務の運用に関する実証的研究―別表第一事件を中心に―』502頁以下

される事態が生ずることなどは予想しなかつたからであると解され，本件のように未成年者が後見人もないまま放置される異常事態を生ずる場合には，即時抗告を適法なものとして救済を認めるのが相当である。

そして，本件においては，当裁判所において審判に代わる裁判をするのが相当であり，本件記録によれば，抗告人を事件本人の後見人に選任するのが相当であると認められる。

二　以上のとおりであつて，原審判は不当であり，本件抗告は理由があるから，原審判を取り消して抗告人を事件本人の後見人に選任することとし，主文のとおり決定する。

⑶　未成年後見人の欠格事由

未成年後見人の欠格事由は，成年後見人と同一である（民847条）（第２章第１節４⑵参照）。旧法846条２号は，禁治産者及び準禁治産者であることを後見人等の欠格事由としていたが，削除された。指定未成年後見人が成年被後見人等である場合も，家庭裁判所の監督に服すので，判断能力が不十分であるために不適任であれば家庭裁判所が直ちに職権で解任することになる。

３　未成年後見人の辞任・解任

⑴　未成年後見人の辞任

未成年後見人は，正当な事由があるときは，家庭裁判所の許可を得て，その任務を辞することができる（民844条）。成年後見人の辞任と同じである（第２章第１節５⑴参照）。

未成年後見人の辞任許可の審判が効力を生じたときは，裁判所書記官は，未成年被後見人の本籍地の戸籍事務管掌者に対し，戸籍記載の嘱託をしなければならない（家事116条１号，家事規76条１項３号）。

⑵　未成年後見人の解任

未成年後見人に不正な行為，著しい不行跡その他後見の任務に適さない事由があるときは，家庭裁判所は，未成年後見監督人，未成年被後見人若しくはその親族若しくは検察官の請求によって，又は職権で，これを解任することができる（民846条）。成年後見人の解任と同じである（第２章第１節５⑵参照）。

４　未成年後見人の職務権限

⑴　未成年後見人の就職の際の義務

未成年後見人は，未成年被後見人の財産管理を行うが，その内容は，成年後見人の就職及び成年被後見人が包括財産を取得した場合の財産調査・目録調整及び債権債務の申出義務，後見予算の予定は，成年後見のものと同じである（第２章第１節６⑴から⑸参照）。

⑵　未成年者の身上に関する権利義務

未成年後見は，親権の延長と理解されており，その結果として未成年被後見人の身上監護につとめる職務権限を有する。すなわち，民法857条は，監護・教育（民820条），居所指定（民821条），懲戒（民822条），職業許可（民823条）という親権者の規定を準用している。ただし，未成年後見人と未成年被後見人との間には，親権者と子との間に見られるような自然の愛情に基づく信頼関係を期待できないことから，未成年後見監督人がある場合は，身上監護に関する権利義務について一定の制約を設けている。未成年後見人の未成年者の身上に関する権利義務のうち，親権者のそれと異なる点は，以下のとおりである。

ア　監護教育の権利及び義務

未成年後見人は，未成年被後見人の監護・教育の権利を有し，義務を負う（民857条，820条）。親権者（「親権を行う者」）が定めた教育の方法を変更する場合，未成年後見監督人がある場合は，未成年後見人は，その同意を得なければならない（民857条ただし書）。

教育の方法とは，日々の教育の仕方ではなく，義務教育にとどめるのか，高等教育まで受けさせるのか，医学部進学か教育学部進学かなど，未成年被後見人の一身に重大な影響のある基本方針を指す。未成年後見人が新たに教育方法を定める場合は，別段の同意を必要としない。その当否は，家庭裁判所の監督に服する（民863条）。

変更の対象となる教育の方法は，親権者により定められたものと限定的に解すべきではなく，前任の未成年後見人，親権代行者（民833条，867条，児童福祉法47条），教育の職務を有する監護者（民766条，771条，749条，788条），監護受託者の定めたものも含まれる。[45]

イ　居所指定権

未成年被後見人は，未成年後見人の指定する場所に居所を定めなければならない（民857条，821条）。親権者が定めた居所の指定を変更する場合，未成年後見監督人がある場合は，未成年後見人は，その同意を得なければならない（民857条ただし書）。居所を指定した者の範囲は，親権者に限定されず，アと同様に解する。

第三者が，未成年後見人の指定した居所から未成年被後見人を連れ出し，他の場所で抑留した場合，未成年後見人は，子の引渡請求ができる（**【４－44】**）。

【４－44】後見人は未成年者を抑留した者に対し，引渡請求ができる。

東京控判明治44年７月17日新聞741号22頁

被控訴人カ未成年者タル訴外石黒鉦太郎ノ後見人ナルコト及ヒ鉦太郎カ控訴人方ニ居住セルコトハ当事者間ニ争ナシ控訴人ハ鉦太郎ノ実父ナリトノ控訴人ノ主張ハ被控訴人ノ争フトコロナルニ拘ラス之ヲ認ムヘキ何等ノ証拠ナシ然ラハ後見人ハ未成年者ノ監護教育ヲ為スヘキ権利義務ヲ有スル結果之ヲ抑留スル者ニ対シ其引渡ヲ請求シ得ヘキモノナルヲ以テ控訴人ハ被控訴人ノ本人訴請求ニ応シ鉦太郎ヲ引渡スヘキ義務アルコト明白ナリ

ウ　懲戒権

未成年後見人は，未成年被後見人に対する懲戒権を有する（民857条，822条）。平成23年法律第61号により，民法822条の規定も改正され，従前，懲戒権について，「必要な範囲内で懲戒することができる。」という文言

45）於保不二雄・中川淳編集『新版注釈民法㉕改訂版』398頁〔明山和夫・國府剛〕

が「民法820条の規定による監護及び教育に必要な範囲内でその子を懲戒することができる。」と改正された。子を虐待する親は，懲戒権（しつけ）を理由とすることから，懲戒の範囲を明記したものである。また，家庭裁判所の許可を得て懲戒場に入れることができるという規定は，公的施設として懲戒場が存在しないことから削除された。[46]

エ　営業許可権

未成年後見人は，未成年被後見人が職業を営むことについての許可権を有し（民857条，823条１項），許可を受けた未成年被後見人が職業に堪えられないと認めるときは，その許可を取り消し，あるいは制限することができる（民823条２項）。民法823条２項は，営業の許可を受けた未成年者について民法６条２項の場合に，許可を取り消し，又は制限することができることを定める規定であるが，この営業には，職業も含まれると解されている。職業とは，営業よりも広い観念で，営業が営利性を追求し，主体的に独立して行うのに対し，職業では，そのようなことは必要とはされていない。しかし，未成年後見人が未成年被後見人に対し，職業を許可した後，同人がその職業に従事することについて不適当であることを発見しても，営業ならば許可を取り消し，あるいは制限しうるのに，営業以外の職業についてはそれができないという結果は合理的でないからである。[47]

営業は，損益の危険を自ら負担するような取引行為をすることが少なくない。未成年被後見人が営業を行う場合，未成年後見人が営業の許可，取消し又はその制限を行うには，未成年後見監督人がある場合は，その同意を得なければならない（民857条ただし書）。営業でない職業については，未成年後見監督人があっても，未成年後見人が単独で許可や取消し，又は制限することができる。[48]

46）飛澤知行「一問一答　平成23年民法等改正」18頁

47）中川善之助『新訂親族法』508頁は，「823条は，１項は，職業一般の許可を規定し，２項で『第６条第２項の場合』といっているのは，特に６条１項の営業だけをいうのではなく，むしろ823条１項の職業許可全体について，未成年者の不適当な場合をいっているもの」と解する。

48）中川善之助『新訂親族法』508頁，於保不二雄・中川淳編集『新版注釈民法㉕改訂版』

⑶　身分行為の代理権

未成年後見人は，法律の定める一定の場合には，未成年被後見人の身分上の行為について代理権を有する。認知の訴え（民787条），未成年被後見人が15歳未満の場合の氏の変更（民791条３項），養子縁組の代諾（民797条），離縁の代諾（民811条２項）及び離縁の訴え（民815条），並びに未成年者が養親となる縁組の取消し（民804条）[49] 及び相続の承認・放棄（民917条）についてである（人事訴訟の代理権については，後記⑸参照）。

⑷　未成年後見人の財産管理権

未成年後見人は，未成年被後見人の財産を管理し，又，その財産に関する法律行為について代理権を有する（民859条１項）。その権限は，成年後見人のそれと同じである（第２章第１節８参照）。また，未成年後見の場合は，未成年被後見人が意思能力を有するときは，同意して法律行為をさせることもでき，未成年後見人は，同意を得ないで行った未成年被後見人の法律行為を取り消すことができる（民５条１項本文，２項）。未成年後見人の注意義務は，善管注意義務であり，親権者が自己と同一の注意義務でよい（民827条）のと比較すると，その責任は重くなっている。

民法９条ただし書は，成年被後見人が日常生活に関する行為を行った場合，取り消すことはできないと定めているが，未成年後見人については，立法的な手当がされていない。しかし，意思能力を備えた未成年者について，単独で日常生活に関する行為を行う場合，民法９条ただし書の類推適用を認めるのが相当である。[50]

⑸　未成年後見人の訴訟代理権

未成年後見人は，後見事務に関して生ずる紛争についての訴訟行為（訴訟の提起・追行等）を未成年者に代わって行う（第２章第１節８⑷参照）。未成年者は，法定代理人の同意により自ら法律行為を行うことができる（民

399頁〔明山和夫・國府剛〕。これに対し，我妻榮『親族法』362頁は，民法857条の「営業」についても広く職業を含むと解している。

49）養親と並んで法定代理人が固有の取消権を有する説が多数である。

50）内田貴『民法Ⅰ第４版』125頁，磯村保「成年後見の多元化」民商法雑誌122巻４・５号480頁

5条）が，手続を不安定にするため，訴訟行為については，同意により未成年者が行うことは認められていない。例外があり，未成年者が独立して法律行為をすることができる場合は，未成年者本人が訴訟行為を行うことができる（民訴31条ただし書）。未成年者が営業を許された場合（民6条1項，商6条）には，その範囲の訴訟について自ら訴訟を行うことになる。労働契約ないし賃金支払請求に関する訴訟についても，未成年者が労働契約の締結につき，法定代理人の許可を得ている場合，労働契約から生じる訴訟について，通説は，未成年者に訴訟能力を認める。[51] 人事訴訟については，意思能力のある限り，訴訟能力が認められる（人訴13条）が，身分行為の訴訟に付随する財産上の請求については，法定代理人（成年後見人）によらなければならない。

⑹　未成年後見事務の費用及び報酬

未成年後見事務の費用及び報酬については，成年後見の場合と同じである（第2章第1節12参照）。

⑺　未成年後見人の親権代行

ア　親権代行事務

未成年後見人は，未成年被後見人に代わって親権を行う（民867条）。未成年者が親権者である場合には，未成年者の身上及び財産上の保護を目的とする親権制度の趣旨に照らして，親権を行わせることが不適当であることからして，その未成年者が未成年後見に付されているときは，未成年後見人に親権を代行させることとした。親権者は，未成年の親権者に代わって，その親権に服する子の親権を代行する（民833条）が，これと同趣旨の規定である。未成年者が婚姻した場合は，成年者とみなされるから（民753条），未成年後見人による親権代行が適用されるのは，未成年被後見人が非嫡出子を出産した場合，あるいは，非嫡出子を認知して親権者を未成年被後見人である父に変更した場合である。これに対し，成年被後見人の親権に服する未成年者がある場合は，直接，その未成年者について未成年後見が開始される。未成年者である父又は母に，

51）三宅省三・塩崎勤・小林秀之編集『注解民事訴訟法１』319頁〔紺谷浩司〕

全面的に親権を行使させないことには疑問があり，未成年者に身上監護権を認めるべきであるという批判がある。[52]

イ　親権代行事務の内容

(ア)　親権を代行する未成年後見人は，未成年後見の事務の規定が準用され，未成年被後見人の親権に服する子の身上監護を行う。身上監護に当たっては，未成年後見人の就任前に親権者の定めた教育方法・居所の指定を変更する場合，及び営業の許可や取消し，又は制限をする場合には，未成年後見監督人があるときは，その同意を得なければならない（民857条の準用）。

(イ)　未成年後見人は，未成年被後見人の子の財産を管理し，法律行為について子を代表する。未成年後見人と未成年被後見人の親権に服する子との間の利益相反行為についても当然のこととして，その子のために特別代理人の選任が必要である（民860条，826条，家事別表第一79項）。

(ウ)　未成年後見人は，親権の代行を開始する際に，代行される親権に服する子の財産を調査し，財産目録を作成し，債権・債務を申し出なければならない（民853条から856条の準用）。その子の生活・教育・財産管理のために毎年支出すべき金額を定めなければならない（民861条の準用），その代行事務について報酬を与えられることもできる（民862条の準用）。代行を終了する際に，財産管理の計算（民828条，829条），管理権終了後の急迫必要処分（民831条，654条），代行終了の通知（民831条，655条）の適用を受ける。

(エ)　親権を代行する未成年後見人は，親権の代行についても家庭裁判所や未成年後見監督人の監督を受ける。親権を代行する未成年後見人は，未成年被後見人の親権に服する子の直接の未成年後見人となった場合と同様の制限に服する。

52）於保不二雄・中川淳編集『新版注釈民法㉕改訂版』452頁〔中川淳〕

5　未成年後見人の代理権の制限

⑴　未成年被後見人の行為を目的とする債務

未成年被後見人の行為を目的とする債務を生じるときは，本人の同意を得なければならない（民859条2項，824条ただし書）（第2章第1節9⑶参照）。成年後見の場合と同一であるが，労働基準法は，後見人が未成年者に代わって労働契約を締結することを禁止している（同法58条，59条）。

⑵　営業又は民法13条1項の列挙行為

未成年後見人が未成年被後見人を代理して，営業又は元本の領収以外の民法13条1項の列挙事由を行う場合，未成年後見監督人がある場合は，その同意を必要とする（民864条）。成年後見のそれと同一である（第2章第1節9⑷参照）。

⑶　未成年被後見人からの財産の譲受けの制限

未成年後見人が未成年被後見人の財産又は未成年被後見人に対する第三者の権利を譲り受けるときは，未成年被後見人は，これを取り消すことができる（民866条1項前段）。成年後見のそれと同一である（第2章第1節9⑸参照）。

⑷　利益相反行為

未成年後見人と未成年被後見人との間で利益が相反する行為について，未成年後見監督人があって未成年被後見人を代理する場合を除いては，家庭裁判所において特別代理人が選任され，特別代理人が未成年被後見人を代理して当該利益相反行為を行うことになる（民860条，826条）。成年後見の場合と同一である（第2章第1節10参照）。

6　未成年後見監督人

⑴　未成年後見監督人の選任

ア　指定未成年後見監督人

未成年後見人を指定することができる者は，遺言で未成年後見監督人を指定することができる（民848条）。指定権者は，未成年後見人の指定権者（最後に親権を行使する者）と同一である。指定の方法が遺言によること，遺言者の死亡により効力が生じることも同様である。複数の未成年後見監督人を指定することもできる。未成年後見人を指定して未成年後見監督人を指定しないことは問題ないが，未成年後見監督人のみを指定して未成年後見人を指定しないことは，許されるであろうか。否定説は，未成年後見監督人の指定を未成年後見人の確定に先立ってあらかじめ定める必要はなく，未成年後見監督人の指定は，未成年後見人の指定と共にする場合のみに限られると解する。[53] 肯定説は，遺言作成当時，負担の大きい未成年後見人の適格者は見あたらなかったが，比較的負担の軽い未成年後見監督人ならば容易に見いだし得ることも考えられること，したがって，未成年後見監督人の指定をするが，未成年後見人の選任は家庭裁判所に委ねることも予想できるとする。そして，このような指定が好ましいものではないとしても，家庭裁判所による後見監督が行われることや未成年後見監督人が必置機関でないことをあわせ考えて，有効・無効の問題ではないと解している。[54] 家庭裁判所によって未成年後見人が選任された後，未成年後見監督人が監督者として適任であるか否かの問題を生じることになるが，あえて無効とするまでの問題はなく，肯定説が相当と考える。

指定未成年後見監督人は，就職の日から10日以内に遺言の謄本を添付して，未成年後見監督人就職届をしなければならない（戸籍85条，81条）。これは，報告的届出である。

イ　選任未成年後見監督人

指定未成年後見監督人がない場合において，必要があると認めるときは，一定の者からの請求によって，又は職権で，家庭裁判所は，未成年後見監督人を選任することができる（民849条）。請求権者は，未成年被

53）野田愛子・沼邊愛一「判例後見制度」法律論叢15巻９号，中川善之助監修『註解親族法』321頁〔山畠正男〕

54）中川善之助編『註釈親族法(下)』174頁〔谷口知平〕，中川淳『改訂親族法逐条解説』533頁，於保不二雄・中川淳編集『新版注釈民法㉕改訂版』339頁〔久貴忠彦・二宮周平〕

後見人，その親族若しくは未成年後見人である。

旧法849条は，請求権者として未成年被後見人を明記しておらず，また，職権による選任を認めていなかったが，成年後見制度の改正時に，未成年被後見人を選任請求権者に加え，また，家庭裁判所の職権により未成年後見監督人を選任できるようになった。[55)] 意思能力のある未成年被後見人については，旧法の下でも選任請求できると解されていたが，成年後見人又は後見監督人の選任・解任等の申立権を成年被後見人に付与する他の規定の改正との均衡及び本人保護・自己決定の尊重の観点から，明文化された。また，未成年後見人の事務を監督する未成年後見監督人の選任を未成年後見人の請求にかからしめても実効性は乏しく，親族による請求も十分機能していないのが実情であった。そこで，後見監督体制の充実の観点から，家庭裁判所の職権による未成年後見監督人の選任が認められた。

未成年後見監督人の選任手続は，未成年後見人選任手続と同様，15歳以上の未成年後見人の陳述（家事178条１項１号）及び未成年後見監督人となるべき者の意見（同条２項２号）を聴かなければならない。未成年後見監督人の選任は，必要性があると認められなければ，却下される。また，複数の者を未成年後見監督人に選任することができる。未成年後見監督人について，民法852条は，後見監督人（未成年後見監督人及び成年後見監督人）について，委任の規定（民644条，654条，655条）及び後見人の規定（民844条，846条，847条，861条２項及び862条）を準用している。

未成年後見監督人の選任の審判が効力を生じたときは，裁判所書記官は，未成年被後見人の本籍地の戸籍事務管掌者に対し，戸籍記載の嘱託をしなければならない（家事116条１号，家事規76条１項２号）。

⑵　未成年後見監督人の欠格事由

未成年後見監督人の欠格事由（民852条，847条）については，成年後見監督人のそれと同一である（第２章第１節13⑵参照）。

---

55) 小林昭彦・原司『平成11年民法一部改正法等の解説』242頁。なお，平成11年民法改正時には，849条を未成年後見監督人の，849条の２を成年後見監督人の規定として定められたが，平成23年民法改正により，現民法849条に一本化された。

⑶　未成年後見監督人の解任事由

未成年後見監督人の解任事由（民852条，846条）については，成年後見監督人のそれと同一である（第２章第１節13⑶参照）。

⑷　未成年後見監督人の職務

未成年後見監督人の職務は，成年後見監督人の職務と同じである（民851条）（第２章第１節13⑷参照）。

⑸　未成年後見監督人の費用及び報酬

未成年後見監督人の費用及び報酬（民852条，861条２項，862条）は，成年後見監督人と同一である（第２章第１節13⑸参照）。

⑹　家庭裁判所による後見監督

未成年後見人に対し，家庭裁判所による後見監督（民863条）が行われることも，成年後見の場合と同様である（第２章第１節14参照）。未成年後見においても後見制度支援信託を利用することができる。

7　未成年後見の終了

⑴　未成年後見の終了する場合

未成年後見の終了には，未成年後見そのものが終了する絶対的終了と，未成年後見は終了せずに，未成年後見人の交替する場合の相対的終了がある。

絶対的終了には，①未成年者を保護する必要性がなくなる場合として，未成年被後見人の死亡，成年，婚姻による成年擬制が，②親権に移行する場合として，従前の親権者に対する成年後見開始や保佐開始の審判が取り消された場合，親権喪失宣告の取消しや親権（管理権）辞任の回復がされた場合，親権停止の期間が満了した場合，③新たに親権が生ずる場合として，未成年被後見人が養子となって養親の親権に服する場合が，行方不明の親権者（棄児の母）の所在が判明した場合，実親による親権者変更や指定が認められた場合（第４章第２節１⑶エ参照）などがある。[56] 相対的終了は，

56）我妻榮『親族法』369頁

未成年後見人の辞任・解任・死亡・欠格事由の発生などによる未成年後見人の更替がある。[57)]

⑵　未成年後見終了の際の管理の計算など

未成年後見人の任務が終了したときの管理の計算等（民870条，871条），利息支払義務（民873条），委任規定の準用（民874条），消滅時効（民875条）は，成年後見の場合と同じである（第２章第１節15⑶から⑸参照）。

⑶　未成年後見の計算の終了前の取消権（民872条）

ア　概　説

未成年被後見人が成年に達した後，又は婚姻により成年に達したものとみなされた後，管理の計算の終了前にその者と未成年後見人又はその相続人との間にした契約は，その者においてこれを取り消すことができる。その者が未成年後見人又はその相続人に対してした単独行為についても同様に取り消すことができる（民872条１項）。

未成年被後見人は，成年に達すれば完全な能力を有するから，その者が行う法律行為は，すべて有効なはずである。しかし，未成年者は，未成年後見人の財産管理の下にあったため，自己の財産の現状については，十分な認識をもちえない場合も想定できる。また，未成年後見人が未成年者のこの状態を利用し，また，自己の権威を利用して，未成年者に対し，形式的には瑕疵のない契約や単独行為をさせて，不当に利益を図るおそれもある。そこで，未成年被後見人の不安定な計算能力を保護するとともに，未成年後見人の威力による心理的圧迫を排除するために，未成年被後見人が成年に達してから後見の計算の終了するまでに未成年後見人又はその相続人との間で行った契約や単独行為は，これを取り消すことができるとしたものである。本条は，未成年後見人が迅速にその計算を終了させるよう間接的に強制する手段となることも指摘されている。[58)]

管理計算終了前に未成年後見人が死亡した場合は，その相続人が管理計算の義務を引き継ぐが，そのときは，当該相続人に対してした法律行

57）我妻榮『親族法』370頁
58）和田于一『後見法』95頁，野上久幸『親族法』523頁，中川善之助編『註釈親族法(下)』224頁〔薬師寺志光〕

為も同様に取消しの対象となると解するのが通説である。[59] これに対し，未成年後見人が死亡した場合や親権者の出現の場合，あるいは未成年後見人の更迭による相対的終了の場合に類推適用される余地はないと解する説がある。[60] 未成年者であった者の立場を考慮し，かつ管理の計算が不明瞭になることを防止する趣旨の規定であるから，そのように狭く解する必要はなく，通説を支持する。[61]

イ　取り消し得る行為

成年に達した者と未成年後見人であった者，又はその相続人との間になされた後見の計算終了前になされた契約と，成年に達した者が未成年後見人であった者，又はその相続人に対してなす単独行為である。例としては未成年後見人に対する贈与，管理から生ずる未成年後見人に対する損害賠償請求権の放棄，債務免除などがある。

未成年者が単独でなし得る行為，すなわち未成年者が単に権利を得，義務を免れる行為（民４条１項ただし書）は，未成年後見に服している間にも有効になしうるのであるから，民法872条による取消権は発生しない。身分行為は，対象とならず，管理計算中の後見人・被後見人間の養子縁組については，民法794条，806条の規定による。

ウ　取消期間

取り消し得る期間は，民法870条の定める期間を経過した後も計算終了前であれば，取消権を行使できるが，後見に関する債権の消滅時効（民875条，832条）にかかったのちになされた行為は，取り消すことができない【４-45】。[62]

【４-45】被後見人と後見人との間に，後見の計算に関する権利義務がなく

59）於保不二雄・中川淳編集『新版注釈民法㉕改訂版』475頁〔吉村朋代〕
60）中川善之助編『註釈親族法(下)』224頁〔薬師寺志光〕，於保不二雄・中川淳編集『新版注釈民法㉕改訂版』459頁〔宮井忠夫〕。未成年後見人の不当な職務執行により生じた結果を糊塗する挙にでるのを防止し，「誠実な管理計算を確保するため」の規定であると理解する。
61）我妻榮『親族法』370頁
62）我妻榮・唄孝一編『判例コンメンタール第７　親族法』519頁〔阿部徹〕

なった後になされた行為は，旧民法939条（注・現民872条）により取り消すことができない。

東京控判大正６年12月12日新聞1364号23頁

「民法第939条ノ規定ハ未成年者カ成年ニ達シタル後後見人ニ於テ現ニ後見ノ計算ヲ為スヘキ義務ヲ負フニ拘ハラス未タ之ヲ履行セサル前ニ其後見人トノ間ニ法律行為ヲ為シタルトキハ之ヲ取消スコトヲ許ス趣旨ナルカ故ニ其者ト後見人トノ間ニ最早後見ノ計算ニ関スル権利義務ナキ後ニ為サレタル行為ノ如キハ同条ニヨリ之ヲ取消スコトヲ得サルノミナラス未成年者カ成年ニ達シタル後後見人ニ対シテ後見ノ計算ヲ求メ得ル権利ハ是即後見ニ関シテ生シタル債権ニ外ナラスシテ民法第942条第894条ニヨリ後見人ノ管理権消滅ノ時ヨリ５年間之ヲ行ハサルトキハ時効ニ因リテ消滅スルヲ以テ其消滅後ニ於テ後見人ト為シタル行為ハ縦令後見ノ計算前ノ行為ニシテ且不利ナリシトスルモ民法第939条ニヨリ之ヲ取消シ得ヘキモノニ非ス」

エ　取消・追認に関する規定の準用

民法872条による取消権は，制限能力者の有する取消権とは異なるが，性質が類似していることから，制限能力者の相手方の有する催告権（民20条），法律行為の取消し，追認に関する規定（民121条から126条）が準用されている。[63] 催告権の場合の「能力者となった後」とは，「計算終了後」と読みかえるべきであり，[64] 追認の要件・法定追認・取消権の場合の「追認をすることができる時」についても，「計算終了後」と解すべきである。[65] ただし，取消権者は，無能力を理由として取り消すのではないから，民法121条ただし書の適用はないといわれている。[66]

63）我妻榮『親族法』371頁は，「取消・追認の規定も準用といったのは，意思表示に瑕疵があるとはいえないからであろう」とする。
64）中川善之助編『註釈親族法(下)』226頁〔薬師寺志光〕
65）於保不二雄・中川淳編集『新版注釈民法㉕改訂版』461頁〔宮井忠夫〕
66）中川善之助編『註釈親族法(下)』226頁〔薬師寺志光〕

索　　引

事項索引

(成年後見と未成年後見に共通する項目については，後見の項を参照してください。)

【た行】

【な行】

【は行】

【や行】

【ら行】

判例・先例索引

〔1〕大審院判例

〔2〕最高裁判所判例

〔3〕控訴院・高等裁判所判例

〔4〕地方裁判所判例

〔5〕家庭裁判所判例

〔6〕最高裁判所先例

〔7〕法務省（司法省・法務庁・法務府）先例

〔8〕法曹会決議

【著者略歴】

中山　直子（なかやま　なおこ）

昭和33年生まれ

昭和56年　一橋大学法学部卒業

昭和60年　司法修習生

昭和62年　大阪地方裁判所判事補

以降，名古屋地方裁判所，東京家庭裁判所，新潟家庭裁判所，東京高等裁判所，千葉家庭裁判所，東京地方裁判所立川支部など

現在，仙台家庭裁判所判事

判例先例 親族法 ―後見―

定価：本体5,000円（税別）

平成30年３月23日　初版発行

著　者　中　山　直　子
発行者　尾　中　哲　夫

発行所　日本加除出版株式会社
本　社　郵便番号 171-8516
東京都豊島区南長崎３丁目16番６号
TEL　(03)3953-5757（代表）
(03)3952-5759（編集）
FAX　(03)3953-5772
URL　http://www.kajo.co.jp/
営業部　郵便番号 171-8516
東京都豊島区南長崎３丁目16番６号
TEL　(03)3953-5642
FAX　(03)3953-2061

組版・印刷　㈱郁　文　／　製本　牧製本印刷㈱

落丁本・乱丁本は本社でお取替えいたします。

Printed in Japan
ISBN978-4-8178-4459-0 C3032 ¥5000E